浙江省"十四五"普通高等教育本科规划教材
浙江省普通本科高校"十四五"首批新文科重点教材
浙江省普通高校"十三五"新形态教材
浙江省普通高校"十二五"优秀教材

21世纪财务管理系列教材

财务管理

第五版

主编：戴文涛　黄健峤　杨忠智

厦门大学出版社　国家一级出版社
XIAMEN UNIVERSITY PRESS　全国百佳图书出版单位

图书在版编目（CIP）数据

财务管理 / 戴文涛，黄健峤，杨忠智主编. -- 5 版.
厦门 ：厦门大学出版社，2025. 2. --（21 世纪财务管理
系列教材）. -- ISBN 978-7-5615-9699-9

Ⅰ. F275

中国国家版本馆 CIP 数据核字第 2025VD8866 号

责任编辑　施建岚

美术编辑　张雨秋

技术编辑　朱　楷

出版发行　**厦门大学出版社**

社　　址　厦门市软件园二期望海路 39 号

邮政编码　361008

总　　机　0592-2181111　　0592-2181406(传真)

营销中心　0592-2184458　　0592-2181365

网　　址　http://www.xmupress.com

邮　　箱　xmup@xmupress.com

印　　刷　厦门市金凯龙包装科技有限公司

开本　787 mm×1 092 mm　1/16

印张　25

字数　580 千字

印数　1~2 500 册

版次　2015 年 1 月第 1 版　2025 年 2 月第 5 版

印次　2025 年 2 月第 1 次印刷

定价　58.00 元

本书如有印装质量问题请直接寄承印厂调换

厦门大学出版社
微信二维码

厦门大学出版社
微博二维码

第五版前言

约翰·米可斯维特和伍尔德里奇在《公司的历史》中指出,"现代社会最伟大的发明就是有限责任公司！即使蒸汽机和电气的发明也略逊一筹"。[①] 艾斯沃斯·达摩达兰认为,"一个企业所做的每一个决定都有其财务上的含义,而任何一个对企业财务状况产生影响的决定就是该企业的财务决策,从广义上讲,一个企业所做的任何事情都属于公司理财的范畴"。[②] 企业、公司理财(财务管理)的重要性由此可见一斑。

财务管理可以指财务管理学科,也可以指财务管理理论体系。作为学科,它是一门以资金及其流转为研究对象的经济管理学科,是我国高等院校经济类和工商管理类专业的核心课程;作为理论体系,它是指导财务管理实践、从事财务管理工作的知识体系,随着市场经济、资本市场的发展而发展。当前,全球范围内的科技创新蓬勃发展,数智技术在改变着经济、社会的同时,也在深刻改变着企业财务管理的内容、方式和方法。为此,本教材结合财务理论和财务实践的最新发展,根据广大师生和读者提出的修改建议,再次进行修订。修订后的教材框架总体上保持第四版的结构,即财务管理总论、财务估价基础、筹资管理、资本成本与资本结构、收益分配管理、项目投资管理、营运资金管理、财务预测与计划、财务预算与控制、财务分析、业绩评价。与第四版相比,第五版主要做了以下修订。

1.增加了立体化、数字化方面的内容

每一章都增加了思维导图、重点难点、知识拓展等数字资源,其中思维导图主要提炼本章的重点内容、各知识点的逻辑关系以及本章与前后章节之间的关系,帮助读者建立全局思维,更好地掌握各章学习的重难点,明确本章与其他章节的关系;重点难点主要是针对部分章节的重点难点进行疏理和讲解,帮助读者更好地学习;知识拓展主要就教材未深入展开的内容,推荐阅读相关文献资料,以便读者了解理论和实践的前沿性问题。

[①] 米克勒斯维特,伍尔德里奇.公司的历史[M].夏荷立,译.合肥:安徽人民出版社,2012.

[②] 达摩达兰.达摩达兰论估价[M].罗菲,译.大连:东北财经大学出版社,2010.

2.更新部分章节的内容

第四章第一节、第六章第二节分别对银行借款资本成本、项目现金流量测算方法进行了修改,此外,还根据部分老师和学生的建议调整了部分章节的内容。

本教材于2007年首次在浙江人民出版社出版,后改在厦门大学出版社出版,分别于2012年、2016年、2019年进行了修订,这次是第4次修订。17年来,承蒙全国众多高等院校师生及广大读者的偏爱和口口相传,许多经济类、工商管理类高校将其作为财务管理学课程的首选教材和考研参考用书。本教材先后入选浙江省普通高校"十二五"优秀教材、浙江省普通高校"十三五"新形态教材、浙江省普通本科高校"十四五"首批新文科重点教材和浙江省"十四五"普通高等教育本科规划教材。值此第五版问世之际,谨向选用本教材和提出修改建议的广大师生和读者致以最诚挚的感谢!

本教材是浙江财经大学精品系列教材中的一本,第一版到第四版由杨忠智教授主编,在此次修订中,杨忠智教授认为自己退休后离开了教学一线,提出不再担任第一主编,改由戴文涛教授、黄健峤副教授、杨忠智教授共同担任主编。戴文涛教授、黄健峤副教授由衷感谢杨忠智教授对本教材第一至第四版作出的巨大贡献。

本教材第五版各章的分工为:第一、二、十一章由杨忠智、戴文涛负责;第三、四章由杨健兰、黄健峤负责;第五、七、九章由余景选、黄健峤负责;第六、八、十章由戴娟萍、戴文涛教授负责。授课视频由杨忠智、戴娟萍、赵惠芳、余景选、吕岩老师共同录制完成,全书由戴文涛教授总纂和定稿。

由于编者水平和时间有限,本教材可能存在不足之处,敬请广大师生和读者批评指正。在此次修订过程中,厦门大学出版社的责任编辑施建岚老师收集整理了来自使用单位的师生和广大读者反馈的意见和建议,付出了许多的辛苦和努力,在此向她表示衷心的感谢!

戴文涛　黄健峤　杨忠智

2025年1月

目　录

第一章　　财务管理总论

思维导图 1

重点难点 1

学习目标

通过学习本章,你应该能够:

1.掌握财务管理的含义和内容;

2.掌握财务管理的目标;

3.了解企业财务管理体制的一般模式;

4.熟悉不同企业组织形式的财务管理特点;

5.熟悉财务管理的经济环境、法律环境和金融环境。

微课 1-1
财务管理
总论

企业兴衰,财务为本。财务管理(financial management)就是研究企业在经营中资金运动的规律,并使其产生最大效益的一门学科。财务管理是在一定的整体目标下,关于资本的融通(筹资)、资产的购置(投资)和经营中现金流量(营运资金)以及利润分配的管理。财务管理是企业管理的重要组成部分,它是根据财经法规制度,按照财务管理的原则,组织企业财务活动,处理财务关系的一项经济管理工作。

第一节　　财务管理概述

一、财务管理的含义和内容

(一)概述

企业财务是企业财务活动及其所体现的经济利益关系(财务关系)的总称,它的基本构成要素是投入和运动于企业的资金。

在商品经济条件下,社会产品是使用价值和价值的统一体,企业生产经营过程也表现为使用价值的生产和交换过程及价值的形成和实现过程的统一。在这个过程中,劳动者将生产中所消耗的生产资料的价值转移到产品或服务中去,并且创造出新的价值,通过实物商品的出售或提供服务,使转移价值和新创造的价值得以实现。企业资金的实质是生产经营过程中运动着的价值。

在企业生产经营过程中,实物商品或服务在不断变化,其价值形态也不断地发生变化,由一种形态转化为另一种形态,周而复始、不断循环,形成了资金运动。所以,企业的生产经营过程,一方面表现为实物商品或服务的运动过程,另一方面表现为资金的运动过程。资金运动不仅以资金循环的形式存在,而且伴随生产经营过程不断进行,因此资金运动也表现为一个周而复始的过程。资金运动以价值形式综合地反映着企业的生产经营过程,它构成企业生产经营活动的一个独立方面,具有自己的运动规律,这就是企业的财务活动。企业的资金运动和财务活动离不开人与人之间的经济利益关系。

综上所述,企业财务是指企业在生产经营过程中客观存在的资金运动及其所体现的经济利益关系。前者称为财务活动,表明了企业财务的内容和形式特征;后者称为财务关系,揭示了企业财务的实质。企业财务管理是按照国家法律法规和企业经营要求,遵循资本营运规律,对企业财务活动进行组织、预测、决策、计划、控制、分析和监督等一系列管理工作的总称。其基本特征是价值管理,管理的客体是企业的财务活动,管理的核心是企业财务活动所体现的各种财务关系。因此,企业财务管理是利用价值形式对企业财务活动及其体现的财务关系进行的综合性管理工作。

企业开展财务管理,就是要充分发挥财务管理的运筹作用,力求实现企业内部条件、外部环境和企业目标之间的动态平衡,并从平衡中求发展,促使企业实现发展战略和经营目标。

(二)财务活动

资金运动过程的各阶段总是与一定的财务活动相对应的,或者说,资金运动形式是通过一定的财务活动内容来实现的。所谓财务活动是指资金的筹集、投放、运用、回收及收益分配等活动。从整体上讲,财务活动包括以下四个方面。

1.筹资活动

所谓筹资活动是指企业根据其一定时期内资金投放和资金运用的需要,运用各种筹资方式,从金融市场和其他来源渠道筹措、集中所需要的资金的活动。企业无论是新建、扩建,还是组织正常的生产经营活动,都必须以占有和能够支配一定数量的资金为前提。企业以各种筹资方式从各种筹资渠道筹集资金,是资金运动的首要环节。在筹资过程中,企业一方面要按照适当的资金需要量确定筹资规模;另一方面要在充分考虑筹资的成本和风险的基础上,通过筹资渠道、筹资方式和工具的选择,确定合理的筹资结构。

企业通过筹资可以形成两种不同性质的资金来源:一是权益性质的资金,它是企业通过吸收直接投资、发行股票和以内部留存收益等方式从国家、法人、个人等投资者那里取得而形成的自有资金,包括资本金(或股本)、资本公积、盈余公积和未分配利润;二是负债性质的资金,即企业通过银行借款、发行债券、利用商业信用和租赁等方式,从金融机构、其他企业、个人等各种债权人那里取得而形成的借入资金,包括流动负债和长期负债。

企业将资金筹集上来,表现为企业资金的流入;企业偿还债务本息、支付股利及为筹资而付出的其他形式代价等,则表现为企业资金的流出。这种由于筹资活动而产生的资金收支,是企业财务管理的主要内容之一。企业筹资活动的结果,一方面表现为取得所需要的货币形态和非货币形态的资金;另一方面表现为形成了一定的资本结构。所谓的资本结构一般是指资金总额内部借入资金与自有资金之间的比例关系。在筹资过程中,企业既要根据发展要求确定相应的筹资规模，以保证投资所需的资金；又要通过筹资渠道、筹资方式或工具的选择，合理确定筹资结构，以降低筹资成本和风险，提高企业价值。

2.投资活动

筹资活动的目的是用资。企业在取得资金后，必须将货币资金投入使用，以谋求最大的经济利益，否则，筹资就失去了目的和意义。所谓的投资可分为广义的投资和狭义的投资。广义的投资是指企业将筹集的资金投入使用的过程，包括企业将资金投入企业内部使用的过程（如购置流动资产、固定资产、无形资产等）和对外投放资金的过程（如投资购买其他企业的股票、债券或与其他企业联营）；而狭义的投资仅指对外投资。

无论企业购买内部所需资产，还是购买各种有价证券，都需要支付资金，这表现为企业资金的流出；而当企业变卖其对内投资的各种资产或回收其对外投资时，则会产生企业资金的流入。这种因企业投资活动而产生的资金收付，便是由投资而引起的财务活动。企业投资活动的结果是形成各种具体形态的资产及一定的资产结构。所谓的资产结构是指企业各类资产之间的比例关系。企业在投资过程中，必须考虑投资规模，以提高投资效益和降低投资风险为原则，选择合理的投资方向和投资方式。所有这些投资活动的过程和结果都是财务管理的内容。

3.营运资金活动

企业在正常的生产经营过程中，会发生一系列的资金收付。首先，企业要采购材料或商品，以便从事生产和销售活动，同时还要为保证正常的生产经营而支付工资和其他的营业费用；其次，当企业把产品或商品售出后，便可取得收入，收回资金。上述各方面都会产生资金的流入流出，这就是因企业经营而产生的财务活动，又称为营运资金活动。

企业的营运资金，主要是企业为满足日常营业活动的需要而垫支的流动资金，营运资金的周转与生产经营周期具有一致性。在一定时期内，加快资金周转速度，就会降低资金成本，提高资金使用效率，取得更大的收益。

4.收益分配活动

企业通过投资活动和营运资金活动会取得一定的收入，并相应实现资金的增值。由于企业收益分配活动体现了政府、企业、企业职工、债权人和投资者之间的不同利益格局，企业必须依据现行法律和法规对企业取得的各项收入进行分配。

所谓的收益分配，广义来讲，是指对各项收入进行分割和分配的过程。狭义来说，收益分配仅指净利润的分配过程，即广义分配的最后一个层次。

值得说明的是，企业筹集的资金归结为所有者权益和负债资金两大类，在对这两类资金分配报酬时，前者是通过利润分配的形式进行的，属于税后利润分配；后者是通过将利息等计入成本费用的形式进行分配的，属于税前利润的分配。

上述财务活动的各个方面不是孤立的，而是相互联系、相互依存的。正是上述互相联系又有一定区别的各个方面，构成了完整的企业财务活动。

财务管理是对财务活动的管理，因而筹资管理、投资管理、营运资金管理和收益分配管理就构成了财务管理的主要内容。

二、财务关系

企业财务关系是指企业在进行各项财务活动过程中与各种相关利益主体所发生的经济利益关系,主要包括以下七个方面的内容。

(一)企业与国家行政管理部门之间的财务关系

企业与国家行政管理部门之间的经济利益关系,并不在于政府是企业的出资者,而在于政府行使其行政职能,为企业生产经营活动提供公平竞争的经营环境和公共设施等条件。政府在行使其社会行政管理职能时,为维护社会正常秩序、保卫国家安全、组织和管理社会活动等而付出了一定的代价,须无偿参与企业的收益分配。企业必须按照税法规定缴纳各种税款,包括所得税、流转税、资源税、财产税和行为税等,从而形成了企业与国家行政管理部门之间强制与无偿的经济利益关系。

(二)企业与投资者之间的财务关系

企业与投资者之间的财务关系是指企业的投资者向企业投入资本金,企业向其投资者分配投资收益所形成的经济利益关系。企业的投资者即所有权人,包括国家、法人和个人等。

投资者除了拥有参与企业经营管理、参与企业剩余收益分配、对剩余财产享有分配权等权利之外,还承担着一定的风险;作为接受投资的企业,对投资者有承担资本保值增值的责任。企业利用资本进行运营,实现利润后按照投资者的出资比例或合同、章程的规定,向其所有者支付报酬。两者之间的财务关系体现着所有权的性质及所有者在企业中的利益。

(三)企业与债权人之间的财务关系

企业除利用投资者投入的资本进行经营活动外,还要借入一定数量的资金,以扩大经营规模,降低资金成本。企业的债权人是指借款给企业的金融机构、公司债券的持有人、商业信用提供者、其他出借资金给企业的单位和个人。与投资者的地位不同,债权人获得的是固定的利息收益,不能像投资者那样参与企业的经营管理和享有剩余收益再分配的权利。但是,债权人有按预约期限收回借款本金和取得借款利息等报酬的权利,在企业破产清算时拥有与其地位相对应的优先求偿权。企业作为债务人,有按期归还所借款项本金和利息的义务。企业与债权人之间的财务关系是指企业向债权人借入资金,并按借款合同的规定按时支付利息和归还本金所形成的经济利益关系,在性质上属于建立在契约之上的债务债权关系。

(四)企业与受资者之间的财务关系

企业与受资者之间的财务关系是指企业以购买股票或直接投资的形式向其他企业投资所形成的经济利益关系。通常企业作为投资者要按照投资合同、协议、章程的约定履行出资义务,以便及时形成受资企业的资本金。受资企业利用资本进行运营,实现利润后应按照出资比例或合同、章程的规定向投资者分配投资收益。随着市场经济的不断深入发展,企业经营规模和经营范围不断扩大,企业向其他单位投资的这种关系将会越来越广泛。企业与受资者之间的财务关系是体现所有权性质的投资与受资的关系。

（五）企业与债务人之间的财务关系

企业与债务人之间的财务关系是指企业将其资金以购买债权、提供贷款或商业信用等形式出借给其他单位所形成的经济利益关系。企业将资金出借后，有权要求其债务人按约定的条件支付利息和归还本金。企业同其债务人之间的财务关系体现的是一种债权与债务关系。

（六）企业内部各经济责任主体的财务关系

企业内部各经济责任主体，既是执行特定经营、生产和管理等不同职能的组织，又是以权、责、利相结合原则为基础的企业内部经济责任单位。企业内部各经济责任主体既分工又合作，共同形成一个企业系统。只有这些子系统功能的协调，才能实现企业预期的经济效益。企业内部各经济责任主体之间的经济往来及企业内部各经济责任单位相互之间的经济往来，不但要进行企业内的经济核算，而且要分清经济责任，进行绩效考核与评价，落实约束与激励措施。企业内部各经济责任单位之间的财务关系体现了企业内部各经济责任单位之间的利益关系。

（七）企业与其职工之间的财务关系

企业职工是企业的经营管理者和劳动者，他们以自身提供的劳动作为参与企业收益分配的依据。企业根据职工的职务、能力和经营业绩的优劣，用其收益向职工支付劳动报酬，并提供必要的福利和保险待遇等。企业与职工之间的财务关系是以权、责、劳、绩为依据的收益分配关系。

企业财务关系体现了企业财务的本质，如何处理和协调好各种财务关系是现代理财家们必须遵循的一项理财原则，也是企业财务管理的重要内容。

三、财务管理的环节

财务管理工作环节是指财务管理的工作步骤和一般程序。企业财务管理一般包括以下几个环节。

（一）财务预测

财务预测是企业根据财务活动的历史资料（如财务分析），考虑现实条件与要求，运用特定方法对企业未来的财务活动和财务成果做出科学的预计或测算。财务预测是进行财务决策的基础，是编制财务预算的前提。

财务预测所采用的方法主要有两种：一是定性预测，是指企业缺乏完整的历史资料或有关变量之间不存在较为明显的数量关系下，专业人员进行的主观判断与推测；二是定量预测，是指企业根据比较完备的资料，运用数学方法，建立数学模型，对事物的未来进行的预测。实际工作中，通常将两者结合起来进行财务预测。

（二）财务决策

财务决策是企业按照企业财务管理目标，利用专门方法对各种备选方案进行比较分析，并从中选出最优方案的过程。正确的决策可使企业起死回生，错误的决策可导致企业毁于一旦，所以财务决策是企业财务管理的核心，其成功与否直接关系到企业的兴衰成败。

(三)财务预算

财务预算是指企业运用科学的技术手段和数量方法,对未来财务活动的内容及指标进行综合平衡与协调的具体规划。财务预算是以财务决策确立的方案和财务预测提供的信息为基础编制的,是财务预测和财务决策的具体化,是财务控制和财务分析的依据,贯穿企业财务活动的全过程。

(四)财务控制

财务控制是在财务管理过程中,利用有关信息和特定手段,对企业财务活动所施加的影响和进行的调节。实行财务控制是落实财务预算、保证预算实现的有效措施,也是责任绩效考评与奖惩的重要依据。

(五)财务分析

财务分析是根据企业核算资料,运用特定方法,对企业财务活动过程及其结果进行分析和评价的一项工作。财务分析既是本期财务活动的总结,也是下期财务预测的前提,具有承上启下的作用。通过财务分析,可以掌握企业财务预算的完成情况,评价财务状况,研究和掌握企业财务活动的规律,改善财务预测、财务决策、财务预算和财务控制,提高企业财务管理水平。

(六)业绩评价

业绩评价是通过运用一定手段和方法对企业一定经营期间的获利能力、资产质量、债务风险以及经营增长和努力程度的各方面进行的综合评判。科学地评价企业业绩,可以为出资人行使经营者的选择权提供重要依据;可以有效地加强对企业经营者的监督和约束;可以为有效地激励企业经营者提供可靠依据;还可以为政府有关部门、债权人、企业职工等利益相关方提供有效的信息支持。

四、财务管理与会计的联系与区别

财务管理是企业管理的重要组成部分,它与会计工作无论是在理论上,还是在实践中,既有联系,又有区别。

(一)财务管理与会计的联系

1.财务管理与会计具有价值共性。财务管理与会计均具有明显的价值属性,两者都是通过价值发挥其效能,这也造就了两者在企业"综合能力"体现上的共性。会计对经济活动的确认、计量和披露是按照价值反映的要求进行的,事实上,会计信息就是对企业价值或财务活动的再现。而财务管理本身是一种价值管理,是一种追求价值最大化的综合性管理工作。

2.两者在企业管理过程中相辅相成。会计反映企业价值运动过程中的数与量,并以会计信息的形式向信息使用者输出。如果没有会计提供的信息作依据,财务管理的计划、预测、决策、控制与分析等功能必然是无源之水。

换言之,一方面,财务管理者只有利用会计提供的高质量信息才能准确把握企业的财务状况,做出科学决策;另一方面,会计所提供的信息必须尽可能满足包括财务管理在内的信息使用者的决策需要,否则就失去了其存在的价值。

(二)财务管理与会计的区别

1.两者的对象不同。财务管理的对象是资金运动,是对企业资金运动所进行的直接管理。也就是说,财务管理主要管理企业的各项资产,以及由此产生的相关融资、投资、收益分配等事项。会计的对象并不是资金运动本身,而是资金运动所形成的信息,即对企业资金运动过程的信息揭示。

2.两者的职能不同。会计的职能主要表现为反映,而财务管理的职能主要是计划、预测、决策、控制和分析等。反映职能是会计所特有的内在职能。会计人员作为信息揭示人员,对企业生产经营管理各方面并不具有直接的决策职能,他们的主要作用是通过提供会计信息,对相关决策施加影响。而企业相关的计划、决策等职能则由财务管理来实施。

3.两者的目标不同。会计的中心内容是提供决策所需的信息,它通过对企业经济活动的揭示,为管理当局、投资者和债权人等不同信息使用者提供真实可靠的会计信息,以满足相关利益主体的决策需要。财务管理的目标是企业经营目标在财务管理中的集中与概括,主要是通过计划、预测、决策、控制和分析等工作,确保企业价值最大化目标的实现。

总之,无论从理论上分析,还是从实践上看,财务管理与会计都是两回事。财务管理重在对财务行为的前期决策和过程约束,会计重在对财务行为的过程核算和结果反映。但是,财务管理需要利用会计信息,会计核算为财务管理提供基础,两者互为补充,相辅相成。

五、企业财务管理体制

(一)企业财务管理体制的概念

企业财务管理体制,是协调企业利益相关主体之间财务关系的基本规则和制度安排,是构建企业财务管理制度的基础和框架。财务管理体制分为微观和宏观两个层面。微观财务管理体制,即企业内部财务管理体制,它是规定企业内部财务关系的基本规则和制度安排,主要由投资者和经营者通过企业章程、内部财务制度等正式或非正式的契约确立。宏观财务管理体制则是协调财政部门与企业之间财务关系的基本规则和制度安排,主要由国家以法律法规、规章、规范性文件等形式予以确立,旨在对企业符合市场需求的行为予以引导和扶持。

微观财务管理体制与宏观财务管理体制的制定主体和确立方式虽然不同,但一旦形成,都具有"硬约束力",是企业利益相关主体必须共同遵守的"宪法"。换言之,企业财务管理体制的确定过程,是企业财权的分配调整过程,直接决定了财务管理机制、具体财务制度的构建。

(二)建立企业财务管理体制的基本原则

1.资本权属清晰,即通常所说的企业产权明晰。企业产权是投资者通过向企业注入资本以及资本增值获得的企业所有权,在账面上体现为企业的所有者权益。企业产权明晰,就是要明确所有者权益的归属。例如,国有及国有控股企业应当取得国有资产产权登记证,明确其占有的国有资本金额及主管部门;公司制企业应当通过公司章程、出资证明书、发行记名或不记名股票等方式,明确其股东及出资额。

2.财务关系明确。指企业与财政部门的财务隶属关系应当是清楚的。

3.符合法人治理结构要求。企业财务管理体制是法人治理结构的重要组成内容,因此其设计应符合法人治理结构要求。法人治理结构是指明确划分投资者如股东会(包括股东)、董事会(包括董事)和经营者之间权力、责任和利益以及明确相互制衡关系的一整套制度安排。由于现代企业制度下所有权和经营权的分离,因此设计合理、实施有效的法人治理结构,成为确保企业有效运作、各方权益不受侵害的关键所在。构建法人治理结构,应遵从法定、职责明确、协调运作、有效制衡等原则。企业在法律法规等国家规定的制度框架内,享有一定的弹性。

(三)企业财务管理体制的一般模式

微观层面的企业财务管理体制是明确企业各财务层级财务权限、责任和利益的制度,决定着企业财务管理的运行机制和实施模式,其核心问题是如何配置财务管理权限。企业财务管理体制按其集权化的程度可分为集权型财务管理体制、分权型财务管理体制、集权与分权相结合型财务管理体制。

1.集权型财务管理体制

集权型财务管理体制是指企业对各所属单位的所有财务管理决策都进行集中统一,各所属单位没有财务决策权,企业总部财务部门不但参与决策和执行决策,在特定情况下还直接参与各所属单位的执行过程。

集权型财务管理体制下企业内部的主要管理权限集中于企业总部,各所属单位执行企业总部的各项指令。集权型的主要优点:(1)由总部最高管理层统一决策,有利于规范各成员企业的行动,促使企业整体政策目标的贯彻与实现;(2)最大限度地发挥企业各项资源的复合优势,集中力量,达到企业的整体目标;(3)有利于发挥总公司财务专家的作用,降低所属单位财务风险和经营风险;(4)有利于统一调度企业资金,保证资金头寸,降低资金成本。集权型的主要缺点:(1)要求最高决策管理层必须具有极高的素质与能力,同时必须能够高效率地汇集起各方面详尽的信息资料,否则可能导致主观臆断,以致出现重大的决策错误;(2)财务管理权限高度集中于企业总部,容易挫伤所属单位的积极性,抑制所属单位的灵活性和创造性;(3)可能由于信息传递时间长,延误决策时机,缺乏对市场的应变力与灵活性。

2.分权型财务管理体制

分权型财务管理体制是指企业将财务决策权与管理权完全下放到各所属单位,各所属单位只需对一些决策结果报请企业总部备案即可。

分权型财务管理体制下企业内部的管理权限分散于各所属单位,各所属单位在人、财、物、供、产、销等方面有决定权。分权型的主要优点:(1)可以调动下属单位各层次管理者的积极性;(2)对市场信息反应灵敏,决策快捷,易于捕捉商业机会,增加创利机会;(3)使最高层管理人员将有限的时间和精力集中于企业最重要的战略决策问题上。分权型的主要缺点:(1)难以统一指挥和协调,有的下属单位因追求自身利益而忽视甚至损害企业整体利益;(2)弱化企业总部财务调控功能,不能及时发现所属单位面临的风险和重大问题;(3)难以有效约束经营者,从而造成下属单位"内部控制人"问题。

3.集权与分权相结合型财务管理体制

集权与分权相结合型财务管理体制,其实质就是集权下的分权,企业对各所属单位在所有重大问题的决策与处理上实行高度集权,各所属单位则对日常经营活动具有较大的自主权。

集权与分权相结合型财务管理体制意在以企业发展战略和经营目标为核心,将企业内重大决策权(如融资权、投资权、担保权、收益分配权等)集中于企业总部,而赋予各所属单位自主经营权。其主要特点如下。

(1)在制度上,应制定统一的内部管理制度,明确财务权限及收益分配方法,各所属单位应遵照执行,并根据自身的特点加以补充。

(2)在管理上,利用企业的各项优势,对部分权限集中管理。

(3)在经营上,充分调动各所属单位的生产经营积极性。各所属单位围绕企业发展战略和经营目标,在遵守企业统一制度的前提下,可自主制定生产经营的各项决策。为避免配合失误,明确责任,凡需要由企业总部决定的事项,在规定时间内,企业总部应明确答复,否则,各所属单位有权自行处置。

从以上特点可以看出,集权与分权相结合型财务管理体制不仅吸收了集权型和分权型财务管理体制各自的优点,还避免了二者各自的缺点,从而具有较大的优越性。

第二节　企业组织形式与财务管理

财务管理的基础是企业组织形式,企业组织性质和特点决定企业目标及其相应的财务目标。不同类型的企业,其资本来源结构不同,企业所适用的法律方面有所不同和差别,财务管理活动开展的空间范围也不同。

企业究竟采取什么样的形式来管理自身的财务活动,直接关系到企业的生存和发展。企业是市场经济的主体,企业组织形式的不同类型决定着企业的财务结构、财务关系、财务风险和所采用财务管理方式的差异,企业财务管理必须立足企业的组织形式。

企业的组织形式有独资企业、合伙企业和公司制企业。

一、独资企业及财务管理

独资企业是指依法设立,由一个自然人投资,财产为投资人个人所有,投资人以其个人财产对公司债务承担无限责任的经营实体。独资企业是最简单的企业组织形式,企业不具有独立法人资格,依附于业主存在。独资企业的特点主要是:(1)独资企业创办容易,开办费用低廉,受政府的法规管束较少;(2)独资企业的资金来源主要是业主个人储蓄、各类借款,不允许以企业名义发行股票、债券筹资;(3)出资人对企业债务承担无限责任,如果独资企业因投资或营运的需要向银行或其他金融机构借款,当独资企业无法清偿债务时,业主必须承担所有的债务;(4)独资企业不作为企业所得税的纳税主体,其收益纳入所有者的其他收益,一并计算交纳个人所得税;(5)独资企业依附于业主个人而存在,当个体业主无法履行经营职责时,企业也就终止经营,不复存在。

我国的国有独资公司不属于本类企业,而是按有限责任公司对待。

独资企业的财务优势：(1)由于企业主个人对企业的债务承担无限责任，法律对这类企业的管理就比较宽松，设立企业的条件不高，程序简单、方便；(2)企业所有权和经营权是一致的；(3)所有者与经营者合为一体，经营方式灵活，一切财务管理决策直接为业主服务。

独资企业的财务劣势：(1)筹资较困难，独资企业规模小，企业主个人由于财力有限，并受到还债能力的限制，对债权人缺少吸引力，取得贷款的能力也比较差，因而难以投资经营一些资金密集、适合于规模生产经营的行业；(2)企业存续期短，一旦企业主死亡、丧失民事行为能力或不愿意继续经营，企业的生产经营活动就只能中止；(3)企业所有权不容易转让；(4)由于受到业主数量、人员素质、资金规模的影响，独资企业抵御财务经营风险的能力低下。

二、合伙企业及财务管理

合伙企业是依法设立，由各合伙人订立合伙协议，共同出资，合伙经营，共享收益，共担风险，并对合伙企业债务承担无限连带责任的营利组织。合伙企业的法律特征是：(1)有两个以上合伙人，并且都是具有完全民事行为能力，依法承担无限责任的人。(2)有书面合伙协议，合伙人依照合伙协议享有权利、承担责任。(3)有各合伙人实际缴付的出资，合伙人可以用货币、实物、土地使用权、知识产权或者其他属于合伙人的合法财产及财产权利出资，经全体合伙人协商一致即可；也可以用劳务出资，其评估作价由全体合伙人协商确定。(4)有关合伙企业改变名称、向企业登记机关申请办理变更登记手续、处分不动产或财产权利、为他人提供担保、聘任企业经营管理人员等重要事务，均须经全体合伙人一致同意。(5)合伙企业的利润分配、亏损分担，按照合伙协议的约定办理；合伙协议未约定或者约定不明确的，由合伙人协商决定；协商不成的，由合伙人按照实缴出资比例分配、分担；无法确定出资比例的，由合伙人平均分配、分担。合伙协议不得约定将全部利润分配给部分合伙人或者由部分合伙人承担全部亏损。

合伙企业的主要特点：(1)合伙企业创办较易，开办费用低廉，相对公司制企业而言，政府管理较松。(2)合伙企业融资与独资企业相似，企业开办的资金来源主要是合伙人的个人储蓄、各类借款，不能通过出售证券来筹资，筹资渠道较少。(3)合伙企业分为普通合伙企业和有限合伙企业。普通合伙企业由普通合伙人组成，合伙人对合伙企业债务承担无限连带责任。有限合伙企业由普通合伙人和有限合伙人组成，普通合伙人对合伙企业债务承担无限连带责任，有限合伙人以其认缴的出资额为限对合伙企业债务承担责任。(4)合伙企业的收入按照合伙人征收个人所得税。(5)当普通合伙人死亡或撤出时，普通合伙企业随之终结。而对于有限合伙企业来说，有限合伙人可以出售他们在企业中的利益，选择退出合伙。

许多律师事务所、会计师事务所或联合诊所都是合伙企业。

与独资企业相比较，合伙企业的主要财务优势：(1)由于每个合伙人既是合伙企业的所有者，又是合伙企业的经营者，这就可以发挥每个合伙人的专长，提高合伙企业的决策水平和管理水平。(2)由于可以由众多的人共同筹措资金，提高了筹资能力和扩大了企业规模,同时,由于各合伙人共同负责偿还债务,降低了向合伙企业提供贷款的机构风险。(3)由于合伙人对合伙企业的债务承担无限连带责任,因而有助于增强合伙人的责任心,提高合伙企业的信誉。

合伙企业的主要财务劣势:(1)合伙企业财务不稳定性比较大。由于合伙企业以人身相互信任为基础,合伙企业中任何一个合伙人发生变化(如原合伙人丧失民事行为能力、死亡、退出合伙或者新合伙人加入等)都将改变原合伙关系,建立新的合伙企业。因而,合伙企业的存续期限是很不稳定的。(2)合伙企业投资风险大。由于各合伙人对合伙企业债务负连带责任,因此,合伙人承担的经营风险极大,使合伙企业难以发展壮大。(3)合伙企业由于在重大财务决策问题上必须经过全体合伙人一致同意后才能行动,因此,合伙企业的财务管理机制就不能适应快速多变的社会要求。

三、公司制企业及财务管理

公司是依照公司法登记设立,以其全部法人财产,依法自主经营、自负盈亏的企业法人。公司制企业的主要特征是:(1)公司设立手续较为复杂。公司的组成必须有公司组织章程,其中规定企业成立的目的、可发行的股数、董事会如何组成,且组织章程必须符合公司法以及其他相关法律规范。(2)由于公司是独立法人,公司有自己的名称、所在地址,拥有自己独立的财产,因此,公司可以以自己的名义向金融机构借款或发行公司债券,也可以发行股票筹资。(3)公司实行有限责任制,即股东对公司的债务只负有限责任,在公司破产时,股东所承受的损失以其在该公司的出资额为限。(4)代表公司所有权的股权转让方便。公司股权以股票形式被等额划分为若干份,从而方便股东在证券市场的自由交易。(5)公司经营活动实行两权(所有权和经营权)分离。(6)政府对公司制企业的管制严于独资企业和合伙企业,且征收双重税收,即公司的收益先要交纳公司所得税,税后收益以现金股利分配给股东后,股东还要交纳个人所得税。

我国公司法所称公司指有限责任公司和股份有限公司。

1.有限责任公司

有限责任公司是指每个股东以其所认缴的出资额为限对公司承担有限责任,公司以其全部资产对其债务承担责任的企业法人。有限责任公司一般简称为有限公司,具有下列一些特征:(1)它的设立程序要比股份公司简便得多。在我国,设立股份有限公司要经过国务院授权的部门或省级人民政府批准,而设立有限公司,除法律、法规另有规定外,不需要任何政府部门的批准,可以直接向公司登记机关申请登记。有限公司不必发布公告,也不必公开其账目,尤其是公司的资产负债表一般不予公开。(2)有限公司不公开发行股票。有限责任公司的股东虽然也有各自的份额以及股份的权利证书,但它只是一种证券证明,而不像股票那样属于有价证券。而且,各股东的股份由股东协商确定,并不要求等额,可以有多有少。(3)有限公司的股东人数有限额。大多数国家的公司法都对有限公司的股东人数有上限规定,即最多不得超过多少人。我国《公司法》规定,有限责任公司由50个以下股东出资设立。(4)有限公司的股份不能上市自由买卖。由于有限公司股东持有的股权证书不是可上市的股票,所以这种股权证书只能在股东之间相互转让。股东向股东以外的人转让股权,应当经其他股东过半数同意。经股东同意转让的股权,在同等条件下,其他股东有优先购买权。(5)有限公司的内部管理机构设置灵活。股东人数较少和规模较小的有限公司,可以不设立董事会,只设 1 名执行董事,执行董事可以兼任公司经理。而且,这类公司也可以不设立监事会,只设 1～2 名监事,执行监督的权利。但董事、高级管理人员不得兼任监事。

由于有限责任公司具有上述特点,许多中小规模的企业往往采取这种公司形式。这样,既可享受政府对法人组织给予的税收等优惠和法人制度带来的其他好处,又能保持少数出资人的封闭经营,所以在一些西方国家中有限责任公司的数目大大超过股份有限公司。不过,在资本总额上,有限责任公司通常大大小于股份有限公司,因而经济地位相对较弱。

前面已提到,国有独资公司是有限责任公司的一种特殊形式。具体指国家单独出资,由国务院或者地方人民政府授权本级人民政府国有资产监督管理机构履行出资人职责的有限责任公司。国有独资公司的公司章程由国有资产监督管理机构制定,或者由董事会制定报国有资产监督管理机构批准。我国国有独资公司不设股东会,由国有资产监督管理机构行使股东会职权。国有资产监督管理机构可以授权公司董事会行使股东会的部分职权,决定公司的重大事项,但公司的合并、分立、解散、增加或者减少注册资本和发行公司债券,必须由国有资产监督管理机构决定。

2.股份有限公司

股份有限公司是指全部注册资本由等额股份构成并通过发行股票筹集资本的企业法人。股份有限公司一般简称为股份公司,在英国和美国称为公开(上市)公司,在日本称为株式会社。

股份有限公司具有下列一些特征:(1)股份公司是最典型的合资公司。在股份公司中股东的人身性质没有任何意义,股东仅仅是股票的持有者,他的所有权利都体现在股票上并随股票的转移而转移,持有股票的人便是股东。股份公司必须预先确定资本总额,然后再着手募集资本。任何愿意出资的人都可以成为股东,没有资格限制。(2)股份公司将其资本总额分为等额股份。资本平均分为股份,每股金额相等,同股同权、同股同价是股份公司的一个突出特点。(3)股份公司的股东人数有上下限要求。我国《公司法》规定,设立股份有限公司,应当有 2 人以上 200 人以下为发起人,其中须有半数以上的发起人在中国境内有住所。(4)股份公司设立程序复杂,法律要求严格。我国《公司法》规定,股份公司的设立要经过国务院授权的部门或者省级人民政府批准,不得自行设立。股份公司的重要文件,如公司章程、股东名录、股东大会会议记录和财务会计报告必须公开,以供股东和债权人查询。股份公司每年还必须公布公司的财务报表。(5)股份有限公司要设董事会,其成员为 5～19 人。股份有限公司要设监事会,其成员不得少于 3 人。董事、高级管理人员不得兼任监事。

股份有限公司的主要财务优势:(1)易于筹资。就筹集资本的角度而言,股份有限公司是最有效的企业组织形式。因其永续存在以及举债和增股的空间大,股份有限公司具有更大的筹资能力和弹性。(2)易于转让。由于股票可以在市场上自由流动,所以股东流动性极大。因此,在企业经营不善、面临亏损或破产危险时,股东可以迅速出售股票,转而投资到有利的企业中去。同时,这也能对企业经理人员形成压力,迫使其提高经营管理水平。(3)有限责任。股东对股份有限公司的债务承担有限责任,倘若公司破产清算,股东的损失以其对公司的投资额为限。而对独资企业和合伙企业,其所有者可能损失更多,甚至个人的全部财产。

股份有限公司的主要财务劣势:(1)股东的流动性太大,股东对于公司缺乏责任感。因为股东购买股票的目的就是为了取得红利或为在股市上获得资本利得收益,而不是为了办好企业,往往公司经营业绩一旦欠佳,股东就转让、出售股票。(2)股份有限公司的财务管理是最有挑战性的,几乎所有的公司财务管理理论都是源于股份公司财务管理的需求。

综上所述,企业组织形式的差异导致财务管理组织形式的差异,对企业理财有重要影响。在独资和合伙的企业组织形式下,企业的所有权和经营权合二为一,企业的所有者同时也是企业的经营者,他们享有财务管理的所有权利,并与其所享有的财务管理权利相适应,这两种企业的所有者必须承担一切财务风险或责任。其中,合伙企业的资金来源和信用能力比独资企业有所增加,收益分配也更加复杂,因此,合伙企业的财务管理比独资企业复杂得多。企业采取公司制组织形式,其所有权主体和经营权主体就发生分离,这时,公司债务是法人的债务,不是所有者的债务,所有者不像独资和合伙企业那样承担无限责任,他们只以自己的出资额为限对公司债务承担有限责任,即只要他们对公司缴足了注册资本的份额,对公司或公司的债权人就不需再更多地支付。公司引起的财务问题最多,企业不仅要争取获得最大利润,而且要争取使企业价值增加;公司的资金来源多种多样,筹资方式也很多,需要进行认真的分析和选择;盈余分配也不像独资企业和合伙企业那样简单,要考虑企业内部和外部的许多因素。

公司这一组织形式,已经成为西方大企业所采用的普遍形式,也是我国建立现代企业制度过程中选择的企业组织形式之一。虽然独资企业、合伙企业的总数很多,但公司制企业的注册资本和经营规模较大。因此,财务管理通常把公司财务管理作为讨论的重点。除非特别指明,本教材所讨论的财务管理均指公司财务管理。

第三节　企业目标与财务管理目标

企业一般是指以盈利为目的,运用各种生产要素(土地、劳动力、资本、技术和企业家才能等),向市场提供商品或服务,实行自主经营、自负盈亏、独立核算的法人或其他社会经济组织。财务管理目标是财务学的核心问题之一。财务管理目标是企业理财活动所希望实现的结果,是评价企业理财活动是否合理的基本标准。它是企业财务管理活动的导向器,决定着财务管理主体的行为模式。确立合理的财务管理目标,无论在理论上还是在实践上,都有着重要的意义。

一、企业目标及对财务管理的要求

财务管理是企业管理的一部分,是有关资金的获得和有效使用的管理工作。财务管理的目标,取决于企业的总目标。企业是具有一定目标,在生产或流通领域从事特定活动,向社会提供商品和劳务,实现自主经营、自负盈亏、自我约束、自我发展,获取盈利的经济实体。企业管理是一个复杂的系统工程,为了解决这一复杂系统的相关问题,首先要建立系统的总体目标。

企业是营利性组织,其出发点和归宿是获利。企业一旦成立,就会面临竞争,并始终处于生存和倒闭、发展和萎缩的矛盾之中。企业必须生存下去才能获利,只有不断发展才能生存。因此,概括来说,企业的目标有三个层次:首先是生存,其次是发展,然后才是获利。

(一)生存

企业的首要目标是生存。企业生存的条件是:第一,以收抵支。企业只有在经营过程中做到收入大于支出,企业的生产经营活动才能够不断地重复进行,否则,企业的再生产活动将会因收不抵支而难以为继,将迫使投资者退出生产经营活动。第二,到期偿债。企业如果负债经营,则必须保证债务的按期付息、到期还本,或定期按照合约的安排偿还债务,否则,企业将由于不能偿还到期的债务,导致债权人申请企业破产。

因此,企业生存的威胁主要来自两方面:一是长期亏损,这是企业终止的内在原因;另一个是不能偿还到期债务,这是企业终止的直接原因。亏损企业为维持运营被迫进行偿债性融资,借新债还旧债,如不能扭亏为盈,迟早会借不到钱而无法周转,从而不能偿还到期债务。盈利企业也可能出现"无力支付"的情况,主要是借款扩大业务规模,投资失败,为偿债必须出售不可缺少的厂房和设备等,使生产经营无法继续下去。

企业要想生存下去,对财务的要求就是力求保持以收抵支和偿还到期债务的能力,减少破产的风险,从而使企业能够长期、稳定地生存下去。

(二)发展

企业不仅要生存,还要不断地发展,增强竞争能力。企业的生产经营如"逆水行舟",不进则退。在科技不断进步的现代经济中,产品不断更新换代,企业必须不断推出更好、更新、更受顾客欢迎的产品,才能在市场中立足。在竞争激烈的市场上,各个企业此消彼长、优胜劣汰。一个企业如不能发展,不能提高产品和服务的质量,不能扩大自己的市场份额,就会被其他企业挤出市场。企业的发展对财务的要求就是要能够及时足额地筹集到发展资金,满足企业的研发和市场拓展对企业资源的需求。

(三)获利

企业生存、发展的最终目标是为了获利,只有获利的企业才有存在的价值。获利是最具综合能力的目标,它不仅体现了企业的出发点和归宿,而且可以概括其他目标的实现程度,并有助于其他目标的实现。为了实现企业的获利,就需要企业正确地进行投资,有效使用资金,取得较高的投资报酬率。

因此,在正常的生存前提下谋求企业的发展,在发展的前提下再去获利,这才是企业发展的良性循环。这就是财务管理和企业管理目标的一致性,也是财务工作的必要性和重要性之所在。

二、企业财务管理目标

任何管理都是有目的的行为,财务管理也不例外。财务管理目标是企业财务管理工作尤其是财务决策所依据的最高准则,是企业财务活动在一定环境和条件下应达到的根本目的。它决定着企业财务管理的根本方向,是企业财务的出发点和归宿。关于企业财务管理目标的观点有许多,表述最多的主要有以下三种。

(一)利润最大化

这种观点认为,利润代表了企业新创造的财富,利润越多则说明企业的财富增加得越多,越接近企业的目标。以利润最大化作为财务管理目标有其合理性:一方面,利润是企业积累的源泉,利润最大化使企业经营资本有了可靠的来源;另一方面,每个企业都能最大限度地创造利润,整个社会的财富才能实现最大化。

这种观点的主要缺陷:(1)利润最大化是一个绝对指标,没有考虑企业的投入与产出之间的关系,难以在不同资本规模的企业或同一企业的不同期间进行比较。(2)没有区分不同时期的收益,没有考虑资金的时间价值。投资项目收益现值的大小,不仅取决于其收益将来值总额的大小,还要受取得收益时间的制约。因为早取得收益,就能早进行再投资,进而早获得新的收益。利润最大化目标则忽视了这一点。(3)没有考虑风险问题。一般而言,高额利润往往要承担过大的风险。(4)利润最大化可能会使企业财务决策带有短期行为,即片面追求利润的增加,不考虑企业长远的发展。

(二)每股收益最大化

这种观点认为,应该把企业利润与投入的资本相联系,用每股收益(或资本利润率)概括企业财务管理目标。其观点本身概念明确,因为每股收益是一定时间内单位投入资本所获收益额,充分体现了资本投入与资本增值之间的比例关系,可以揭示其盈利水平的差异。但是这种观点仍然存在两个问题:一是没有考虑资金的时间价值;二是没有考虑风险问题。

(三)企业价值最大化

企业价值就是企业的市场价值,是企业所能创造的预计未来现金流量的现值。未来现金流量这一概念,包含了资金的时间价值和风险价值两个方面的因素。因为未来现金流量的预测包含了不确定性和风险因素,而现金流量的现值是以资金的时间价值为基础对现金流量进行折现计算得出的。对于股份制企业来说,企业价值最大化通常表述为股东财富最大化[①]。对于上市的股份公司来说,在股东投资资本不变的情况下,股东财富最

---

①　从严格意义来讲,股东财富与企业价值的含义是有区别的。(1)股东财富可以用股东权益的市场价值来衡量,股东权益的市场价值＝股数×股价,在股东投资资本不变(即不增发新股和回购股票)的情况下,由于股数不变,因此,股价上升可以反映股东财富的增加,股价下跌可以反映股东财富的减损,股东财富最大化可以被表述为股价最大化。(2)企业价值＝权益价值＋债务价值,在债务价值不变的情况下,企业价值最大化意味着权益价值最大化;而在股东投资资本不变的情况下,权益价值最大化意味着股东财富最大化。因此,如果股东投资资本和债务价值不变,则股东财富最大化可以被表述为企业价值最大化。本书对二者不加严格区分。

大化可用股票市价最大化来代替。股票市价是企业经营状况及业绩水平的动态描述,代表了投资大众对公司价值的客观评价。股票价格是由公司未来的收益和风险决定的,其股价的高低,不仅反映了资本和获利之间的关系,而且体现了预期每股收益的大小、取得的时间、所冒的风险以及企业股利政策等诸多因素的影响。企业追求其市场价值最大化,有利于避免企业在追求利润上的短期行为,因为不仅目前的利润会影响企业的价值,预期未来的利润对企业价值的影响所起的作用更大。

以企业价值最大化作为财务管理的目标,其优点主要表现在:(1)该目标考虑了资金的时间价值和风险价值,有利于统筹安排长短期规划、合理选择投资方案、有效筹措资金、合理制定股利政策等;(2)该目标反映了对企业资产保值增值的要求,从某种意义上说,股东财富越多,企业市场价值就越大,追求股东财富最大化的结果可促使企业资产保值或增值;(3)该目标有利于克服管理上的片面性和短期行为;(4)该目标有利于社会资源合理配置,社会资金通常流向企业价值最大化或股东财富最大化的企业或行业,有利于实现社会效益最大化。

以企业价值最大化作为财务管理的目标也存在以下问题:(1)尽管对于股票上市企业,股票价格的变动在一定程度上揭示了企业价值的变化,但是股价是受多种因素影响的结果,特别是在资本市场效率低下的情况下,股票价格很难反映企业所有者权益的价值;(2)为了控股或稳定购销关系,现代企业不少采用环形持股的方式,相互持股,而法人股东对股票市价的敏感程度远不及个人股东,对股票价值的增加没有足够的兴趣;(3)对于非股票上市企业,只有对企业进行专门的评估才能真正确定其价值。而在评估企业的资产时,由于受评估标准和评估方式的影响,这种估价不易做到客观和准确,这也导致企业价值确定的困难。

企业价值最大化目标已被理论界与实务界广泛接受。

另外,还有相关者利益最大化①作为财务管理目标等观点,在此不再一一赘述。

本书主要采纳企业价值最大化作为企业财务管理目标的观点。

三、不同利益主体财务管理目标的矛盾与协调

企业从事财务管理活动,必然发生企业与各个方面的经济利益关系,在企业财务关系中最为重要的关系是所有者、经营者与债权人之间的关系。企业必须处理、协调好这三者之间的矛盾与利益关系。

(一)所有者与经营者的矛盾与协调

经营者和所有者的主要矛盾在于,经营者希望在提高企业价值和股东财富的同时,能更多地增加享受成本;而所有者或股东则希望经营者以较小的享受成本带来更高的企业价值或更多的股东财富。两者行为目标不同,必然导致经营者利益和股东财富最大化的

---

① 这种观点认为,企业的本质是利益相关者的契约集合体,利益相关者是所有在公司真正拥有某种形式的投资并且处于风险之中的人,企业利益相关者包括股东、经营者、员工、债权人、客户、供应商、竞争者以及政府。在确定企业财务管理目标时,不能忽视这些相关利益群体的利益。

矛盾与冲突。

为了协调这一矛盾,防止经营者背离所有者目标,通常可以采用解聘、接收、激励等措施。

1.解聘。是一种通过所有者约束经营者的办法。所有者对经营者予以监督,如果经营者未能使企业价值达最大,就解聘经营者。

2.接收。是一种通过市场约束经营者的办法。如果经营者经营决策失误、经营不力,未能采取一切有效措施使企业价值提高,该公司就可能被其他公司强行接收或吞并,相应的,经营者也会被解聘。经营者为了避免这种接收,必须采取一切措施提高股票市价,从而增加所有者财富。

3.激励。是指将经营者的报酬与其绩效挂钩,使经营者能够分享企业增加的财富,鼓励经营者自觉采取能满足企业价值最大化的措施。如利用股票期权方式激励,即允许经营者在未来某个时期以约定的固定价格购买一定数量的公司股票;也可以利用绩效股方式激励,即以每股收益、资产报酬率、净资产收益率以及资产流动性等指标对经营者的绩效进行考核,并视其绩效大小给予经营者数量不等的股票奖励。

需要指出的是,激励作用与激励成本相关,报酬太低,达不到激励效果;报酬太高,又会加大股东的激励成本,减少股东自身利益。可见,激励也只能减少经营者违背所有者意愿的行为,而不能解决全部问题。

通常情况下,企业会采用监督和激励相结合的办法使经营者的目标与企业目标协调起来,力求使监督成本、激励成本和经营者背离所有者目标的损失之和最小。

(二)所有者与债权人的矛盾与协调

企业的资本来自股东和债权人。债权人的投资回报是固定的,而股东收益随企业经营效益而变化。当企业经营得好时,债权人所得的固定利息只是企业收益中的一小部分,大部分利润归股东所有。当企业经营状况差陷入财务困境时,债权人承担了资本无法追回的风险。这就使得所有者的财务目标与债权人渴望实现的目标可能发生矛盾。首先,所有者可能未经债权人同意,要求经营者投资于比债权人预计风险要高的项目,这会增加债权人的风险。高风险的项目一旦成功,额外利润就会被所有者独享;但若失败,债权人却要与所有者共同负担由此而造成的损失。这对债权人来说风险与收益是不对称的。其次,所有者或股东可能未征得现有债权人同意,而要求经营者发行新债券或借新债,这增大了企业破产风险,致使旧债券或老债券的价值降低,侵犯了债权人的利益。因此,在企业财务拮据时,所有者和债权人之间的利益冲突加剧。

债权人为了防止其利益被伤害,除了寻求立法保护、优先于股东分配剩余财产等外,通常采取以下措施。

1.限制性借款。它是通过对借款的用途、借款的担保条款和借款的信用条件进行限制来防止和迫使股东不能利用上述两种方法剥夺债权人的债权价值。

2.收回借款或不再借款。当债权人发现公司有侵蚀其债权价值的意图时,采取收回债权和不给予公司重新放款,从而来保护自身的权益。

除债权人外,与企业经营者有关的各方都与企业有合同关系,都存在着利益冲突和限制条款。企业经营者若侵犯职工雇员、客户、供应商和所在社区的利益,都将影响企业目标的实现。所以说企业是在一系列限制条件下实现企业价值最大化的。

第四节　财务管理环境

企业的财务管理环境又称理财环境,是指对企业财务活动和财务管理产生影响作用的企业内外部的各种条件。任何理财活动都是在一定环境之下开展的,所以,理财首先要分析财务管理环境的现状、变化及其趋势。通过环境分析,提高企业财务行为对环境的适应能力、应变能力和利用能力,以便更好地实现企业财务管理目标。

一、财务管理环境的含义及其分类

从系统论的观点来看,所谓环境,就是指存在于研究系统之外的,对研究系统有影响作用的一切系统的总和。那么,财务管理以外的,对财务管理系统有影响作用的一切系统的总和,便构成财务管理的环境。如国家的政治经济形势,国家经济法规的完善程度,企业面临的市场状况,经济全球化的浪潮,信息技术、通信技术、电子商务的蓬勃发展,虚拟公司的兴起等,都会对财务管理产生重要影响,因此,都属于财务管理环境的组成内容。通过财务管理环境的概念可得知,财务管理环境是一个多层次、多方位的复杂系统,它纵横交错、相互制约,对企业财务管理有着重要影响。为了能对财务管理的环境作更深入细致的研究,下面对企业财务管理环境进行简单分类。

(一)按其包括的范围划分,可分为宏观理财环境和微观理财环境

宏观理财环境是对财务管理有重要影响的宏观方面的各种因素,其内容十分广阔,包括经济、政治、社会、自然条件等各种因素。从经济角度来看,主要包括国家经济发展的水平、产业政策、金融市场状况等。宏观理财环境的变化,一般对各类企业的财务管理均产生影响。微观理财环境是对财务管理有重要影响的微观方面的各种因素,如企业的组织结构、生产经营活动、产品的市场销售状况等。微观环境的变化一般只对特定企业的财务管理产生影响。

(二)按其与企业的关系划分,可分为内部财务管理环境和外部财务管理环境

企业内部财务管理环境是指企业内部的影响财务管理的各种因素,如企业的生产状况、技术状况、经营规模、资产结构、生产经营周期等。内部环境较简单,具有能比较容易把握和加以利用等特点。企业外部财务管理环境是指企业外部的影响财务管理的各种因素,如国家政治、经济形势、法律制度、企业所面临的市场状况以及国际财务管理环境等。外部环境构成比较复杂,需要认真调查,搜集资料,以便分析研究,全面认识。

(三)按其变化的情况划分,可分为静态财务管理环境和动态财务管理环境

静态财务管理环境是指那些处于相对稳定状态的影响财务管理的各种因素,它对财务管理的影响程度相对平衡,起伏不大。因此,对这些环境无须经常予以调整、研究,而是作为已知条件来对待。财务管理环境中的地理环境、法律制度等,属于静态财务管理环境。动态财务管理环境是指那些处于不断变化状态的、影响财务管理的各种因素。例如,在市场经济体制下,商品市场上的销售量及销售价格,资金市场的资金供求状况及利息率的高低,都是不断变化的,属于动态财务管理环境。在财务管理中,应重点研究、分析动态财务管理环境,并及时采取相应对策,提高对财务管理环境的适应能力和应变能力。

二、影响企业外部财务环境的主要因素

内部财务管理环境存在于企业内部,是企业可以从总体上采取一定的措施控制和改变的因素。而外部财务管理环境,由于存在于企业外部,它们对企业财务行为的影响无论是有形的硬环境,还是无形的软环境,企业都难以控制和改变,更多的是适应和因势利导。因此本节主要介绍外部财务管理环境。影响企业外部财务管理环境的有各种因素,包括政治、经济、金融、法律、技术、文化等许多方面,其中最主要的有经济环境、法律环境和金融环境等因素。

(一)经济环境

经济环境是指构成企业生存和发展的社会经济状况和国家经济政策。经济环境内容十分广泛,包括经济周期、经济发展状况、宏观经济政策等。

1.经济周期

经济周期是指总体经济活动的扩张和收缩交替反复出现的过程,也称经济波动。每一个经济周期都可以分为上升和下降两个阶段。上升阶段也称为繁荣阶级,最高点称为顶峰。然而,顶峰也是经济由盛转衰的转折点,此后经济就进入下降阶段,即衰退阶级。衰退严重则经济进入萧条阶级,衰退的最低点称为谷底。当然,谷底也是经济由衰转盛的一个转折点,此后经济进入上升阶段。经济从一个顶峰到另一个顶峰,或者从一个谷底到另一个谷底,就是一次完整的经济周期。现代经济学关于经济周期的定义,建立在经济增长率变化的基础上,指的是增长率上升和下降的交替过程。

经济周期的各个阶段都具有一些典型特征,大致如下。

(1)繁荣阶段:该阶段的经济活动水平高于趋势水平,经济活动较为活跃,需求不断增加,产品销售通畅,投资持续增加,产量不断上升,就业不断扩大,产出水平逐渐达到高水平,经济持续扩张。不过,繁荣阶段一般持续时间不长,当需求扩张开始减速时会诱发投资减速,经济就会从峰顶开始滑落。通常当国内生产总值连续两个季度下降时,可以认为经济已经走向衰退。

(2)衰退阶段:该阶段经济活动水平开始下降,消费需求也开始萎缩,闲置生产能力开始增加,企业投资开始以更大的幅度下滑,产出增长势头受到抑制,国民收入水平和需求水平进一步下降,最终将使经济走向萧条阶段。

(3)萧条阶段:这时,经济处于收缩较为严重的时期,逐渐降低到低水平,即低于长期趋势值,就业减少,失业水平提高,企业投资降至低谷,一般物价水平也在持续下跌。当萧条持续一段时间后,闲置生产能力因投资在前些阶段减少逐渐耗尽,投资开始出现缓慢回升,需求水平开始出现增长,经济逐渐走向复苏阶段。

(4)复苏阶段:这时经济活动走向上升通道,经济活动开始趋于活跃,投资开始加速增长,需求水平也开始逐渐高涨,就业水平提高,失业水平下降,产出水平不断增加。随着经

济活动不断恢复,整个经济走向下一个周期的繁荣阶段。

对于企业来说,对经济运行周期阶段的识别与评判是评价经济发展现状、预测经济发展趋势的重要前提,也是企业正确规划财务发展战略、选择财务政策的基本前提。

2.经济发展状况

经济发展状况是指宏观经济的短期运行特征。国家统计部门会定期公布经济发展状况的各种经济指标,如经济增长速度、失业率、物价指数、进出口贸易额增长率、税收收入以及各个行业的经济发展状况指标等。对各种经济发展状况指标的跟踪观察有利于企业正确把握宏观经济运行的态势,及时调整财务管理策略。

3.宏观经济政策

宏观经济政策是政府对宏观经济进行干预的重要手段,主要包括产业政策、金融政策和财政政策等。政府通过宏观经济政策的调整引导微观财务主体的经济行为,达到调控宏观经济的目的。作为微观的市场竞争主体,企业必须关注宏观经济政策的取向及其对企业经济行为的影响,并根据宏观经济政策的变化及时调整自身的行为,以规避政策性风险对企业财务运行的影响。

(二)法律环境

法律环境是指国家通过立法确认企业应享有的权益和国家对企业合法权益予以法律保护的措施,继而所形成的企业经营的外部条件。也就是指企业和外部发生经济关系时所应遵守的各种法律、法规和规章(简称"法规"),主要包括公司法、证券法、金融法、证券交易法、经济合同法、税法、企业财务通则、内部控制基本规范等。市场经济是法治经济,企业的一切经济活动都是在一定法律规范内进行的。一方面,法律提出了企业从事一切经济业务所必须遵守的规范,从而对企业的经济行为进行约束;另一方面,法律也为企业合法从事各项经济活动提供了保护。

国家相关法律法规按照对财务管理内容的影响情况可以分如下几类。

(1)影响企业筹资的各种法规,主要有公司法、证券法、金融法、证券交易法等。这些法规可以从不同方面规范或制约企业的筹资活动。

(2)影响企业投资的各种法规,主要有证券交易法、公司法、企业财务通则等。这些法规从不同角度规范企业的投资活动。

(3)影响企业收益分配的各种法规,主要有税法、公司法、企业财务通则等。这些法规从不同方面对企业收益分配进行了规范。

法律环境对企业的影响是多方面的,影响范围包括企业组织形式、公司治理结构、投融资活动、日常经营、收益分配等。比如《公司法》规定,企业可以采用独资、合伙、公司制等企业组织形式。企业组织形式不同,业主(股东)权利责任、企业投融资、收益分配、纳税、信息披露等也就不同,公司治理结构也不同。上述不同种类的法律、法规、规章,分别从不同方面约束企业的经济行为,对企业财务管理产生影响。

(三)金融环境

金融环境是指一个国家在一定的金融体制和制度下,影响经济主体活动的各种要素的集合。企业总是需要资金从事投资和经营活动。而资金的取得,除了自有资金外,主要从金融机构和金融市场取得。金融政策的变化必然影响企业的筹资、投资和资金营运活动。所以,金融环境是企业最主要的环境因素之一。

1.金融市场

金融市场是指资金筹集的场所。广义的金融市场,是指一切资本流动(包括实物资本和货币资本)的场所,其交易对象为:货币借贷、票据承兑和贴现、有价证券的买卖、黄金和外汇买卖、办理国内外保险、生产资料的产权交换等。狭义的金融市场一般是指有价证券市场,即股票和债券的发行和买卖市场。

(1)金融市场的分类

①按交易的期限分为:短期资金市场和长期资金市场。短期资金市场是指期限不超过一年的资金交易市场,因为短期有价证券易于变成货币或作为货币使用,所以也叫货币市场。长期资金市场是指期限在一年以上的股票和债券交易市场,因为发行股票和债券主要用于固定资产等资本货物的购置,所以也叫资本市场。

②按交易的性质分为:发行市场和流通市场。发行市场是指从事新证券和票据等金融工具买卖的转让市场,也叫初级市场或一级市场。流通市场是指从事已上市的旧证券或票据等金融工具买卖的转让市场,也叫次级市场或二级市场。

③按交易的直接对象分为:同业拆借市场、国债市场、企业债券市场、股票市场和金融期货市场等。

④按交割的时间分为:现货市场和期货市场。现货市场是指买卖双方成交后,当场或几天之内买方付款、卖方交出证券的交易市场。期货市场是指买卖双方成交后,在双方约定的未来某一特定的时日才交割的交易市场。

(2)金融市场对财务管理的影响

①金融市场为企业提供了良好的投资和筹资的场所。金融市场能够为资本所有者提供多种投资渠道,为资本筹集者提供多种可供选择的筹资方式。企业需要资金时,可以到金融市场选择适合自己需要的方式筹资。企业有了剩余的资金,也可以在金融市场上选择合适的投资方式,为其资金寻找出路。

②促进企业资本灵活转换。企业可通过金融市场将长期资金,如将股票、债券变现转为短期资金;也可以通过金融市场将短期资金转化为长期资金,如购进股票、债券等。金融市场为企业的长短期资金相互转化提供了方便。

③金融市场为企业财务管理提供有意义的信息。金融市场的利率变动反映资金的供求状况,有价证券市场的行情反映投资人对企业经营状况和盈利水平的评价。这些都是企业生产经营和财务管理的重要依据。

2.金融机构

金融机构包括银行业金融机构和其他金融机构。社会资金从资金供应者手中转移到资金需求者手中,大多要通过金融机构。

(1)中国人民银行。中国人民银行是我国的中央银行,它代表政府管理全国的金融机构和金融活动,经理国库。其主要职责是制定和实施货币政策,保持货币币值稳定;依法对金融机构进行监督管理,维持金融业的合法、稳健运行;维护支付和清算系统的正常运行;持有、管理、经营国家外汇储备和黄金储备;代理国库和其他与政府有关的金融业务;代表政府从事有关的国际金融活动。

（2）政策银行。政策性银行，是指由政府设立，以贯彻国家产业政策、区域发展政策为目的，不以营利为目的的金融机构。政策性银行与商业银行相比，其特点在于：不面向公众吸收存款，而以财政拨款和发行政策性金融债券为主要资金来源；其资本主要由政府拨付；不以营利为目的，经营时主要考虑国家的整体利益和社会效益；其服务领域主要是对国民经济发展和社会稳定有重要意义，而商业银行出于盈利目的不愿借贷的领域；一般不普遍设立分支机构，其业务由商业银行代理。但是，政策性银行的资金并非财政资金，也必须有偿使用，对贷款也要进行严格审查，并要求还本付息、周转使用。我国目前有两家政策性银行：中国进出口银行和中国农业发展银行。[①]

（3）商业银行。商业银行是以经营存款、放款、办理转账结算为主要业务，以盈利为主要经营目标的金融企业。商业银行的建立和运行，受《中华人民共和国商业银行法》规范。我国的商业银行可以分成三类：一类是国有商业银行，包括中国工商银行、中国农业银行、中国银行、中国建设银行、交通银行、中国邮政储蓄银行。另一类是股份制商业银行，包括平安银行、广发银行、中信实业银行、中国光大银行、华夏银行、招商银行、兴业银行、上海浦东发展银行、中国民生银行等，以及各地方的商业银行等。最后一类是外资银行。按照中国与世界贸易组织签订的协议，中国金融市场要逐渐对外开放，外资银行可以在中国境内设立分支机构或营业网点，可以经营人民币业务。

（4）非银行金融机构。目前，我国主要的非银行金融机构有金融资产管理公司、保险公司、信托投资公司、证券机构、财务公司、金融租赁公司。

我国金融资产管理公司是经国务院决定设立的收购国有商业银行不良贷款，管理和处置因收购国有商业银行不良贷款形成的资产的国有非银行金融机构。金融资产管理公司以最大限度保全资产、减少损失为主要经营目标，依法独立承担民事责任。我国有4家金融资产管理公司，即中国华融资产管理股份有限公司、中国长城资产管理股份有限公司、中国东方资产管理股份有限公司、中国信达资产管理股份有限公司，分别接收从中国工商银行、中国农业银行、中国银行、中国建设银行剥离出来的不良资产。

保险公司，主要经营保险业务，包括财产保险、责任保险、保证保险和人身保险。目前，我国保险公司的资金运用被严格限制在银行存款、政府债券、金融债券和投资基金范围内。

信托投资公司，主要是以受托人的身份代人理财。其主要业务有经营资金、财产委托、代理资产保管、金融租赁、经济咨询以及投资等。

证券机构，是指从事证券业务的机构，包括：①证券公司，其主要业务是推销政府债券、企业债券和股票，代理买卖和自营买卖已上市流通的各类有价证券，参与企业收购、兼并，充当企业财务顾问等；②证券交易所，提供证券交易的场所和设施，制定证券交易的业务规则，接受公司上市申请并安排上市，组织、监督证券交易，对会员和上市公司进行监管等；③登记结算公司，主要是办理股票交易中所有权转移时的过户和资金的结算。

财务公司，通常类似于投资银行。我国的财务公司是由企业集团内部各成员单位入

---

① 1994年中国政府设立了国家开发银行、中国进出口银行、中国农业发展银行三大政策性银行，均直属国务院领导。

2015年3月，国务院明确国家开发银行定位为开发性金融机构，从政策性银行序列中剥离。

股,向社会募集中长期资金,为企业技术进步服务的金融股份有限公司。它的业务被限定在本集团内,不得从企业集团之外吸收存款,也不得对非集团单位和个人贷款。

金融租赁公司,是指办理筹资租赁业务的公司组织。其主要业务有动产和不动产的租赁、转租赁、回租租赁、委托租赁等。

3.金融市场利率

在金融市场上,利率是资金使用权的价格,其计算公式为:

利率＝纯利率＋通货膨胀附加率＋风险附加率

纯利率是指没有风险和通货膨胀情况下的平均利率。在没有通货膨胀时,国库券的利率可以视为纯利率。

通货膨胀是指在货币流通条件下,因货币供给大于货币实际需求,也即现实购买力大于产出供给,导致货币贬值,从而引起的一段时间内物价持续而普遍地上涨现象。通货膨胀附加率是由于通货膨胀会降低货币的实际购买力,为弥补其购买力损失而在纯利率的基础上要求提高的利率。

风险附加率是由于存在违约风险、流动性风险和期限风险而要求在纯利率和通货膨胀之外附加的利率。其中,违约风险附加率是指为了弥补因债务人无法按时还本付息而带来的风险,由债权人要求附加的利率;流动性风险附加率是指为了弥补因债务人资产流动不好而带来的风险,由债权人要求附加的利率;期限风险附加率是指为了弥补因偿债期长而带来的风险,由债权人要求附加的利率。

本章小结

企业财务是指企业在生产经营过程中客观存在的资金运动及其所体现的经济利益关系,前者称为财务活动,表明了企业财务的内容和形式特征;后者称为财务关系,揭示了企业财务的实质。

企业财务管理是按照国家法律法规和企业经营要求,遵循资本营运规律,对企业财务活动进行组织、预测、决策、计划、控制、分析和监督等一系列管理工作的总称,是利用价值形式对企业财务活动及其体现的财务关系进行的综合性管理工作。其基本内容包括筹资管理、投资管理、营运资金管理和收益分配管理。

财务活动是指资金的筹集、运用、耗资、收回及分配等一系列行为。其中资金的运用、耗资、收回又称为投资,所以筹资活动、投资活动和分配活动构成财务活动的基本内容。

财务关系是指企业组织财务活动所发生的企业与各方面的经济利益关系。

财务管理工作环节是指财务管理的工作步骤和一般程序,其内容包括:财务预测、财务决策、财务预算、财务控制、财务分析和业绩评价等。

企业财务管理体制是明确企业各财务层级财务权限、责任和利益的制度。按其集权化的程度可分为集权型财务管理体制、分权型财务管理体制、集权与分权相结合型财务管理体制。

财务管理的基础是企业组织形式,企业组织性质和特点决定企业目标及其相应的财务目标。不同类型的企业,其资本来源结构不同,企业所适用的法律方面有所不同和差别,财务管理活动开展的空间范围也不同。

财务管理目标是企业财务管理工作(尤其是财务决策)所依据的最高准则,是企业财务活动所要达到的最终目标。

财务管理环境是指对企业财务活动和财务管理产生影响作用的企业内外部的各种条件。包括内部财务管理环境和外部财务管理环境。了解财务管理环境的目的在于使得企业在规划财务行为时更加合理、有效,以提高企业财务活动对环境的适应能力、应变能力和利用能力。影响企业外部财务管理环境的因素主要包括:经济环境、法律环境和金融市场环境等。

复习思考题

1.财务管理包括哪些主要内容?

2.企业的主要财务关系有哪些? 企业应该如何处理与各方的财务关系?

3.阐述不同组织形式的财务管理的特点。

4.财务管理的主要目标有哪些? 你认为企业最合理的财务管理目标是什么?

5.所有者与经营者之间有哪些矛盾冲突?

6.举例说明财务管理环境对企业财务决策的影响。

案例分析

厦门航空的精细化财务管理①

厦门航空有限公司(以下简称厦航)的精细化财务管理以"细"为起点,对每一岗位、每一项业务都建立起一套相应的财务管理流程和规范,将财务管理的触角延伸到公司生产经营的每一个领域,实现财务管理"零"死角。在"细"的基础上强调"精",即精益求精,每一项业务都力求做到最好,以"精"为创新的动力。简言之,"细"重在从广度上挖掘潜在价值,"精"重在从深度上追求高附加值,通过不断拓展财务工作的广度和深度,尽一切可能为企业创造经济效益。

以下为厦航精细化财务管理的实施重点。

1.以"三个转变"为核心,推动财务管理转型。精细化财务管理通过转变工作职能、转变工作作风和转变工作领域,逐步实现财务管理从传统的记账核算向经营管理转型,使财务管理在提高企业经营效益中发挥积极主动的作用,乃至关键核心的作用。

2.以拓宽管理领域为抓手,推动财务业务一体化。财务管理与生产经营管理融合在一起,通过数据分析、挖掘和提炼,全方位为经营决策提供支持。财务管理要帮助每个管理者掌握所辖业务活动的耗费和产出关系,找到降本增效的关键点,使每个部门、每个班

① 冯雁凌.从精细化财务管理到大财务管控[J].财务与会计,2017(8).

组都围绕企业的效益目标努力工作。

3.以制度和IT(信息技术)建设为基础,推动财务管理现代化。精细化财务管理的基础是工作标准和系统控制。厦航财务建立了三级手册管理体系,制定严格的工作标准并随着业务发展动态管理。为了保证工作标准落实到位,厦航将其固化在业务系统中,实现系统控制和预警。标准化和信息化大大提高了财务管控的质量和效率,成为精细化财务管理的实施基础和平台。

传统的财务管理职能是核算和监督,侧重于事后管理。厦航进一步提出事前的引导、预警职能和事中的控制、服务职能,更加全面地指导管理型财务的建设。引导职能要求财务管理通过对财务数据的深入分析,对生产经营过程的深度参与,对企业经营决策提出意见和建议以指导经营生产;预警职能要求财务管理不应该只满足于事后核算和报告,而应该在经营过程中为企业"体检把脉",及时发现异常并及时纠偏;控制职能要求建立完善的财务内控体系,科学行使财务否决权,有效控制企业经营成本和经营风险;服务职能则是指财务管理具有向公司内部客户服务的职能,要求财务人员的工作作风从机关型向服务型转变,与生产部门密切协作、有效互动,共同提高企业效益。厦航集六项职能于一身,从事前、事中到事后实施全员、全过程、全方位的财务管理,更好地为企业发展保驾护航。

问题:

1.厦航精细化财务管理与传统财务管理相比有哪些特色?

2.你认为新经济环境下实施精细化财务管理的必要性有哪些?

知识拓展 1　　　　测试 1　　　　课件 1

第二章　财务估价基础

💡 **学习目标**

通过学习本章,你应该能够:

1. 掌握资金时间价值的概念及其计算;
2. 掌握风险价值的概念以及风险的衡量方法;
3. 掌握资产投资组合的意义及方法;
4. 熟悉资本资产定价模型及证券市场线的含义及应用;
5. 了解有效市场理论;
6. 掌握债券与股票估价的基本概念;
7. 掌握债券与股票的估价方法。

　　财务估价是财务管理的核心问题,几乎涉及每一项财务决策。财务估价是指对一项资产价值的估计。这里的资产可能是金融资产,也可能是实物资产,甚至可能是一个企业。这里的价值是指资产的内在价值,称为经济价值(或者公平市场价值),是指用适当的折现率计算的资产预期未来现金流量的现值。它与资产的账面价值、清算价值和市场价值既有联系,也有区别。

　　财务估价的基本方法是折现现金流量法,该方法涉及三个基本的财务观念:时间价值、风险价值和现金流量。时间价值主要是讨论现值的计算方法问题;风险价值主要讨论风险和报酬问题;现金流量因不同资产的特点而异。这三个问题统一于折现现金流量模型,具有不可分割性。

第一节　资金的时间价值

　　资金时间价值是现代财务管理的基础观念之一,因其非常重要且涉及所有理财活动,有人称之为理财的"第一原则"。

一、资金时间价值的概念

(一)资金时间价值的含义

资金的时间价值是指一定量资金在不同时点上价值量的差额,也称为货币的时间价值。资金在周转过程中会随着时间的推移而发生增值,使资金在投入、收回的不同时点上价值不同,形成价值差额。

在日常生活中会发现,一定量的资金在不同时点上具有不同价值,现在的一元钱比将来的一元钱更值钱。例如我们现在有1 000元,存入银行,银行的年利率为5%,1年后可得到1 050元,于是现在1 000元与1年后的1 050元价值相等。因为这1 000元经过1年的时间增值了50元,这增值的50元就是资金经过1年时间的价值。同样,企业的资金投到生产经营中,经过生产过程的不断运行,资金的不断运动,随着时间的推移,会创造新的价值,使资金得以增值。因此,一定量的资金投入生产经营或存入银行,会取得一定利润或利息,从而产生资金的时间价值。

资金时间价值是企业筹资决策和投资决策所要考虑的一个重要因素,也是财务估价的基础。

(二)资金时间价值产生的原因

资金时间价值产生的前提条件,是由于商品经济的高度发展和借贷关系的普遍存在,出现了资金使用权与所有权的分离,资金的所有者把资金使用权转让给使用者,使用者必须把资金增值的一部分支付给资金的所有者作为报酬,资金占用的金额越大,使用的时间越长,所有者所要求的报酬就越高。而资金在周转过程中的价值增值是资金时间价值产生的根本源泉。

按照马克思的劳动价值理论,资金时间价值产生的源泉并非表面的时间变化而是劳动者为社会劳动而创造出来的剩余价值。因为如果将一大笔钱放在保险柜里,随着时间的变化不可能使资金增值,而是必须投入周转使用,经过劳动过程才能产生资金时间价值。马克思的剩余价值观揭示了资金时间价值的源泉——剩余价值。资金需求者之所以愿意以一定的利率借入资金,是因为因此而产生的剩余价值能够补偿所支付的利息。根据剩余价值观点,资金具有时间价值是有条件的,即资金必须用于周转使用,作为分享剩余价值的要素资本参与社会扩大再生产活动。

因此,资金时间价值的概念可以表述为:资金作为要素资本参与社会再生产活动,经过一定时间的周转循环而发生的增值,这种增值能够给投资者带来更大的效用。

对于资金时间价值也可以理解为:如果放弃资金的使用权利(投资、储蓄等),则相对失去某种收益的机会,也就相当于付出一定代价,由此产生的一种机会成本。

(三)资金时间价值的表示

资金的时间价值可用绝对数(利息)和相对数(利息率)两种形式表示,通常用相对数表示。资金时间价值的实际内容是没有风险和没有通货膨胀条件下的社会平均资金利润率,是企业资金利润率的最低限度,也是使用资金的最低成本率。

由于资金在不同时点上具有不同的价值,不同时点上的资金就不能直接比较,必须换算到相同的时点上才能比较,因此,掌握资金时间价值的计算就很重要。

二、一次性收付款项的终值和现值

一次性收付款项是指在某一特定时点上一次性支出或收入,经过一段时间后再一次性收回或支出的款项。例如,现在将一笔10 000元的现金存入银行,5年后一次性取出本利和。

资金时间价值的计算,涉及两个重要的概念:现值和终值。现值又称本金,是指未来某一时点上的一定量现金折算到现在的价值。终值又称将来值或本利和,是指现在一定量的现金在将来某一时点上的价值。由于终值与现值的计算与利息的计算方法有关,而利息的计算有复利和单利两种,因此终值与现值的计算也有复利和单利之分。在财务管理中,一般按复利来计算。

(一)单利的终值和现值

单利是指只对本金计算利息,利息部分不再计息的一种方式。通常用P表示现值,F表示终值,i表示利率(贴现率、折现率),n表示计算利息的期数,I表示利息。

1.单利的利息

$$I = P \times i \times n$$

2.单利的终值

$$F = P \times (1 + i \times n)$$

3.单利的现值

$$P = \frac{F}{1 + i \times n}$$

例 2-1

某人将一笔10 000元的现金存入银行,银行一年期定期利率为5%。

要求:计算存满3年后的利息和本利和(终值)。

解答:

利息 $I = P \times i \times n = 10\ 000 \times 5\% \times 3 = 1\ 500$(元)

本利和 $F = P \times (1 + i \times n) = 10\ 000 \times (1 + 5\% \times 3) = 11\ 500$(元)

从上式计算中可以看出,单利计息时本金不变,利息随时间的变化成正比例变化。此外,如无特殊说明,本章给出的利率均为年利率。

例 2-2

某人希望5年后获得10 000元本利和,银行利率为5%。

要求:计算某人现在须存入银行多少资金。

解答:

$$P = \frac{F}{1+i \times n}$$

$$= \frac{10\,000}{1+5\% \times 5} = 8\,000(元)$$

上面求现值的计算，也可称贴现值的计算，贴现使用的利率称贴现率。

(二)复利的终值和现值

复利是指不仅对本金要计息，而且对本金所生的利息也要计息，即"利滚利"。

1.复利的终值

复利的终值是指一定量的本金按复利计算的若干年后的本利和。

复利终值的计算公式为：

$$F = P(1+i)^n = P(F/P, i, n)$$

上式中$(1+i)^n$称为"复利终值系数"或"1元复利终值"，用符号$(F/P, i, n)$表示，其数值可查阅1元复利终值表。

<hr>

例 2-3

某人现在将10 000元存入银行，银行利率为5%。

要求：计算第一年和第二年的本利和。

解答：

$$
\begin{aligned}
第一年的 F &= P \times (1+i)^1 = 10\,000 \times (F/P, 5\%, 1)\\
&= 10\,000 \times 1.05\\
&= 10\,500(元)\\
第二年的 F &= P \times (1+i)^2 = 10\,000 \times (F/P, 5\%, 2)\\
&= 10\,000 \times 1.102\,5\\
&= 11\,025(元)
\end{aligned}
$$

上式中的$(F/P, 5\%, 2)$表示利率为5%，期限为2年的复利终值系数，在复利终值表上，我们可以从横行中找到利率5%，纵列中找到期数2年，纵横相交处，可查到$(F/P, 5\%, 2) = 1.102\,5$。该系数表明，在年利率为5%的条件下，现在的1元与2年后的1.102 5元价值相等。

2.复利的现值

复利现值是指在将来某一特定时间取得或支出一定数额的资金，按复利折算到现在的价值。

复利现值的计算公式为：

$$P = \frac{F}{(1+i)^n} = F \times (1+i)^{-n}$$

式中的$(1+i)^{-n}$称为"复利现值系数"或"1元复利现值"，用符号$(P/F, i, n)$表示，其数值可查阅1元复利现值表。

例 2-4

某人希望 5 年后获得 10 000 元本利和,银行利率为 5%。

要求:计算某人现在应存入银行多少资金。

解答:

$$P = F \times (1+i)^{-n} = F \times (P/F, 5\%, 5)$$
$$= 10\ 000 \times 0.783\ 5 = 7\ 835(元)$$

$(P/F, 5\%, 5)$ 表示利率为 5%,期限为 5 年的复利现值系数。同样,我们在复利现值表上,从横行中找到利率 5%,纵列中找到期限 5 年,两者相交处,可查到 $(P/F, 5\%, 5) = 0.783\ 5$。该系数表明,在年利率为 5% 的条件下,5 年后的 1 元与现在的 0.783 5 元价值相等。

3.复利利息的计算

$$I = F - P$$

例 2-5

根据例 2-4 的资料。

要求:计算 5 年的利息。

解答:

$$I = F - P = 10\ 000 - 7\ 835 = 2\ 165(元)$$

4.名义利率和实际利率

在前面的复利计算中,所涉及的利率均假设为年利率,并且每年计息一次。但在实际业务中,年利率的计息周期可能等于一年也可能短于一年。若利率为年利率,实际计息周期也是一年,这种年利率即实际利率。若利率为年利率,而实际计息周期小于一年(每日、每季、每月或每半年计息一次),则这种利率叫名义利率。实际利率和名义利率之间的关系如下:

$$i = (1 + \frac{r}{m})^m - 1$$

式中,i 代表实际利率,r 代表名义利率,m 代表每年复利计息的次数。

例 2-6

某人现存入银行 10 万元,年利率 5%,每季度复利一次。

要求:计算 10 年后能取得多少本利和。

解答:

方法 1   先根据名义利率与实际利率的关系,将名义利率折算成实际利率。

$$i = (1 + \frac{r}{m})^m - 1$$
$$= (1 + \frac{5\%}{4})^4 - 1$$
$$= 5.09\%$$

再按实际利率计算本利和。

$$F = P(1+i)^n = 10 \times (1+5.09\%)^{10} = 16.43（万元）$$

方法 2 将已知的年利率 r 折算成期利率 r/m，期数变为 m×n。

$$F = P \times (1+i)^n = P\left(1+\frac{r}{m}\right)^{m \times n}$$

$$= 10 \times \left(1+\frac{5\%}{4}\right)^{4 \times 10}$$

$$= 16.43（万元）$$

三、年金的终值和现值

在现实经济生活中，还存在一定时期内多次收付的款项，即系列收付的款项。如果每次收付的金额相等，这样的系列收付款项便称为年金。换言之，年金是指一定时期内，每隔相同的时间等额收付的系列款项。年金的形式多种多样，如保险费、折旧费、租金、税金、养老金、等额分期收款或付款、零存整取或整存零取储蓄等，都可以是年金形式。年金具有连续性和等额性特点。连续性要求在一定时间内，间隔相等时间就要发生一次收支业务，中间不得中断，必须形成系列。等额性要求每期收、付款项的金额必须相等。

年金根据每次收付发生的时点不同，可分为普通年金、预付年金、递延年金和永续年金四种。

(一)普通年金

普通年金是指在每期的期末，间隔相等时间，收入或支出相等金额的系列款项。每一间隔期，有期初和期末两个时点，由于普通年金是在期末这个时点上发生收付，故又称后付年金。

1.普通年金的终值

普通年金的终值是指每期期末收入或支出的相等款项，按复利计算，在最后一期所得的本利和。每期期末收入或支出的款项用 A 表示，利率用 i 表示，期数用 n 表示，那么每期期末收入或支出的款项，换算到第 n 年的终值之和 F 为：

$$F = A + A \times (1+i) + A \times (1+i)^2 + \cdots + A \times (1+i)^{n-2} + A \times (1+i)^{n-1}$$

利用等比数列前 n 项和公式，经整理：

$$F = A \times \frac{(1+i)^n - 1}{i}$$

其中，$\dfrac{(1+i)^n - 1}{i}$ 称为"年金终值系数"或"1 元年金终值"，记为 $(F/A, i, n)$，表示年金为 1 元、利率为 i、经过 n 期的年金终值是多少，可直接查 1 元年金终值表。因此，上式也可写作：

$$F = A \times (F/A, i, n)$$

例 2-7

假设某企业投资一项目,在 5 年建设期内每年年末从银行借款 100 万元,借款年复利率为 10%,则该项目竣工时企业应付本息的总额为多少?

解答:

$$F = 100 \times \frac{(1+10\%)^5 - 1}{10\%}$$
$$= 100 \times (F/A, 10\%, 5)$$
$$= 100 \times 6.105\ 1 = 610.51(万元)$$

2.年偿债基金

偿债基金是指为了在约定的未来某一时点清偿某笔债务或积聚一定数额的资金而必须分次等额形成的存款准备金。由于每次形成的等额准备金类似年金存款,因而同样可以获得按复利计算的利息,所以债务实际上等于年金终值,每年提取的偿债基金等于年金 A。也就是说,偿债基金的计算实际上是年金终值的逆运算。计算公式如下:

$$A = F \times \frac{i}{(1+i)^n - 1}$$

式中的分式 $\frac{i}{(1+i)^n - 1}$ 称作"偿债基金系数",记为 $(A/F, i, n)$,可查阅偿债基金系数表,也可根据年金终值系数的倒数推算出来。即:$(A/F, i, n) = 1/(F/A, i, n)$。因此,上式也可以写作:

$$A = F \times (A/F, i, n) = \frac{F}{(F/A, i, n)}$$

利用偿债基金系数可把年金终值折算为每年需要支付的年金数额。

例 2-8

某人在 5 年后要偿还一笔 50 000 元的债务,假设银行利率为 5%。

要求:计算为归还这笔债务,每年年末应存入银行多少元。

解答:

$$A = F \times (A/F, i, n)$$
$$= 50\ 000 \times (A/F, 5\%, 5)$$
$$= 50\ 000 \times [1/(F/A, 5\%, 5)]$$
$$= 50\ 000 \times 1/5.525\ 6$$
$$= 9\ 048.79(元)$$

在银行利率为 5% 时,每年年末存入银行 9 048.79 元,5 年后才能还清债务 50 000 元。

例 2-9

某企业有一笔 4 年后到期的借款,到期值为 1 000 万元。若存款年复利率为 10%,则为偿还该项借款应建立的偿债基金为多少?

$$A = \frac{1\,000 \times 10\%}{(1+10\%)^4 - 1} = 1\,000 \times 0.215\,4 = 215.4(万元)$$

3.普通年金的现值

普通年金的现值是指一定时期内每期期末等额收支款项的复利现值之和。实际上就是指为了在每期期末取得或支出相等金额的款项,现在需要一次投入或借入多少金额。年金现值用 P 表示,其计算如下:

$$P = A \times (1+i)^{-1} + A \times (1+i)^{-2} + \cdots + A \times (1+i)^{-(n-1)} + A \times (1+i)^{-n}$$

利用等比数列前 n 项和计算公式,整理得:

$$P = A \times \frac{1-(1+i)^{-n}}{i} = A \times (P/A, i, n)$$

其中,$\frac{1-(1+i)^{-n}}{i}$ 称为"年金现值系数"或"1元年金现值",记作 $(P/A, i, n)$,表示年金 1 元,利率为 i,经过 n 期的年金现值是多少,可查 1 元年金现值表。因此,上式又可写作:

$$P = A \times (P/A, i, n)$$

例 2-10

某人希望每年年末取得 10 000 元,连续取 5 年,银行利率为 5%。

要求:计算第一年年初应一次存入多少元。

解答:

$$
\begin{aligned}
P &= A \times (P/A, i, n) \\
&= 10\,000 \times (P/A, 5\%, 5) \\
&= 10\,000 \times 4.329\,5 \\
&= 43\,295(元)
\end{aligned}
$$

为了每年年末取得 10 000 元,第一年年初应一次存入 43 295 元。

4.年资本回收额

年资本回收额是指在约定年限内等额回收初始投入或清偿所欠债务的金额。年资本回收额的计算是年金现值的逆运算。其计算公式如下:

$$A = P \times \frac{i}{1-(1+i)^{-n}}$$

其中,$\frac{i}{1-(1+i)^{-n}}$ 称作"资本回收系数",记作 $(A/P, i, n)$,是年金现值系数的倒数,可查资本回收系数表获得,也可利用年金现值系数的倒数来求得。即 $(A/P, i, n) = \frac{1}{(P/A, i, n)}$。因此,上式也可以写作:

$$A = P \times (A/P, i, n) = \frac{P}{(P/A, i, n)}$$

例 2-11

某人购入一套商品房,须向银行按揭贷款 100 万元,准备 20 年内于每年年末等额偿还,银行贷款利率为 5%。

要求:计算每年应归还多少元?

解答:

$$
\begin{aligned}
A &= P \times (A/P, i, n) \\
&= 100 \times (A/P, 5\%, 20) \\
&= 100 \times [1/(P/A, 5\%, 20)] \\
&= 100 \times 1/12.462\ 2 \\
&= 8.024\ 3(万元)
\end{aligned}
$$

例 2-12

某企业现在借得 1 000 万元的贷款,在 10 年内以年利率 12% 等额偿还,则每年应付的金额为多少?

解答:

$$
\begin{aligned}
A &= P \times (A/P, i, n) \\
&= 1\ 000 \times (A/P, 12\%, 10) \\
&= 1\ 000 \times [1/(P/A, 12\%, 10)] = 177(万元)
\end{aligned}
$$

(二)预付年金

预付年金是指每期收入或支出相等金额的款项是发生在每期的期初,而不是期末,也称先付年金或即付年金。

预付年金与普通年金的区别在于收付款的时点不同,普通年金在每期的期末收付款项,预付年金在每期的期初收付款项。

1. 预付年金的终值

预付年金的终值是其最后一期期末时的本利和,是各期收付款项的复利终值之和。由于其付款时间不同,n 期预付年金终值要比 n 期普通年金终值多计一期的利息。因此,在普通年金终值的基础上,乘上 $(1+i)$ 便可计算出预付年金的终值。其计算公式为:

$$
\begin{aligned}
F &= A \times \frac{(1+i)^n - 1}{i} \times (1+i) \\
&= A \times \frac{(1+i)^{n+1} - (1+i)}{i} \\
&= A \times [\frac{(1+i)^{n+1} - 1}{i} - 1]
\end{aligned}
$$

其中,$[\frac{(1+i)^{n+1} - 1}{i} - 1]$ 称作"预付年金终值系数",记作 $[(F/A, i, n+1) - 1]$,可利用普通年金终值系数表查得 $(n+1)$ 期的终值,然后减去 1,就可得到 1 元预付年金终值。

例 2-13

将例 2-7 中借款的时间改为每年年初，其余条件不变。

要求：该项目竣工时企业应付本息的总额为多少？

解答：

$$
\begin{aligned}
F &= A \times [(F/A, i, n+1) - 1] \\
&= 100 \times [(F/A, 10\%, 5+1) - 1] \\
&= 100 \times (7.7156 - 1) \\
&= 671.56 (万元)
\end{aligned}
$$

与例 2-7 的普通年金终值相比，相差 $(671.56 - 610.51) = 61.05$ 万元，该差额实际上就是预付年金比普通年金多计一年利息而造成的，即 $610.51 \times 10\% = 61.05$ 万元。

2.预付年金的现值

虽然 n 期预付年金现值与 n 期普通年金现值的期限相同，但由于其付款时间不同，n 期预付年金现值比 n 期普通年金现值少折现一期。因此，在 n 期普通年金的现值基础上，乘上 $(1+i)$ 便可计算出 n 期预付年金的现值。其计算公式为：

$$
\begin{aligned}
P &= A \times \frac{1-(1+i)^{-n}}{i} \times (1+i) \\
&= A \times \frac{(1+i) - (1+i)^{-(n-1)}}{i} \\
&= A \times \left[\frac{1-(1+i)^{-(n-1)}}{i} + 1 \right]
\end{aligned}
$$

其中，$\left[\dfrac{1-(1+i)^{-(n-1)}}{i} + 1 \right]$ 称作"预付年金现值系数"，记作 $[(P/A, i, n-1) + 1]$，可利用普通年金现值系数表查得 $(n-1)$ 期的现值，然后加上 1，就可得到 1 元预付年金现值。

例 2-14

将例 2-10 中收付款的时间改在每年年初，其余条件不变。

要求：第一年年初应一次存入多少元。

解答：

$$
\begin{aligned}
P &= A \times [(P/A, i, n-1) + 1] \\
&= 10000 \times [(P/A, 5\%, 5-1) + 1] \\
&= 10000 \times (3.5460 + 1) \\
&= 45460 (元)
\end{aligned}
$$

与例 2-10 普通年金现值相比，相差 $45460 - 43295 = 2165$ 元，该差额实际上是由于预付年金现值比普通年金现值少折现一期造成的，即 $43295 \times 5\% = 2164.75$ 元。

(三)递延年金

递延年金是指第一次收付款发生在第二期或以后各期的年金。凡是不在第一期开始收付款的年金都是递延年金。

递延年金的一般形式如图 2-1 所示。

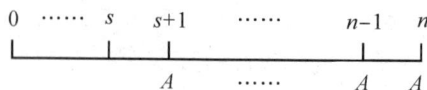

图 2-1 递延年金示意图

其中 s 表示为递延期，且 $s \geqslant 1$。与普通年金相比，尽管期限一样，都是 n 期，但普通年金在 n 期内，每个期末都要发生收支，而递延年金在 n 期内，只在后 $n-s$ 期发生收支，前 s 期无收支发生。

1.递延年金终值

在图 2-1 中，先不看递延期，年金一共支付了 $n-s$ 期。只要将这 $n-s$ 期年金换算到期末，即可得到递延年金终值。所以，递延年金终值的大小，与递延期无关，只与年金共支付了多少期有关，它的计算方法与普通年金相同。其计算公式如下：

$$F = A \times (F/A, i, n-s)$$

例 2-15

某企业于年初投资一项目，估计从第五年开始至第十年，每年年末可得收益 10 万元，假定年利率为 5%。

要求：计算投资项目年收益的终值。

解答：

$$
\begin{aligned}
F &= A \times (F/A, i, n-s) \\
&= 10 \times (F/A, 5\%, 10-4) \\
&= 10 \times 6.801\ 9 \\
&= 68.019(万元)
\end{aligned}
$$

2.递延年金现值

递延年金现值的计算方法有三种。

第一种方法，是把递延年金视为 $n-s$ 期普通年金，求出递延期末的现值，然后再将此现值调整到第一期初（图 2-1 中 0 的位置）。

$$P = A \times (P/A, i, n-s) \times (P/F, i, s)$$

第二种方法，是假设递延期中也进行支付，则变成一个 n 期的普通年金，先求出 n 期的年金现值，然后，扣除实际并未支付的 s 期递延期的年金现值，即可得出递延年金现值。

$$
\begin{aligned}
P &= A \times (P/A, i, n) - A \times (P/A, i, s) \\
&= A \times [(P/A, i, n) - (P/A, i, s)]
\end{aligned}
$$

第三种方法，是先算出递延年金的终值，再将终值折算到第一期期初，即可求得递延年金的现值。

$$P = A \times (F/A, i, n-s) \times (P/F, i, n)$$

例 2-16

某企业年初投资一项目,希望从第 5 年开始每年年末取得 10 万元收益,投资期限为 10 年,假定年利率 5%。

要求:计算该企业年初最多投资多少元才有利。

解答:

方法 1

$$P = A \times (P/A, i, n-s) \times (P/F, i, s)$$
$$= 10 \times (P/A, 5\%, 6) \times (P/F, 5\%, 4)$$
$$= 10 \times 5.075\ 7 \times 0.822\ 7$$
$$= 41.76(万元)$$

方法 2

$$P = A \times [(P/A, i, n) - (P/A, i, s)]$$
$$= 10 \times [(P/A, 5\%, 10) - (P/A, 5\%, 4)]$$
$$= 10 \times (7.721\ 7 - 3.546\ 0)$$
$$= 41.76(万元)$$

方法 3

$$P = A \times (F/A, i, n-s) \times (P/F, i, n)$$
$$= 10 \times (F/A, 5\%, 6) \times (P/F, 5\%, 10)$$
$$= 10 \times 6.801\ 9 \times 0.613\ 9$$
$$= 41.76(万元)$$

从计算中可知,该企业年初的投资额不超过 41.76 万元才合算。

(四)永续年金

永续年金是指无限期的收入或支出相等金额的年金,也称永久年金。它也是普通年金的一种特殊形式,由于永续年金的期限趋于无限,没有终止时间,因而也没有终值,只有现值。永续年金的现值计算公式可以通过普通年金现值的计算公式导出。

$$P = A \times \frac{1 - (1+i)^{-n}}{i}$$

当 n→+∞,上式可写成:

$$P = A \times \frac{1}{i}$$

例 2-17

某企业要建立一项永久性帮困基金,计划每年拿出 5 万元帮助失学儿童,年利率为 5%。

要求:计算现应筹集多少资金。

解答:

$$P = \frac{A}{i}$$

$$= \frac{5}{5\%}$$
$$= 100（万元）$$

现应筹集到 100 万元资金，就可每年拿出 5 万元帮助失学的儿童。

需要指出的是，上面阐述过程中，一般假设利率 i 和期数 n 是已知的，实际在上述各关系式中，任何一个变量都可能是未知变量，可以根据其他已知变量计算得出。

例 2-18

某企业向银行借入 23 000 元，借款期 9 年，每年末还本付息额为 4 600 元。

要求：计算其借款利率。

解答：本题是普通年金问题，已知年金现值 P、年金 A 和期数 n，求利率 i。

根据题意，有：

$$23\ 000 = 4\ 600 \times (P/A,i,9)$$
$$(P/A,i,9) = 5$$

利用内插法，

$$\frac{i-12\%}{14\%-12\%} = \frac{5-5.328\ 2}{4.946\ 4-5.328\ 2}$$
$$i = 13.72\%$$

第二节　风险衡量和风险报酬

企业的经济活动大都是在有风险和不确定的情况下进行的，离开了风险因素就无法正确评价企业收益的高低。风险价值原理揭示了风险同收益之间的关系，它同资金时间价值原理一样，是财务管理的基本依据。

一、风险和风险管理基本概念

微课 2-3
风险及其
衡量

（一）风险的含义

某一行动的结果具有多种可能而不肯定，就叫有风险；反之，若某一行动的结果很肯定，就叫没有风险。企业决策者一般都讨厌风险，并尽可能地回避风险。愿意要肯定的某一报酬率，而不愿要不肯定的某一报酬率，是决策者的共同心态，这种现象叫风险反感。由于风险反感心理的普遍存在，因而一提到风险，多数人都将其理解为与损失是同一概念。事实上，风险不仅能带来超出预期的损失，呈现其不利的一面，而且还可能带来超出预期的收益，呈现其有利的一面。一般来说，投资者对意外损失比意外收益更加关注，因而在研究风险时主要从不利的方面来考察，经常把风险看成是不利事件发生的可能性。从财务管理角度理解，风险也是对企业目标产生负面影响的事件发生的可能性。所以，一般情况下，从财务管理角度来说，风险就是实际收益无法达到预期收益的可能性。或者说,风险是在企业各项财务活动中,由于各种难以预料或无法控制的因素作用,使企业的实际收益与预计收益发生背离,从而蒙受经济损失的可能性。

(二)风险的类别

风险可以从不同角度进行分类。

1.从投资主体角度划分,风险可以分为系统风险和非系统风险

系统风险是指对所有企业产生影响的因素引起的风险。系统风险大多是由于宏观经济形势和政治形势的变化造成的,如国家政治形势的变化、国家经济政策的调整、自然灾害、战争、经济周期的变化、通货膨胀以及世界能源状况的变化等,这些因素往往会对证券市场上所有资产的收益产生影响,因此系统风险不可能通过多角化投资来分散。由于系统风险是影响整个资本市场的风险,所以也称"市场风险"。由于系统风险不能通过分散化投资的方法消除,所以也称"不可分散风险"。系统风险虽然对整个证券市场产生影响,但是,对于不同行业、不同企业的影响是不同的,有些行业或企业受其影响较大,有些则受其影响要小一些。

非系统风险是指发生于个别公司的特有事件造成的风险,如罢工、诉讼失败、失去销售市场等。这种风险不是每个企业都面临的,而是发生于个别企业,而且事件发生的可能性是不确定的,因而,这个风险可以通过多角化投资来分散,即非系统风险可以通过将资金同时投资于多种资产来有效地分散。例如,一家公司的工人罢工、新产品开发失败、失去重要的销售合同、诉讼失败,或者宣告发现新矿藏、取得一个重要合同等。这类事件是非预期的、随机发生的,它只影响一个或少数公司,不会对整个市场产生太大影响。这种风险可以通过多样化投资来分散,即发生于一家公司的不利事件可以被其他公司的有利事件所抵消。由于非系统风险是个别公司或个别资产所特有的,因此也称"公司特有风险"。由于非系统风险可以通过投资多角化分散掉,因此也称为"可分散风险"。

2.从公司经营本身划分,风险又可分为经营风险和财务风险

经营风险是指因生产经营方面的原因给企业盈利带来的不确定性。企业的供、产、销等各种生产经营活动都存在着很大的不确定性,都会对企业收益带来影响,因而经营风险是普遍存在的。产生经营风险的因素既有内部的因素,又有外部的因素。如原材料供应地政治经济情况变动、运输方式改变、价格变动等,这些因素会造成供应方面的风险;由于所生产产品质量不合格、生产组织不合理、设备事故等因素而造成生产方面的风险;由于出现新的竞争对手、消费者爱好发生变化、销售决策失误、产品广告推销不力以及货款回收不及时等因素带来的销售方面的风险。所有这些生产经营方面的不确定性,都会引起企业的利润或利润率的变化,从而导致经营风险。

财务风险又称筹资风险,是指由于举债而给企业财务成果带来的不确定性。企业举债经营,全部资金中除自有资金外还有一部分借入资金,这会对自有资金的盈利能力造成影响;同时,借入资金需还本付息,一旦无力偿付到期债务,企业便会陷入财务困境甚至破产。当企业息税前资金利润率高于借入资金利息率时,使用借入资金而获得的利润除了补偿利息外,还有剩余,因而使自有资金利润率提高。但是,当息税前资金利润率低于借入资金利息率时,借入资金所获得的利润不足以支付利息,需动用自有资金利润来支付利息,从而使自有资金利润率降低。总之,由于诸多因素的影响,使得息税前资金利润率与

借入资金利息率具有不确定性,从而引起自有资金利润率的变化,这种风险即为财务风险。其风险大小受借入资金与自有资金比例的影响,借入资金比例越大,风险程度越大;借入资金比例减小,风险程度就会随之减小。对财务风险的管理,关键是要保证有一个合理的资金结构,维持适当的负债水平,既要充分利用举债经营这一手段获取财务杠杆利益,提高资金盈利能力,又要注意防止过度举债而引起的财务风险加大,避免陷入财务困境。

(三)风险管理的意义

随着风险的日趋严重和竞争的日益激烈,风险管理已经逐渐被提上议事日程,越来越多的金融机构和跨国公司已经设置了专门的风险管理机构。风险管理(risk management)是经济单位通过对风险的确认和评估,采用合理的经济和技术手段对风险进行规避或者控制,缩小实际和期望之间的偏差,达到保护风险管理者目的的一种管理活动。以上定义有三层含义:(1)风险管理的主体是经济单位,即个人、家庭、社会团体、企业和政府机关都可以运用风险管理进行自我保护;(2)风险管理过程中,风险辨识和风险评估是基础,而选择合理的风险控制手段才是关键;(3)风险管理必须采取合理的经济手段,也就是说,如果风险规避是有成本的话,那么只有当规避风险产生的收益大于规避风险的成本时,风险规避才有意义。

风险管理的意义在于:如果一个公司采取积极有效的措施管理其经营风险和财务风险,公司价值的波动就会下降。公司的风险管理行为有利于公司价值的最大化,公司应该采取积极的态度开展风险管理活动。

(四)风险衡量

客观存在的风险时刻影响着企业的财务活动,因此,正视风险并将风险程度予以量化,进行较为准确的衡量,便成为企业财务管理中的一项重要工作。对于投资活动来讲,由于风险是与投资收益的不确定相联系的,对风险的计量必须从投资收益的概率分布开始分析,尤其是在长期投资决策中,投资者必须考虑风险,而且还要对风险程度进行衡量。

1.概率分布和期望收益率

一般情况下,风险的大小与未来各种可能结果变动程度的大小有直接关系,人们在对风险进行计量时,往往采用概率和数理统计的方法。

在经济活动中,某一事件在相同的条件下可能发生也可能不发生,这类事件称为随机事件。概率就是用来表示随机事件发生可能性大小的数值。通常,把必然发生的事件的概率定为1,把不可能发生的事件的概率定为0。

将随机事件的各种可能后果按其可能性数值的大小顺序排列,并列出各种后果的相应概率,这一完整的描述,称为概率分布。

如果随机变量(如收益率)只取有限个值,并且对应于这些值有确定的概率,则称随机变量是离散型分布。如果随机变量的取值为无数多个,也对应着无数个相应的概率,则随机变量的概率分布为连续型分布,比如正态分布就是连续型分布的一种常见的形态。我们在进行投资分析时,为了简化计算,通常假设经济情况的个数是有限个的,并为每一种经济情况赋予一定的概率,这种概率分布就属于离散型分布。

离散型概率分布必须符合以下两条规则。

(1)所有的概率(P_i)都在 0 和 1 之间,即:

$$0 \leqslant P_i \leqslant 1$$

(2)所有的概率之和必须等于1,即:

$$\sum_{i=1}^{n} P_i = 1 (n \text{ 为可能出现结果的个数})$$

在投资活动中,我们一般用概率来表示每一种经济情况出现的可能性,同时也就是各种不同预期收益率出现的可能性。在这里,收益率作为一个随机变量,受到多种因素的影响和制约。但为了简化计算,我们一般假设其他的因素都相同,只有经济情况这一个因素影响收益率。

但需注意的是,实际上出现的经济情况往往远不止几种,有无数可能的情况发生,如果对每种情况都赋予一个概率,并分别测定其收益率,则可以用连续型分布描述。统计上,我们常用正态分布这种连续型分布。虽然实际上并非所有的问题都符合正态分布,但是,根据统计学的理论,无论总体分布是正态还是非正态,当样本很大时,其样本平均数都呈正态分布。一般说来,如果被研究的变量受彼此独立的大量偶然因素的影响,并且每个因素在总的影响中只占很小部分,那么,这个总影响所引起的数量上的变化,就近似服从于正态分布。

随机变量的各个取值,以相应的概率为权数的加权平均数,叫作随机变量的期望值(数学期望或均值),它反映随机变量取值的平均化。在投资活动中,我们以各种经济情况出现的概率(即各种收益率出现的概率)为权数计算收益率的加权平均数,即期望收益率。期望收益率计算公式如下:

$$\overline{R} = \sum_{i=1}^{n} R_i P_i$$

式中:$\overline{R}$ 表示期望收益率(也称预期报酬率);P_i 表示第 i 种经济情况出现的概率;R_i 表示第 i 种结果出现后的预期报酬率;n 表示所有可能的经济情况的数目。

例 2-19

某企业现有A、B两个投资项目,假设未来的市场景气程度有三种:繁荣、一般和萧条。根据预测,两个项目在不同经济情况下的预期报酬率和概率分布如表2-1所示。

表 2-1　A、B 两个投资项目的预期报酬率与概率分布

经济景气程度	概率 P_i	投资报酬率	
		项目 A/%	项目 B/%
繁荣	0.3	90	20
一般	0.4	15	15
萧条	0.3	−60	10

根据公式可以分别计算出投资 A、B 两项目的期望收益率如下:

A 项目期望收益率$(\overline{R}_A)$＝0.3×90％＋0.4×15％＋0.3×(−60％)＝15％

B 项目期望收益率($\overline{R_B}$)＝0.3×20％＋0.4×15％＋0.3×10％＝15％

期望收益率仅代表一个投资项目的获利水平的高低,反映预计收益的平均化,在各种不确定性因素影响下,它代表着投资者的合理预期,但不能反映投资项目的风险程度。如例 2-19 中 A、B 两个项目,虽然其期望收益率相同,但其概率分布不同。因此,还需要通过一系列指标刻画投资项目的风险程度。

2.风险程度的衡量

实际生活中存在着很多投资机会,它们的期望收益相同,但是它们的收益率的概率分布差别很多,也就是说它们能否达到期望收益的可能性相差很大,这就是我们所说的投资风险。为了定量地衡量风险大小,还需使用统计学中衡量概率分布离散程度的指标。

统计学中表示随机变量离散程度的指标很多,包括平均差、方差、标准差和标准离差率等,最常用的是方差、标准差和标准离差率。

(1)方差

方差是指各种可能情况下发生的投资报酬与预期报酬之差的平方再乘以相应概率的和,是用来表示随机变量与期望值之间离散程度的一个重要指标,通常用 σ^2 表示。其计算公式为:

$$\sigma^2 = \sum_{i=1}^{n} (R_i - \overline{R})^2 P_i$$

根据例 2-19 提供的数据资料,可以计算出该投资项目的方差为:

$$\sigma_A^2 = (90\% - 15\%)^2 \times 0.3 + (15\% - 15\%)^2 \times 0.4 + (-60\% - 15\%)^2 \times 0.3$$
$$= 0.337\ 5$$
$$\sigma_B^2 = (20\% - 15\%)^2 \times 0.3 + (15\% - 15\%)^2 \times 0.4 + (10\% - 15\%)^2 \times 0.3$$
$$= 0.001\ 5$$

方差一定程度上反映了各种可能发生的投资报酬率偏离预期报酬的离散程度。方差越大说明投资报酬的离散程度越大,投资风险越高;方差越小说明投资报酬的离散程度越小,投资风险越低。

(2)标准差

标准差也叫均方差、标准离差,是方差的平方根。它是各种可能的收益率偏离期望收益率的综合差异。通常情况下,用标准差(standard deviation)刻画投资项目报酬的离散程度,以反映投资项目的风险程度。如果用 σ 表示标准差,则其计算公式为:

$$\sigma = \sqrt{\sum_{i=1}^{n} (R_i - \overline{R})^2 P_i}$$

根据例 2-19 提供的数据资料,可以计算出 A 和 B 投资项目的标准差分别为:

$$\sigma_A = \sqrt{0.337\ 5} = 0.580\ 9$$
$$\sigma_B = \sqrt{0.001\ 5} = 0.038\ 7$$

虽然方差和标准差能够反映投资项目的风险程度,但是,没有反映与投资报酬的变化关系。一个投资项目的方差或标准差很大,但是,其投资报酬率可能也很大,一个投资项目的方差或标准差很小,但是,其投资报酬率可能也很小。如果两个投资项目的方差或标准差相等,投资者应该选择哪种方案呢?因此,仅仅知道方差或标准差,投资者仍然不能做出正确的选择,还需要借助于标准离差率进行决策选择。

（3）标准离差率

标准离差率等于标准差除以期望收益率,也叫变异系数。其计算公式为:

$$V = \frac{\sigma}{\overline{R}}$$

式中,V 代表标准离差率,σ 为标准差,$\overline{R}$ 代表期望收益率。

根据标准差和期望收益率的计算结果可以计算出例 2-19 中投资项目 A、B 的标准离差率分别为:

$$V_A = \frac{0.580\ 9}{15\%} = 3.872\ 7$$

$$V_B = \frac{0.038\ 7}{15\%} = 0.258$$

标准离差率是一个相对指标,它以相对数反映决策方案的风险程度,表示每单位预期收益所包含的风险,即每一元预期收益所承担的风险的大小。方差和标准差作为绝对数,只适用于期望值相同的决策方案风险程度的比较。对于期望值不同的决策方案,评价和比较其各自的风险程度只能借助于标准离差率这一相对数值。在期望值不同的情况下,标准离差率越大,风险越大;反之,标准离差率越小,风险越小。

二、单项资产投资的收益与风险

在有效市场假设条件下,风险与报酬是相互匹配的,即高风险高报酬、低风险低报酬。投资者可以根据自身风险承受能力的大小选择适度风险的投资品种,获得预期报酬。

美国经济学家哈里·马科维茨（Harry M. Markowitz）通过对投资者的行为特征进行研究发现,理性投资者具有两个基本特征:一是追求收益最大化;二是厌恶风险。这两个特征决定着理性投资者在投资决策时必定会遵循以下两条基本原则:一是在两个风险水平相同的投资项目中,投资者会选择预期收益较高的投资项目;二是在两个预期收益相同的投资项目中,投资者会选择风险较小的投资项目。尽管人们对风险的厌恶程度不完全相同,有的人对风险厌恶程度较强,有的较弱,甚至有的人可能偏好风险,但是,从理论上讲,理性投资者一般是厌恶风险的。对于厌恶风险的理性投资者来说,要使之接受风险较大的投资项目,就必须给予风险补偿,风险越大,风险补偿也应越高。投资者在进行投资时总是追求效用最大化,效用最大化就是投资者上述两个行为特征的综合反映,其中投资收益带来正效用,风险带来负效用,因此,投资者效用函数就取决于投资的预期收益和风险两个因素。

由于我们假定了资产交易的参与者都是风险回避者,因此他们都会寻求风险和收益

微课 2-4
资产的收益与风险

的一种权衡。对风险的厌恶并不意味着他们会不惜任何代价来回避风险,对风险的消极态度能被较高的收益水平所抵销。对于每项资产,投资者都会因承担风险而要求额外的补偿,其要求的最低收益率应该包括无风险收益率与风险收益率两部分。因此,对于每项资产来说,所要求的必要收益率(又叫最低必要报酬率或最低要求的收益率,表示投资者对某资产合理要求的最低收益率)可以用以下的模式来度量。

$$必要收益率 = 无风险收益率 + 风险收益率$$

式中,无风险收益率(通常用 R_f 表示)是纯粹利率与通货膨胀补贴率之和,通常用短期国债的收益率来近似地替代;风险收益率表示因承担该项资产的风险而要求的额外补偿,其大小则视所承担风险的大小及投资者对风险的偏好程度而定。

从理论上来说,风险收益率可以表述为风险价值系数(b)与标准离差率(V)的乘积。即:

$$风险收益率 = b \times V$$

因此,

$$必要收益率 R = R_f + b \times V$$

标准离差率(V)反映了资产全部风险的相对大小;风险价值系数(b)则取决于投资者对风险的偏好。对风险的态度越是回避,要求的补偿也就越高,因而要求的风险收益率就越高,所以风险价值系数(b)的值也就越大;反之,如果对风险的容忍程度越高,则说明风险的承受能力较强,那么要求的风险补偿也就没那么高,所以风险价值系数的取值就会较小。

风险价值系数 b 的计算可采用统计回归方法对历史数据进行分析得出估计值,也可结合管理人员的经验分析判断而得出。但是,由于 b 受风险偏好的影响,而风险偏好又受风险种类、风险大小及心理因素的影响,因此对于 b 的准确估计就变得相当困难和不够可靠。

表 2-2 是 1926—2008 年美国几种金融性资产收益率的统计表。表中,资产的平均收益率和标准差分别用期望值及方差公式算出。将各金融性资产平均报酬率和国库券的年平均报酬率相减,可以算出风险性金融资产的风险收益率。如美国大公司股票的风险收益率平均值为 7.9%(11.7%—3.8%)。

表 2-2　1926—2008 年美国重要金融资产统计表

单位:%

资　产	平均收益率	标准差
小公司股票	16.4	33.0
大公司股票	11.7	20.6
长期公司债券	6.2	8.4
长期政府债券	6.1	9.2
中期政府债券	5.6	5.7
美国国库券	3.8	3.1
通货膨胀率	3.1	4.2

资料来源:罗斯,威斯特菲尔德,杰富.公司理财(原书第 9 版)[M].吴世农,沈艺峰,王志强,等译.北京:机械工业出版社,2013:208.

表 2-2 通过对历史数据的统计分析,也印证了风险收益权衡理论。对于金融资产来说,标准差越大,意味着风险越大,其平均收益率也就越高,要求的风险补偿率也就越大。

三、资产组合的收益与风险

两个或两个以上资产所构成的集合,称为资产组合。如果资产组合中的资产均为有价证券,则该资产组合也可称为证券组合。

采取资产组合方式进行投资决策,必然会遇到如何计算资产组合的收益率及其风险的问题。

现代资产组合理论(modern portfolio theory,简称 MPT),也有人将其称为现代证券投资组合理论、证券组合理论或投资分散理论。现代资产组合理论的提出主要是针对化解投资风险的可能性。该理论认为,有些风险与其他证券无关,分散投资对象可以减少个别风险。现代投资组合理论发端于美国经济学家哈里·马科维茨于 1952 年 3 月份在《金融杂志》上发表的题为《资产组合》的文章及于 1959 年出版的同名专著。在上述文章和专著中,马科维茨详细阐述了"资产组合"的基本假设、理论基础与一般原则,从而奠定了其"资产组合"理论开创者的历史地位。

(一)资产组合的预期收益率

资产组合的预期收益率就是组成资产组合的各种资产的预期收益率的加权平均数,其权数等于各种资产在组合中所占的价值比例。其计算公式为:

$$E(R_P) = \sum_{i=1}^{n} W_i \times R_i$$

式中,$E(R_P)$ 表示资产组合的预期收益率;R_i 表示第 i 项资产的预期收益率;W_i 表示第 i 项资产在整个组合中所占的价值比例。

例 2-20

某企业拟分别投资于 A、B 两项资产,其中,投资于 A 资产的预期收益率为 8%,计划投资额为 500 万元;投资于 B 资产的预期收益率为 12%,计划投资额为 500 万元。

要求:计算该投资组合的预期收益率。

解答:依题意,$R_1 = 8\%$,$R_2 = 12\%$,$W_1 = 50\%$,$W_2 = 50\%$,则该投资组合的预期收益率为:

$$E(R_P) = 8\% \times 50\% + 12\% \times 50\% = 10\%$$

(二)资产组合风险的度量

1.两项资产组合的风险

两项资产组合收益率的方差满足以下关系式:

$$\sigma_P^2 = W_1^2 \sigma_1^2 + W_2^2 \sigma_2^2 + 2W_1 W_2 \rho_{1,2} \sigma_1 \sigma_2$$

式中,σ_P^2 表示资产组合的方差,它衡量的是组合的风险;σ_1 和 σ_2 分别表示组合中两项资产收益率的标准差;W_1 和 W_2 分别表示组合中两项资产所占的价值比例;$\rho_{1,2}$反映两项资产收益率的相关程度,即两项资产收益率之间相对运动的状态,称为相关系数。理论上,相关系数介于区间$[-1,1]$内。

当 $\rho_{1,2}=1$ 时,表明两项资产的收益率具有完全正相关的关系,即它们的收益率变化方向和变化幅度完全相同,这时,$\sigma_P^2=(W_1\sigma_1+W_2\sigma_2)^2$,即 σ_P^2 达到最大。由此表明,组合的风险等于组合中各项资产风险的加权平均值。换句话说,当两项资产的收益率完全正相关时,两项资产的风险完全不能互相抵销,所以这样的组合不能降低任何风险。

当 $\rho_{1,2}=-1$ 时,表明两项资产的收益率具有完全负相关的关系,即它们的收益率变化方向和变化幅度完全相反。这时,$\sigma_P^2=(W_1\sigma_1-W_2\sigma_2)^2$,即 σ_P^2 达到最小,甚至可能是零。因此,当两项资产的收益率具有完全负相关关系时,两者之间的风险可以充分地相互抵销,甚至完全消除。因而,由这样的资产组成的组合就可以最大限度地抵消风险。

当 $\rho_{1,2}=0$ 时,表明两项资产的收益率没有相关性,即每项资产的收益率相对于另外的资产收益率独立变动。

在实际中,两项资产的收益率具有完全正相关和完全负相关的情况几乎是不可能的,绝大多数资产两两之间都具有不完全的相关关系,即相关系数小于 1 且大于 -1(多数情况下大于零)。因此,会有 $0<\sigma_P<(W_1\sigma_1+W_2\sigma_2)$,即:资产组合的标准差小于组合中各资产标准差的加权平均,也即资产组合的风险小于组合中各资产风险之加权平均值,因此,资产组合才可以分散风险,但不能完全消除风险。

2.多项资产组合的风险

一般来讲,随着资产组合中资产个数的增加,资产组合的风险会逐渐降低,当资产的个数增加到一定程度时,资产组合的风险程度将趋于平稳,这时组合风险的降低将非常缓慢直到不再降低。有经验数据显示,当资产组合中不同行业的资产数量达到 20个左右时,绝大多数非系统性风险已被消除。此时,如果继续增加资产数目,对分散风险已经没有多大的实际意义。另外,不要指望通过资产多样化达到完全消除风险的目的,因为系统风险是不能够通过风险的分散来消除的。资产组合风险的分散情况如图2-2 所示。

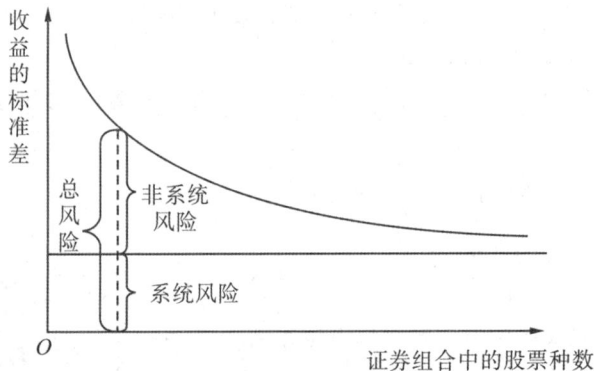

图 2-2　风险构成及其分散效应

如果投资分散于多种不同的资产,资产组合的投资收益波动幅度将会下降。如果资产组合中各种资产的收益并不随时间同时一致地变动——它们不完全相关,则收益风险就会降低。因为,资产组合的投资收益率等于各种资产投资收益率的加权平均数,但资产组合的方差不等于各种资产方差的加权平均数,而是比方差的加权平均数要小。

由于公司特有风险或非系统风险可以通过分散投资予以消除,所以,证券市场不会为此风险给予额外收益的补偿。因此,对风险的度量应放在一种股票或资产组合如何随市场全部证券组合而波动规律的预测上。

n 种证券组成的投资组合的标准差(σ_p)计算公式为:

$$\sigma_P = \sqrt{\sum_{i=1}^{n} \sum_{j=1}^{n} W_i W_j \rho_{i,j} \sigma_i \sigma_j}$$

其中,W_i,W_j 分别表示证券投资组合中所含第 i,j 种证券的投资比重;σ_i,σ_j 分别表示证券投资组合中所含第 i,j 种证券的标准差;$\rho_{i,j}$ 是证券 i 和证券 j 报酬率之间的预期相关系数。

从图 2-2 可以看出,总风险随着股票数量的增加而逐渐降低,资产组合的数量达到一定程度之后,总风险的降低开始缓慢,直到很不显著。剩余的风险,一般为总风险的40%,是资产组合的市场风险,此时,资产组合的风险与市场所有证券高度相关。影响资产组合风险的事件不再是单只股票所对应的公司所特有的,而是整个经济的发展变化或政治事件的发生。

(三)系统风险的衡量

如前所述,从投资主体角度划分,风险可以分为系统风险和非系统风险。非系统风险可以通过有效的资产组合分散掉,因此投资者在组合投资中只需考虑系统风险。

尽管绝大部分企业和资产都不可避免地受到系统风险的影响,但并不意味着系统风险对所有资产或所有企业有相同的影响。有些资产受系统风险的影响大一些,而有些资产受的影响则较小。单项资产或资产组合受系统风险影响的程度,可以通过系统风险系数(β 系数)来衡量。

1.单项资产的系统风险系数(β 系数,也称贝塔系数)

系统性风险通常用 β 系数来计量。β 系数是一种风险指数,它用于衡量个股收益率的变动对市场组合收益率变动的敏感性。β 系数有多种计算方法,实际计算过程十分复杂,通常由一些投资服务机构定期计算并公布。在国内外有很多服务机构提供一些公司的 β 系数数据资料。这些 β 系数资料通常是根据过去 3～5 年的周收益率或月收益率为基础计算出来的。从这些服务机构取得 β 数据较为方便。证券收益率的单位时段可以按日、按周、按月计算。计算单位时段长短不同,可能会对 β 系数产生影响。如果投资者认为某股票过去的系统风险适用于未来,则过去的 β 值可以代替预期的 β 值。

作为整体的证券市场的 β 系数为 1。如果某种股票的风险情况与整个证券市场的风险情况一致,则这种股票的 β 系数等于 1;如果某种股票的 β 系数大于 1,说明其风险大于整个市场的风险;如果某种股票的 β 系数小于 1,说明其风险小于整个市场的风险。

或者说,如果 $\beta=1$,说明该资产(或资产组合)的风险溢价变化与市场是同步的。假设市场风险溢价为 5%,那么,该项资产(或资产组合)的风险溢价也是 5%。如果 $\beta=0.5$,说明该资产(或资产组合)的风险溢价变化是市场的 1/2。假设市场风险溢价为 5%,则该项资产(或资产组合)的风险溢价为 2.5%。如果 $\beta=0$,说明该项资产(或资产组合)的系统风险为零。如果 $\beta>1$,说明该项资产(或资产组合)的系统风险超越了市场风险。通常情况下,股票的 β 系数取值范围在 0.60 至 1.60 之间。

上述内容侧重讨论 β 系数的直观含义。实际上,β 系数的定义:

$$\beta_i = \frac{\text{Cov}(R_i, R_m)}{\sigma_m^2}$$

其中,$\text{Cov}(R_i, R_m)$ 是第 i 种证券的收益与市场组合收益之间的协方差;σ_m^2 是市场组合收益的方差。

协方差是一个用于测量投资组合中某一具体投资项目相对于另一投资项目风险的统计指标。从本质上讲,组合内各种投资组合相互变化的方式影响着投资组合的整体方差,从而影响其风险。其与相关系数的关系:

$$\text{Cov}(R_i, R_j) = \rho_{i,j} \sigma_i \sigma_j$$

这里 $\text{Cov}(R_i, R_j)$ 为投资于两种资产收益率的协方差,R_i 为投资第 i 种资产的投资收益率,R_j 为投资第 j 种资产的投资收益率,$\rho_{i,j}$ 是第 i 种资产和第 j 种资产投资收益率之间的相关系数,σ_i 和 σ_j 分别为投资第 i 种资产和投资第 j 种资产的收益率的标准差。协方差的计算结果可能为正值,也可能为负值,符号与相关系数相同。它们分别显示了两个投资项目之间收益率变动的方向。当协方差为负值时,表示两种资产的收益率呈相反方向变化。协方差的绝对值越大,表示这两种资产收益率的关系越密切;协方差的绝对值越小,则这两种资产收益率的关系越疏远。

根据前述公式可得:

$$\beta_i = \frac{\text{Cov}(R_i, R_m)}{\sigma_m^2} = \frac{\rho_{i,m} \sigma_i \sigma_m}{\sigma_m^2} = \rho_{i,m} \times \frac{\sigma_i}{\sigma_m}$$

式中,$\rho_{i,m}$ 表示第 i 项资产的收益率与市场组合收益率的相关系数;σ_i 是第 i 项资产收益率的标准差,表示该资产的风险大小;σ_m 是市场组合收益率的标准差,表示市场组合的风险。

根据上式可以看出,一种股票的 β 值的大小取决于:①该股票与整个股票市场的相关性;②它自身的标准差;③整个市场的标准差。

β 系数的一个最重要的特征:当以各种股票的市场价值占市场组合总的市场价值的比重为权数时,所有证券的 β 系数的平均值等于 1,即

$$\sum_{i=1}^{n} W_i \beta_i = 1$$

其中,W_i 代表各种股票的市场价值占市场组合的比重。

显然,如果将所有的证券按照它们的市场价值进行加权,组合的结果就是市场组合。

2.资产组合的系统风险系数(β 系数)

投资组合的 β 系数是单个证券 β 系数的加权平均数,权数为各种证券在投资组合中所占的比重。其计算公式:

$$\beta_p = \sum_{i=1}^{n} W_i \beta_i$$

式中: β_p 代表证券组合的 β 系数; W_i 代表证券组合中第 i 种股票所占的比重; β_i 代表第 i 种股票的系数; n 为证券组合中股票的数量。

例 2-21

现有 ABC 股票组合,已知三种股票 A、B、C 在资产组合中所占的比例及其各自 β 值,如表 2-3 所示。试求该股票组合的 β 值。

表 2-3　ABC 投资组合情况表

股票	在资产组合中的比例/%	β 值
A	40	1.00
B	25	0.75
C	35	1.30

$\beta_P = 1.00 \times 40\% + 0.75 \times 25\% + 1.30 \times 35\% = 1.042\,5$

通过上述公式及其实例,可以得出结论:资产组合的 β 值是由个别证券的 β 值决定的。如果资产组合中含有低 β 值的股票,则整个组合的 β 值相应较低,反之亦然。

例 2-22

仍按例 2-21 的资料,该公司为降低风险,售出部分 A 股票,买进部分 B 股票,使 A、B、C 三种股票在证券组合中所占的比例变为 25%、40% 和 35%,其他条件不变。试求该股票组合的 β 值。

解答:

依题意, $\beta_1 = 1.00, \beta_2 = 0.75, \beta_3 = 1.30; W_1 = 25\%, W_2 = 40\%, W_3 = 35\%$

则:

新证券组合的 $\beta_P = 1.00 \times 25\% + 0.75 \times 40\% + 1.30 \times 35\% = 1.005$

从本例可以看出,改变投资比重,可以影响投资组合的 β 系数,进而会改变其风险收益率。通过减少系统风险大的资产比重,提高系统风险小的资产比重,能达到降低投资组合总体风险水平的目的。

例 2-23

仍按例 2-20 的资料,假定投资 A、B 资产期望收益率的标准离差均为 9%。

要求:分别计算当 A、B 两项资产的相关系数分别为 +1, +0.4, +0.1, 0, -0.1, -0.4 和 -1 时的投资组合收益率的协方差、方差和标准离差。

解答：依题意，$W_1 = 50\%$，$W_2 = 50\%$；$\sigma_1 = 9\%$，$\sigma_2 = 9\%$，则

该投资组合收益率的协方差 $\text{Cov}(R_1, R_2) = 0.09 \times 0.09 \times \rho_{1,2} = 0.008\,1\rho_{1,2}$

方差 $\sigma_P^2 = 0.5^2 \times 0.09^2 + 0.5^2 \times 0.09^2 + 2 \times 0.5 \times 0.5 \times \text{Cov}(R_1, R_2)$
$$= 0.004\,05 + 0.5\text{Cov}(R_1, R_2)$$

标准离 $\sigma_P = \sqrt{0.004\,05 + 0.5\text{Cov}(R_1, R_2)}$

当 $\rho_{1,2} = +1$ 时，

$\text{Cov}(R_1, R_2) = 0.008\,1 \times 1 = 0.008\,1$

$\sigma_P^2 = 0.004\,05 + 0.5 \times 0.008\,1 = 0.008\,1$

$\sigma_P = \sqrt{0.008\,1} = 0.09$

同理，可计算出当相关系数分别为 $+0.4$，$+0.1$，0，-0.1，-0.4 和 -1 时的协方差、方差和标准差的值（计算过程略），计算结果如表 2-4 所示。

表 2-4　投资组合的相关系数与协方差、方差及标准差的关系

相关系数 $\rho_{1,2}$	1	0.4	0.1	0	-0.1	-0.4	-1
协方差 $\text{Cov}(R_1, R_2)$	0.008 1	0.003 24	0.000 81	0	$-0.000\,81$	$-0.003\,24$	$-0.008\,1$
方差 σ_P^2	0.008 1	0.005 67	0.004 455	0.004 05	0.003 645	0.002 43	0
标准差 σ_P	0.09	0.075 299	0.066 746	0.063 64	0.060 374	0.049 295	0

不论投资组合中两项资产之间的相关系数如何，只要投资比例不变，各项资产的预期收益率不变，则该投资组合的预期收益率就不变，都是 10%。但在不同的相关系数条件下，投资组合收益率的标准差却随之发生变化。

当相关系数为 $+1$，协方差为 $0.008\,1$ 时，两项资产收益率的变化方向与变动幅度完全相同，会一同上升或下降，不能抵消任何投资风险。此时的标准差最大，为 9%。

当相关系数为 -1，协方差为 $-0.008\,1$ 时，情况刚好相反，两项资产收益率的变化方向与变动幅度完全相反，表现为此增彼减，可以完全抵消全部投资风险。此时的标准差最小，为 0。

当相关系数在 $0 \sim +1$ 范围内变动时，协方差 >0，表明单项资产收益率之间是正相关关系，它们之间的正相关程度越低，其投资组合可分散的投资风险的效果就越大。如当相关系数为 $+0.4$ 时，标准差约为 7.53%；当相关系数为 0.1 时，标准差约为 6.67%。

当相关系数在 $0 \sim -1$ 范围内变动时，协方差 $\leqslant 0$，表明单项资产收益率之间是负相关关系，它们之间的负相关程度越低（绝对值越小），其投资组合可分散的投资风险的效果就越小。如当相关系数为 -0.4 时，协方差为 $-0.003\,24$，此时标准差约为 4.93%；当相关系数为 -0.1 时，标准离差约为 6.04%。

当相关系数为零时，协方差也为 0，表明单项资产收益率之间是无关。此时的标准差约为 6.36%。其投资组合可分散的投资风险的效果比正相关时的效果要大，但比负相关时的效果要小。

从上例可以说明，无论资产之间的相关系数及协方差大小如何，投资组合的收益率都

不会低于所有单个资产中的最低收益率,投资组合的风险也不会高于所有单个资产中的最高风险。这一结论同样适用于由多项资产构成的投资组合。

四、资本资产定价模型

在西方金融学和财务管理学中,有许多模型论述风险和收益率的关系,其中一个最重要的模型为资本资产定价模型(capital asset pricing model,简写为CAPM)。1964年,诺贝尔奖获得者威廉·夏普(William Sharpe)根据投资组合理论提出了资本资产定价模型(CAPM),从那时起,它就对财务管理有重要的启示作用。尽管其他模型也想更好地描述市场行为,但CAPM仍是一个概念简单、贴近现实的模型。这里的资本资产,是指股票、债券等有价证券,它代表对真实资产所产生的收益的求偿权利。资本资产定价模型的重要贡献在于它提供了一种与组合资产理论相一致的有关个别证券的风险量度。这种模型使投资者能够估计单项资产的不可分散风险,形成最优投资组合,引导投资者做出合适的投资决策。同时,这种模型对于财务学的发展有着极其重要的作用,并且被广泛地用于资本预算编制、资产估价,以及确定股权资本的成本和解释利率的结构风险。

这一模型为:

$$R_i = R_f + \beta_i \times (R_m - R_f)$$

式中:R_i 为第 i 种股票或第 i 种证券组合的必要收益率;R_f 为无风险收益率;β_i 为第 i 种股票或第 i 种证券组合的 β 系数;R_m 为所有股票或所有证券的平均收益率。

公式中($R_m - R_f$)是投资者为补偿承担超过无风险收益的平均风险而要求的额外收益,称为风险溢价,反映市场作为整体对风险的平均"容忍"程度,也就是市场整体对风险的厌恶程度。对风险越是厌恶和回避,要求的补偿就越高,因此,市场风险溢价的数值就越大。反之,如果市场的抗风险能力强,则对风险的厌恶和回避就不是很强烈,因此,要求的补偿就越低,所以,市场风险溢价的数值就越小。某项资产的风险收益率是市场风险溢价与该资产系统风险系数的乘积。

$$风险收益率(R_p) = \beta \times (R_m - R_f)$$

无风险收益率加风险收益率即为必要报酬率。

必要报酬率是指投资者购买或持有一种资产所要求的最低报酬率,这种资产可能表现为一种证券、证券组合或一项投资项目。这一定义考虑了投资者投资时的资本机会成本,也就是说,如果投资者将资本投入了某个项目,那么,投资者就失去了将资本投向次优方案可能带来的收益,这种失去的收益就是投资者选择投资于某项目的机会成本,因此,也是投资者要求的必要报酬率。否则,投资者会选择次优的投资方案。换言之,投资者之所以投资是因为购买一项资产的价格足够低,并确保未来获得的现金流足以弥补必要的报酬率要求。

资本资产定价模型说明如下结论。

1.任何风险性资产的期望收益率等于无风险利率加风险收益率。风险收益率决定于投资者的风险回避程度。

2.一种股票的风险由两部分组成:系统风险和非系统风险。

3.非系统风险可通过多角化投资来消除。对于那些理性的、从事多角化投资的投资者来说,只有系统风险才是与他们相关的风险,因为他们能消除可分散风险。

4.投资者承担风险必须得到补偿——股票风险越大,必要报酬率越高。但是,要求补偿的风险只是不能通过多角化投资加以消除的不可分散风险。如果可分散风险的溢价存在,证券组合的投资者将购买这部分股票(对这些投资者来说,它们没有特殊的风险)从而抬高其价格,它们最后的(均衡的)期望报酬率,只反映不可分散的市场风险。

例如,假定股票 A 的风险一半是市场风险(因为它随着市场波动而产生),另一半是可分散风险。你只持有股票 A,则面临所有的风险。作为对承担如此多风险的补偿,你需要超过国库券利率 10% 之外的 8% 的风险溢价,你所要求的必要报酬率为:$R=10\%+8\%=18\%$。但假定其他投资者实行证券组合投资,他们同样持有股票 A,但他们消除了可分散风险,因此,面临比你小一半的风险,他们的风险溢价也为你的一半,所要求的必要报酬率为:$R=10\%+4\%=14\%$。

如果股票 A 在市场上的报酬率高于 14%,实行组合的投资者将会购买它;如果它的报酬率达到 18%,你也愿意购入。但组合投资者的大量买入将抬高股价,导致报酬率下降。因此,你不能以较低的价格购买到能给你提供 18% 报酬率的这种股票,最后,你不得不接受 14% 的报酬率,否则,你只有将钱存入银行。在投资者为理性的并且实行组合投资的市场里,风险溢价只能反映出市场风险。

5.股票的市场风险可通过股票的 β 系数来衡量。β 系数是股票相对波动性的指数。一些可用来作为参照的 β 系数如下:

$\beta=0.5$ 表示该股票的波动或风险仅为平均股票风险的一半;

$\beta=1.0$ 表示该股票的风险与平均股票风险相同;

$\beta=2.0$ 表示该股票的风险是平均股票风险的两倍。

6.若个别证券的 β 系数低,则由它们所构成的投资组合的 β 系数也低,这是因为投资组合的 β 系数是组合中各个股票的 β 系数的加权平均。

例 2-24

国库券收益率为 7%,市场平均的预期收益率为 12%。甲公司股票的 β 系数为 1.3,乙公司股票的 β 系数为 0.7。

要求:试计算甲公司和乙公司股票所要求的收益率。

解答:

甲公司的预期收益率 $R_{甲}=7\%+1.3\times(12\%-7\%)=13.5\%$

乙公司的预期收益率 $R_{乙}=7\%+0.7\times(12\%-7\%)=10.5\%$

计算结果表明,甲公司股票所要求的收益率为 13.5%,高于市场平均的预期收益率,主要是因为甲公司的 β 系数为 1.3,说明甲公司比市场有更高的风险;乙公司股票所要求的收益率为 10.5%,低于市场平均的预期收益率,主要是因为乙公司股票的 β 系数为 0.7,说明乙公司的风险低于市场风险。

例 2-25

W 公司股票的 β 系数为 1.5，无风险利率为 7%，市场上所有股票的平均收益率为 10%，那么，W 公司股票的必要收益率应为：

$$R = R_f + \beta_i \times (R_m - R_f) = 7\% + 1.5 \times (10\% - 7\%) = 11.5\%$$

也就是说，W 公司股票的收益率达到或超过 11.5% 时，投资者方肯进行投资。如果低于 11.5%，则投资者不会购买 W 公司的股票。

资本资产定价模型，通常用图形加以表示，叫作证券市场线（简称 SML）。它说明必要收益率 R 与系统风险 β 系数之间的关系，如图 2-3 所示。

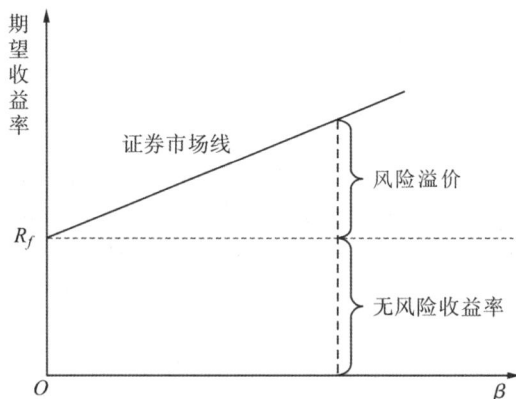

图 2-3　证券收益率与 β 系数之间的关系

证券市场线表明：

1.纵轴为期望的收益率，横轴是以 β 值表示的风险。

2.无风险证券的 $\beta=0$，R_f 即为证券市场线在纵轴上的截距。

3.证券市场线的斜率是市场风险收益率（$R_m - R_f$），表示经济系统中风险厌恶的程度。一般来说，投资者对风险的厌恶程度越强，证券市场线的斜率越大，对风险资产所要求的风险补偿越大，对风险资产的要求收益率越高。

4.β 值越大，要求的收益率越高。

从证券市场线可以看出，投资者要求的收益率不仅仅取决于市场风险，而且还取决于无风险利率（证券市场线的截距）和市场风险补偿程度（证券市场线的斜率）。由于这些因素始终处于变动之中，所以证券市场线也不会一成不变。预计通货膨胀提高时，无风险利率会随之提高，进而导致证券市场线的向上平移。风险厌恶感的加强，会提高证券市场线的斜率。

证券市场线适用于单个证券和证券组合（不论它是否已经有效地分散了风险），它测度的是证券（或证券组合）每单位系统风险（贝塔系数）的超额收益。

资本资产定价模型基于以下基本假设：

1.资本市场是有效率的，信息可为所有投资者共享，信息的交易成本很低，投资的限制很少。

2.所有投资者都有相同的预期，即对所有资产收益的均值、方差和协方差等有完全相同的主观估计,并且他们的预期都建立在一个共同的持有期(如一年)之上。

3.所有投资者都力图规避风险,并追求期终财富预期效用的最大化。

4.存在无风险资产,所有投资者都可按无风险利率不受限制地借贷资金。

5.所有的资产都是完全可以分割的,拥有充分的流动性且没有交易成本。

6.所有投资者均为价格接受者。即任何一个投资者的买卖行为都不会对股票价格产生影响,没有税金。

资本资产定价模型和证券市场线最大的贡献在于它提供了对风险和收益之间的一种实质性的表述,CAPM 和 SML 首次将"高收益伴随着高风险"这样一种直观认识,用这样简单的关系式表达出来。但由于该模型是限制在许多假设条件之下的,所以仍存在着一些明显的局限,受到一些质疑。

资本资产定价模型与马科威茨的证券组合理论相比较,证券组合理论研究的是人们应该如何投资,属于规范经济学的范畴;而威廉·夏普的资本资产定价模型研究的是如果每个投资者都按马科威茨证券组合理论描述的方式投资的话,证券价格将会发生什么变化,可用于回答"为了补偿某一特定程度的风险,投资者应该获得多大的报酬率"这一问题,属于实证经济学的范畴。目前,资本资产定价模型被公认为是金融市场现代价格理论的主干,它被广泛地用于经验分析,使丰富的金融统计数据可以得到系统而有效的利用。不仅如此,此模型亦被广泛用于实证研究,并因而成为不同领域中决策的一个重要基础。

五、有效市场理论

所谓有效市场理论,是指金融市场上的预期等于运用所有可知信息做出最佳预测,它是理性预期理论在证券定价上的应用。

(一)有效市场理论的提出

美国芝加哥大学教授欧根·珐玛(Eugene F. Fama)通过对股价的大量实证研究,于1965 年、1970 年分别在美国的《商业学刊》和《金融月刊》上发表了《股票市场价格的行为》和《有效资本市场:对理论和实证工作的评价》两篇文章。他在文章中指出,由于有大量的分析家和交易商在积极寻找定价错误的证券并积极进行无险套利交易,从而影响到证券的价格,因此在任何给定时间,证券价格已反映了投资者的知识和判断,充分反映了全部市场信息。如果价格已经很快反映了新信息,那么通过传统分析方法就不能击败市场,即不能获得高于市场平均水平的投资收益,这就叫作有效市场理论。根据这一理论,珐玛认为有效市场是指这样一个市场:投资者都试图利用可获得的信息获得更多的报酬;证券价格对新的市场信息的反应迅速而准确;市场竞争使证券价格从一个平衡水平过渡到另一个平衡水平。

在有效市场里,任何新的信息都会迅速而充分地反映在价格中,证券的价格能迅速而充分地对这些信息做出反应。有利的信息会立刻导致证券价格的上升,不利的信息会使证券价格立即下跌。因此,任何时候的证券价格都已经充分反映了当时所得到的一切有关信息。其特征有:(1)有效市场上证券的价格充分反映新信息;(2)有效市场上的证券价格是其价值的可靠反映;(3)有效市场上证券价格的变动是随机的;(4)有效市场上的投资者不能获得超常利润。

根据市场对以上三类信息的不同反映,一般将有效市场分为以下三种类型。

1.弱式有效市场。其特征:证券的现行价格反映了证券本身所有的信息,过去的证券价格不影响未来的证券价格,未来的证券价格与其过去的价格之间没有任何关系。在弱式有效市场,由于目前的证券价格充分反映了过去证券价格所提供的各种信息,过去价格变动的历史不包括任何对预测未来价格变动有用的信息,有关证券的历史信息与现在和未来的证券价格或收益无关,这就说明有关证券的历史信息已被投资者所充分利用,因此任何投资者都不可能在弱式有效市场上通过分析历史信息来决定何时买卖证券而获取超额收益。

2.半强式有效市场。其特征:证券的现行价格反映了所有已经公开的信息,这些信息不仅包括证券价格和交易量等历史信息,而且包括所有公开发表的信息,如公司收益、股利分配、拆股和利率、汇率等宏观指标以及有关政治与社会信息等。因此,在半强式有效市场上,不但所有证券价格变化的历史资料,而且所有公开发表的最新信息也都对判断证券价格的变化趋势毫无用处,因为所有对证券价格有影响的信息都会马上在证券价格上反映出来。

3.强式有效市场。其特征:证券的价格充分反映了已公开和未公开的所有信息,这些信息不仅包括历史信息和公开信息,而且包括内幕信息和私人信息。显然强式有效市场是一个极端的假设,是一个理想的市场状态,它以市场参与者无信息垄断为前提,以信息传播系统具有多元、自由、无时滞为条件,以证券市场价格对信息的反应迅速而无偏差为基础。大量的实证研究结果表明,目前各国的证券市场都未达到强式有效。

有效市场类型的划分表明,证券价格总是不同程度地反映各类相关信息。其中,弱式有效市场所描述的信息是半强式有效市场中所描述的信息集的一个子集,而半强式有效市场中所描述的信息又恰好是强式有效市场所描述的信息集的一个子集(见图2-4)。因此,强式有效隐含着半强式有效,半强式有效又隐含着弱式有效。在有效市场上,价格所反映的信息来源越广,反映的速度越快,投资者就越难通过证券交易获得超额回报。[①]

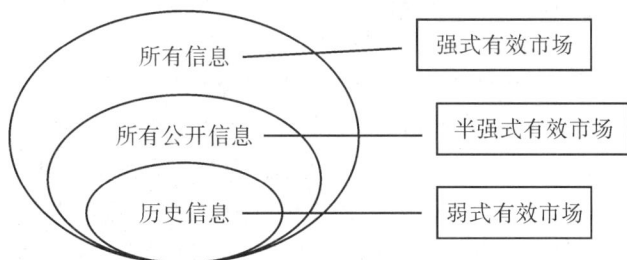

图2-4 三类有效市场与信息的关系

(二)有效市场理论对会计信息披露的重要意义

会计信息反映着上市公司的经营状况,而这一状况必将及时地被市场价格所反映。

---

① 李冠众.财务管理[M],机械工业出版社,2006:123.

公司市场价值的升降,是各种信息(包括会计信息)综合作用的结果。也就是说公司必须按照有效市场的要求,生产符合标准的会计信息,并输出到资本市场,使市场了解企业,这对于提升公司价值、提高资本市场效率具有双重作用。有效市场理论对会计信息的披露提供了有益的启示。

1.充分认识会计信息的非唯一性。有效市场理论认为,证券价格能同步反映全部有关的和可用的信息,这些信息既包括企业所披露的信息,如会计信息、统计信息和管理信息等,又包括宏观经济发展所反映出的信息。投资者在获取会计信息的同时,会最大限度地使用其他的信息。但就目前而言,会计信息对投资者还是普遍适用的,因为会计信息的披露有着科学而系统的方法,并具有真实性、连续性和综合性的特点,从而使其成为包含一定信息量而又具有成本效益的披露工具。反过来讲,如果会计不能够提供投资者所需的准确、及时、可靠的信息,会计的有用性就会令人质疑,甚至有可能被其他渠道的信息所替代。

2.在会计报表上不存在幻觉。财务估价论认为,任何资产的市场价值都是其未来现金流量的折现值,因此,投资者只关心公司财务决策所带来的现金流量。在有效市场上,信息表面的变化并不会影响企业的风险程度和预期的现金流入,当然也不会影响证券的价格。因为市场有效意味着证券市场接受的是所披露信息的真实内容,而不是信息披露的形式。因此,只要会计政策的选择不会带来现金流量的差别,或者公司以任何形式向公众披露所采用的会计政策,投资者和证券分析师都会做出必要的分析,以判断这些会计政策的改变对现金流带来的变化,公司所采用的会计政策不会影响证券的价格,也不会提升其价值。

3.充分披露会计信息。首先,弱型有效市场表明,所有过去价格变动的结果对于未来的价格变动趋势毫无影响,即在目前的股票价格中,不包含任何有助于预测未来的有用信息。因此,会计报告的披露应具有较大的信息含量,特别是应向市场及时传递企业未来发展趋势的会计信息。其次,在半强式有效市场中,有效仅指对公众可获得信息的有效,但在现实经济生活中确实存在信息的不对称,由此导致的逆向选择和道德风险会降低市场配置资源的效率。会计信息的充分披露,包括内部信息和可能泄露竞争优势信息的披露,无疑会增加公众所获取信息的含量,最终会在一定程度上降低由于信息不对称造成的市场不完全性。公司应认识充分披露所带来的正面效应。

4.披露真实而公允的会计信息。会计信息的质量特征,对资本市场效率的有效发挥有着重要的影响。相关可靠的会计信息,能使投资者做出正确的决策,实现社会资本的优化配置。而虚假的、不可靠的、不相关的会计信息,则会误导投资者做出错误决策,扭曲资本市场正常反应机能,同时也会引发人们的投机行为,使资本市场大起大落。也使得企业的经营业绩难以取信于民,引发信用危机,导致股价下跌,企业财富缩水。

第三节　证券价值估算

从法律意义上说,证券是指各类记载并代表一定权利的法律凭证的统称,它代表了一定量的财产权利,证明证券持有人有权按期取得一定的利息或股息等收入并可自由转让和买卖的债权或所有权凭证。证券包括债券、股票及其衍生品等。证券估价就是对证券的价值进行合理的评定。证券估价的"价值"是指证券的内在价值,是投资者获得的现金流入量按要求的报酬率在一定期间内折现的价值。根据证券的内在价值与市场价值的关系,就可以判断某种证券的内在价值究竟被高估(内在价值低于市场价值)还是被低估(内在价值高于市场价值),并以此为基础做出投资决策或筹资决策。如果市场是有效率的,信息是完全的,那么证券的市价应围绕其内在价值上下波动。本节主要介绍债券与股票的估价。

一、债券估价

债券是发行者为筹集资金,按法定程序向债权人发行的,在约定时间支付一定比率的利息,并在到期时偿还本金的一种有价证券。发行者必须在债券上载明债券面值、债券利率、付息日及到期日。目前我国发行的债券有到期一次还本付息债券,分期付息、到期还本债券,贴现发行的债券三种形式。本节仅对估价模型与收益率予以介绍,其余相关知识将在第三章予以阐述。

(一)债券估价模型

债券的价值是发行者按照合同规定从现在至债券到期日所支付的款项的现值。影响债券价值的因素主要有债券的面值、期限、票面利率和所采取的折现率等因素。计算现值时使用的折现率取决于当前的市场利率和现金流量的风险水平。下面介绍几种最常见的债券估价模型。

1.分期付息、到期还本的债券估价模型

分期付息、到期还本的债券估价模型是债券估价的基本模型,其一般计算公式为:

债券价值＝未来收取的利息和收回本金的现值合计

＝每期利息×年金现值系数＋债券面值×复利现值系数

即:

$$V = \sum_{t=1}^{n} \frac{I}{(1+k)^t} + \frac{M}{(1+k)^n}$$
$$= I \times (P/A, k, n) + M \times (P/F, k, n)$$

式中:V 表示债券价值;I 表示每期利息;M 表示债券面值或到期本金;k 表示市场利率或投资者要求的最低报酬率;n 表示付息期数。

例 2-26

某债券面值 1 000 元,票面利率 8%,期限 6 年,每年年末付息一次,到期还本。某企业拟购买该债券,购买时的市场利率为 10%。

要求:计算该债券的价值。

解答:根据上述公式得

$$V = 1\ 000 \times 8\% \times (P/A, 10\%, 6) + 1\ 000 \times (P/F, 10\%, 6)$$

$$=80\times4.355+1\,000\times0.565=913.40(元)$$

2.到期一次还本付息且不计复利的债券估价模型

我国有一部分债券属于到期一次还本付息且不计复利的债券,其估价计算公式为:

债券价值=债券到期本利和×复利现值系数

$$V=(M+M\times i\times n)\times(P/F,k,n)$$

公式中的 i 为债券的票面利率,其他符号含义同前式。

例 2-27

某企业拟购买一种到期一次还本付息的债券,该债券面值为 1 000 元,期限 3 年,票面利率 6%(单利计息),当时的市场利率为 5%。

要求:该债券价格为多少时,企业才值得购买?

解答:根据上述公式得

$$V=(1\,000+1\,000\times6\%\times3)\times(P/F,5\%,3)$$
$$=1\,180\times0.863\,8=1\,019.28(元)$$

即该债券价格必须低于 1 019.28 元,企业才值得购买。

3.贴现发行债券的估价模型

债券以贴现方式发行,没有票面利率,到期按面值偿还,这种债券也称零票面利率债券。这种债券以贴现方式发行,也即以低于面值的价格发行,到期按面值偿还。其估价模型为:

债券价值=债券面值×复利现值系数

即:

$$V=\frac{M}{(1+k)^n}=M\times(P/F,k,n)$$

公式中的符号含义同前式。

例 2-28

某债券面值为 1 000 元,期限为 5 年,以贴现方式发行,期内不计利息,到期按面值偿还,当时的市场利率为 8%。

要求:计算该债券的价值。

解答:根据上述公式得

$$V=1\,000\times(P/F,8\%,5)=1\,000\times0.680\,6=680.60(元)$$

因此该债券的价值为 680.60 元。

(二)债券的收益率

债券的收益水平通常用到期收益率来衡量。到期收益率是指以特定价格购买债券并持有至到期日所能获得的收益率。它是使未来现金流量现值等于债券购入价格的折现率,相当于投资者按照当前市场价格购买并且一直持有到满期时可以获得的年平均收益率。

一般的债券到期都按面值偿还本金,所以,随着到期日的临近,债券的市场价格会越来越接近面值。

1.短期债券到期收益率

对处于最后付息周期的附息债券、贴现债券和剩余流通期限在一年以内(含一年)的到期一次还本付息债券,其到期收益率的计算公式为:

$$到期收益率=\frac{(到期本息和-债券买入价)/债券买入价}{剩余到期年限}×100\%$$

2.长期债券到期收益率

(1)到期一次还本付息债券

剩余流通期限在一年以上的到期一次还本付息债券的到期收益率采取复利计算。计算公式为:

$$PV=(M+M×i×n)×(P/F,k,t)$$

(2)按年付息债券

不处于最后付息期的固定利率附息债券的到期收益率可用下面的公式计算:

$$PV=M×i×(P/A,k,t)+M×(P/F,k,t)$$

上面两式中:k 表示到期收益率;PV 表示债券买入价;i 表示债券票面年利率;n 表示债券有效年限;M 表示债券面值;t 表示债券的剩余年限。

例 2-29

已知:A公司于2022年1月1日以1 010元价格购买了B公司于2019年1月1日发行的面值为1 000元、票面利率为10%的5年期债券。

要求:(1)如该债券为一次还本付息,计算其到期收益率。

(2)如果该债券为分期付息、每年年末付一次利息,计算其到期收益率。

解答:(1)一次还本付息:

根据 $1\,010=1\,000×(1+10\%×5)×(P/F,k,2)=1\,500×(P/F,k,2)$

$(P/F,k,2)=\dfrac{1\,010}{1\,500}=0.673\,3$

查复利现值系数表可知:

当 $k=20\%$ 时,$(P/F,20\%,2)=0.694\,4$

当 $k=24\%$ 时,$(P/F,24\%,2)=0.650\,4$

利用内插法求得:$k=21.92\%$

(2)分期付息,每年年末付一次利息:

据 $1\,010=1\,000×10\%×(P/A,k,2)+1\,000×(P/F,k,2)$
$=100×(P/A,k,2)+1\,000×(P/F,k,2)$

当 k=10% 时,

$NPV=100×(P/A,10\%,2)+1\,000×(P/F,10\%,2)-1\,010$

$$=100\times1.735\ 5+1\ 000\times0.826\ 4-1\ 010=-10.05(元)$$

当 k＝8％时，

$$NPV=100\times(P/A,8\%,2)+1\ 000\times(P/F,8\%,2)-1\ 010$$
$$=100\times1.783\ 3+1\ 000\times0.857\ 3-1\ 010=25.63(元)$$

用内插法求得：$k＝9.44\%$

二、股票估价

股票是股份有限公司为筹措股权资本而发行的有价证券，是公司签发的证明股东持有公司股份的凭证。股票作为一种所有权凭证，代表着对发行公司净资产的所有权。股票只能由股份有限公司发行。本节仅对估价模型与收益率予以介绍，其余相关知识将在第三章予以阐述。

(一)股票估价模型

股票作为一种投资，现金流出是其购买价格，现金流入是股利和出售价格。股票未来现金流入的现值，称为股票的价值或股票的内在价值。股票的价值不同于股票的价格，受社会、政治、经济变化和心理等诸多因素的影响，股票的价格往往背离股票的价值。

下面介绍几种最常见的股票估价模型。

1.短期持有股票，未来准备出售的股票估价模型

一般情况下，投资者投资股票，不仅希望得到股利收入，更期望在股票价格上涨时出售股票获得资本利得[①]。如果投资者不打算永久地持有该股票，而在一段时间后出售，他的未来现金流入是几次股利和出售时的股价。此时的股票估价模型如下。

$$V=\sum_{t=1}^{n}\frac{D_t}{(1+k)^t}+\frac{P_n}{(1+k)^n}$$

式中：V 表示股票的内在价值；D_t 表示第 t 期的预期股利；P_n 表示未来出售时预计的股票价格；k 表示贴现率，一般采用当时的市场利率或投资人要求的必要收益率；n 表示预计持有股票的期数。

例 2-30

某企业拟购买 A 公司发行的股票，该股票预计今后三年每年每股股利收入为 2 元，三年后出售可得 16 元，投资者的必要报酬率 10％。

要求：计算该股票的价值。

解答：

$$V=2\times(P/A,10\%,3)+16\times(P/F,10\%,3)$$

---

① 股票持有者持股票到市场上进行交易，当股票的市场价格高于买入价格时，卖出股票就可以赚取差价收益，这种差价收益称为资本利得。

$$=2\times2.486\,9+16\times0.751\,3$$

$$=16.99(元)$$

该股票的价值为16.99元,若A公司股票的市价低于16.99元,则该企业可考虑对此股票进行投资。

2.长期持有、股利稳定不变的股票估价模型

在每年股利稳定不变,投资人持有期限很长的情况下,股票的估价模型可在第一种模型的基础上简化为:

$$V=\frac{D}{k}$$

式中:V为股票的内在价值,D为每年固定股利,k为投资人要求的必要收益率。

例 2-31

某企业拟购买A公司股票并准备长期持有,预计该股票每年股利为6元,企业要求的必要收益率为15%。

要求:计算该股票的价值。

解答:

$$V=\frac{6}{15\%}=40(元)$$

3.长期持有、股利固定增长的股票估价模型

如果一个公司的股利不断增长,投资者的投资期限又非常长,则股票的估价就相对复杂,只能计算近似值。设今年已支付的股利为D_0,第t年股利为D_t,每年股利比上年增长率为g,则:

$$V=\frac{D_0(1+g)}{k-g}=\frac{D_1}{k-g}$$

例 2-32

某企业准备购买B公司的股票,该股票今年已支付的每股股利为2元,预计以后每年以12%的增长率增长。企业要求的必要收益率为16%。

要求:股票价格为多少时可考虑购买?

解答:

$$V=\frac{2\times1.12}{0.16-0.12}=56(元)$$

即B公司的股票价格在56元以下时可以购买。

4.非固定增长股票的价值

在现实生活中,有的公司股利是不固定的。例如,在一段时间里高速增长,在另一段时间里正常固定增长或固定不变。在这种情况下,就要分段计算才能确定股票的价值。

例 2-33

X投资者持有C公司的股票,他的投资必要报酬率为12%。预计C公司未来3年股利将高速增长,增长率为20%。在此以后转为正常增长,增长率为10%。C公司最近支付的股利是每股2元。

要求:请帮助X投资者计算C公司股票的内在价值。

解答:首先,计算非正常增长期的股利现值(见表2-5):

表 2-5 非正常增长期的股利现值计算

单位:元

年份	股利(D_t)	现值系数(12%)	现值(V_t)
1	$2×1.2=2.4$	0.892 9	2.143 0
2	$2.4×1.2=2.88$	0.797 2	2.295 9
3	$2.88×1.2=3.456$	0.711 8	2.450 0
合计(3年股利的现值)			6.888 9

其次,计算第三年年底的普通股内在价值:

$$V_3 = \frac{D_4}{k-g} = \frac{D_3(1+g)}{k-g} = \frac{3.456×1.10}{0.12-0.10} = 190.08(元)$$

计算其现值:

$$V_0 = 190.08×(P/F,12\%,3) = 190.08×0.711\,8 = 135.30(元)$$

最后,计算股票目前的内在价值:

$$V = 6.89 + 135.30 = 142.19(元)$$

(二)股票投资的收益率

股票投资收益是指投资者从购入股票开始到出售股票为止整个持有期间所获得的收益,这种收益由股利收入和股票买卖差价两方面组成。

股票投资收益率是指使得股票未来现金流量的折现值等于目前的购买价格时的折现率,也就是股票投资的内含报酬率(或内部收益率)。股票投资收益率可按下式计算:

$$P = \sum_{t=1}^{n} \frac{D_t}{(1+k)^t} + \frac{P_n}{(1+k)^n}$$

式中:P表示股票的买入价格;D_t表示第t期的股利;P_n表示股票的卖出价格;k表示股票投资收益率;n表示持有股票的期限。

例 2-34

某企业在2020年3月16日投资630万元购买某种股票100万股,在2021年和2022年的3月15日每股各分得现金股利0.4元和0.6元,并于2022年3月15日以每股7元的价格全部出售。

要求：计算该项股票投资的收益率。

解答：

根据上述公式得：

$$630=\frac{40}{(1+k)}+\frac{(60+700)}{(1+k)^2}=40\times(P/F,k,1)+760\times(P/F,k,2)$$

通过采用逐步测试法，可以发现：

当 $k=12\%$ 时，

$$40\times(P/F,k,1)+760\times(P/F,k,2)-630=11.59(万元)$$

当 $k=14\%$ 时，

$$40\times(P/F,k,1)+760\times(P/F,k,2)-630=-10.09(万元)$$

因此，采用内插法，可以算出：

$$k=12\%+11.59/(10.09+11.59)\times2\%=13.07\%$$

如果假设股票价格是公平的市场价格，证券市场处于均衡状态：在任一时点证券价格都能完全反映有关该公司的任何可获得的公开信息，而且证券价格对新信息能迅速做出反应。在这种假设条件下，股票的期望投资收益率等于其必要收益率。

根据长期持有、股利固定增长的股票估价模型，用股票购买价格 P_0 代替内在价值 V，则股票投资收益率 k 的计算公式如下：

$$k=\frac{D_1}{P_0}+g$$

从上式可以看出，股票投资收益率由两部分构成：一部分是预期股利收益率 D_1/P_0，它是根据预期现金股利除以当前股价计算出来的；另一部分是股利增长率 g，也就是股价的增长速度，因此，g 可以解释为股价增长率或资本利得收益率。P_0 是股票市场形成的价格，只要能预计出下一期的股利 D_1，就可以估计出股东预期投资收益率，在有效市场中它就是与该股票风险相适应的必要收益率。

例 2-35

某股票的价格为每股 15 元，预计下一期每股股利 0.3 元，以后各期股利将以 10% 的速度持续增长。

要求：计算该股票的收益率。

解答：

$$k=\frac{0.3}{15}+10\%=12\%$$

本章小结

　　财务估价是指对一项资产价值的估计。这里的资产可能是金融资产,也可能是实物资产,甚至可能是一个企业。这里的价值是指资产的内在价值,称为经济价值(或者公平市场价值),是指用适当的折现率计算的资产预期未来现金流量的现值。财务估价的基本方法是折现现金流量法,该方法涉及三个基本的财务观念:时间价值、风险价值和现金流量。

　　资金时间价值是现代管理的基础观念之一,涉及所有的理财活动。有关资金时间价值的指标有很多种,本章重点介绍单利、复利和年金的计算。复利终值,是指若干期后包括本金和利息在内的未来价值,又称本利和。复利现值是把将来的资金按一定利率折算到现在的价值,或者说为取得将来一定本利和现在所需要的本金。实际上企业的现金流量每年都产生,形成等额、定期的系列收支,称为年金。年金按收付款时间可分为普通年金、预付年金、递延年金和永续年金。

　　企业的财务活动在获得收益的同时总是伴随着风险。风险是在一定条件下和一定时期内实际状况偏离预期目标的可能性。投资者在进行投资时,由于承担风险而获得的超过无风险收益的额外收益,称为投资的风险报酬。在投资项目风险程度的衡量中,一般用标准离差率来比较相对投资风险的大小。资本资产定价模型表明,任何一只证券的预期收益率都等于无风险收益率加上风险溢价,即风险补偿。

　　证券估价的"价值"是指证券的内在价值,是投资者获得的现金流入量按要求的报酬率在一定期间内折现的价值。根据证券的内在价值与市场价值的关系,就可以判断某种证券的内在价值究竟被高估还是被低估,并以此为基础做出投资决策或筹资决策。如果市场是有效率的,信息是完全的,那么证券的市价应围绕其内在价值上下波动。

复习思考题

　　1.什么是资金时间价值?资金时间价值观念对于财务管理而言有何意义?

　　2.什么是复利终值和年金终值?它们有何区别?

　　3.预付年金和普通年金的关系是什么?

　　4.什么是递延年金和永续年金?请列举出财务领域有关这两类年金的实例。

　　5.投资风险和报酬的关系如何?

　　6.企业投资于 A、B 两种股票,两种股票收益率的正相关或负相关对于收益风险的防范具有什么样的影响?

　　7.如何运用资本资产定价模型进行风险收益分析?

　　8.债券的基本要素有哪些?其含义是什么?

　　9.债券的价值如何确定?有哪几种基本的估价方法?

　　10.股票的价值如何确定?进行股票估价有哪几种常用方法?

案例分析

可怜的印第安人

到过美国纽约市旅游的人都知道,该市最为昂贵的地产,位于其最中心区——曼哈顿。这块地产是 1626 年白人从印第安人那儿以仅仅值 24 美元的玻璃珠换来的。今日很多美国人谈起此事,都取笑当时的印第安人太傻,只会做赔本生意,这么好一块地皮竟然只卖 24 美元。

但是美国著名基金经理彼得·林奇却不这样看,他计算过,如果当时的印第安人把这 24 美元存在银行里,按每年 8% 的利息计算,到了今日,连本带利,其数额已经远超过曼哈顿地产今日的总价值。并且最让人惊讶的是,这个总额是曼哈顿地产总值的 1 000 倍。

问题:你是否认同彼得·林奇的观点?

租金的抉择

李女士打算在一个长途汽车站的十字路口开一家餐馆,于是找到十字路口的一家小卖部,提出承租该小卖部三年。因受附近超市的影响,小卖部生意清淡,小卖部的业主洪先生也愿意清盘让李女士开餐馆,但提出李女士应一次支付三年的使用费 30 000 元。李女士觉得现在一次拿 30 000 元比较困难,因此请求缓期支付。洪先生同意三年后支付,但金额为 50 000 元。

问题:

1.若银行的贷款利率为 5%,问李女士三年后付款是否合算?

2.假定洪先生要求李女士不是三年后一次支付,而是三年中每年年末支付 12 000 元,那么李女士是现在一次付清还是分三次付清更为合算? 假定银行的贷款利率仍为 5%。

知识拓展 2　　　　测试 2　　　　课件 2

第三章　　　　　　　　　　　　　筹资管理

思维导图 3

💡 学习目标

通过学习本章,你应该能够:

1.熟悉筹资的动机、渠道、方式、原则和类型;

2.掌握各种权益筹资方式的特点;

3.掌握各种债务筹资方式的特点;

4.熟悉各种混合筹资方式的特点;

5.掌握权益筹资和债务筹资的优缺点;

6.掌握普通股股东的权利、留存收益的性质、债券发行价格的影响因素及其确定、融资租赁租金的测算、放弃折扣的信用成本率的计算;

7.熟悉短期借款的信用条件、优先股的特点与种类、可转换债券的基本性质和要素;

8.了解股份有限公司设立、股票发行、股票上市等规定。

重点难点 3

筹资是企业为了满足经营活动、投资活动、资本结构管理和其他需要,通过一定的渠道,采取适当的方式,获取所需资金的一种财务行为。无论是初创时期,还是扩张和发展时期,企业都需要筹措资金。筹资管理要解决的问题是,企业在什么时候从什么渠道以什么方式筹集多少资金,而筹资所要达到的理想境界就是适时、适量、合理、合法地筹集资金。适时就是根据投资的时间要求,把握资本市场的有利时机筹集资金;适量就是依据投资的规模筹集资金;合理就是妥善地安排资本结构,使筹资成本与公司所承担的财务风险相匹配;合法就是遵循国家的法律、法规,利用适当的筹资方式筹集资金。

第一节　筹资管理概述

微课 3-1
筹资管理
概述

一、筹资的动机

企业筹资的基本目的是为维持和发展企业所开展的各项活动提供资金保障,但筹资的具体动机是多种多样的,归纳起来表现为以下四类。

(一)设立性筹资动机

设立性筹资动机,是指企业设立时为取得资本金以形成开展经营活动的基本条件而产生的筹资动机。如企业为了形成经营能力,需要购建厂房设备,安排铺底流动资金,这就需要筹措注册资本等权益资金。

(二)支付性筹资动机

支付性筹资动机,是指企业为了满足经营业务活动的正常波动所形成的支付需要而产生的筹资动机。企业开展经营活动过程中,经常会出现超出维持正常经营活动资金需求的季节性、临时性的交易支付需要,如原材料购买的大额支付、员工工资的集中发放、银行借款的提前偿还、股东股利的发放等。这些情况要求除了正常经营活动的资金投入以外,还需要通过经常的临时性筹资来满足经营活动的正常波动需求,维持企业的支付能力。

(三)扩张性筹资动机

扩张性筹资动机,是指企业为扩大生产经营规模或增加对外投资而产生的筹资动机。企业维持简单再生产所需要的资金是稳定的,通常不需要或很少追加筹资。一旦企业扩大再生产,经营规模扩张、开展对外投资,就需要大量追加筹资。具有良好发展前景、处于成长期的企业,往往会产生扩张性的筹资动机。扩张性筹资的直接结果,往往是企业资金总规模的增加和资本结构的明显变化。

(四)调整性筹资动机

调整性筹资动机,是指企业因调整资本结构而产生的筹资动机。如通过筹资增加权益或债务资金,达到调整、优化资本结构的目的,或者通过举借新债务、偿还到期债务,调整债务内部结构。调整性筹资的目的,是为了调整资本结构,从而降低资本成本、控制财务风险,这类筹资通常不会增加企业的资本总额。

在实务中,企业筹资的目的可能不是单纯和唯一的,通过追加筹资,既满足了经营活动、投资活动的资金需要,又达到了调整资本结构的目的。如企业对外投资需要大额资金,其资金来源通过增加长期贷款或发行公司债券解决,这种情况既扩张了企业规模,又使得企业的资本结构有较大的变化,这类兼具扩张性筹资动机和调整性筹资动机特性的情况很多,可以归纳为混合性筹资动机。

二、筹资管理的内容

筹资管理是企业财务管理的一项重要内容。企业在进行筹资活动时,一方面要科学预测筹资的总规模,以保证所需要资金;另一方面要通过筹资渠道和筹资方式的选择,确定合理的筹资结构,降低资本成本,控制财务风险。即筹资管理要解决企业需要筹集多少资金,在什么时候从什么渠道以什么方式筹集,以及如何协调财务风险和资本成本,合理安排资本结构等问题。

(一)合理预测资金需要量

企业要根据生产经营及发展的需要,合理预测资金的需要量。企业设立时,要按照规划的生产经营规模预测长期资金需要量和流动资金需要量;在企业正常营运时,要根据年度经营计划和资金周转水平,预测维持营业活动的日常资金需求量;企业扩张发展时,要根据扩张规模或对外投资的需求预测资金需要量。

(二)合理安排筹资渠道,选择筹资方式

企业筹资活动需要通过一定的筹资渠道并采用一定的筹资方式来完成。合理安排筹资渠道和选择筹资方式是一项重要的财务工作,直接关系到企业所能筹措资金的数量、成本和风险,因此,需要深刻认识各种筹资渠道和筹资方式的特征、性质以及与企业筹资要求的适应性。在权衡不同性质资本的数量、成本和风险的基础上,按照不同的筹资渠道合理选择筹资方式,有效筹措企业所需资金。

(三)降低资本成本,控制财务风险

资本成本是企业筹集和占用资本所付出的代价,不同筹资方式取得的资本,其资本成本是不同的。一般来说,债务筹资方式的资本成本低于权益筹资方式的资本成本,同时债务筹资方式中的借款、债券和融资租赁等的资本成本也是存在差异的。因此在不考虑财务风险的情况下,企业应合理利用资本成本较低的筹资方式,努力降低资本成本。但另一方面,由于债务资金有固定还款期限,到期必须偿还,若企业无力清偿债务,可能会导致破产,因此债务筹资方式承担的财务风险比权益筹资方式要大。因此企业筹资管理中既要努力降低资本成本,又要充分考虑财务风险,合理安排资本结构,防范企业破产的财务危机。

三、筹资渠道与筹资方式

(一)筹资渠道

筹资渠道是指客观存在的筹措资金的来源方向与通道。认识和了解各筹资渠道及其特点,有助于企业充分拓宽和正确利用筹资渠道。目前,我国企业的筹资渠道主要包括以下几方面。

1.银行信贷资金

间接融资是我国企业最主要的融资方式,而在间接融资中,银行信贷资金又是最重要的方式,因此银行对企业的各种贷款,成为我国目前各类企业最为重要的资金来源。

2.其他金融机构资金

其他金融机构主要指信托公司、保险公司、租赁公司、证券公司、财务公司等。它们所提供的各种金融服务,既包括信贷资金投放,也包括物资的融通,还包括为企业承销证券等金融服务。

3.其他企业资金

企业在生产经营过程中,往往形成部分暂时闲置的资金,并为一定的目的而进行相互投资;另外,企业间的购销业务可以通过商业信用方式来完成,从而形成企业间的债权债务关系,形成债务人对债权人的短期信用资金占用。企业间的相互投资和商业信用的存在,使其他企业资金也成为企业资金的重要来源。

4.居民个人资金

作为游离于银行及非银行金融机构之外的居民个人资金,可对企业进行投资,形成民间资金来源渠道,从而为企业所用。

5.国家财政资金

国家对企业的直接投资是国有企业特别是国有独资企业获得资金的主要渠道。现有的国有企业的资金来源中,其资本部分大多是由国家财政以直接拨款方式形成的。

6.企业自留资金

它是指企业内部形成的资金,也称企业留存收益,主要包括提取公积金和未分配利润等。这些资金的重要特征之一是,它们无须通过一定的方式去筹集,而直接由企业内部自动生成或转移。

不同的筹资渠道提供资金的数量和筹资的方便程度不尽相同。有些渠道的资金供应量比较多,如银行信贷资金和非银行金融机构资金等;而有些相对较少,如企业自留资金等。这种资金供应量的多少,在一定程度上取决于财务管理环境的变化,特别是宏观经济体制、银行体制和金融市场发展速度等因素。因此,企业需要根据自身情况以及宏观环境确定适合自身的筹资渠道。

(二)筹资方式

筹资方式是指可供企业在筹措资金时选用的具体筹资形式,它受到法律环境、经济体制、融资市场等筹资环境的制约,特别是受国家对金融市场和融资行为方面的法律法规制约。目前我国企业筹资方式主要有以下几种。

1.吸收直接投资

吸收直接投资是指企业通过协议等形式吸收投资者直接投入资金的一种权益筹资方式。

2.发行股票

发行股票是指股份公司通过股票发行筹措资金的一种权益筹资方式。

3.留存收益

留存收益是指企业从税后净利润中提取的盈余公积金以及从企业可供分配利润中留存的未分配利润。留存收益是企业将当年利润转化为股东对企业追加投资的过程,是一种权益筹资方式。

4.银行借款

银行借款是指企业按照借款合同从银行等金融机构贷款而获得资金的一种债务筹资方式。

5.商业信用

商业信用是指企业通过赊购商品、预收货款等商品交易行为获得资金的一种债务筹资方式。

6.发行债券

发行债券是指企业按照债券发行协议通过发售债券直接筹资,从而获得资金的一种债务筹资方式。

7.融资租赁

融资租赁是指企业按照租赁合同租入资产从而获得资金的一种债务筹资方式。

四、筹资管理的原则

企业筹资管理的基本要求,是要在严格遵守国家法律法规的基础上,分析影响筹资的各种因素,权衡资金的性质、数量、成本和风险,合理选择筹资方式,提高筹资效果。具体来说,企业筹资管理应遵循以下基本原则。

1.合法原则

企业的筹资活动影响了社会资本及资源的流向和流量,涉及相关主体的经济利益,影响着社会经济秩序。因此,企业筹资必须遵循国家的相关法律法规,依法履行法律法规和投资合同约定的责任,依法披露信息,维护各方的合法权益。

2.规模适当原则

企业筹资规模受到企业债务契约、规模大小等多方面因素的影响,且不同时期企业的资金需求不断变化。因此,企业财务人员要认真分析企业的经营状况,采用科学的方法,合理预测资金需要量,既要避免因资金筹集不足影响生产经营的正常进行,又要防止资金筹集过多造成资金闲置。

3.取得及时原则

企业财务人员要根据资金需求的具体情况,合理安排资金的到位时间,使筹资与用资在时间上相匹配。既要避免筹资过早形成闲置资金而增加资本成本,又要防止筹资滞后而错过最佳投资时机。

4.来源经济原则

不同筹资渠道筹资的难易程度不同,不同筹资方式所取得资本的成本有高有低,企业应当在考虑筹资难易程度的基础上,对各种筹资方式进行分析、对比,选择经济、可行的筹资方式组合,从而降低资本成本。

5.结构合理原则

企业筹资要合理确定资本结构,一方面是合理确定权益资金和债务资金的结构,既要避免债务资金过多导致财务风险过高,又要有效地利用债务资金,提高权益资金的收益水平;另一方面是合理确定长期资金和短期资金的比例,使之与企业资产所需持有的期限相匹配。

五、筹资的分类

根据企业所筹资金的性质、使用期限、来源范围和筹资机制的不同,企业筹资可分为不同的类别。

(一)权益筹资、债务筹资和混合筹资

企业筹集的资金,按资金性质的不同可分为权益资金和债务资金两类,与此对应,筹资分为权益筹资、债务筹资和混合筹资。

1.权益筹资

权益筹资形成企业的权益资金。权益资金也称股权资金、自有资金,是企业依法取得,可以长期拥有、自主支配的资金,由投资者的原始投资和投资积累形成,主要包括实收

资本(股本)、资本公积、盈余公积和未分配利润等。权益资金是企业从事生产经营活动和偿还债务的基本保证,是代表企业基本资信状况的一个主要指标,它可以通过吸收直接投资、发行股票和留存收益等方式筹措取得。权益资金一般不用偿还本金,属于企业的永久性资本,因而财务风险小,但付出的资本成本相对较高。

2.债务筹资

债务筹资形成企业的债务资金。债务资金也称借入资金,是企业通过债务方式取得、依约使用、按期偿还的资金,包括短期借款、应付账款、应付票据、长期借款、应付债券及其他各种应付的款项。债务资金是企业非常重要的补充性资本来源,可通过向银行借款、商业信用、发行债券和融资租赁等方式筹措取得。债务资金到期要归还本金和支付利息,具有较大的财务风险,但付出的资本成本相对较低。

3.混合筹资

混合筹资兼具权益筹资和债务筹资双重属性,主要包括发行优先股筹资和发行可转换债券筹资。优先股股本属于企业的权益资金,但优先股股利率同债券利率一样,通常是固定的,因此优先股筹资归为混合筹资。可转换债券在持有者将其转换为公司股票之前,属于企业的债务资金,在持有者将其转换为发行公司股票之后,则属于企业的权益资金。可见,发行优先股筹资和发行可转换债券筹资都具有权益筹资和债务筹资双重属性,因此属于混合筹资。

(二)短期筹资与长期筹资

企业筹集的资金,按资金的使用期限可分为短期资金和长期资金两类,与此对应,筹资的类型可以分为短期筹资和长期筹资。

1.短期筹资

短期筹资是指为满足企业周转性资金需要而进行的、资金使用期限在 1 年以内的筹资活动,也称短期负债筹资。短期筹资方式主要包括短期借款筹资、商业信用筹资、短期债券筹资等。

2.长期筹资

长期筹资是指为满足企业长期生存与发展而进行的、资金使用期限在 1 年以上的筹资活动,是企业筹资的主要方面。长期资金主要用于新产品与新项目的开发和推广、生产规模的扩大、厂房和设备的更新与改造等。长期筹资方式主要包括吸收直接投资、发行股票、发行长期债券、长期借款、融资租赁等。

(三)直接筹资与间接筹资

企业筹资活动,按是否通过金融机构可以划分为直接筹资和间接筹资两种类型。

1.直接筹资

直接筹资是指企业不通过金融机构而直接面对资金供应者进行的筹资活动,一般是通过吸收直接投资、发行股票、发行债券等方式进行筹资。随着金融法规的逐渐健全、证券市场的不断完善,我国居民、企业参与直接筹资的机会大大增加,参与方式也日趋多样化。所以,直接筹资的范围会越来越广。

2.间接筹资

间接筹资是企业通过金融媒介进行的筹资活动,一般通过银行或其他金融机构进行。

这种筹资具有筹资手续简单、效率高、费用低等优点,但筹资范围相对较窄,筹资渠道与方式相对单一。长期以来,间接筹资一直在我国企业的筹资活动中占主导地位。但是,随着金融市场的不断完善,间接筹资的地位比以前有所削弱,尤其是伴随着现代企业制度建设的深化,越来越多的企业把筹资方向转向资本市场,进行直接融资。

(四)内部筹资和外部筹资

企业筹资按资金来源的空间范围不同,可分为内部筹资和外部筹资两种类型。企业一般应在充分利用内部筹资来源之后,再考虑外部筹资问题。

1.内部筹资

内部筹资是指企业通过利润留存而形成的资本来源,是企业内部自然形成的,因此被称为"自动化的资本来源"。内部筹资一般不发生筹资费用,从而降低了资本成本。内部筹资数额大小主要取决于企业可分配利润的多少和利润分配政策。

2.外部筹资

外部筹资是指企业在内部筹资不能满足需要时,向外部筹集而形成的资本来源。企业外部筹资方式包括吸收直接投资、发行股票、银行借款、发行债券和融资租赁等。企业的外部筹资大多需要花费筹资费用,从而提高了筹资成本,但筹资数量相对较大。

第二节　权益筹资

微课 3-2
权益筹资

权益筹资形成企业的权益资金,是企业最基本的筹资方式。吸收直接投资、发行股票和利用留存收益,是权益筹资的三种主要方式。

一、吸收直接投资

吸收直接投资是指企业按照"共同出资、共同经营、共担风险、共享利润"的原则,从国家、法人、个人、外商等外部主体吸收投资的一种方式。它不以证券为媒介,直接形成企业生产能力。投入资金的主体成为企业的所有者,参与企业经营,按其出资比例承担风险、分享利润。

(一)吸收直接投资的方式

1.吸收货币资产投资

吸收货币资产投资是企业吸收直接投资最为主要的形式。这是因为,与其他筹资方式相比,货币资产在使用上具有较大灵活性,它既可用于购置资产,也可用于支付费用。因此,企业应尽量动员投资者采用货币资产出资。

2.吸收非货币资产投资

吸收非货币资产投资分为两类:一是吸收实物资产投资,包括房屋、建设物、设备等固定资产和材料、燃料、商品产品等流动资产;二是吸收无形资产投资,包括土地使用权和商标权、专利权、非专利技术等工业产权。与货币资产出资方式相比,非货币资产投资直接形成经营所需资产,因此有利于缩短企业经营筹备期,提高效率。但是,应注意以下两个问题。

（1）资产作价。《公司法》第 27 条第二款规定："对作为出资的非货币财产应当评估作价，核实财产，不得高估或者低估作价。法律、行政法规对评估作价有规定的，从其规定。"投资方和被投资方在确认资产价值时，必须本着客观、公正的原则进行资产作价，如按第三方（中介评估机构）的资产评估确定其价值，或者按双方签订的合同、协议约定的价值进行作价。

（2）出资标的物应符合国家规定。《公司登记管理条例》第 14 条规定："股东不得以劳务、信用、自然人姓名、商誉、特许经营权或者设定担保的财产等作价出资。"

（二）吸收直接投资的管理

吸收直接投资的管理，主要包括以下几方面的内容。

1.合理确定吸收直接投资的总量

企业资本筹集规模要与生产经营相适应。企业在创建时必须注意其资本筹集规模与投资规模的关系，要求从总量上协调两者的关系，以避免因吸收直接投资规模过大而造成资产闲置，或者因规模不足而影响资产的经营效益。

2.正确选择出资方式，以保持其合理的出资结构与资产结构

由于吸收直接投资形式下各种不同出资方式形成的资产的周转能力与变现能力不同，对企业正常生产经营能力的影响也不相同，因此，企业应在吸收投资时确定较合理的结构关系。这些结构关系包括：货币资产与非货币资产间的结构关系；实物资产与无形资产间的结构关系；流动资产与固定资产等长期资产间的结构关系。

3.明确投资过程中的产权关系

不同投资者的投资数额不同，从而其所享有的权益也不相同。因此，企业在吸收投资时必须明确一系列产权关系，包括企业与投资者之间的产权关系，以及各投资者之间的产权关系。

（三）吸收直接投资的筹资特点

吸收直接投资是非股份制企业筹集权益资金的主要方式，也是我国企业筹资中最早采用的一种方式。与其他筹资方式相比，吸收直接投资具有以下特点。

1.能够尽快形成生产能力

吸收直接投资不仅可以取得一部分货币资金，而且能够直接获得生产经营所需的先进设备和技术，能尽快形成企业的生产经营能力。

2.容易进行信息沟通

吸收直接投资的投资者比较单一，股权没有社会化、分散化，投资者甚至于直接担任公司管理层职务，公司与投资者易于沟通。

3.资本成本较高

吸收直接投资的资本成本较高。当企业经营较好、盈利较多时，往往要将大部分盈余作为红利分配，因为向投资者支付的报酬是按其出资数额和企业实现利润的比率来计算的。不过，吸收直接投资的手续相对比较简便，筹资费用较低。

4.公司控制权集中，不利于公司治理

采用吸收直接投资方式筹资，投资者一般都要求获得与投资数额相适应的经营管理权。如果某个投资者的投资额比例较大，则该投资者对企业的经营管理就会有相当大的

控制权,容易损害其他投资者的利益。

5.不易进行产权交易

吸收直接投资不以股票为媒介,不利于产权交易。

二、发行普通股股票

股票是公司签发的证明股东所持股份的凭证。股票持有人即为股东,股东作为出资人按投入资本额享有获得资产收益、参与制定公司重大决策和选择管理者等权利,并以其所持股份为限对公司承担责任。股票筹资是股份公司筹集权益资金的主要方式。

(一)股票的类型

1.按股东权益的不同分为普通股与优先股

普通股是公司发行的代表股东享有平等的权利、义务,不加特别限制且股利不固定的股票,它是公司最基本的股票。普通股股东具有以下权利。

(1)公司管理权。普通股股东对公司的管理权主要体现在重大决策参与权、经营者选择权、财务监控权、公司经营的建议和质询权、股东大会召集权等方面。

(2)利润分配权。普通股股东有权从公司利润分配中得到股利。普通股的股利是不固定的,由公司赢利状况及其分配政策决定。普通股股东必须在优先股股东取得固定股息之后才有权享受股利分配权。

(3)优先认股权。如果公司需要扩张而增发普通股股票时,现有普通股股东有权按其持股比例,以低于市价的某一特定价格优先购买一定数量的新发行股票,从而保持其对企业所有权的原有比例。

(4)剩余财产分配权。当公司破产或清算时,若公司的资产在偿还欠债后还有剩余,其剩余部分按先优先股股东、后普通股股东的顺序进行分配。

优先股是公司发行的相对于普通股具有一定优先权的股票。其股份持有人优先于普通股股东分配公司利润和剩余财产,但参与公司决策管理等权利受到限制。有关优先股的具体问题将在第五节混合筹资中介绍。

2.按票面是否记名分为记名股票和无记名股票

记名股票是在股票票面上记载有股东姓名或将名称要记入公司股东名册的股票。无记名股票不登记股东名称,公司只记载股票数量、编号及发行日期。

向发起人、法人发行的股票,应当为记名股票;对社会公众发行的股票,可以为记名股票,也可以为无记名股票。

3.按投资主体的不同,可分为国家股、法人股、个人股等

国家股是有权代表国家投资的部门或机构以国有资产向企业投资而形成的股份。

法人股是企业法人依法以其可支配的财产向企业投资而形成的股份,或具有法人资格的事业单位和社会团体以国家允许用于经营的资产向企业投资而形成的股份。

个人股是社会个人或公司内部职工以个人合法财产投入企业而形成的股份。

4.按发行对象和上市地点,分为 A 股、B 股、H 股、N 股和 S 股

A 股即人民币普通股票,由中国境内公司发行,境内上市交易,它以人民币标明面值,

以人民币认购和交易。

B 股即人民币特种股票,由中国境内公司发行,境内上市交易,它以人民币标明面值,以外币认购和交易。

H 股是注册地在中国内地、在中国香港(Hong Kong)上市的股票。

N 股是注册地在中国、在纽约(New York)上市的股票。

S 股是注册地在中国、在新加坡(Singapore)上市的股票。

(二)股份有限公司的设立

我国《公司法》规定,设立股份有限公司,应当有 2 人以上 200 人以下为发起人,其中须有半数以上的发起人在中国境内有住所。股份有限公司的设立,可以采取发起设立或者募集设立的方式。发起设立,是指由发起人认购公司应发行的全部股份而设立公司。募集设立,是指由发起人认购公司应发行股份的一部分,其余股份向社会公开募集或者向特定对象募集而设立公司。以募集设立方式设立股份有限公司的,发起人认购的股份不得少于公司股份总数的 35%;法律、行政法规另有规定的,从其规定。

股份有限公司的发起人应当承担下列责任:(1)公司不能成立时,对设立行为所产生的债务和费用负连带责任;(2)公司不能成立时,对认股人已缴纳的股款,负返还股款并加算银行同期存款利息的连带责任;(3)在公司设立过程中,由于发起人的过失致使公司利益受到损害的,应当对公司承担赔偿责任。

(三)发行股票的条件

1.首次公开发行股票的条件

首次公开发行股票(initial public offering,IPO),是指一家公司第一次将其股票向公众发售的行为。

根据《证券法》规定,公司首次公开发行新股,应当符合下列条件:(1)具备健全且运行良好的组织机构;(2)具有持续经营能力;(3)最近 3 年财务会计报告被出具无保留意见审计报告;(4)发行人及其控股股东、实际控制人最近 3 年不存在贪污、贿赂、侵占财产、挪用财产或者破坏社会主义市场经济秩序的刑事犯罪;(5)经国务院批准的国务院证券监督管理机构规定的其他条件。

因我国证券市场分为不同板块,对各板块企业的目标和要求不同,其首次公开发行股票的条件也存在差异。因此,各板块除遵循《证券法》规定的基本条件外,还要遵循相关法规规定的首次公开发行股票的相应条件。

如在主板首次公开发行股票,还要符合《首次公开发行股票并上市管理办法》规定的条件:①发行人应当是依法设立且合法存续的股份有限公司。经国务院批准,有限责任公司在依法变更为股份有限公司时,可以采取募集设立方式公开发行股票。②发行人自股份有限公司成立后,持续经营时间应当在 3 年以上;有限责任公司按原账面净资产值折股整体变更为股份有限公司的,持续经营时间可以从有限责任公司成立之日起计算。③发行人的注册资本已足额缴纳,发起人或者股东用作出资的资产的财产权转移手续已办理完毕,发行人的主要资产不存在重大权属纠纷。④发行人的生产经营符合法律、行政法规和公司章程的规定,符合国家产业政策。⑤发行人最近 3 年内主营业务和董事、高级管理人员没有发生重大变化,实际控制人没有发生变更。⑥发行人的股权清晰,控股股东和受控股股东、实际控制人支配的股东持有的发行人股份不存在重大权属纠纷。

发行人财务与会计方面应当符合下列条件:①最近 3 个会计年度净利润均为正数且累计超过人民币 3 000 万元,净利润以扣除非经常性损益前后较低者为计算依据;②最近 3 个会计年度经营活动产生的现金流量净额累计超过人民币 5 000 万元,或者最近 3 个会计年度营业收入累计超过人民币 3 亿元;③发行前股本总额不少于人民币 3 000 万元;④最近一期末无形资产(扣除土地使用权、水面养殖权和采矿权等后)占净资产的比例不高于 20%;⑤最近一期末不存在未弥补亏损。

在创业板或科创板首次公开发行股票,还要符合《创业板首次公开发行股票注册管理办法(试行)》或《科创板首次公开发行股票注册管理办法(试行)》的相关条款。总体而言,在创业板和科创板首次公开发行股票的条件相对宽松。

2.上市公司发行股票的条件

股份有限公司首次发行股票上市后便成了上市公司。上市公司发行股票,可以向不特定对象公开发行,也可以向特定对象非公开发行,我国《上市公司证券发行管理办法》对其规定了相应的条件。

(1)公开发行股票的条件

其一,上市公司的组织机构健全、运行良好。

其二,上市公司的盈利能力具有可持续性,符合下列规定:①最近 3 个会计年度连续盈利,扣除非经常性损益后的净利润与扣除前的净利润相比,以低者作为计算依据;②业务和盈利来源相对稳定,不存在严重依赖于控股股东、实际控制人的情形;③现有主营业务或投资方向能够可持续发展,经营模式和投资计划稳健,主要产品或服务的市场前景良好,行业经营环境和市场需求不存在现实或可预见的重大不利变化;④高级管理人员和核心技术人员稳定,最近 12 个月内未发生重大不利变化;⑤公司重要资产、核心技术或其他重大权益的取得合法,能够持续使用,不存在现实或可预见的重大不利变化;⑥不存在可能严重影响公司持续经营的担保、诉讼、仲裁或其他重大事项;⑦最近 24 个月内曾公开发行证券的,不存在发行当年营业利润比上年下降 50% 以上的情形。

其三,上市公司的财务状况良好,符合下列规定:①会计基础工作规范,严格遵循国家统一会计制度的规定。②最近 3 年及一期财务报表未被注册会计师出具保留意见、否定意见或无法表示意见的审计报告;被注册会计师出具带强调事项段的无保留意见审计报告的,所涉及的事项对发行人无重大不利影响或者在发行前重大不利影响已经消除。③资产质量良好,不良资产不足以对公司财务状况造成重大不利影响。④经营成果真实,现金流量正常;营业收入和成本费用的确认严格遵循国家有关企业会计准则的规定,最近 3 年资产减值准备计提充分合理,不存在操纵经营业绩的情形。⑤最近 3 年以现金方式累计分配的利润不少于最近 3 年实现的年均可分配利润的 30%。

其四,上市公司最近 36 个月内财务会计文件无虚假记载,且不存在下列重大违法行为:①违反证券法律、行政法规或规章,受到中国证监会的行政处罚,或者受到刑事处罚;②违反工商、税收、土地、环保、海关法律、行政法规或规章,受到行政处罚且情节严重,或者受到刑事处罚;③违反国家其他法律、行政法规且情节严重的行为。

其五,上市公司募集资金的数额和使用应当符合下列规定:①募集资金数额不超过项目需要量;②募集资金用途符合国家产业政策和有关环境保护、土地管理等法律和行政法规的规定;③除金融类企业外,本次募集资金使用项目不得为持有交易性金融资产和可供出售的金融资产、借予他人、委托理财等财务性投资,不得直接或间接投资于以买卖有价证券为主要业务的公司;④投资项目实施后,不会与控股股东或实际控制人产生同业竞争或影响公司生产经营的独立性;⑤建立募集资金专项存储制度,募集资金必须存放于公司董事会决定的专项账户。

其六,上市公司存在下列情形之一的,不得公开发行股票:①本次发行申请文件有虚假记载、误导性陈述或重大遗漏;②擅自改变前次公开发行证券募集资金的用途而未作纠正;③上市公司最近12个月内受到过证券交易所的公开谴责;④上市公司及其控股股东或实际控制人最近12个月内存在未履行向投资者作出的公开承诺的行为;⑤上市公司或其现任董事、高级管理人员因涉嫌犯罪被司法机关立案侦查或涉嫌违法违规被中国证监会立案调查;⑥严重损害投资者的合法权益和社会公共利益的其他情形。

(2)非公开发行股票的条件

非公开发行股票,是指上市公司采用非公开方式,向特定对象发行股票的行为。特定对象应当符合下列规定:①特定对象符合股东大会决议规定的条件;②发行对象不超过35名;发行对象为境外战略投资者的,应当遵守国家的相关规定。

上市公司非公开发行股票,应当符合下列规定:①发行价格不低于定价基准日前20个交易日公司股票均价的80%;②本次发行的股份自发行结束之日起,6个月内不得转让,控股股东、实际控制人及其控制的企业认购的股份,18个月内不得转让;③募集资金使用符合本办法的相关规定;④本次发行将导致上市公司控制权发生变化的,还应当符合中国证监会的其他规定。

(四)发行股票的程序

1.首次公开发行股票的程序

由于各板块发行股票的目标与要求不同,所以发行股票的程序规定也存在不同。

如《首次公开发行股票并上市管理办法》对在主板首次公开发行股票的程序进行了规定,其基本程序为:(1)发行人董事会应当依法就本次股票发行的具体方案、本次募集资金使用的可行性及其他必须明确的事项作出决议,并提请股东大会批准;(2)发行人股东大会就本次发行股票作出决议;(3)发行人按照中国证监会有关规定制作申请文件,由保荐人保荐并向中国证监会申报;(4)中国证监会受理,并审批核准;(5)自中国证监会核准发行之日起,发行人应在6个月内发行股票,超过6个月未发行的,核准文件失效,须重新经中国证监会核准后方可发行。

《创业板首次公开发行股票注册管理办法(试行)》《科创板首次公开发行股票注册管理办法(试行)》分别对在创业板和科创板首次公开发行股票的注册程序进行了规定,两者内容基本相同。

2.上市公司发行股票的程序

《上市公司证券发行管理办法》对上市公司发行股票的程序进行了规定,基本程序为:(1)董事会应当依法就本次股票发行的方案、本次募集资金使用的可行性报告、前次募集资金使用的报告及其他必须明确的事项作出决议,并提请股东大会批准;(2)股东大会就本次发行股票作出决议;(3)由保荐人保荐并向中国证监会申报;(4)中国证监会受理,并审批核准;(5)自中国证监会核准发行之日起,上市公司应在12个月内发行股票,超过12个月未发行的,核准文件失效,须重新经中国证监会核准后方可发行。

(五)发行股票的方式

发行股票的方式按是否通过中介机构,分为公开间接发行和非公开直接发行。

1.公开间接发行

公开间接发行股票,是指股份公司通过中介机构向社会公众公开发行股票。采用募集设立方式成立的股份有限公司,向社会公开发行股票时,必须由有资格的证券经营中介机构,如证券公司、信托投资公司等承销。这种发行方式的发行范围广,发行对象多,易于足额筹集资本。公开发行股票,还有利于提高公司的知名度,扩大其影响力。但公开发行方式审批手续复杂严格,发行成本高。

2.非公开直接发行

非公开直接发行股票,是指股份公司只向少数特定对象直接发行股票,不需要中介机构承销。用发起设立方式成立和向特定对象募集方式发行新股的股份有限公司,向发起人和特定对象发行股票,采用直接将股票销售给认购者的自销方式。这种发行方式弹性较大,企业能控制股票的发行过程,节省发行费用。但发行范围小,不易及时足额筹集资本,发行后股票的变现性差。

股份有限公司上市后,通过证券交易所在证券市场上发行股票,包括配股和增发两种方式。配股是指上市公司向原有股东配售股票的再融资方式。增发包括公开增发和非公开增发:公开增发是指上市公司向社会公众发售股票的再融资方式;非公开增发是指上市公司向特定对象发行股票的再融资方式。

(六)发行股票中引入战略投资者

1.战略投资者的概念

我国在新股发行中引入战略投资者,允许战略投资者在公司发行新股中参与配售。按中国证监会的规则解释,战略投资者是指与发行人具有合作关系或有合作意向和潜力,与发行公司业务联系紧密且欲长期持有发行公司股票的法人。国外风险投资机构认为,战略投资者是指能够通过帮助公司融资,提供营销与销售支持的业务或通过个人关系增加投资价值的公司或个人投资者。

2.对战略投资者的要求

(1)对战略投资者的基本要求:①要与公司的经营业务联系紧密;②要出于长期投资目的而较长时期地持有股票;③要具有相当的资金实力,且持股数量较多。

(2)对战略投资者的基本资质条件要求:拥有比较雄厚的资金、核心的技术、先进的管理等,有较好的实业基础和较强的投融资能力。

3.引入战略投资者的作用

上市公司引入战略投资者,能够和上市公司之间形成紧密的、伙伴式的合作关系,并由此增强公司经营实力,提高公司管理水平,改善公司治理结构。

(1)提升公司形象,提高资本市场认同度。战略投资者往往都是实力雄厚的境内外大公司、大集团,甚至是国际、国内500强,他们对公司股票的认购,是对公司潜在未来价值的认可和期望。

（2）优化股权结构，健全公司法人治理。战略投资者占一定股权份额并长期持股，能够分散公司控制权，吸引战略投资者参与公司管理，改善公司治理结构。战略投资者带来的不仅是资金和技术，更重要的是先进的管理水平和优秀的管理团队。

（3）提高公司资源整合能力，增强公司的核心竞争力。战略投资者往往都有较好的实业基础，能够带来先进的工艺技术和广阔的产品营销市场，并致力于长期投资合作，能促进公司的产品结构、产业结构的调整升级，有助于形成产业集群，整合公司的经营资源。

（4）达到阶段性的融资目标，加快实现公司上市融资的进程。战略投资者具有较强的资金实力，并与发行人签订有关配售协议，长期持有发行人股票，能够给新上市的公司提供长期稳定的资本，帮助上市公司用较低的成本融得较多的资金，提高公司的融资效率。

从现有情况看，目前我国上市公司确定战略投资者还处于募集资金最大化的实用原则阶段。谁的申购价格高，谁就能够成为战略投资者，管理型、技术型的战略投资者还很少见。资本市场中的战略投资者，目前多是追逐持股价差、有较大承受能力的股票持有者，一般都是大型证券投资机构。

（七）股票的上市交易与退市

1.股票上市的目的

股票上市是指股份有限公司已经公开发行的股票经批准在证券交易所进行挂牌交易。公司股票申请上市的目的主要有：

（1）便于筹措新资金。证券市场是一个资本商品的买卖市场，证券市场上有众多的资金供应者。同时，股票上市经过了政府机构的审查批准并接受严格的管理，执行股票上市和信息披露的规定，容易吸引社会资本投资者。另外，公司上市后，还可以通过增发、配股、发行可转换债券等方式进行再融资。

（2）促进股权流通和转让。股票上市后便于投资者购买，提高了股权的流动性和股票的变现力，便于投资者认购和交易。

（3）便于确定公司价值。股票上市后，公司股价有市价可循，便于确定公司的价值。对于上市公司来说，即时的股票交易行情，就是对公司价值的市场评价。同时，市场行情也能够为公司收购兼并等资本运作提供询价基础。

但股票上市也有对公司不利影响的一面，主要有：上市成本较高，手续复杂严格；公司将负担较高的信息披露成本；信息公开的要求可能会暴露公司商业机密；股价有时会歪曲公司的实际情况，影响公司声誉；可能会分散公司的控制权，造成管理上的困难。

2.股票上市的条件

公司公开发行的股票进入证券交易所交易，必须受到严格的条件限制。我国《证券法》规定，申请证券上市交易，应当符合证券交易所上市规则规定的上市条件。证券交易所上市规则规定的上市条件，应当对发行人的经营年限、财务状况、最低公开发行比例和公司治理、诚信记录等提出要求。

我国对各板块企业的上市要求不同，为了促进股票市场的健康发展，证券交易所对各板块企业上市交易的股票规定了相应的上市条件。

如《上海证券交易所股票上市规则》规定,发行人首次公开发行股票后申请其股票在上海证券交易所上市,应当符合下列条件:

(1)股票已公开发行;

(2)具备健全且运行良好的组织机构;

(3)具有持续经营能力;

(4)公司股本总额不少于人民币5 000万元;

(5)公开发行的股份达到公司股份总数的25％以上,公司股本总额超过人民币4亿元的,公开发行股份的比例达到10％以上;

(6)公司及其控股股东、实际控制人最近3年不存在贪污、贿赂、侵占财产、挪用财产或者破坏社会主义市场经济秩序的刑事犯罪;

(7)最近3个会计年度财务会计报告均被出具无保留意见审计报告;

(8)要求的其他条件。

另外,《上海证券交易所科创板股票上市规则》《深圳证券交易所股票上市规则》《深圳证券交易所创业板股票上市规则》分别对发行人首次公开发行的股票申请在上海证券交易所科创板上市、深圳证券交易所上市、深圳证券交易所创业板上市规定了相应的条件。

3.股票退市风险警示与退市

当上市公司出现经营情况恶化、存在重大违法违规行为或其他原因导致不符合上市条件时,就可能受到退市风险警示或退市。

沪深交易所发布的股票上市规则对各板块股票的退市与风险警示作出了明确规定。退市包括强制退市和主动退市,强制退市分为交易类强制退市、财务类强制退市、规范类强制退市和重大违法类强制退市等四类情形。其中,财务类强制退市条件包括净利润加营业收入的组合指标、净资产和审计意见类型等。

如《上海证券交易所股票上市规则》规定上市公司出现下列情形之一的,上海证券交易所对其股票实施退市风险警示:

(1)最近一个会计年度经审计的净利润为负值且营业收入低于人民币1亿元,或追溯重述后最近一个会计年度净利润为负值且营业收入低于人民币1亿元;

(2)最近一个会计年度经审计的期末净资产为负值,或追溯重述后最近一个会计年度期末净资产为负值;

(3)最近一个会计年度的财务会计报告被出具无法表示意见或否定意见的审计报告;

(4)中国证监会行政处罚决定书表明公司已披露的最近一个会计年度经审计的年度报告存在虚假记载、误导性陈述或者重大遗漏,导致该年度相关财务指标实际已触及第(1)项、第(2)项情形的;

(5)认定的其他情形。

上市公司股票因上述规定情形被实施退市风险警示后,出现下列情形之一的,上海证券交易所决定终止其股票上市:

(1)公司披露的最近一个会计年度经审计的财务会计报告存在上述第(1)项至第(3)项规定的任一情形或财务会计报告被出具保留意见审计报告;

(2)公司未在法定期限内披露最近一年年度报告;

（3）公司未在最近一年年度报告披露后 5 个交易日内,向上海证券交易所申请撤销退市风险警示;

（4）半数以上董事无法保证公司所披露最近一年年度报告的真实性、准确性和完整性,且未在法定期限内改正;

（5）公司撤销退市风险警示申请未被上海证券交易所同意。

（八）股票发行价格决策

股票发行价格的确定受法律等外在因素的限制,如不得折价发行。但股票价格决定于其内在价值。在具体确定股票价格时,人们通常以下述方法作为股票发行价格的参考依据。

1.每股净资产法

每股净资产是所有资产按账面价值,在支付了全部债务(含优先股)后,每股公司所有者权益的价值。它等于公司账面总资产减去负债后的资产净值除以公开发行在外的平均普通股总数。

2.市盈率法

市盈率是指每股市价与每股收益的比率。它反映股票市价(即股东购买的成本)与股票收益间的对应关系,即价格对收益的倍数。因此,公司可以用每股收益额乘某一参考市盈率(如行业平均数)来确定其股票发行价格。其公式是:

发行价格＝预期每股收益×参考市盈率

3.未来收益现值法

投资者购买股票是为了获取股利。因此,每只股票的价值等于预期未来可收到的全部股利的现值。其计算公式为:

$$P = \frac{D_1}{(1+k)} + \frac{D_2}{(1+k)^2} + \cdots\cdots + \frac{D_n}{(1+k)^n} = \sum_{t=1}^{n} \frac{D_t}{(1+k)^t}$$

上式中,P 代表普通股每股现值,D 代表第 t 年年底预期得到的每股股息,k 代表股票投资者应得的必要报酬率,n 代表年份。

（九）发行普通股股票的筹资特点

1.两权分离,有利于公司自主经营管理

公司通过对外发行股票筹资,公司的所有权与经营权相分离,分散了公司控制权,有利于公司自主管理、自主经营。普通股筹资的股东众多,公司日常经营管理事务主要由公司的董事会和经理层负责。但公司控制权分散也容易被经理人控制。

2.资本成本较高

由于股票投资的风险较大,收益具有不确定性,投资者就会要求较高的风险补偿。因此,股票筹资的资本成本较高。

3.能增强公司的社会声誉,促进股权流通和转让

普通股筹资和股东的大众化为公司带来了广泛的社会影响,特别是上市公司,其股票的流通性强,有利于市场确认公司的价值。普通股筹资以股票作为媒介,便于股权的流通和转让,便于吸收新的投资者。但是,流通性强的股票也提高了在资本市场上被恶意收购

的可能性。

4.不易及时形成生产能力

普通股筹资吸收的一般是货币资金,还需要通过购置和建造形成生产经营能力。相对吸收直接投资方式来说,不易及时形成生产能力。

三、利用留存收益

(一)留存收益的性质

留存收益包括盈余公积和未分配利润。从性质上看,企业通过合法有效经营所实现的税后利润,都属于企业的所有者。因此,属于所有者的利润包括分配给所有者的利润和尚未分配留存于企业的利润。企业将本年度的利润部分甚至全部留存下来的原因很多,主要包括:第一,收益的确认和计量是建立在权责发生制基础上的,企业有利润,但企业不一定有相应的现金净流量增加,因而企业不一定有足够的现金将利润全部或部分派发给所有者。第二,法律法规从保护债权人利益和要求企业可持续发展等角度出发,限制企业将利润全部分配出去。《公司法》规定,企业每年的税后利润,必须提取10%的法定盈余公积金。第三,企业基于自身的扩大再生产和筹资需求,也会将一部分利润留存下来。

(二)利用留存收益的筹资特点

利用留存收益筹集资金是企业筹集权益资金的方式之一,它是企业将留存收益转化为投资的过程,其实质为原股东对企业追加的投资。利用留存收益筹资具有以下特点。

1.不发生筹资费用

与普通股筹资相比,留存收益筹资不需要发生筹资费用,资本成本较低。

2.维持公司的控制权分布

利用留存收益筹资,不用对外发行新股或吸收新投资者,由此增加的权益资本不会改变公司的股权结构,不会稀释原有股东的控制权。

3.筹资数额有限

当期留存收益的最大数额是当期的净利润,不如外部筹资时可以一次性筹集大量资金。如果企业发生亏损,当年没有利润留存。另外,股东和投资者从自身期望出发,往往希望企业发放一定股利,保持一定的利润分配比例。

四、权益筹资的优缺点

(一)权益筹资的优点

1.权益筹资形成的权益资金是企业稳定的资本基础

权益资金没有固定的到期日,无须偿还,是企业的永久性资本,除非企业清算时才有可能予以偿还,这对于保障企业对资本的最低需求、促进企业长期持续稳定经营具有重要意义。

2.权益筹资形式的权益资金是企业良好的信誉基础

权益资金作为企业最基本的资本,代表了公司的资本实力,是企业与其他单位组织开展经营活动的信誉基础。同时,权益资金也是其他方式筹资的基础,尤其可为债务筹资提供信用保障。

3.权益筹资的财务风险较小

权益资金不用在企业正常营运期内偿还,没有还本付息的财务压力。相对于债务资金而言,权益资金筹资限制少,资本使用上也无特别限制。另外,企业可以根据其经营状况和业绩的好坏,决定向投资者支付报酬的多少,资本成本负担比较灵活。

(二)权益筹资的缺点

1.资本成本负担较重

一般而言,权益筹资的资本成本要高于债务筹资。这主要是由于投资者承担的风险较高,相应要求得到较高的报酬率;从企业成本开支的角度看,股利、红利不能在所得税前列支,而使用债务资金的资本成本允许税前列支;此外,普通股的发行、上市等方面的费用也十分庞大。

2.控制权变更可能影响企业长期稳定发展

利用权益筹资,由于引进了新的投资者或出售了新的股票,必然会导致公司控制权结构的改变,而控制权变更过于频繁,又势必要影响公司管理层的人事变动和决策效率,影响公司的正常经营。

3.信息沟通与披露成本较大

投资者作为企业的所有者,有了解企业经营业务、财务状况、经营成果等权利。企业需要通过各种渠道和方式加强与投资者的关系管理,保障投资者的权益。特别是上市公司,其股东众多而分散,只能通过公司的公开信息披露了解公司状况,这就需要公司花更多的精力,有些公司还需要设置专门的部门,进行公司的信息披露和投资者关系管理。

第三节 长期债务筹资

微课 3-3
长期债务
筹资

企业债务筹资方式从类型看,包括银行借款、向社会发行公司债券、融资租赁、商业信用等多种形式;从所筹资金的期限看,有长期债务资金和短期债务资金两类。本节介绍长期债务资金的筹集方式。

一、长期借款

长期借款是企业向银行或其他非银行金融机构借入的、需要还本付息、期限在一年以上的款项。它以企业的生产经营及获利能力为依托,用于企业长期资产投资和永久性流动资产投资。

(一)长期借款的种类

1.按提供贷款的机构,可分为政策性银行贷款、商业性银行贷款、其他金融机构贷款

政策性银行贷款是指执行国家政策性贷款业务的银行提供的贷款,通常为长期贷款。

如国家开发银行贷款,主要满足企业承建国家重点建设项目的资金需要;中国进出口信贷银行贷款,主要为大型设备的进出口提供买方信贷或卖方信贷;中国农业发展银行贷款,主要用于确保国家对粮、棉、油等政策性收购资金的供应。

商业性银行贷款是指由各商业银行向企业提供的贷款,用以满足企业生产经营的资金需要,以盈利为目的。

其他金融机构贷款是指除商业银行以外的其他可以从事贷款业务的金融机构提供的贷款,如从信托投资公司取得实物或货币形式的信托投资贷款,从财务公司取得的各种中长期贷款,从保险公司取得的贷款等。其他金融机构贷款一般较商业银行贷款的期限要长,要求的利率较高,对借款企业的信用要求和担保的选择比较严格。

2.按是否提供担保,分为信用贷款和担保贷款

信用借贷是凭借款人的信用或其保证人的信用而取得的贷款。企业取得这种贷款,无须以财产做抵押,但对银行来说风险较高,通常要求收取较高的利息,往往还附加一定的限制条件。

担保贷款是指由借款人或第三方依法提供担保而获得的贷款。担保包括保证责任、财产抵押、财产质押,由此,担保贷款包括保证贷款、抵押贷款和质押贷款三种基本类型。

3.按企业取得贷款的用途,分为基本建设贷款、专项贷款和流动资金贷款

基本建设贷款是指企业因从事新建、改建、扩建等基本建设项目需要资金而向银行申请借入的款项。

专项贷款是指企业因为专门用途而向银行申请借入的款项,包括更新改造技改贷款、大修理贷款、研发和新产品研制贷款、小型技术措施贷款、出口专项贷款、引进技术转让费周转金贷款、进口设备外汇贷款、进口设备人民币贷款及国内配套设备贷款等。

流动资金贷款是指企业为满足流动资金的需求而向银行申请借入的款项,包括流动资金借款、生产周转借款、临时借款、结算借款和卖方信贷。

(二)长期借款协议的保护性条款

长期借款的金额高、期限长、风险大,除借款合同的基本条款外,债权人为了保护其自身权益,保证到期能收回贷款并获得收益,要求企业保持良好的财务状况,并做出承诺,这就是长期借款协议的保护性条款。它主要包括例行性保护条款、一般性保护条款以及特殊性保护条款。

1.例行性保护条款

大多数借款合同中都会出现例行性限制条款,主要包括:企业要定期向提供贷款的金融机构提交财务报表,以便债权人随时掌握公司的财务和经营成果;要求保持存货储备量,不准在正常情况下出售较多的非产成品存货,以保持企业正常生产经营能力;要求及时清偿债务,包括到期清偿应缴纳税金和其他债务,以防被罚款而造成不必要的现金流失;规定不准以资产做其他的担保或抵押;不准贴现应收票据或转让应收账款,以避免或有负债等。

2.一般性保护条款

一般性保护条款是对企业资产的流动性及偿债能力等方面的要求条款,这类条款应用于大多数借款合同,主要包括:要求企业必须持有一定额度的货币资金及其他流动资产,如必须保持的最低营运资金数额和最低流动比率数值,以保持企业资产合理的流动性和偿债能力;限制企业非经营性支出,如限制支付现金股利、购入股票、职工加薪的数额等,以减少企业资金的过度外流;限制企业资本支出的规模,控制企业资产结构中长期资产的比例,以减少企业日后不得不变卖固定资产以偿还贷款的可能性;限制企业再举债规模,防止其他债权人取得对企业资产的优先索偿权;限制企业的长期投资,如规定企业不准投资短期内不能收回资金的项目,不能未经银行等债权人同意而与其他企业合并等。

3.特殊性保护条款

特殊性保护条款是针对某些特殊情况而出现在部分借款合同中的条款,只有在特殊情况下才能生效。其主要包括:要求公司的主要领导购买人身保险;规定借款的用途不得改变;规定违约惩罚条款等。

(三)长期借款的偿还

贷款本金的偿还通常有两种方式,即:到期一次性偿还;定期或不定期地偿还相等或不等金额的款项,借款到期时还清全部本金。从还款方式可以看出,前者能使借款企业在借款期内使用全部所借资金,但到期还款压力大,需要企业事先做好还款计划与还款准备,如建立偿债基金等。后者则使借款企业在借款期内边用边还,将还款与用款结合在一起,所用借款额不完整,且实际利率大于名义利率,但偿债压力较小。从根本上说,采用何种偿还方式,取决于所借款项使用后新增的利润及现金流入的特点。

(四)银行借款的筹资特点

1.筹资速度快

银行借款筹资的程序相对于其他债务筹资方式,如发行公司债券、融资租赁等,相对简单,所花时间短,公司可以迅速获得所需资金。

2.资本成本较低

利用银行借款筹资,一般比发行债券和融资租赁的利息负担要低,同时也无须支付证券发行费用、租赁手续费用等筹资费用。

3.筹资弹性较大

在借款之前,公司根据当时的资本需求与银行等贷款机构直接商定贷款的时间、数量和条件。在借款期间,若公司的财务状况发生某些变化,也可与债权人再协商,变更借款数量、时间和条件,或提前偿还本息。因此,银行借款筹资对公司具有较大的灵活性,特别是短期借款更是如此。

4.限制条款多

与发行公司债券相比较,银行借款合同对借款用途有明确规定,通过借款的限制性条款,对公司资本支出额度、再筹资、股利支付等行为有严格的约束,以后公司的生产经营活动和财务政策必将受到一定程度的影响。

5.筹资数额有限

银行借款的数额往往受到贷款机构资本实力的制约,难以像发行公司债券、股票那样一次筹集到大笔资金,无法满足公司大规模筹资的需要。

二、发行公司债券

公司债券,是指公司依照法定程序发行、约定在一定期限还本付息的有价证券。发行债券是企业筹集债务资金的重要方式,通常是为其大型投资项目一次筹集大笔长期资本。

(一)公司债券的类型

1.按有无特定的财产担保,分为担保债券和信用债券

担保债券是指以抵押方式担保发行人按期还本付息的债券,主要是指抵押债券。抵押债券按其抵押品的不同,又分为不动产抵押债券、动产抵押债券和证券信托抵押债券。

信用债券是无担保债券,是仅凭公司自身的信用发行的、没有抵押品作抵押担保的债券。在公司清算时,信用债券的持有人因无特定的资产做担保品,只能作为一般债权人参与剩余财产的分配。

2.按能否转换为本公司股票,分为可转换债券和不可转换债券

可转换债券,是指债券持有者可以在规定的时间内按规定的价格转换为发债公司股票的一种债券。这种债券在发行时,对债券转换为股票的价格和比率等都做了详细规定。《公司法》规定,可转换债券的发行主体是股份有限公司中的上市公司。

不可转换债券,是指不能转换为发债公司股票的债券,大多数公司债券属于这种类型。

3.按是否记名,分为记名债券和无记名债券

记名公司债券,应当在公司债券存根簿上载明债券持有人的姓名及住所、债券持有人取得债券的日期及债券的编号等信息。记名公司债券,由债券持有人以背书方式或者法律、行政法规规定的其他方式转让;转让后由公司将受让人的姓名或者名称及住所记载于公司债券存根簿。

无记名公司债券,应当在公司债券存根簿上载明债券总额、利率、偿还期限和方式、发行日期及债券的编号。无记名公司债券的转让,由债券持有人将该债券交付给受让人后即发生转让效力。

4.按是否公开发行,分为公开发行债券和非公开发行债券

资信状况符合规定标准的公司债券可以向公众投资者公开发行,也可以自主选择仅面向专业投资者公开发行。未达到规定标准的公司债券公开发行应当面向专业投资者。非公开发行的公司债券应当向专业投资者发行。

(二)公司债券的发行条件

根据《证券法》规定,公开发行公司债券,应当符合下列条件:(1)具备健全且运行良好的组织机构;(2)最近三年平均可分配利润足以支付公司债券一年的利息;(3)国务院规定的其他条件。

公开发行公司债券筹集的资金,必须按照公司债券募集办法所列资金用途使用;改变资金用途,必须经债券持有人会议作出决议。公开发行公司债券筹集的资金,不得用于弥补亏损和非生产性支出。

(三)债券的发行价格

债券筹资所面临的财务问题之一是如何对拟发行的债券进行定价,即确定债券发行价格。所谓债券发行价格是指发行公司(或其承销机构)发行债券时所使用的价格,即投资者向发行公司认购债券时实际支付的价格。

1.影响债券发行价格的因素

(1)债券面值,即债券票面价值。债券发行价格的高低,根本上取决于面值大小,一般而言,债券票面价值越大,发行价格越高。债券面值是债券的到期价值,即债券的未来价值,而债券发行价格是现在价值,如果不考虑利息因素,从资金时间价值来考虑,企业应低于面值出售,即按面值进行贴现。

(2)债券利率,即债券票面利率,通常在发行债券之前即已确定,并在债券票面上注明。一般而言,债券利率越高,发行价格越高;反之,发行价格越低。

(3)市场利率。债券发行时的市场利率是衡量债券利率高低的参照指标,两者往往不一致,共同影响债券的发行价格。一般而言,债券发行时的市场利率越高,债券的发行价格越低;反之,发行价格越高。

(4)债券期限。债券发行的起止期限越长,债权人的风险越大,要求的利息报酬越高,债券发行价格就可能较低;反之,发行价格可能较高。

2.债券发行价格的确定

债券通常按债券面值等价发行,但在实践中往往按低于面值折价发行或高于面值溢价发行。这是因为债券利率是参照市场利率制定的,市场利率经常变动,而债券利率一经确定就不能变更,因此只能依靠调整发行价格(折价或溢价)来调节债券购销双方的利益。

从理论上讲,债券发行价格由债券各期利息的现值与债券面值的现值两部分组成。发行价格的具体计算公式为:

$$债券发行价格 = 利息的现值 + 面值的现值$$
$$= \sum_{t=1}^{n} \frac{债券面值 \times 债券利率}{(1+市场利率)^t} + \frac{债券面值}{(1+市场利率)^n}$$

式中:n 代表债券的期限,t 代表付息期数;市场利率通常指债券发行时的市场利率。现举例说明市场利率的变化对债券发行价格的影响。

例 3-1

某公司发行面值为 1 000 元的债券,债券利率为 8%,按年付息,5 年到期。

(1)债券利率与市场利率一致,等价发行

该公司决定发行债券时,是根据市场利率 8% 来确定债券利率的,到债券实际发行时市场利率没有变化,即可按票面价值出售债券。债券发行价格可计算如下:

$$债券发行价格 = \sum_{t=1}^{5} \frac{1\,000 \times 8\%}{(1+8\%)^t} + \frac{1\,000}{(1+8\%)^5}$$
$$= 80 \times (P/A, 8\%, 5) + 1\,000 \times (P/F, 8\%, 5)$$
$$= 80 \times 3.992\,7 + 1\,000 \times 0.680\,6$$
$$= 1\,000(元)$$

这就是说,该公司到期还本的现值和每年支付利息的现值合计为 1 000 元,所以债券出售应得 1 000 元。

（2）债券利率低于市场利率，折价发行

如债券发行时，市场利率上升到9％，而公司还是按债券利率8％支付利息，债权人利益受损，因此要使债券顺利发行，公司必须给予债权人补偿，按低于面值出售债券，即折价发行。债券发行价格可计算如下：

$$
\begin{aligned}
债券发行价格 &= \sum_{t=1}^{5} \frac{1\,000 \times 8\%}{(1+9\%)^t} + \frac{1\,000}{(1+9\%)^5} \\
&= 80 \times (P/A,9\%,5) + 1\,000 \times (P/F,9\%,5) \\
&= 80 \times 3.889\,7 + 1\,000 \times 0.649\,9 \\
&= 961(元)
\end{aligned}
$$

这就是说，按市场现行利率9％计算，该公司到期还本的现值和每年支付利息的现值合计为961元，所以债券发行价格应降为961元。

（3）债券利率高于市场利率，溢价发行

如债券发行时，市场利率下降到7％，而债权人还是按债券利率8％获得利息，公司利益受损，因此为了补偿公司，按高于票面价值出售债券，即溢价发行。债券发行价格可计算如下：

$$
\begin{aligned}
债券发行价格 &= \sum_{t=1}^{5} \frac{1\,000 \times 8\%}{(1+7\%)^t} + \frac{1\,000}{(1+7\%)^5} \\
&= 80 \times (P/A,7\%,5) + 1\,000 \times (P/F,7\%,5) \\
&= 80 \times 4.100\,2 + 1\,000 \times 0.713\,0 \\
&= 1\,041(元)
\end{aligned}
$$

这就是说，按市场现行利率7％计算，该公司到期还本的现值和每年支付利息的现值合计为1 041元，所以债券发行价格应升为1 041元。

由此可见，在债券面值、债券利率和债券期限既定的情况下，发行价格因市场利率不同而有所不同。

债券付息方式除了按年付息外，还可按季付息、到期一次性付息等形式，其计算结果将有所不同，因此在确定债券发行价格时要注意有关前提条件。

（四）发行公司债券的筹资特点

1.筹资数额大

利用发行公司债券筹资，能够筹集大额的资金，满足公司大规模筹资的需要。这是与银行借款、融资租赁等债务筹资方式相比，企业选择发行公司债券筹资的主要原因。

2.募集资金的使用限制条件少

与银行借款相比，发行债券募集的资金在使用上具有相对灵活性和自主性。从资金使用的性质来看，银行借款一般期限短、额度小，主要用途为增加适量存货或增加小型设备等。而期限较长、额度较大，用于公司扩展、增加大型固定资产和基本建设投资的需求多采用发行债券方式筹资。

3.资本成本负担较高

相对于银行借款筹资，发行债券的利息负担和筹资费用都比较高，而且债券不能像银行借款一样进行债务展期，加上大额的本金和较高的利息，在固定的到期日，将会对公司现金流量产生巨大的财务压力。不过,尽管公司债券的利息比银行借款高,但公司债券的期限长、利率相对固定。在预计市场利率持续上升的金融市场环境下,发行公司债券筹资能够锁定资本成本。

4.能提高公司的社会声誉

公司债券的发行主体,有严格的资格限制。发行公司债券,往往是股份有限公司和有实力的有限责任公司所为。通过发行公司债券,一方面筹集了大量资金,另一方面也扩大了公司的社会影响。

三、融资租赁

租赁是出租人以收取租金为条件,在契约或合同规定的期限内,将资产租给承租人使用的一种经济行为。租赁合约规定双方的权利与义务,其具体内容需要通过谈判确定,所以租赁的形式多种多样。

(一)经营租赁和融资租赁

根据承租人的目的,租赁可以分为经营租赁和融资租赁。

经营租赁是由租赁公司向承租单位在短期内提供设备,并提供维修、保养、人员培训等的一种服务性业务,又称服务性租赁。经营租赁的特点主要包括:(1)出租的设备一般由租赁公司根据市场需要选定,然后再寻找承租企业;(2)租赁期较短,短于资产的有效使用期,在合理的限制条件内承租企业可以中途解约;(3)租赁设备的维修、保养由租赁公司负责;(4)租赁期满或合同中止以后,出租资产由租赁公司收回。经营租赁比较适用于租用技术更新较快的生产设备。

融资租赁是由租赁公司按承租单位要求出资购买设备,在较长的合同期内提供给承租单位使用的融资信用业务,它是以融通资金为主要目的的租赁。融资租赁的主要特点包括:(1)出租的设备根据承租企业提出的要求购买,或者由承租企业直接从制造商或销售商那里选定;(2)租赁期较长,接近于资产的有效使用期,在租赁期间双方无权取消合同;(3)由承租企业负责设备的维修、保养;(4)租赁期满,按事先约定的方法处理设备,包括退还租赁公司,或继续租赁,或企业留购。通常采用企业留购办法,即以很少的"名义价格"(相当于设备残值)买下设备。

经营租赁与融资租赁的区别如表3-1所示。

表3-1 融资租赁与经营租赁的区别

对比项目	融资租赁	经营租赁
业务原理	融资融物于一体	无融资特征,只是一种融物方式
租赁目的	融通资金,添置设备	暂时性使用,预防无形损耗风险
租期	较长,相当于设备经济寿命的大部分	较短
租金	包括设备价款	只是设备的使用费
契约法律效力	不可撤销合同	经双方同意可中途撤销合同

续表

对比项目	融资租赁	经营租赁
租赁标的	一般为专用设备	通用设备居多
维修和保养	承租人负责	出租人负责
承租人	一般为一个	轮流租给多个承租人
灵活方便	不明显	明显

(二)融资租赁的类型

按照融资租赁业务的特点,一般可分为三种类型。

1.直接租赁

直接租赁指承租人直接向出租人租入所需要的资产,并向出租人支付租金的形式。直接租赁的出租人主要是制造厂商、租赁公司。除制造厂商外,其他出租人都是先从制造厂商购买资产后再出租给承租人。

2.售后回租

售后回租指承租人根据协议将某资产卖给出租人,再将其租回使用并按期向出租人支付租金的形式。在这种租赁形式下,承租人可得到相当于售价的一笔资金,同时仍然可以获得资产的使用权。当然,在此期间,该承租人要支付租金并失去了租赁资产的所有权。

3.杠杆租赁

杠杆租赁是在传统融资租赁方式上派生出来的一种租赁方式,它一般要涉及承租人、出租人和贷款人三方当事人。从承租人的角度看,这种租赁与其他租赁形式并无区别,但对出租人却不同。出租人只垫支购买资产所需资金的一部分(一般为 20%～40%),其余大部分资金由出租人以租赁资产作抵押向债权人贷款。因此在这种租赁方式下,出租人一方面收取租赁费,另一方面需要偿还贷款人的贷款本息。若出租人无力偿还贷款,那么资产的所有权就要转归贷款人。由于租赁收益大于借款成本,出租人可获得财务杠杆利益,故被称为杠杆租赁。

(三)融资租赁的程序

不同的租赁业务,具有不同的具体程序,融资租赁的一般程序如下。

1.选择租赁公司。企业决定采用租赁方式获取某项设备时,首先需了解各家租赁公司的经营范围、业务能力、资信情况,以及与其他金融机构如银行的关系,取得租赁公司的融资条件和租赁费率等资料,并加以比较,从中择优选取。

2.办理租赁委托。企业选定租赁公司后,便可向其提出申请,办理委托。这时,承租企业需填写"租赁申请书",说明所需设备的具体要求,同时还要向租赁公司提供企业的财务状况文件,包括资产负债表、利润表和现金流量表等。

3.签订购货协议。由承租企业与租赁公司的一方或双方合作组织选定设备制造厂商,并与其进行技术与商务谈判,在此基础上签署购货协议。

4.签订租赁合同。租赁合同由承租企业与租赁公司签订,它是租赁业务的重要文件,具有法律效力。融资租赁合同的内容可分为一般条款和特殊条款两部分。

5.办理验货、付款与保险。承租企业按购货协议收到租赁设备时,要进行验收。验收合格后签发交货及验收证书,并提交租赁公司,租赁公司据以向供应厂商支付设备价款。同时,承租企业向保险公司办理投保事宜。

6.支付租金。承租企业在租期内按合同规定的租金数额、支付方式向租赁公司支付租金。

7.合同期满处理设备。融资租赁合同期满时,承租企业应按租赁合同规定,对设备退租、续租或留购。租赁期满的设备通常都以低价卖给承租企业或无偿赠送给承租企业。

(四)融资租赁租金的确定

在租赁筹资方式下,承租企业需按合同规定向租赁公司支付租金。租金的数额和支付方式对承租企业的未来财务状况具有直接的影响,也是租赁筹资决策的重要依据。

1.租金的构成

融资租赁的租金大致相当于以租赁设备购置金额为基数,按市场利率计算的本息合计值。因此,租金的构成主要包括:(1)租赁设备的购置成本,包括设备的买价、运杂费和途中保险费等;(2)预计设备的残值,即设备租赁期满时预计的可变现净值;(3)利息,指出租人为承租人购置设备融资的应计利息;(4)租赁手续费,包括出租人承办租赁设备所发生的业务费用和必要利润。

2.每期租金的决定因素

影响每期租金的因素,除了租金的构成外,还包括:

(1)租赁期限,指租赁合同约定的租赁时间。一般认为,租期越长,在租金总额一定的情况下,每期支付的租金越少;反之则较多。

(2)租金的支付方式。支付租金的方式有很多种:按支付间隔期,分为年付、半年付、季付或月付;按支付时点,分为期初支付(先付)与期末支付(后付);按每次支付金额是否等额,分为等额支付与不等额支付。

3.租金的计算

我国融资租赁实务中,租金的计算大多采用等额年金法。等额年金法是将利率和租赁手续费率综合成一个折现率,运用年金现值法计算确定每年应付租金的方法。

例 3-2

某企业于202×年1月1日从租赁公司租入一套设备,价值60万元,租期6年,租赁期满时预计残值为5万元。年利率为8%,租赁手续费率每年为2%。

(1)若租赁期满设备残值归租赁公司所有,租金每年年末支付,要求计算每期的租金额。

由于租赁手续费每年支付,因此承租企业融资的成本是年利率+年手续费率=8%+2%=10%,以此为折现率计算的每期租金为:

$$\text{每期租金} = \frac{600\,000 - 50\,000 \times (P/F,10\%,6)}{(P/A,10\%,6)} = 131\,283(\text{元})$$

(2)若租赁期满设备残值归租赁公司所有,租金每年年初支付,则:

$$\text{每期租金} = \left[\frac{600\,000 - 50\,000 \times (P/F,10\%,6)}{(P/A,10\%,6)}\right] / (1+10\%)$$

$$=131\ 283/1.1=119\ 348(元)$$

(3)若租赁期满设备残值归承租企业,且租金每年年末支付,则:

$$每期租金=\frac{600\ 000}{(P/A,10\%,6)}=137\ 764(元)$$

(五)融资租赁的筹资特点

1.无须大量资金就能迅速获得资产

在资金缺乏情况下,融资租赁能迅速获得所需资产。融资租赁集"融资"与"融物"于一身,融资租赁使企业在资金短缺的情况下引进设备成为可能。特别是针对中小企业、新创企业而言,融资租赁是一条重要的融资途径。大型企业的大型设备、工具等固定资产,也经常通过融资租赁方式解决巨额资金的需要,如商业航空公司的飞机,大多是通过融资租赁取得的。

2.财务风险小,财务优势明显

融资租赁与购买的一次性支出相比,能够避免一次性支付的负担,而且租金支出是未来的、分期的,企业无须一次筹集大量资金偿还。还款时,租金可以通过项目本身产生的收益来支付,是一种基于未来的"借鸡生蛋、卖蛋还钱"的筹资方式。

3.筹资的限制条件较少

企业运用股票、债券、长期借款等筹资方式,都受到相当多资格条件的限制,如足够的抵押品、银行贷款的信用标准、发行债券的政府管制等。相比之下,融资租赁筹资的限制条件很少。

4.能延长资金融通的期限

通常为购置设备而贷款的借款期限比该资产的物理寿命要短得多,而融资租赁的融资期限却可接近其全部使用寿命期限;并且其金额随设备价款金额而定,无融资额度的限制。

5.资本成本负担较高

融资租赁的租金通常比银行借款或发行债券所负担的利息高得多,租金总额通常要比设备价值高出30%。尽管与借款方式比,融资租赁能够避免到期一次性集中偿还的财务压力,但高额的固定租金也给各期的经营带来了负担。

四、债务筹资的优缺点

(一)债务筹资的优点

1.筹资速度较快

与权益筹资相比,债务筹资不需要经过复杂的审批手续和证券发行程序,如银行借款、融资租赁等,可以迅速地获得资金。

2.筹资弹性较大

发行股票等权益筹资,一方面需要经过严格的政府审批;另一方面从企业的角度出发,由于股权不能退还,股权资金在未来永久性地给企业带来了资本成本的负担。利用债务筹资,可以根据企业的经营情况和财务状况,灵活地商定债务条件,控制筹资数量,安排取得资金的时间。

3.资本成本负担较轻

一般来说,债务筹资的资本成本要低于权益筹资,主要原因有三:其一是取得资金的手续费用等筹资费用较低;其二是利息、租金等用资费用比权益资金要低;其三是利息等资本成本可以在税前列支。

4.可以利用财务杠杆

债务筹资不改变公司的控制权,因而股东不会出于控制权稀释的原因而反对公司举债。债权人从企业那里只能获得固定的利息或租金,不能参加公司剩余收益的分配。当企业的资产报酬率(息税前利润率)高于债务利率时,会增加普通股股东的每股收益,提高净资产报酬率,提升企业价值。

5.稳定公司的控制权

债权人无权参加企业的经营管理,利用债务筹资不会改变和分散股东对公司的控制权。在信息沟通与披露等公司治理方面,债务筹资的代理成本也较低。

(二)债务筹资的缺点

1.债务资金不能形成企业稳定的资本基础

债务资金有固定的到期日,到期需要偿还,只能作为企业的补充性资本来源。再加上取得债务往往需要进行信用评级,没有信用基础的企业和新创企业,往往难以取得足额的债务资金。现有债务资金在企业的资本结构中达到一定比例后,往往由于财务风险而不容易再取得新的债务资金。

2.财务风险较大

债务资金有固定的到期日,有固定的利息负担,抵押、质押等担保方式取得的债务,资金使用上可能会有特别的限制,这些都要求企业必须保证有一定的偿债能力,要保持资产流动性及其资产报酬水平。作为债务清偿的保障,对企业的财务状况提出了更高的要求,否则会带来企业的财务危机,甚至导致企业的破产。

3.筹资数额有限

债务筹资的数额往往受到贷款机构资本实力的制约,除发行债券方式外,一般难以像发行股票那样一次筹集到大笔资金,无法满足公司大规模筹资的需要。

第四节　短期债务筹资

微课 3-4
短期债务
筹资

短期债务筹资是指为满足公司临时性流动资产需要而进行的筹资活动。根据采用的信用形式不同,短期债务筹资主要包括商业信用、短期借款和短期融资券等。

一、商业信用

商业信用是指企业在商品交易中以延期付款或预收货款方式进行购销活动而形成的企业之间的自然借贷关系,是企业之间的直接信用行为,也是企业短期资金的重要来源。

商业信用产生于商品交换之中,其具体形式主要是应付账款、应付票据、预收货款等。

(一)商业信用的种类

1.应付账款

应付账款是企业最典型、最常用的一种商业信用形式。买卖双方发生商品交易,买方收到商品后不立即支付货款,也不出具借据,而是形成"欠账",延迟一定时期后才付款。对买方来说,延期付款等于向卖方借用资金购进商品以满足短期的资金需要。

商业信用条件通常包括两种:一是有信用期但无现金折扣,如"$n/30$",表示 30 天内按发票金额支付;二是有信用期和现金折扣,如"$2/10,n/30$",表示购货后 10 天内付款可以享受货款 2%的现金折扣,如买方放弃折扣,30 天内必须付清款项。供应商在信用条件中规定有现金折扣,目的是加速资金回收。企业在决定是否放弃现金折扣时,应仔细考虑,通常放弃现金折扣的成本是很高的。

(1)放弃现金折扣的信用成本。如果买方购买货物后在卖方规定的折扣期内付款,便可以享受免费信用,这种情况下企业没有因为享受信用而付出代价。倘若买方放弃折扣,则要承担因放弃折扣而造成的隐含利息成本。

如某公司按"$2/10,n/30$"的条件购进一批价款为 100 000 元的商品。如果公司在现金折扣期内付款,则可获得最长 10 天的免费信用期,并可获得现金折扣 2 000 元,免费融资额为 98 000 元。如果公司放弃现金折扣,在第 30 天付款,付款总额为 100 000 元。即公司为推迟 20 天付款须多支付 2 000 元,这可以看作一笔为期 20 天、金额为 98 000 元的借款,利息 2 000 元。由于借款成本通常用相对数表示,且以年为计息期,因此延期 20 天付款即放弃现金折扣承担的隐含利息成本为:

$$放弃折扣的信用成本率=\frac{2\ 000}{98\ 000}\times\frac{360}{20}\times100\%=36.73\%$$

计算结果表明,公司放弃现金折扣换取这笔为期 20 天 98 000 元的资本使用权,是以承担 36.73%的成本为代价的。

上述计算过程用公式表示如下:

$$放弃折扣的信用成本率=\frac{现金折扣率}{1-现金折扣率}\times\frac{360}{信用期-折扣期}\times100\%$$

(2)放弃现金折扣的决策。公司是否放弃现金折扣,延长资本的使用期限,应与公司短期资本成本和短期投资收益进行比较。

如果公司在规定的时间内没有资金可以付款,但能以低于放弃折扣的隐含利息成本的利率借入资金,便应在现金折扣期内用借入的资金支付货款,享受现金折扣。

如果公司在规定的时间内有足够的资金付款,但折扣期内将款项用于短期投资,所得的投资收益率高于放弃折扣的隐含利息成本,则应放弃折扣而去追求更高的收益,在信用期内的最后一天付款,以降低放弃折扣的成本。

如果公司因缺乏资金而欲展延付款期,则需在降低了的放弃折扣成本与展延付款带来的损失之间做出选择。展延付款带来的损失主要是指因公司信誉恶化而丧失供应商及其他贷款人的信用,或日后招致苛刻的信用条件。

例 3-3

某企业采购一批材料,供应商报价为 10 000 元,付款条件为"3/10,2.5/30,1.8/50,N/90",目前企业用于支付账款的资金需要在 90 天时才能周转回来,在 90 天内付款,只能通过银行借款解决,银行借款利率为 12%。

要求:确定企业材料采购款的最佳付款时间和价格。

解答:

根据放弃折扣的信用成本率计算公式:

$$放弃第 10 天付款折扣的信用成本率 = \frac{3\%}{1-3\%} \times \frac{360}{80} \times 100\% = 13.92\%$$

$$放弃第 30 天付款折扣的信用成本率 = \frac{2.5\%}{1-2.5\%} \times \frac{360}{60} \times 100\% = 15.38\%$$

$$放弃第 50 天付款折扣的信用成本率 = \frac{1.8\%}{1-1.8\%} \times \frac{360}{40} \times 100\% = 16.50\%$$

由于各种方案放弃折扣的信用成本率均高于借款利息率 12%,因此初步结论是要取得现金折扣,借入银行借款以偿还货款。

10 天付款方案,得折扣 300 元,用资 9 700 元,借款 80 天,利息 258.67 元,净收益 41.33 元;

30 天付款方案,得折扣 250 元,用资 9 750 元,借款 60 天,利息 195 元,净收益 55 元;

50 天付款方案,得折扣 180 元,用资 9 820 元,借款 40 天,利息 130.93 元,净收益 49.07 元。

结论:第 30 天付款是最佳方案,其净收益最大。

2.应付票据

应付票据是企业在采购商品物资时以商业汇票作为结算手段而推迟付款获得的一种商业信用。商业汇票是交易双方根据购销合同的规定在进行延期付款的商品交易时,由出票人开出的反映购销双方债权债务关系的票据。商业汇票开出之后,须由承兑人承兑,并交给持票人,当票据到期时,付款人应无条件支付票款本息。根据承兑人的不同,商业汇票可分为商业承兑汇票和银行承兑汇票两种。

对于购货企业来说,应付票据是一种短期筹资方式。这种筹资方式是由商品交易而产生的,具有方便、灵活的特点。但是,通常利用商业汇票所筹资本的使用期限较短,如我国有关法律规定,商业汇票的付款期限由交易双方商定,但最长不得超过 6 个月。商业汇票可以是无息票据,也可以是带息票据。在采用无息商业汇票时,购货企业等于得到一笔无息贷款,不需承担资本成本。与应付账款相比,商业汇票等于是付款人给收款人出具的一个书面承诺,因此,其信用会更好一些,如果付款人在汇票到期时未能支付票款,对其信誉会产生严重的损害。

3.预收货款

预收货款是指卖方按合同或协议的规定,在交付商品之前向买方预收部分或全部货款的信用方式。通常买方对于紧俏商品乐意采用这种方式办理货款结算;对于生产周期长、售价高的商品,生产者也经常要向订货者分次预收货款,以缓解本企业经营收支不平的矛盾。

（二）商业信用筹资的优缺点

1.商业信用筹资的优点

（1）筹资方便。商业信用伴随着商品购销活动产生，无须正式办理筹资手续，是一种持续性的信贷形式。

（2）限制条件少。如果公司利用银行短期借款筹资，银行往往对贷款的使用规定一些限制条件，而商业信用限制较少，使用比较灵活且具有弹性。

（3）成本低。大多数商业信用都是由卖方免费提供的，没有实际成本。

2.商业信用筹资的缺点

商业信用筹资的期限较短，在有现金折扣的情况下，则筹资的期限会更短，因此所筹资金只能用于公司短期资金的周转使用。

二、短期借款

短期借款是指企业向银行和其他非银行金融机构借入的期限在 1 年以内的款项，主要用于满足公司生产周转性资金、临时资金和结算资金的需求。一般情况下，短期借款是仅次于商业信用的短期债务筹资方式。

（一）短期借款的种类

我国目前的短期借款按照目的和用途分为若干种，主要有生产周转借款、临时借款、结算借款等等。按照国际通行做法，短期借款还可依偿还方式的不同，分为一次性偿还借款和分期偿还借款；按利息支付方式的不同，分为收款法借款、贴现法借款和加息法借款；按有无担保，分为抵押借款和信用借款等等。企业在申请借款时，应根据各种借款的条件和需要加以选择。

（二）短期借款的信用条件

银行等金融机构对企业贷款时，通常会附带一定的信用条件，主要有：

1.信贷限额

信贷限额是银行对借款人规定的无担保贷款的最高额。信贷限额的有效期限通常为 1 年，但根据情况也可延期 1 年。一般来讲，企业在批准的信贷限额内，可随时使用银行借款。但是，银行并不承担必须提供全部信贷限额的义务。如果企业信誉恶化，即使银行曾同意过按信贷限额提供贷款，企业也可能得不到借款。这时，银行不会承担法律责任。

2.周转信贷协定

周转信贷协定是银行具有法律义务地承诺提供不超过某一最高限额的贷款协定。在协定的有效期内，只要企业的借款总额未超过最高限额，银行必须满足企业任何时候提出的借款要求。企业享用周转信贷协定，通常要就贷款限额的未使用部分付给银行一笔承诺费。

例 3-4

某企业取得银行为期一年的周转信贷额 100 万元，借款企业年度内使用了 90 万元，平均使用了 7 个月，借款利率为 8%，约定的年承诺费率为 0.5%。

要求:计算借款企业年终需支付的利息和承诺费。

解答:

年终需支付的利息＝90×8%×7÷12＝4.2(万元)

年终需支付的承诺费＝(100－90)×0.5%＋90×0.5%×5/12＝0.237 5(万元)

周转信贷协定的有效期通常超过 1 年,但实际上贷款每几个月发放一次,所以这种信贷具有短期和长期借款的双重特点。

3.补偿性余额

补偿性余额是银行要求借款企业在银行中保持按贷款限额或实际借用额一定百分比(一般为 10%～20%)的最低存款余额。从银行的角度讲,补偿性余额可降低贷款风险,补偿其可能遭受的贷款损失。对于借款企业来讲,补偿性余额则提高了借款的实际利率。

例 3-5

某企业按年利率 8% 向银行借款 10 万元,银行要求维持贷款限额 15% 的补偿性余额。

要求:计算该项借款的实际利率。

解答:

由于企业实际可用的贷款只有 8.5 万元,因此该贷款的实际利率为:

$$实际利率＝\frac{10×8\%}{10×(1-15\%)}×100\%＝9.4\%$$

4.借款抵押

银行向财务风险较大的企业或对信誉不甚有把握的企业发放贷款,有时需要有抵押品担保,以减少自己蒙受损失的风险。短期借款的抵押品通常是借款企业的应收账款、存货、应收票据、债券等。银行接受抵押品后,将根据抵押品的面值决定贷款金额,一般为抵押品面值的 30%～90%。这一比例的高低,取决于抵押品的变现能力和银行的风险偏好。

5.偿还条件

贷款的偿还有到期一次偿还和在贷款期内定期(每月、季)等额偿还两种方式。一般来讲,企业不希望采用后一种偿还方式,因为这会提高借款的实际利率;而银行不希望采用前一种偿还方式,因为这会加重企业的财务负担,增加企业的拒付风险,同时会降低实际贷款利率。

6.其他承诺

银行有时还要求企业为取得贷款而做出其他承诺,如及时提供财务报表、保持适当的财务水平(如特定的流动比率)等等。如企业违背所做出的承诺,银行可要求企业立即偿还全部贷款。

(三)短期借款的利息支付方式

短期借款利息的支付方式有收款法、贴现法和加息法三种。付息方式不同,短期借款成本计算也有所不同。

(1)收款法,是指在借款到期时向银行支付利息的方法。银行向工商企业发放的贷款大都采用这种方法收息。

（2）贴现法，是指银行向企业发放贷款时，先从本金中扣除利息部分，而到期时借款企业则要偿还贷款全部本金的一种计息方法。采用这种方法，企业可利用的贷款额只有本金减去利息后的差额，因此贷款的实际利率高于名义利率。

例 3-6

某企业从银行取得借款 10 000 元，期限 1 年，年利率（即名义利率）8％，银行要求按贴现法付息。

要求：计算该项借款的实际利率。

解答：

借款 1 年的利息为 800 元，按贴现法付息，企业实际可利用的借款为 9 200 元，因此该项借款的实际利率为：

$$实际利率=\frac{利息}{实际贷款额}=\frac{10\ 000\times8\%}{10\ 000\times(1-8\%)}\times100\%=8.70\%$$

（3）加息法，是银行发放分期等额偿还贷款时采用的利息收取方法。在分期等额偿还贷款的情况下，银行要将根据名义利率计算的利息加到贷款本金上，计算出贷款的本息和，要求企业在贷款期内分期偿还本息和。由于贷款分期均衡偿还，借款企业实际只平均使用了贷款本金的半数，却支付全额利息。这样，企业所负担的实际利率大约高于名义利率 1 倍。

例 3-7

某企业借入（名义）年利率为 12％ 的贷款 20 000 元，分 12 个月等额偿还本息。

要求：计算该项借款的实际利率。

解答：

$$实际利率=\frac{利息}{实际贷款额}\approx\frac{20\ 000\times12\%}{20\ 000\div2}\times100\%=24\%$$

三、短期融资券

短期融资券是由企业依法发行的无担保短期本票。在我国，短期融资券是指企业依照《银行间债券市场非金融企业债务融资工具管理办法》的条件和程序，在银行间债券市场发行和交易并约定在一定期限内还本付息的有价证券，是企业筹措短期（1 年以内）资金的直接融资方式。

（一）发行短期融资券的相关规定

（1）发行人为非金融企业，发行企业均应经过在中国境内工商注册且具备债券评级能力的评级机构的信用评级，并将评级结果向银行间债券市场公示。

（2）发行和交易对象为银行间债券市场的机构投资者，不向社会公众发行和交易。

（3）融资券的发行由符合条件的金融机构承销，企业不得自行销售融资券，发行融资券募集的资金用于本企业的生产经营。

（4）融资券采用实名记账方式在中央国债登记结算有限责任公司（简称中央结算公司）登记托管，中央结算公司负责提供有关服务。

（5）债务融资工具发行利率、发行价格和所涉费率以市场化方式确定，任何商业机构不得以欺诈、操纵市场等行为获取不正当利益。

（二）短期融资券的筹资特点

由于我国目前市场资金较为充分，短期融资券的发行利率较低，加上短期融资券实行余额管理，可以滚动发行，因此短期融资券是有竞争实力的企业降低融资成本的一种有效融资方式。短期融资券具有以下筹资特点：

（1）筹资成本较低，相对于债券筹资，短期融资券的筹资成本较低。

（2）筹资数额比较大，相对于银行借款筹资，短期融资券一次性的筹资数额比较大。

（3）发行条件比较严格，只有具备一定信用等级的实力强的企业，才能发行短期融资券。

第五节 混合筹资

微课 3-5
混合筹资

除了前面介绍的权益筹资和长短期债务筹资外，还有几种兼具权益筹资和债务筹资双重属性的筹资类型，即混合筹资，主要包括发行优先股筹资和发行可转换债券筹资。本书附带介绍发行认股权证筹资。

一、发行优先股

中国证券监督管理委员会于 2014 年 3 月 21 日公布的《优先股试点管理办法》指出，优先股是指依照《公司法》，在一般规定的普通种类股份之外，另行规定的其他种类股份，其股份持有人优先于普通股股东分配公司利润和剩余财产，但参与公司决策管理等权利受到限制。上市公司可以发行优先股，非上市公众公司可以非公开发行优先股。

（一）优先股的特点

优先股是相对普通股而言的，是较普通股具有某些优先权利，同时也受到一定限制的股票。优先股的含义主要体现在"优先权利"上，包括优先分配股利和优先分配公司剩余财产。具体的优先条件须由公司章程予以明确规定。

优先股与普通股具有某些共性，如优先股亦无到期日，公司运用优先股所筹资本亦属于权益资金。但是，它又具有公司债券的某些特征，因此优先股被视为一种混合性证券。

与普通股相比，优先股主要具有如下特点：

1.优先分配股息且相对固定

优先股股东通常优先于普通股股东分配股息，且股息率事先约定。公司应当以现金的形式向优先股股东支付股息，在完全支付约定的股息之前，不得向普通股股东分配利润。因此，优先股股利受公司经营状况和盈利水平的影响较小，而且一般也不再参与公司普通股的分红，类似固定利息的债券。当然，公司经营情况复杂多变，如果公司当年没有足够利润支付优先股股息，优先股股东当年的固定收益也就落空了。

2.优先分配剩余财产

公司因解散、破产等原因进行清算时,公司在按照公司法和破产法有关规定进行清偿后的剩余财产,应当优先向优先股股东支付未派发的股息和公司章程约定的清算金额,不足以支付的按照优先股股东持股比例分配。

3.表决权受到限制

优先股股东对公司日常经营管理的一般事项没有表决权;仅在股东大会表决与优先股股东自身利益直接相关的特定事项时,例如,修改公司章程中与优先股相关的条款,优先股股东才有投票权。同时,为了保护优先股股东利益,如果公司在约定的时间内未按规定支付股息,优先股股东按约定恢复表决权;如果公司支付了所欠股息,已恢复的优先股表决权终止。

(二)优先股的种类

根据不同的股息分配方式,优先股可以分为多个种类:

1.固定股息率优先股和浮动股息率优先股

优先股股息率在股权存续期内不作调整的,称为固定股息率优先股,而根据约定的计算方法进行调整的,称为浮动股息率优先股。

2.强制分红优先股和非强制分红优先股

公司可以在章程中规定,在有可分配税后利润时必须向优先股股东分配利润的,是强制分红优先股,否则即为非强制分红优先股。

3.可累积优先股和非累积优先股

根据公司因当年可分配利润不足而未向优先股股东足额派发股息,差额部分是否累积到下一会计年度,可分为累积优先股和非累积优先股。累积优先股是指公司在某一时期所获盈利不足,导致当年可分配利润不足以支付优先股股息时,则将应付股息累积到次年或以后某一年盈利时,在普通股的股息发放之前,连同本年优先股股息一并发放。非累积优先股则是指公司不足以支付优先股的全部股息时,对所欠股息部分,优先股股东不能要求公司在以后年度补发。

4.参与优先股和非参与优先股

根据优先股股东按照确定的股息率分配股息后,是否有权同普通股股东一起参加剩余税后利润分配,可分为参与优先股和非参与优先股。持有人只能获取一定股息但不能参加公司额外分红的优先股,称为非参与优先股。持有人除可按规定的股息率优先获得股息外,还可与普通股股东分享公司剩余收益的优先股,称为参与优先股。

5.可转换优先股和不可转换优先股

根据优先股是否可以转换成普通股,可分为可转换优先股和不可转换优先股。可转换优先股是指在规定的时间内,优先股股东或发行人可以按照一定的转换比率把优先股换成该公司普通股;否则是不可转换优先股。

6.可回购优先股和不可回购优先股

根据发行人或优先股股东是否享有要求公司回购优先股的权利,可分为可回购优先股和不可回购优先股。可回购优先股是指允许发行公司按发行价加上一定比例的补偿收益回购优先股。公司通常在认为可以用较低股息率发行新的优先股时,就可用此方法回购已发行的优先股股票。不附有回购条款的优先股则被称为不可回购优先股。

《优先股试点管理办法》第28条规定,上市公司公开发行优先股应当在公司章程中规定以下事项:(1)采取固定股息率;(2)在有可分配税后利润的情况下必须向优先股股东分配股息;(3)未向优先股股东足额派发股息的差额部分应当累积到下一会计年度;(4)优先股股东按照约定的股息率分配股息后,不再同普通股股东一起参加剩余利润分配。第33条规定,上市公司不得发行可转换为普通股的优先股。

(三)优先股的筹资特点

优先股既像公司债券,又像公司普通股,因此优先股筹资属于混合筹资,其筹资特点兼有债务筹资和权益筹资性质。

1.有利于保障普通股股东的收益和控制权

优先股的每股收益是固定的,只要净利润增加并且高于优先股股息,普通股的每股收益就会上升。另外,优先股股东无表决权,因此不影响普通股股东对企业的控制权,也基本上不会稀释原普通股的权益。

2.有利于降低公司财务风险

优先股股利不是公司必须偿付的一项法定债务,如果公司财务状况恶化、经营成果不佳,这种股利可以不支付,从而相对避免了企业的财务负担。由于优先股没有规定最终到期日,它实质上是一种永续性借款。优先股的收回由企业决定,企业可在有利条件下收回优先股,具有较大的灵活性。发行优先股,增加权益资本,从而改善了公司的财务状况。对于高成长企业来说,承诺给优先股的股息与其成长性相比而言是比较低的。同时,由于发行优先股相当于发行无限期的债券,可以获得长期的低成本资金,但优先股又是权益资本,能够提高公司的资产质量。总之,从财务角度上看,优先股属于股债连接产品。作为资本,可以降低企业整体负债率;作为负债,可以增加长期资金来源,有利于公司的长久发展。

3.可能给公司带来一定的财务压力

首先,优先股的资本成本较债务高。主要是由于优先股股息不能抵减所得税,而债务利息可以抵减所得税,这是利用优先股筹资的最大不利因素。其次,优先股股利支付相对于普通股的固定性。针对固定股息率优先股、强制分红优先股、可累积优先股而言,股利支付的固定性可能成为企业的一项财务负担。

二、发行可转换债券

可转换债券,简称可转债,是指由公司发行并规定债券持有人在一定期限内按约定的条件可将其转换为发行公司普通股的债券。从发行公司的角度看,发行可转换债券具有债务与权益筹资的双重属性,属于一种混合筹资。

按照转股权是否与可转换债券分离,可转换债券可以分为两类:一类是不可分离的可转换债券,其转股权与债券不可分离,持有者直接按照债券面额和约定的转股价格,在约定的期限内将债券转换为股票;另一类是可分离交易的可转换债券,这类债券在发行时附有认股权证,是认股权证和公司债券的组合,发行上市后公司债券和认股权证各自独立流通、交易。认股权证的持有者认购股票时,需要按照认购价(行权价)出资购买股票。

(一)可转换债券的基本性质

1.证券期权性

可转换债券给予了债券持有者未来的选择权,在事先约定的期限内,投资者可以选择将债券转换为普通股票,也可以放弃转换权利,持有至债券到期还本付息。由于可转换债券持有人具有在未来按一定的价格购买股票的权利,因此可转换债券含有未来的买入期权。

2.资本转换性

可转换债券在正常持有期间,属于债权性质;转换成股票后,属于股权性质。在债券的转换期间,持有人没有将其转换为股票,发行企业到期必须无条件地支付本金和利息。转换成股票后,债券持有人成为企业的股权投资者。资本双重性的转换,取决于投资者是否行权。

3.赎回与回售

可转换债券一般都会有赎回条款,发债公司在可转换债券转换前,可以按一定条件赎回债券。通常,公司股票价格在一段时期内连续高于转股价格达到某一幅度时,公司会按事先约定的价格买回未转股的可转换公司债券。同样,可转换债券一般也会有回售条款,公司股票价格在一段时期内连续低于转股价格达到某一幅度时,债券持有人可按事先约定的价格将所持债券回售给发行公司。

(二)可转换债券的基本要素

可转换债券的基本要素是指构成可转换债券基本特征的必要因素,它们代表了可转换债券与一般债券的区别。

1.标的股票

可转换债券转换期权的标的物,就是可转换成的公司股票。标的股票一般是发行公司的股票,不过也可以是其他公司的股票,如该公司的上市子公司的股票。

2.票面利率

可转换债券的票面利率一般会低于普通债券的票面利率,有时甚至还低于同期银行存款利率。因为可转换债券的投资收益中,除了债券的利息收益外,还附加了股票买入期权的收益。一个设计合理的可转换债券在大多数情况下,其股票买入期权的收益足以弥补债券利息收益的差额。

3.转换期

可转换债券的转换期是指可转换债券持有人能够行使转换权的有效期限。一般而言,可转换债券的转换期的长短与转换债券的期限相关。在我国,可转换债券的期限最短为 1 年,最长为 6 年。

按照规定,我国上市公司发行可转换债券,在发行结束 6 个月后,持有人可以依照约定的条件随时将其转换为股票。可转换债券转换为股票后,发行公司股票上市的证券交易所应当安排股票上市流通。

4.转换价格

可转换债券的转换价格是指将可转换债券转换为股票的每股价格。这种转换价格通常由发行公司在发行可转换债券时约定。

《上市公司证券发行管理办法》规定,转股价格应不低于募集说明书公告日前 20 个交易日该公司股票交易均价和前 1 个交易日的均价。由于可转换债券在未来可以行权转换成股票,在债券发售时,所确定的转换价格一般比发售日股票市场价格高出一定比例,如高出 10%～30%。可转换债券的转换价格并非固定不变。公司发行可转换债券并约定转换价格后,由于又增发新股、配股及其他原因引起公司股份发生变动的,应当及时调整转换价格,并向社会公布。

例如,万达信息股份有限公司(简称万达信息)于 2017 年 12 月 19 日公开发行了 900 万张 6 年期可转换债券(简称万信转债),发行总额为 9 亿元,每张面值 100 元,按面值发行,发行结束之日起满 6 个月后的第一个交易日起可以转股,初始转股价格为 13.11 元/股。当公司发生派送股票股利、转增股本、增发新股或配股、派送现金股利等情况使公司股份发生变化时调整其转换价格。2018 年 6 月 13 日,由于发放股利,公司将万信转债的转股价格由原来的 13.11 元/股调整为 13.07 元/股。

5.转换比率

可转换债券的转换比率是指每一张可转换债券在既定的转换价格下能够转换为普通股股票的数量。

$$转换比率 = \frac{可转换债券的面值}{转换价格}$$

可转换债券持有人请求转换时,其所持债券面额有时发生不足以转换为 1 股股票的余额,发行公司应当以现金偿付。

6.赎回条款

赎回条款是指发债公司按事先约定的价格买回未转股债券的条件规定,赎回一般发生在公司股票价格在一段时期内连续高于转股价格达到某一幅度时。赎回条款通常包括:不可赎回期间与赎回期;赎回价格(一般高于可转换债券的面值);赎回条件(分为无条件赎回和有条件赎回)等。

发债公司在赎回债券之前,要向债券持有人发出赎回通知,要求他们在将债券转股与卖回给发债公司之间做出选择。一般情况下,投资者大多会将债券转换为普通股。可见,设置赎回条款最主要的功能是强制债券持有者积极行使转股权,因此又被称为加速条款。同时也能使发债公司避免在市场利率下降后,继续向债券持有人支付较高的债券利息而蒙受损失。

上例中,万达信息于 2018 年 7 月 16 日发布可转换公司债券赎回实施的第一次公告,称公司股票自 2018 年 6 月 25 日至 2018 年 7 月 13 日连续十五个交易日的收盘价格不低于"万信转债"当期转股价格(13.07 元/股)的 130%,已满足《募集说明书》中约定的关于"万信转债"的赎回条件。

7.回售条款

回售条款是指债券持有人有权按照事前约定的价格将债券卖回给发债公司的条件规定。回售一般发生在公司股票价格在一段时期内连续低于转股价格达到某一幅度时。回售对于投资者而言实际上是一种卖权,有利于降低投资者的持券风险。与赎回一样,回售条款也有回售时间、回售价格和回收条件等规定。

8.强制性转换调整条款

强制性转换调整条款是指在某些条件具备之后,债券持有人必须将可转换债券转换为股票,无权要求偿还债券本金的规定。可转换债券发行之后,其股票价格可能出现巨大波动,如果股价长期表现不佳,又未设计回售条款,投资者就不会转股。公司可设置强制性转换调整条款,保证可转换债券顺利地转换成股票,预防投资者到期集中挤兑引发公司破产的悲剧。

(三)可转换债券的发行条件

根据《上市公司证券发行管理办法》的规定,上市公司发行可转换债券,除符合公开发行证券的一般条件外,还应当符合下列规定:(1)最近 3 个会计年度加权平均净资产收益率平均不低于 6%,扣除非经常性损益后的净利润与扣除前的净利润相比,以低者作为加权平均净资产收益率的计算依据;(2)本次发行后累计公司债券余额不超过最近一期末净资产额的 40%;(3)最近 3 个会计年度实现的年均可分配利润不少于公司债券 1 年的利息。

上市公司公开发行认股权和债券分离交易的可转换公司债券,除符合公开发行证券的一般条件外,还应当符合下列规定:(1)公司最近一期末经审计的净资产不低于人民币 15 亿元;(2)最近 3 个会计年度实现的年均可分配利润不少于公司债券 1 年的利息;(3)最近 3 个会计年度经营活动产生的现金流量净额平均不少于公司债券 1 年的利息,或最近 3 个会计年度加权平均净资产收益率平均不低于 6%;(4)本次发行后累计公司债券余额不超过最近一期末净资产额的 40%,预计所附认股权全部行权后募集的资金总量不超过拟发行公司债券金额。

(四)可转换债券的筹资特点

1.筹资具有灵活性

可转换债券将传统的债务筹资功能和股票筹资功能结合起来,在筹资性质和时间上具有灵活性。债券发行企业先以债务方式取得资金,到了债券转换期,如果股票市价较高,债券持有人将会按约定的价格转换为股票,避免了企业还本付息之负担。如果公司股票长期低迷,投资者不愿意将债券转换为股票,企业及时还本付息清偿债务,也能避免未来长期的权益资本成本负担。

2.资本成本较低

可转换债券的利率低于同一条件下普通债券的利率,降低了公司的筹资成本;此外,在可转换债券转换为普通股时,公司无须另外支付筹资费用,又节约了股票的筹资成本。

3.筹资效率高

可转换债券在发行时,规定的转换价格往往高于当时本公司的股票价格,如果这些债券将来都转换成了股权,这相当于在债券发行之际,就以高于当时股票市价的价格新发行了股票,以较少的股份代价筹集了更多的股份资金。因此在公司发行新股时机不佳时,可以先发行可转换债券,以期将来变相发行普通股。

4.存在一定的财务压力

财务压力来自可转换债券不转换。如果在转换期内公司股价处于恶化性的低位,持券者到期不会转股,会造成公司因集中兑付债券本金而带来的财务压力。可转换债券还存在回售的财务压力。若可转换债券发行后,公司股价长期低迷,在设计有回售条款的情况下,投资者集中在一段时间内将债券回售给发行公司,加大了公司的财务支付压力。

三、发行认股权证

认股权证，又称股票认购授权证，是一种由上市公司发行的证明文件，持有人有权在一定时间内以约定价格认购该公司发行的一定数量的股票。广义的权证（Warrant），是一种持有人有权于某一特定期间或到期日，按约定的价格，认购或沽出一定数量的标的资产的期权。按买或卖的不同权利，权证可分为认购权证和认沽权证，又称为看涨权证和看跌权证。本书仅介绍认购权证（即认股权证）。

（一）认股权证的基本性质

1.认股权证的期权性

认股权证本质上是一种股票期权，属于衍生金融工具，具有实现融资和股票期权激励的双重功能。但认股权证本身是一种认购普通股的期权，它没有普通股的红利收入，也没有普通股相应的投票权。

2.认股权证是一种投资工具

投资者可以通过购买认股权证获得市场价与认购价之间的股票差价收益，因此它是一种具有内在价值的投资工具。

（二）认股权证的种类

1.美式认股证与欧式认股证

美式认股证，指权证持有人在到期日前，可以随时提出履约要求，买进约定数量的标的股票。而欧式认股证，则是指权证持有人只能于到期日当天，才可买进标的股票。无论是欧式权证还是美式权证，投资者均可在到期日前在市场出售其持有的认股权证。事实上，只有小部分权证持有人会选择行权，大部分投资者均会在到期前沽出权证。

2.长期认股权证与短期认股权证

短期认股权证的认股期限一般在90天以内。认股权证期限超过90天的，为长期认股权证。

（三）认股权证的筹资特点

1.认股权证是一种融资促进工具

认股权证的发行人是发行标的股票的上市公司。认股权证通过以约定价格认购公司股票的契约方式，能保证公司在规定的期限内完成股票发行计划，顺利实现融资。

2.有助于改善上市公司的治理结构

认股权证融资是缓期分批实现的，上市公司及其大股东的利益和投资者是否在到期之前执行认股权证密切相关，因此，在认股权证有效期间，上市公司管理层及其大股东任何有损公司价值的行为，都可能降低上市公司的股价，从而降低投资者执行认股权证的可能性，这将损害上市公司管理层及其大股东的利益。因此，认股权证将有效约束上市公司的败德行为，并激励他们更加努力地提升上市公司的市场价值。

3.有利于推进上市公司的股权激励机制

认股权证是常用的员工激励工具，通过给予管理者和重要员工一定的认股权证，可以把管理者和员工的利益与企业价值成长紧密联系在一起，建立一个管理者与员工通过提升企业价值再实现自身财富增值的利益驱动机制。

本章小结

筹资活动是企业财务管理的重要内容,只有科学、合理地筹集资金,才能降低筹资成本,减少企业财务风险。企业筹资的动机包括设立性筹资动机、支付性筹资动机、扩张性筹资动机和调整性筹资动机。企业筹资的渠道包括银行信贷资金、其他金融机构资金、其他企业资金、居民个人资金、国家财政资金以及企业自留资金等。企业筹资的方式包括吸收直接投资、发行股票、留存收益、发行债券、银行借款、商业信用和融资租赁等。

企业筹集的资金,按资金性质的不同可分为权益资金和债务资金两类,与此对应,筹资的类型可以分为权益筹资、债务筹资和混合筹资。权益筹资形成企业的权益资金,筹资方式包括吸收直接投资、发行普通股和利用留存收益等;债务筹资形成企业的债务资金,筹资方式包括银行借款、发行债券、融资租赁、商业信用和短期融资券等;混合筹资形成的资金既具有某些权益资金的特征又具有某些债务资金的特征,筹资方式包括发行优先股筹资和发行可转换债券筹资等。企业应该根据具体情况确定采取何种筹资方式。

权益筹资形成的权益资金是企业稳定的资本基础和良好的信誉基础,财务风险较小,但资本成本负担较重,控制权容易变更,信息沟通与披露成本较高;债务筹资速度较快,筹资弹性较大,资本成本负担较轻,可以利用财务杠杆,有利于稳定公司的控制权,但所筹资金不能形成企业稳定的资本基础,财务风险较大,筹资数额也有限;混合筹资兼具权益筹资和债务筹资的特点,相对比较灵活,有利于调整公司的资本结构。

复习思考题

1.企业进行筹资的动机是什么?

2.筹资管理的内容有哪些? 应遵循哪些原则?

3.权益筹资包括哪些基本形式? 各有什么特点?

4.债务筹资包括哪些基本形式? 各有什么特点?

5.混合筹资方式主要有哪些? 各有什么特点?

6.权益筹资和债务筹资各有什么优缺点?

案例分析 ①

苏宁云商集团股份有限公司(简称苏宁云商,2018 年 1 月更名为苏宁易购)是我国的一家大型家电连锁企业,其前身为苏宁电器。为适应互联网时代的需要,自 2010 年以来,公司通过开发与营运苏宁易购和苏宁云台、升级与改造线下门店、建设智慧型公司总部和

---

① 资料来源:史习民,戴娟萍.O2O 转型模式下资金筹措与融资策略分析[J].财务与会计,2016 (16).

易购总部、铺设物流快递网络等一系列投资活动,实现了从传统零售企业向 O2O 模式的转型。构建 O2O 模式的资金需求极为巨大,为筹集公司转型发展所需资金,苏宁云商进行了数次融资。

(1)2010—2014 年,苏宁云商归属于母公司的股东净利润有 80.49% 留存了下来,合计留存收益为 1 025 986.1 万元。使得留存收益占股东权益比率由 2009 年的 46% 上升到 2014 年的 59%。

(2)2009 年 12 月,公司以每股 17.20 元的价格向公司大股东和实际控制人张近东以及雅戈尔集团、富国基金、大成基金、国泰基金、人保资产管理公司和斯坦福大学等财务投资者合计发行股票 177 629 244 股,扣除发行费用后实际募集资金 300 000 万元。

(3)2012 年 7 月,公司又以每股 12.15 元的价格分别向张近东独资公司南京润东投资(现苏宁控股集团)和弘毅投资发行 386 831 284 股,扣除发行费用后募集资金 463 309.30 万元。

(4)2015 年 8 月,公司以每股 15.23 元的价格分别向淘宝(中国)软件和安信-苏宁 2 号(第 2 期员工持股计划)定向增发 1 861 012 043 股和 65 659 881 股,募集资金 2 934 321.34 万元。

(5)2012 年 12 月,公司向社会公开发行票面利率为 5.20% 的 5 年期公司债券 45 亿元,扣除发行费用后实际募集资金 446 540.50 万元。

(6)2013 年 11 月,公司发行了票面利率为 5.95%、附第 3 年末发行人上调票面利率选择权和投资者回售选择权的 6 年期公司债券 35 亿元,扣除发行费用后实际募集资金 348 052 万元。

(7)转型期间,公司还以短期借款和长期借款方式,从银行渠道获得 275 074.30 万元的增量资金。

(8)2014 年 12 月,公司将 11 个自有门店物业房产权及对应的土地使用权出售给中信金石基金管理公司相关方设立的中信华夏苏宁云创资产支持专项计划,并以长期租赁方式回租。这一创新型资产运作计划为公司回笼资金 43.42 亿元。2015 年 6 月,公司又以相同方式对 14 家自有门店进行资产运作,成功融资 32.65 亿元。

问题:

1.为筹集公司转型发展所需资金,苏宁云商实施了哪些筹资方式?各自有什么特点?

2.苏宁云商在融资上有哪些可取之处?

知识拓展 3　　　测试 3　　　课件 3

第四章　　资本成本与资本结构

思维导图 4

重点难点 4

🔊 学习目标

通过学习本章,你应该能够:

1.理解资本成本的概念;

2.掌握个别资本成本、综合资本成本的测算,理解边际资本成本的含义及测算;

3.理解经营杠杆和经营风险、财务杠杆和财务风险、总杠杆和总风险,掌握各种杠杆作用的度量;

4.了解资本结构的主要理论,理解影响资本结构的因素;

5.掌握最佳资本结构的决策方法。

由于资金所有者让渡资金使用权所承担的风险和带来的投资报酬不同,决定了不同筹资方式的资本成本存在差异,因此资本成本是企业选择资金来源、确定筹资方案的重要依据;同时资本成本作为投资项目的最低报酬率,是企业评价投资项目、决定投资取舍的重要标准;另外资本成本也是考核企业经营业绩的依据。财务管理中的杠杆效应,是指由于特定成本(如固定性经营成本或固定性资本成本)的存在而导致的,当某一财务变量以较小幅度变动时,另一相关财务变量会以较大幅度变动的现象。它包括经营杠杆、财务杠杆和总杠杆三种效应形式,同时与经营风险、财务风险和总风险相联系,杠杆效应既可以产生杠杆利益,也可能带来杠杆风险。如何协调资本成本和财务风险,即资本结构及其管理问题,是企业筹资管理的核心问题。企业应综合考虑有关影响因素,运用适当的方法确定最佳资本结构,提升企业价值。

第一节　资本成本

微课 4-1
资本成本

一、资本成本的概念

(一)资本成本的含义

资本成本是指企业为筹集和使用资本而支付的代价,包括资本筹集费和资本使用费。

　　资本筹集费是指企业筹措资本过程中发生的费用,如向银行支付的借款手续费,发行股票、债券而支付的发行费等。这部分费用通常在资本筹集时一次性发生,在资本使用过程中不再发生,是一项固定费用,可视为筹资数额的一项扣除。

　　资本使用费是指企业因使用资本而支付给所有者的报酬,如向银行等债权人支付的利息,向股东支付的股利等。这部分费用与资本使用的时间有关,是一项变动费用,是资本成本的主要内容。

　　资本成本是资本所有权与资本使用权分离的结果。对出资者而言,资本成本表现为让渡资本使用权所带来的投资报酬;对筹资者而言,资本成本表现为取得资本使用权所付出的代价。因此,在不考虑筹资费和所得税的情况下,资本成本既是筹资者为获得资本所必须支付的最低价格,也是投资者提供资本所要求的最低报酬率。从这个意义上讲,资本成本与投资必要报酬率是同一资本对于筹资者和投资者的两个不同方面,其实质是相同的,因此,在实际工作中经常出现两个术语交替使用或相互替换的现象。

　　(二)资本成本的作用

　　资本成本是由于资本所有权和使用权的分离而形成的一个重要财务概念。国际上将其列为一项财务标准,对企业筹资管理、投资管理以及整个经营都有重要意义。

　　1.资本成本是企业选择资金来源、确定筹资方案的重要依据

　　在多个筹资渠道、多种筹资方式的条件下,企业除考虑各种筹资来源及方式的可适用性、负债比率等因素外,另一考虑的重要因素就是资本成本。企业在比较各种筹资方案时,力求选择资本成本最低的筹资方案。

　　2.资本成本是企业评价投资项目、决定投资取舍的重要标准

　　任何投资项目,如果它预期的投资报酬率超过该项目使用资金的成本率,则该项目在经济上就是可行的。因此,资本成本率作为投资项目的最低报酬率,视为是否采纳投资项目的取舍率,作为比较、选择投资方案主要经济标准。

　　3.资本成本是考核企业经营业绩的依据

　　企业的整体经营业绩可以用企业全部投资的利润率来衡量,并可与企业全部资本的成本率相比较。如果利润率高于资本成本率,可以认为企业经营有利;反之,则认为企业经营不利,业绩不佳,需要改善经营管理。

　　(三)资本成本的种类

　　资本成本通常用相对数表示,等于资本使用费与实际筹得资本(筹资总额扣除资本筹集费后的差额)的比率。一般而言,资本成本包括:(1)个别资本成本,指企业各种长期资本的成本率,企业在比较各种筹资方式时,需要使用个别资本成本。(2)综合资本成本,指企业全部长期资本的成本率,企业在进行长期资本结构决策时,可以使用综合资本成本。(3)边际资本成本,指企业追加长期资本的成本率,企业在追加筹资方案的选择中,需要运用边际资本成本。

二、个别资本成本的测算

　　(一)概述

　　个别资本成本是指单一筹资方式的资本成本,主要包括银行借款资本成本、债券资本

成本、优先股资本成本、普通股资本成本和留存收益资本成本等,其中前两类是债务资本成本,后三类是权益资本成本。

(1)一般模式。为了便于分析比较,资本成本通常用不考虑货币时间价值的一般模式计算。由于资本筹集费在筹资当时一次性发生,计算资本成本时将其作为筹资额的一项扣除。资本使用费与使用时间长短有关系,同时资本使用费中的利息可在所得税前列支,具有抵税效应,而股利不具有抵税作用。为了合理比较,资本使用费通常是指企业预计每年承担的税后资本使用费。

个别资本成本的一般计算公式为:

$$资本成本(率)=\frac{每年税后资本使用费}{筹资总额-筹资费用}=\frac{每年税后资本使用费}{筹资总额\times(1-筹资费率)}$$

(2)贴现模式。对于金额大、时间超过一年的长期资本,运用贴现模式计算资本成本更合理。贴现模式下的资本成本就是满足筹资净额等于未来现金流出量现值时的折现率。未来现金流出量是指债务未来还本付息额或股票未来股利。

即:

$$筹资净额=未来现金流出量的现值=\sum_{i=1}^{n}\frac{未来现金流出量}{(1+贴现率)^i}$$

式中所采用的贴现率即为资本成本率。

(二)债务资本成本的测算

1.银行借款的资本成本

借款利息具有抵税效应,因此银行借款资本成本的一般计算公式为:

$$K_l=\frac{I\times(1-T)}{P_l\times(1-f)}$$

式中:K_l代表银行借款的资本成本;I代表借款年利息;T代表所得税税率;P_l代表借款额;f代表借款手续费率。

由于银行借款的筹资费用很少,常常可以忽略不计,则上式可简化为:

$$K_l=i\times(1-T)$$

式中:i代表银行借款利率。

若考虑时间价值,银行借款资本成本即为满足下式的K_l:

$$P_1(1-f)=\sum_{t=1}^{n}\frac{I(1-T)}{(1+K_l)^t}+\frac{P_t}{(1+K_l)^t}$$

式中:P_t代表t时点归还的借款额。

例 4-1

某公司向银行借入一笔长期资金,计 1 000 万元,银行借款的年利率为 8%,期限 3 年,每年结息一次,到期还本,同时需支付借款额 5‰ 的手续费,公司所得税率为 25%。

要求:计算银行借款的资本成本。

解答：

$$K_l = \frac{1\,000 \times 8\% \times (1-25\%)}{1\,000 \times (1-5‰)} = 6.03\%$$

例 4-2

资料如例 4-1 所示，考虑时间价值。

要求：计算银行借款的资本成本。

解答：

考虑时间价值，该项银行借款的资本成本满足如下公式：

$$1\,000 \times (1-5‰) = 1\,000 \times 8\% \times (1-25\%) \times (P/A, K_l, 3) + 1\,000 \times (P/F, K_l, 3)$$

运用插值法计算：

当 $K_l = 6\%$ 时，

左式减右式 $= 995 - 60 \times 2.673\,0 - 1\,000 \times 0.839\,6 = -4.98$

当 $K_l = 7\%$ 时，

左式减右式 $= 995 - 60 \times 2.624\,3 - 1\,000 \times 0.816\,3 = 21.243$

即：

$$\frac{K_l - 6\%}{7\% - 6\%} = \frac{0 - (-4.98)}{21.243 - (-4.98)}$$

得：

$$K_l = 6.19\%$$

K_l 的计算也可运用 Excel 中的函数求得。打开 Excel，点击插入函数"rate"，按提示分别输入 $(3, -60, 995, -1\,000)$，可求得 $K_l = 6.19\%$。

在实务中，银行对企业贷款利息的计算采取每季季末结息一次，即每年计息四次，此时，企业借款的实际利率高于借款合同上的名义利率。这时，需将名义利率换算为实际利率，再进行借款资本成本的计算。同样，如果在借款合同中附加补偿性余额条款，也需要将名义利率换算为实际利率再进行借款资本成本的计算。

例 4-3

资料如例 4-1 所示，但银行每季结息一次，到期还本。

要求：计算银行借款的资本成本。

解答：

借款的实际利率为：$i = (1 + \frac{r}{m})^m - 1 = (1 + \frac{8\%}{4})^4 - 1 = 8.24\%$

借款的资本成本为：$K_l = \frac{1\,000 \times 8.24\% \times (1-25\%)}{1\,000 \times (1-5‰)} = 6.21\%$

例 4-4

资料如例 4-1 所示,但银行要求补偿性余额为 20%。

要求:计算银行借款的资本成本。

解答:

借款的实际利率为:$i = \dfrac{8\%}{1-20\%} = 10\%$

借款的资本成本为:$K_l = \dfrac{1\ 000 \times 10\% \times (1-25\%)}{1\ 000 \times (1-5\text{‰})} = 7.54\%$

2.债券的资本成本

债券资本成本的计算与银行借款基本一致,但发行债券的筹资费用较高,一般不能忽略。债券的筹资费用即发行费用,包括申请费、注册费、印刷费和上市费以及路演费等,其中有的费用按一定的标准支付。

债券资本成本的一般计算公式:

$$K_b = \frac{I \times (1-T)}{P_b \times (1-f)}$$

式中:K_b 代表债券的资本成本;I 代表债券年利息;T 代表所得税税率;P_b 代表债券筹资额,按发行价格确定;f 代表债券筹资费率。

若考虑时间价值,债券资本成本即为满足下式的 K_b(P 为债券面值):

$$P_b(1-f) = \sum_{t=1}^{n} \frac{I \times (1-T)}{(1+K_b)^t} + \frac{P}{(1+K_b)^n}$$

例 4-5

某公司拟发行一笔期限为 10 年的债券,面值 100 元,票面利率为 10%,每年付息一次,发行费率为 3%,所得税税率为 25%,债券按每张 98 元的价格发行。

要求:

(1)不考虑资金时间价值,计算该债券筹资的资本成本。

(2)考虑资金时间价值,计算该债券筹资的资本成本。

解答:

(1)不考虑资金时间价值

$$K_b = \frac{100 \times 10\% \times (1-25\%)}{98 \times (1-3\%)} = 7.89\%$$

(2)考虑时间价值,该债券筹资的资本成本满足如下公式:

$$98 \times (1-3\%) = 100 \times 10\% \times (1-25\%) \times (P/A, K_b, 10) + 100 \times (P/F, K_b, 10)$$

按插值法

当 $K_b = 8\%$ 时,

左式减右式 $= 95.06 - 7.5 \times 6.710\ 1 - 100 \times 0.463\ 2 = -1.585\ 8$

当 $K_l=9\%$ 时,

左式减右式 $=95.06-7.5\times6.417\ 7-100\times0.422\ 4=4.687\ 3$

即:

$$\frac{K_l-8\%}{9\%-8\%}=\frac{0-(-1.585\ 8)}{4.687\ 3-(-1.585\ 8)}K_b=8.25\%$$

或利用 Excel 中的 rate 的函数,求得 $K_b=8.24\%$,差异系计算过程中的小数进位导致。

(三)权益资本成本的测算

1.优先股的资本成本

优先股的资本成本主要是向优先股股东支付的各期股利。对于固定股息率优先股而言,各期股利是相等的,其资本成本的计算公式为:

$$K_p=\frac{D_p}{P_p\times(1-f)}$$

式中: K_p 代表优先股的资本成本; D_p 代表优先股每股年股利; P_p 表示优先股每股筹资额; f 代表优先股筹资费率。

例 4-6

某股份公司拟发行优先股,面值总额 100 万元,确定的年股息率为 10%,筹资费率预计为 4%。假设优先股溢价发行,其筹资总额为 108 万元。

要求:计算优先股的资本成本。

解答:

$$K_p=\frac{100\times10\%}{108\times(1-4\%)}=9.65\%$$

本例中优先股票面股息率为 10%,但由于溢价发行,优先股资本成本只有 9.65%。

如果是浮动股息率优先股,则优先股的浮动股息率将根据约定的方法计算,并在公司章程中事先明确。由于浮动优先股各期股利是波动的,只能假定各期股利的变化呈一定的规律性,其资本成本的计算与普通股资本成本的股利折现模型法计算方式相同。

2.普通股的资本成本

普通股资本成本主要是向股东支付的各期股利。由于普通股没有期限,在未来的存续期里普通股的各期股利不确定,因此普通股的资本成本只能按贴现模式计算,并假定各期股利的变化呈一定的规律。如果是上市公司还可以根据该公司股票收益率与市场收益率的相关性,按资本资产定价模型法估计。

(1)股利折现模式。假定资本市场有效,股票市场价格与价值相等,则普通股资本成本的计算公式为:

$$P_c(1-f)=\sum_{t=1}^{\infty}\frac{D_t}{(1+K_c)^t}$$

式中：P_c 表示普通股筹资发行价格；D_t 表示普通股第 t 年的预期股利；K_c 表示普通股投资的必要报酬率，即普通股资本成本；f 表示股票筹资费率。

在假设股利增长率固定的情况下，普通股资本成本的公式为：

$$K_c = \frac{D_1}{P_c \times (1-f)} + g = \frac{D_0(1+g)}{P_c \times (1-f)} + g$$

式中：D_1 代表预期第 1 年股利；D_0 代表最近一次支付的股利；g 代表股利固定增长率。

例 4-7

某股份公司拟发行一批普通股，发行价格 12 元/股，每股发行费用为 0.8 元，预计第一年分派现金股利每股 1.2 元，以后每年股利增长 5%。

要求：计算该普通股筹资的资本成本。

解答：

$$K_c = \frac{1.2}{12-0.8} + 5\% = 15.71\%$$

(2)资本资产定价模型。假定资本市场有效，股票市场价格与价值相等，则普通股资本成本为：

$$K_c = R_f + \beta \times (R_m - R_f)$$

式中：K_c 以代表普通股筹资的资本成本；R_f 代表无风险报酬率；R_m 代表市场组合的预期收益率；β 代表股票收益率与市场收益率的相关性。

例 4-8

某股份公司普通股的 β 值为 1.5，市场无风险报酬率为 4%，市场组合的期望收益率为 12%。

要求：计算该公司普通股筹资的资本成本。

解答：

$$K_c = 4\% + 1.5 \times (12\% - 4\%) = 16\%$$

普通股股利支付不固定。企业破产后，股东的求偿权位于最后，与其他投资者相比，普通股股东所承担的风险最大，普通股的报酬也应最高。所以，在各种资金来源中，普通股筹资的成本最高。

3.留存收益的资本成本

留存收益是企业资金的一项重要来源，留存收益是历年滚存下来的未分配税后利润，其所有权归属于股东。股东将这部分利润留存于企业，实质上是对企业的追加投资。如果企业将留存收益用于再投资，所获得的收益率低于股东自己进行一项风险相似的投资项目的收益率，企业就应该将其分配给股东。因此，留存收益的资本成本表现为股东追加投资要求的报酬率，其计算与普通股资本成本基本相同，不同点在于不考虑筹资费用。

三、综合资本成本的测算

由于受多种因素的制约,企业不可能只使用某种单一的筹资方式,往往需要通过多种方式筹集所需资金,为此,筹资决策需要确定企业全部资本的总成本——综合资本成本。在衡量和评价单一融资方案时,需要计算个别资本成本;在衡量和评价企业筹资总体的经济性时,需要计算企业的综合资本成本,它反映着企业资本成本整体水平的高低。

综合资本成本是一种加权平均资本成本,是以各项个别资本占全部资本的比重为权数,对各项个别资本成本进行加权平均确定。其计算公式为:

$$WACC = \sum_{j=1}^{n} K_j \times W_j$$

式中:WACC 代表综合资本成本(加权平均资本成本);K_j 代表第 j 种个别资本成本;W_j 代表第 j 种个别资本占全部资本的比重。

综合资本成本的计算存在着权数价值的选择问题,即各项个别资本按什么权数来确定资本比重。通常,可供选择的价值形式有账面价值、市场价值、目标价值等。

(一)账面价值权数

账面价值权数是以各项个别资本的会计报表账面价值为基础来计算资本权数,确定各类资本占总资本的比重。其优点是资料容易取得,可以直接从资产负债表中得到,而且计算结果比较稳定。其缺点是,当债券和股票的市价与账面价值差距较大时,导致按账面价值计算出来的资本成本,不能反映目前从资本市场上筹集资本的现时机会成本,不适合评价现时的资本结构。

(二)市场价值权数

市场价值权数是以各项个别资本的现行市价为基础来计算资本权数,确定各类资本占总资本的比重。其优点是能够反映现时的资本成本水平,有利于进行资本结构决策。但现行市价处于经常变动之中,不容易取得,而且现行市价反映的只是现时的资本结构,不适用未来的筹资决策。

(三)目标价值权数

目标价值权数是以各项个别资本预计的未来价值为基础来计算资本权数,确定各类资本占总资本的比重。目标价值是目标资本结构要求下的产物,是企业筹措和使用资本对资本结构的一种要求。企业筹措新资金需要反映期望的资本结构,则目标价值是有益的,它适用于未来的筹资决策,但目标价值的确定难免具有主观性。

以目标价值为基础计算资本权重,能体现决策的相关性。目标价值权数的确定,可以选择未来的市场价值,也可以选择未来的账面价值。选择未来的市场价值,与资本市场现状联系比较紧密,能够与现时的资本市场环境状况结合起来,目标价值权数的确定一般以现时市场价值为依据。但市场价值波动频繁,可行方案是选用市场价值的历史平均值,如30 日、60 日、120 日均价等。总之,目标价值权数是主观愿望和预期的表现,依赖于财务经理的价值判断和职业经验。

例 4-9

某公司本年末账面反映的资本共有 8 000 万元,其中长期借款 2 000 万元,占 25%;长期债券 1 000 万元,占 12.5%;股东权益 5 000 万元(共 3 000 万股,每股面值 1 元,市价 6 元),占 62.5%。其个别资本成本分别为 5%、7% 和 12%。

要求:计算该公司的综合资本成本。

解答:

按账面价值计算综合资本成本:

$$WACC = 5\% \times 25\% + 7\% \times 12.5\% + 12\% \times 62.5\% = 9.63\%$$

按市场价值计算综合资本成本:

$$WACC = \frac{5\% \times 2\,000 + 7\% \times 1\,000 + 12\% \times 18\,000}{2\,000 + 1\,000 + 18\,000} = 11.10\%$$

四、边际资本成本的测算

企业无法以某一固定的资本成本筹集无限的资金,当企业筹集的资金超过一定限度时,资本成本就会增加。在企业追加筹资时,需要知道筹资额在什么数额上会引起资本成本怎样的变化,这就要用到边际资本成本的概念。

边际资本成本就是新增资本的加权平均成本。影响边际资本成本的因素有两个:一是各种新增资本的个别资本成本,二是目标资本结构。如果新增资本的结构与原资本结构相一致,且新增各类资本的资本成本保持不变,则边际资本成本就等于综合资本成本;如果两者有一项发生变化,那么新增资本的边际成本也将发生变化。

例 4-10

某公司拥有长期资本 400 万元。其中长期借款 60 万元,长期债券 100 万元,普通股 240 万元。由于扩大经营规模的需要,拟筹集新资本。

要求:为该公司进行边际资本成本规划。

解答:该公司的边际资本成本规划步骤如下。

(1)确定拟追加筹资的资本结构。一般情况下,应根据原有资本结构和目标资本结构的差距,确定追加筹资的资本结构。本例假定原有资本结构已比较合理,可以作为目标资本结构,因此,追加筹资的资本结构应与原有的资本结构相同,即长期借款占 15%,长期债券占 25%,普通股占 60%。

(2)预测各种追加筹资的个别资本成本。随着企业规模的变化,筹资能力发生变化,再加上资本市场状况也会随经济情况有所变化,因此,各种追加筹资的个别资本成本不是一成不变的,需要预先预测。本例预测情况如表 4-1 所示。

表 4-1 追加筹资的个别资本成本预测

筹资类别	目标资本结构/%	追加筹资额范围	资本成本/%
长期借款	15	90 万元内 90 万元以上	5 7
长期债券	25	400 万元内 400 万元以上	8 10
普通股	60	600 万元内 600 万元以上	13 16

(3)计算筹资总额分界点。从表 4-1 中可以看出,公司无法以某一固定的资本成本筹集无限的资金。如果新增资本中某种筹资方式的资本成本在某一筹资额下发生变化,那么新增资本的加权平均资本成本也必然在这一点发生变化,这一点称为筹资总额分界点,即引起特定筹资方式资本成本变化的筹资总额。在筹资总额分界点范围内筹资,原来的资本成本不会改变,一旦筹资额超过筹资总额分界点,即使维持现有的资本结构,其资本成本也会增加。

筹资总额分界点计算公式为:

$$筹资总额分界点 = \frac{可用某一特定成本筹措的该项资本的限额}{该资本在资本结构中的目标比重}$$

本例中筹资总额分界点计算如表 4-2 所示。

表 4-2 筹资总额分界点计算表

筹资类别	目标资本结构/%	个别资本成本/%	各种筹资方式的筹资范围	筹资总额分界点/万元
长期借款	15	5 7	90 万元内 90 万元以上	90/15% = 600
长期债券	25	8 10	400 万元内 400 万元以上	400/25% = 1 600
普通股	60	13 16	600 万元内 600 万元以上	600/60% = 1 000

表 4-3 显示,采用长期借款筹资,在 90 万元以内时,资本成本为 5%,由于长期借款的目标比重为 15%,这表明在长期借款成本由 5% 上升到 7% 之前,企业可以筹集 90/15% = 600 万元的总资本。其他筹资总额分界点的计算原理与此相同。

(4)计算边际资本成本

根据筹资总额分界点,分别计算各段筹资范围内追加筹资总额的边际资本成本。

表 4-3　边际资本成本计算表

序号	筹资总额范围/万元	筹资类别	目标资本结构/%	个别资本成本/%
1	600 万元以内	长期借款	15	5
		长期债券	25	8
		普通股	60	13
		边际资本成本＝5％×15％＋8％×25％＋13％×60％＝10.55％			
2	600～1 000 万元之间	长期借款	15	7
		长期债券	25	8
		普通股	60	13
		边际资本成本＝7％×15％＋8％×25％＋13％×60％＝10.85％			
3	1 000～1 600 万元之间	长期借款	15	7
		长期债券	25	8
		普通股	60	16
		边际资本成本＝7％×15％＋8％×25％＋16％×60％＝12.65％			
4	1 600 万元以上	长期借款	15	7
		长期债券	25	10
		普通股	60	16
		边际资本成本＝7％×15％＋10％×25％＋16％×60％＝13.15％			

由此可见,如果企业筹资总额在 600 万元以下,其资本成本为 10.55％,如果筹资总额超过 600 万元,但小于 1 000 万元,其资本成本为 10.85％,以此类推。筹资总额与资本成本的变化可以用图 4-1 表示,企业可以根据这一变化,决定最终筹资额度,从而使筹资成本最为经济合理。

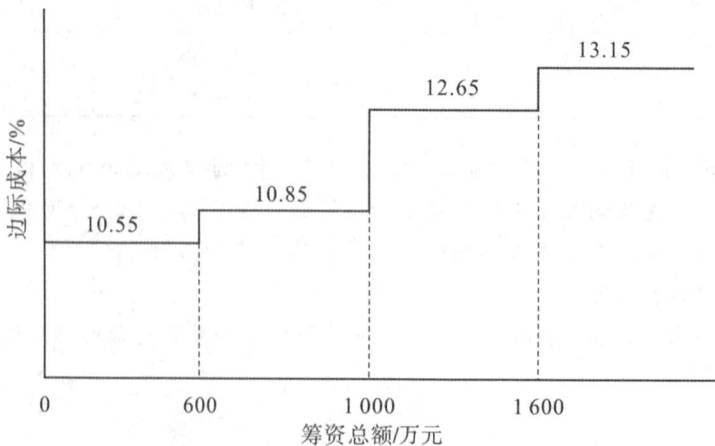

图 4-1　筹资总额与资本成本的变化

第二节　杠杆效应

　　财务管理中的杠杆效应,是指由于特定成本(如固定性经营成本或固定性资本成本)的存在而导致的,当某一财务变量以较小幅度变动时,另一相关财务变量会以较大幅度变动的现象。财务管理中的杠杆效应包括经营杠杆、财务杠杆和总杠杆三种形式。杠杆效应既可以产生杠杆利益,也可能带来杠杆风险。

一、相关概念

(一)成本习性及分类

　　成本习性,是指成本总额与业务量之间在数量上的依存关系。成本按习性可区分为固定成本、变动成本和混合成本三类。

微课 4-3
杠杆效应
相关概念

　　1.固定成本

　　固定成本是指其总额在一定时期和一定业务量范围内不随业务量变动发生任何变动的那部分成本。包括平均年限法计提的折旧费、保险费、广告费、培训费、办公费等,这些费用每年支出水平基本相同,即使产销业务量在一定范围内变动,它们也保持固定不变。由于其成本总额固定不变,在产销量的变动下,分摊到每个产品中的成本却在变化。产量越大,每个产品承担的固定成本就越少,即单位固定成本随产量的增加而逐渐降低。

　　固定成本还可进一步区分为约束性固定成本和酌量性固定成本两类。约束性固定成本属于企业"经营能力"成本,是企业维持一定业务量所必须负担的最低成本。如厂房和设备的折旧费、管理人员工资等。对这部分成本,管理者的决策行为不能改变其数额,否则就会影响企业正常的经营活动。酌量性固定成本属于企业"经营方针"成本,管理者根据经营方针的需要通过决策可以改变其数额。如广告费、新产品研究开发费、职工培训费等。因此,要降低酌量性固定成本,必须在预算时精打细算,合理确定其开支数额。

　　2.变动成本

　　变动成本是指其总额随着业务量成正比例变动的那部分成本,如直接材料、直接人工等都属于变动成本。但从产品单位成本看,则恰好相反,产品单位成本中的直接材料、直接人工将保持不变,即单位变动成本是不变的。

　　与固定成本相同,变动成本也存在相关范围,即只有在一定范围之内,业务量和成本总额才能完全成同比例变化,超过了一定的范围,这种关系就不存在。

　　3.混合成本

　　从成本习性来看,固定成本和变动成本只是两种极端的类型。在现实经济生活中,大多数成本介于固定成本与变动成本之间,即会随着业务量的变动而变动,但又不是同比例变动,这类成本称之为混合成本。在实际运用时,需要对混合成本进行分解,即通过一定的方法,把混合成本分解为变动成本和固定成本。

4.总成本模型

将混合成本按照一定的方法区分为固定成本和变动成本之后,根据成本习性,企业的总成本就可以表示为:

$$总成本=固定成本+变动成本$$
$$=固定成本+单位变动成本×业务量$$

(二)边际贡献及其计算

边际贡献,又称边际利润、贡献毛益等,是指产品销售收入减去变动成本后的余额。边际贡献的表现形式有两种:一种是以绝对额表现的边际贡献,分为边际贡献总额和单位边际贡献;另一种是以相对数表示的边际贡献率,是边际贡献与销售额的比率。

边际贡献总额是产品销售收入减去变动成本后的余额;单位边际贡献是产品单价减去单位变动成本后的差额;边际贡献率是边际贡献总额与销售收入的百分比,或单位边际贡献与单价的百分比。三者之间可以相互转换,计算公式及转换关系可以表示为:

$$边际贡献总额=销售收入-变动成本$$
$$=销售量×单位边际贡献$$
$$=销售收入×边际贡献率$$
$$单位边际贡献=单价-单位变动成本$$
$$=单价×边际贡献率$$
$$边际贡献率=\frac{边际贡献总额}{销售收入}=\frac{单位边际贡献}{单价}$$

边际贡献是产品扣除自身变动成本后给企业所做的贡献,它首先用于补偿企业的固定成本,只有当边际贡献大于固定成本时才能为企业提供利润,否则企业将亏损。

边际贡献率可以理解为每1元销售收入中边际贡献所占的比重,它反映了产品给企业做出贡献的能力。

与边际贡献率相对应的概念是"变动成本率",即变动成本在销售收入中所占的百分率。

$$变动成本率=\frac{变动成本}{销售收入}=\frac{单位变动成本}{单价}$$

由于销售收入被分为变动成本和边际贡献两部分,前者是产品自身的耗费,后者是给企业做出的贡献,因此:

$$变动成本率+边际贡献率=1$$

(三)息税前利润与每股收益

息税前利润,是指企业支付借款利息、缴纳企业所得税之前的利润。息税前利润代表企业生产经营的全部收益,是企业经营成果最全面的体现。

$$息税前利润=销售收入-变动成本-固定成本$$
$$=(单价-单位变动成本)×业务量-固定成本$$
$$=边际贡献总额-固定成本$$

注意：上式的固定成本和变动成本中均不包括利息费用。

设 S 代表销售收入，VC 代表变动成本，Q 代表产品产销业务量，P 代表单价，V 代表单位变动成本，F 代表固定成本，M 代表边际贡献总额，EBIT 代表息税前利润，则边际贡献总额 M 和息税前利润 EBIT 可表示为：

$$M=S-VC=(P-V)\times Q$$
$$EBIT=S-VC-F=(P-V)\times Q-F=M-F$$

每股收益是指企业在经营实现的息税前利润的基础上，向债权人支付利息、向国家纳税以及向优先股股东支付股利后，属于普通股股东的当期净利润与普通股股数的比率。

$$每股收益=\frac{(息税前利润-利息)\times(1-所得税税率)-优先股股利}{普通股股数}$$

设 I 代表利息费用，T 代表所得税税率，D_p 代表优先股股息，N 代表普通股股数，EPS 代表普通股每股收益。则上式可表示为：

$$EPS=\frac{(EBIT-I)(1-T)-D_P}{N}$$

二、经营杠杆效应

(一)经营杠杆

经营杠杆，是指由于固定性经营成本的存在，导致企业的资产报酬(息税前利润)变动率大于业务量变动率的现象。经营杠杆反映了资产报酬的波动性，用以评价企业的经营风险。

影响资产报酬(息税前利润)的因素包括产品售价、产品需求、产品成本等。当产品成本中存在固定性经营成本时，如果其他条件不变，产销业务量的增加虽然不会改变固定性经营成本总额，但会降低单位产品分摊的固定性经营成本，从而提高单位产品利润，使息税前利润的增长率大于产销量的增长率，进而产生经营杠杆效应。当不存在固定性经营成本时，所有成本都是变动性经营成本，边际贡献等于息税前利润，则息税前利润的变动率将与业务量的变动率保持一致。

微课 4-4
杠杆原理

例 4-11

假设甲公司目前产品销售量为 8 000 件，销售单价 20 元，单位变动成本 10 元，固定成本 50 000 元，假设销售量增减变动 10%。

要求：计算该公司息税前利润及其变动率。

解答：

在销售量增减变动下，经营杠杆对其利润的影响如表 4-4 所示。

表 4-4　销售量增减变动对利润的影响

单位:元

项　目	销售情况		
	本期	增长 10%	下降 10%
销售数量	8 000	8 800	7 200
销售收入	160 000	176 000	144 000
变动成本	80 000	88 000	72 000
边际贡献	80 000	88 000	72 000
固定成本	50 000	50 000	50 000
息税前利润	30 000	38 000	22 000
利润变动情况		+26.67%	−26.67%

从表 4-4 可以看出,当销售量增长 10% 时,利润增长 26.67%;当销售量减少 10% 时,利润下降 26.67%。利润的增减为销售量增减的 2.67 倍,这种增减幅度的不同步性,即为经营杠杆影响所致。杠杆效应是一把双刃剑,不仅可能会放大企业的息税前利润,也可能会放大企业的亏损。当企业销售量增大时,企业息税前利润将随着销售量的增大而更快地增长;当企业销售量下降时,企业的息税前利润将随着销售量的下降而更快地下降。

(二)经营杠杆系数

为了反映经营杠杆的作用程度,估计经营杠杆利益的大小,评价经营风险的高低,一般可借助于经营杠杆系数指标。经营杠杆系数越大,表明经营杠杆作用越大,经营风险也就越大;反之则越小。但以不同产销业务量为基础,其经营杠杆效应的大小程度是不一致的。

经营杠杆系数是指息税前利润变动率相当于业务量变动率的倍数,其定义表达式为:

$$\text{DOL}_Q = \frac{\text{息税前利润变动率}}{\text{业务量变动率}} = \frac{\Delta \text{EBIT}/\text{EBIT}}{\Delta Q/Q}$$

式中:DOL 代表经营杠杆系数;ΔEBIT 代表息税前利润变动额;EBIT 代表变动前息税前利润;ΔQ 代表业务量变动值;Q 代表变动前业务量。

为了便于计算,可依据上述定义表达式推导出如下计算公式:

$$\text{DOL}_Q = \frac{(P-V)Q}{(P-V)Q-F}$$

$$= \frac{S-\text{VC}}{S-\text{VC}-F} = \frac{M}{\text{EBIT}} = \frac{\text{基期边际贡献}}{\text{基期息税前利润}}$$

例 4-12

甲公司相关数据见例 4-11。

要求:计算该公司经营杠杆系数。

解答:

$$DOL_{8\,000}=\frac{(38\,000-30\,000)/30\,000}{(8\,800-8\,000)/8\,000}=\frac{26.67\%}{10\%}=2.67$$

或:

$$DOL_{8\,000}=\frac{(20-10)\times8\,000}{(20-10)\times8\,000-50\,000}=2.67$$

(三)经营杠杆与经营风险

经营风险是企业生产经营上的原因而导致的资产报酬波动的风险。引起企业经营风险的主要原因是市场需求和生产成本等因素的不确定性,经营杠杆本身并不是资产报酬不确定的根源,只是资产报酬波动的表现。但是,经营杠杆放大了市场和生产等因素变化对利润波动的影响。经营杠杆系数越高,表明息税前利润受产销量变动的影响程度越大,经营风险也就越大。

将经营杠杆系数的计算公式进一步推导:

$$DOL_Q=\frac{EBIT+F}{EBIT}=1+\frac{F}{EBIT}=1+\frac{\text{固定成本}}{\text{基期息税前利润}}$$

从推导出的公式可以看出,在息税前利润为正的前提下,如果固定成本等于0,则经营杠杆系数为1,不存在经营杠杆效应;当固定成本不为0时,则经营杠杆系数大于1,即显现出经营杠杆效应。

从上式可知,影响经营杠杆的因素包括企业成本结构中的固定成本比重与息税前利润水平。其中,息税前利润水平又受产品销售数量、销售价格、成本水平(单位变动成本和固定成本总额)高低的影响。固定成本比重越高、成本水平越高、产品销售数量和销售价格水平越低,经营杠杆效应越大;反之,经营杠杆效应越小。

例 4-13

假设某企业生产A产品,单价为50元,单位变动成本为25元,固定成本总额为100 000元。

要求:计算销量分别为8 000件、6 000件和4 000件时的经营杠杆系数。

解答:

$$DOL_{8\,000}=\frac{(50-25)\times8\,000}{(50-25)\times8\,000-100\,000}=2$$

$$DOL_{6\,000}=\frac{(50-25)\times6\,000}{(50-25)\times6\,000-100\,000}=3$$

$$DOL_{4\,000}=\frac{(50-25)\times4\,000}{(50-25)\times4\,000-100\,000}=\infty$$

上例计算结果表明:在其他因素不变的情况下,销售量越小,经营杠杆系数越大,经营风险也就越大。如销售量为8 000件,DOL为2,销售量为6 000件,DOL为3,显然后者的不稳定性大于前者,经营风险也大于前者。在销售量处于盈亏临界点4 000件时,经营杠杆系数趋于无穷大,此时企业销售量稍有减少便会导致更大的亏损。

假设某企业生产 A 产品,单价为 50 元,单位变动成本为 25 元,销售量为 8 000 件。

要求:计算固定成本总额分别为 100 000 元、80 000 元和 110 000 元时的经营杠杆系数。

$$DOL_{8\,000} = \frac{(50-25) \times 8\,000}{(50-25) \times 8\,000 - 100\,000} = 2$$

$$DOL_{8\,000} = \frac{(50-25) \times 8\,000}{(50-25) \times 8\,000 - 80\,000} = 1.67$$

$$DOL_{8\,000} = \frac{(50-25) \times 8\,000}{(50-25) \times 8\,000 - 110\,000} = 2.22$$

上例计算结果表明:在其他因素不变的情况下,固定成本越小,经营杠杆系数越小,经营风险也就越小。

经营杠杆提醒企业管理层在控制经营风险时,不是简单考虑固定成本的绝对量,而是关注固定成本与盈利水平的相对关系。企业一般可以通过增加业务量、降低单位变动成本、降低固定成本比重等措施使经营杠杆系数下降,降低经营风险。

三、财务杠杆效应

(一)财务杠杆

财务杠杆,是指由于固定性资本成本的存在,导致普通股每股收益变动率大于息税前利润变动率的现象。财务杠杆反映了权益资本报酬的波动性,用以评价企业的财务风险。

影响普通股每股收益(EPS)的因素包括资产报酬(息税前利润)、资本成本、所得税税率等因素。当有债务利息或优先股股息等固定性资本成本存在时,如果其他条件不变,息税前利润的增加虽然不改变固定性资本成本总额,但会降低每元息税前利润所分摊的固定性资本成本,从而提高每股收益,使得每股收益的增长率大于息税前利润的增长率,进而产生财务杠杆效应。当不存在固定性资本成本时,息税前利润就是利润总额,此时利润总额变动率与息税前利润变动率完全一致。如果两期所得税税率和普通股股数保持不变,每股收益的变动率与利润总额变动率也完全一致,进而与息税前利润变动率一致。

仍以例 4-11 资料为例,假定公司的资本来源为债券 100 000 元,年利率 5%;优先股 40 000 股,每股面值 1 元,年股利率 6.25%;流通在外普通股 50 000 股。企业所得税税率为 25%。

要求:计算该公司每股收益及每股收益变动率。

解答:

企业息税前利润变动对每股收益的影响如表 4-5 所示。

表 4-5 息税前利润变动对每股收益的影响

单位:元

项 目	息税前利润变化情况		
	本期	增长 26.67%	下降 26.67%
息税前利润	30 000	38 000	22 000
债券利息	5 000	5 000	5 000
税前利润	25 000	33 000	17 000
所得税	6 250	8 250	4 250
税后利润	18 750	24 750	12 750
优先股股利	2 500	2 500	2 500
每股收益	0.325	0.445	0.205
每股收益变动情况/%		+36.92	−36.92

从表 4-5 可以看出,当企业 EBIT 增长 26.67% 时,其 EPS 增长 36.92%;当企业 EBIT 下降 26.67% 时,其 EPS 减少 36.92%。EPS 变动的幅度是 EBIT 变动幅度的1.38倍,这种增减幅度的不同步性,即为财务杠杆影响所致。

(二)财务杠杆系数

为了反映财务杠杆的影响程度,一般可借助于财务杠杆系数指标。财务杠杆系数越大,表明财务杠杆作用越大,财务风险也就越大,反之则越小。财务杠杆系数是指普通股每股收益变动率相当于息税前利润变动率的倍数,其定义表达式为:

$$DFL_{EBIT} = \frac{普通股每股收益变动率}{息税前利润变动率} = \frac{\Delta EPS/EPS}{\Delta EBIT/EBIT}$$

式中:DFL 代表财务杠杆系数;ΔEPS 代表普通股每股收益变动额;EPS 代表变动前普通股每股收益;ΔEBIT 代表息税前利润变动额;EBIT 代表变动前息税前利润。

在不存在优先股股息的情况下,可依据上述定义表达式推导出如下计算公式:

$$DFL_{EBIT} = \frac{基期息税前利润}{基期利润总额} = \frac{EBIT}{EBIT - I}$$

如果企业既存在固定利息的债务,也存在固定股息的优先股,则财务杠杆系数的计算进一步调整为:

$$DFL_{EBIT} = \frac{EBIT}{EBIT - I - \dfrac{D_P}{1-T}}$$

例 4-16

甲公司相关数据见例 4-11 和例 4-15。

要求:计算该公司财务杠杆系数。

解答:

$$DFL_{30\,000}=\frac{(0.445-0.325)/0.325}{(38\,000-30\,000)/30\,000}=\frac{36.92\%}{26.67\%}=1.38$$

或：

$$DFL_{30\,000}=\frac{30\,000}{30\,000-5\,000-\dfrac{2\,500}{1-25\%}}=1.38$$

(三)财务杠杆与财务风险

财务风险是指在未来息税前利润不确定情况下,企业因举债经营而导致的普通股每股收益波动的风险。财务风险包括可能丧失偿债能力的风险和每股收益变动性的增加。由于经营风险的存在,企业未来收益存在不确定性,而债务的利息是固定的,当企业在资本结构中增加债务比例时,固定的现金流出量就会增加,发生丧失偿债能力的概率也增加。另一方面,债权人固定的利息报酬使得其不承担企业的经营风险,经营风险集中到普通股股东身上,导致每股收益的变动性增加。

引起企业财务风险的主要原因是资产报酬的不利变化和资本成本的固定负担。由于财务杠杆的作用,当企业的息税前利润下降时,企业仍然需要支付固定的资本成本,导致普通股每股收益以更快的速度下降。财务杠杆放大了资产报酬变化对普通股每股收益的影响。财务杠杆系数越高,表明普通股每股收益的波动程度越大,财务风险也就越大。在不存在优先股股息的情况下,将财务杠杆系数的计算公式进一步推导：

$$DFL_{EBIT}=\frac{EBIT}{EBIT-I}=1+\frac{I}{EBIT-I}$$
$$=1+\frac{利息}{基期息税前利润-利息}$$

上面分式中,分子是企业筹资产生的固定性资本成本,分母是归属于股东的收益。上式表明,在企业有正的税后利润前提下,财务杠杆系数最低为1,不会是负数;只要有固定性资本成本存在,财务杠杆系数总是大于1。

从上式可知,影响财务杠杆的因素包括企业资本结构中债务资本比重、普通股收益水平、所得税税率水平。其中,普通股收益水平又受息税前利润、固定性资本成本高低的影响。在其他因素不变的情况下,固定性资本成本越高、息税前利润水平越低,财务杠杆效应越大,财务风险也越大;反之,财务杠杆效应越小,财务风险也越小。

例 4-17

有 A、B、C 三家公司,资本总额均为 1 000 万元,当年 EBIT 均为 200 万元,所得税税率均为 25%,普通股每股面值均为 1 元。A 公司资本全部由普通股组成;B 公司债务资金 250 万元(利率 10%),普通股 750 万元;C 公司债务资金 500 万元(利率 10.8%),普通股 500 万元。

要求：

(1)分别计算三家公司财务杠杆系数;

(2)假设预期 EBIT 增长 20%,分别计算新的 EBIT 水平下三家公司的财务杠杆系数。

解答：

(1)三家公司当前的财务杠杆系数为：

$$DFL_A = \frac{200}{200-0} = 1$$

$$DFL_B = \frac{200}{200-250\times10\%} = 1.14$$

$$DFL_C = \frac{200}{200-500\times10.8\%} = 1.37$$

(2)预期 EBIT 增长 20%，即 EBIT 为 240 万元，则三家公司的财务杠杆系数分别为：

$$DFL_A = \frac{240}{240-0} = 1$$

$$DFL_B = \frac{240}{240-250\times10\%} = 1.12$$

$$DFL_C = \frac{240}{240-500\times10.8\%} = 1.29$$

　　财务杠杆提醒企业管理层在控制财务风险时，不是简单考虑负债融资的绝对量，而是关注负债利息成本与盈利水平的相对关系。负债比率是可以控制的，企业可以通过合理安排资本结构，适度负债，使财务杠杆利益抵销风险增大所带来的不利影响。

四、总杠杆效应

(一)总杠杆

　　总杠杆，是指由于固定性经营成本和固定性资本成本的存在，导致普通股每股收益变动率大于业务量变动率的现象。

　　经营杠杆和财务杠杆可以独自发挥作用，也可以综合发挥作用，总杠杆是用来反映两者之间共同作用结果的。由于固定性经营成本的存在，产生经营杠杆效应，导致业务量变动对息税前利润变动有放大作用；同样，由于固定性资本成本的存在，产生财务杠杆效应，导致息税前利润变动对普通股每股收益变动有放大作用。两种杠杆共同作用，将导致业务量的变动引起普通股每股收益更大的变动。

(二)总杠杆系数

　　只要企业同时存在固定性经营成本和固定性资本成本，就存在总杠杆效应。总杠杆效应的程度用总杠杆系数(DTL)表示。总杠杆系数越大，表明总杠杆作用越大，企业总风险也就越大；反之则越小。总杠杆系数是普通股每股收益变动率相当于业务量变动率的倍数，计算公式为：

$$\begin{aligned} DTL &= \frac{普通股每股收益变动率}{业务量变动率} \\ &= \frac{普通股每股收益变动率}{息税前利润变动率} \times \frac{息税前利润变动率}{业务量变动率} \\ &= DFL \times DOL \end{aligned}$$

例 4-18

甲公司相关数据见例 4-12 和例 4-16。

要求:计算甲公司的总杠杆系数。

解答:

$$DTL = 2.67 \times 1.38 = 3.68$$

本例计算结果表明,企业销售量每增减 1%,每股收益就会相应增减 3.68%。销售量只要有一个比较小的增长,每股收益便会以它的 3.68 倍大幅度增长;反之,销售量只要有一个比较小的下降,每股收益便会以它的 3.68 倍大幅度下降。

(三)总杠杆与企业风险

企业风险包括经营风险和财务风险。经营杠杆用来衡量企业经营风险,财务杠杆用来衡量企业财务风险,总杠杆用来衡量企业整体风险。企业可以通过经营杠杆与财务杠杆之间的相互关系,对企业风险进行管理。

在总杠杆系数一定的情况下,经营杠杆系数与财务杠杆系数此消彼长。总杠杆效应的意义在于:第一,能够说明业务量变动对普通股每股收益的影响,据以预测未来的每股收益水平;第二,揭示了财务管理的风险管理策略,即要保持一定的风险状况水平,需要维持一定的总杠杆系数,经营杠杆和财务杠杆可以有不同的组合。

一般来说,固定资产比重较大的资本密集型企业,经营杠杆系数高,经营风险大,企业筹资主要依靠权益资本,以保持较小的财务杠杆系数和财务风险;变动成本比重较大的劳动密集型企业,经营杠杆系数低,经营风险小,企业筹资主要依靠债务资本,以保持较大的财务杠杆系数和财务风险。

另外,在企业初创阶段,产品市场占有率低,业务量小,经营杠杆系数大,此时企业筹资主要依靠权益资本,在较低程度上使用财务杠杆;在企业扩张成熟期,产品市场占有率高,业务量大,经营杠杆系数小,此时,企业资本结构中可扩大债务资本,在较高程度上使用财务杠杆。

第三节 资本结构

微课 4-5
资本结构

资本结构是指企业资本总额中各种资本的构成及其比例关系。资本结构有广义和狭义之分,广义的资本结构包括全部债务与股东权益的构成比率,狭义的资本结构则指长期负债与股东权益的构成比率。在狭义的资本结构下,短期债务作为营运资金来管理。本书所指的资本结构,是指狭义的资本结构,也就是长期债务资本在企业全部资本中所占的比重。

资本结构及其管理是企业筹资管理的核心问题。企业应综合考虑有关影响因素,运用适当的方法确定最佳资本结构,提升企业价值。如果企业现有资本结构不合理,应通过筹资活动优化资本结构,使其趋于科学、合理。

一、资本结构理论

资本结构理论经历了早期资本结构理论和现代资本结构理论阶段。早期的资本结构理论是 1952 年由美国大卫·杜兰德在美国国家经济研究局召开的"企业理财研究学术会议"上提交的一篇题为"企业债务和股权资本成本:趋势和问题的度量"论文中提出的。文中对早期资本结构理论研究成果进行了一次全面的总结,得出资本结构的三种理论和观点:净收入理论、净营运收入理论和传统理论。但早期的资本结构理论是建立在经验与判断基础上,缺乏严格的推理与证明。

进入 20 世纪 50—60 年代,西方财务理论研究出现了重大变化:数学模型被大量用于财务问题的研究,具有代表性的成果有马柯维茨的证券投资组合理论(1952 年)、夏普的资本资产定价模型(20 世纪 60 年代初)、MM 的资本结构理论(1958 年)。MM 资本结构理论的出现,标志着现代资本结构理论的诞生,在财务理论的发展历史上有着里程碑式的重要意义。MM 理论不仅科学地探讨了资本结构与企业价值之间的相互关系,同时也实现了财务理论研究在方法论方面的突破,即率先运用无套利分析技术论证了学说的科学性。MM 资本结构理论还规范了企业价值理论的研究,为以后企业价值理论乃至于整个财务理论的顺利发展奠定了厚实的理论基础。

(一)MM 理论

1958 年 6 月美国学者莫迪格莱尼(Modigliani)教授和米勒(Miller)教授在《美国经济评论》上发表了题为"资本成本、公司财务和投资理论"的论文,以科学、严谨的方式对资本结构与企业价值关系做了研究,提出"资本结构无关论"观点,并由此获得 1990 年诺贝尔经济学奖。MM 的资本结构理论所依据的直接及隐含的假设条件如下。

(1)经营风险可以用息税前利润的方差来衡量,具有相同经营风险的企业称为风险同类;

(2)投资者等市场参与者对企业未来的收益和风险的预期是相同的;

(3)完美资本市场,即在股票与债券进行交易的市场中没有交易成本,且个人与机构投资者的借款利率与企业相同;

(4)借债无风险,即企业或个人投资者的所有债务利率均为无风险利率,与债务数量无关;

(5)全部现金流是永续的,即企业息税前利润具有永续的零增长特征,债券也是永续的。

MM 理论在上述假设的基础上,发展经历了以下几个阶段。

1.无税 MM 理论(资本结构无关论)

在不考虑企业所得税和个人所得税的情况下,MM 理论研究了两个命题。

命题一:企业市场价值不受资本结构的影响,只要经营风险等级相同,那么有债企业和无债企业的市场价值相等(也即平均资本成本率相等),企业价值是用企业资本成本将 EBIT 资本化的结果。

$$V = V_L = V_U = \frac{\text{EBIT}}{K_{\text{WACC}}} = \frac{\text{EBIT}}{K_{\text{SU}}}$$

式中,V 代表企业价值;V_L 代表有负债企业的价值;V_U 代表无负债企业的价值;K_{WACC} 为有负债企业的加权平均资本成本;K_{SU} 为无负债企业的普通股必要报酬率。

命题二:有负债企业的权益成本(K_{SL})等于同一风险等级中无负债企业的权益成本(K_{SU})加上一笔风险溢价,而风险溢价的大小视负债程度而定。即:

$$K_{SL} = K_{SU} + 风险溢价 = K_{SU} + (K_{SU} - K_d)\frac{D}{S}$$

式中:K_d 代表债务成本,D 代表企业债务的市场价值,S 代表企业股权的市场价值。

命题二认为,负债企业股东权益成本随着债务筹资额的增加而上升,低成本的负债带给企业的利益会被股东权益成本的上升所抵消,最后使负债企业的平均资本成本等于无负债企业的权益资本成本,结果是企业资本结构和资本成本的变化与企业价值无关。

2.只考虑企业所得税时的 MM 理论(资本结构有关论)

在存在企业所得税的情况下,MM 理论也研究两个基本命题。

修正后命题一:有负债企业的价值等于具有相同风险等级的无负债企业的价值加上负债利息节税利益的现值,负债越高,企业价值越大。企业的价值模型为:

$$V_L = V_U + PV(节税利益) = V_U + T_C \times D$$

式中:PV(节税利益)为债务利息节税利益的现值,等于债务金额与所得税税率的乘积(用债务利息率作为贴现率),T_C 为企业所得税税率,D 为企业的债务数量。

修正后命题二:有负债企业的权益成本(K_{SL})等于同一风险等级中无负债企业的权益成本(K_{SU})加上一笔风险溢价,而风险溢价的大小视负债筹资程度与企业所得税而定。即:

$$K_{SL} = K_{SU} + 风险溢价 = K_{SU} + (K_{SU} - K_d)(1 - T_C)\frac{D}{S}$$

从上述公式可以看出,企业的股权成本会随财务杠杆扩大而增加,因为股东面临更大的财务风险,但由于$(1-T)$总是小于 1,税负会使股权成本上升的幅度低于无税负时上升的幅度,正是这一特性产生了命题一的结论,即负债的增加提高了企业价值。

根据修正后的 MM 理论,企业负债越多,企业价值越大,加权平均资本成本越低。这显然是与实际情况相悖的。产生这个问题的原因是由于 MM 理论的一些假设条件过于理想化,与事实不符。

3.米勒模型

1976 年米勒教授在美国金融学会上所作的报告中,将个人所得税因素又加进了 MM 理论中,从而提出了米勒模型。该模型认为:修正的 MM 理论高估了企业负债的好处,实际上,个人所得税在某种程度上抵消了企业利息支付减税的利益。米勒模型实质上是同时考虑企业所得税和个人所得税。其模型为:

$$V_L = V_U + \left[1 - \frac{(1-T_C)(1-T_S)}{1-T_d}\right] \times D$$

米勒模型指出在同时考虑企业所得税率 T_C、股票收入的个人所得税率 T_S 和利息收

入的个人所得税率 T_d 的情况下,有负债企业的价值等于无负债企业的价值再加上负债所带来的节税利益,而节税利益的多寡视 T_C、T_S 和 T_d 而定。

当 $T_C = T_S = T_d = 0$ 时,则 $V_L = V_U$;

当 $T_C = T_d$ 时,则 $V_L = V_U + T_S \times D$;

当 $T_S < T_d$ 时,则 $V_L < V_U + T_C \times D$,反之相反;

当 $(1-T_C) \times (1-T_S) = (1-T_d)$ 时,则 $V_L = V_U$。

(二)资本结构的其他理论

尽管 MM 理论以模型的方式探讨和证明了资本结构与企业价值的关系,但在实际理财活动中,公司财务经理对 MM 理论的有效性仍持怀疑态度,几乎没有一家公司采纳了 MM 的建议。学者们也认为,MM 理论中没有充分考虑企业财务风险、经营风险、代理成本、不对称信息等因素对资本结构的影响。直到目前,资本结构问题和股利政策问题一样,仍被称之为公司理财之谜。

1.权衡理论

权衡理论认为,既要考虑负债带来的利益又要考虑负债带来的各种风险,并对它们进行适当平衡,从而确定企业价值。

未来现金流不稳定以及对经济冲击高度敏感的企业,如果使用过多的债务,会导致陷入财务困境,出现财务危机甚至破产。企业陷入财务困境后引发的成本分为直接成本与间接成本。直接成本是指企业因破产、进行清算或重组所发生的法律费用和管理费用等;间接成本是指财务困境所引发企业资信状况恶化以及持续经营能力下降而导致的企业价值损失。具体表现为企业客户、供应商、员工的流失,投资者的警觉与谨慎导致的筹资成本增加,被迫接受保全他人利益的交易条款等。因此,负债在为企业带来节税利益的同时也给企业带来了陷入财务困境的成本。所谓权衡理论,就是强调在平衡债务利息的节税利益与财务困境成本的基础上,实现企业价值最大化时的最佳资本结构。此时所确定的债务比率是债务节税利益的边际价值等于增加的财务困境成本的现值。

基于修正的 MM 理论的命题,有负债企业的价值是无负债企业价值加上节税利益的现值,再减去财务困境成本的现值。其表达式为:

$$V_L = V_U + PV(\text{节税利益}) - PV(\text{财务困境成本})$$

式中:PV(财务困境成本)为财务困境成本的现值。权衡理论的模型如图 4-2 所示。

由于存在债务利息节税利益,负债增加会增加企业的价值。随着债务比率的增加,财务困境成本的现值也会增加。在图 4-3 中,负债总额到达 D_1 点前,企业负债率较低,此时企业价值主要由 MM 理论决定,即利息节税价值起完全支配作用。超过 D_1 点后,财务困境成本的作用明显增强,抵消了部分利息节税价值,使企业的价值逐渐低于 MM 理论值,直到 D_2 点,债务节税价值与财务困境成本现值相平衡,企业价值达到最大 V_L^*。因此,D_2 点的债务与权益比率即为最佳资本结构;超过 D_2 点,财务困境的不利影响超过节税利益,企业价值甚至可能加速下降。

2.代理理论

代理理论认为,企业最佳资本结构是均衡各种代理成本的结果。

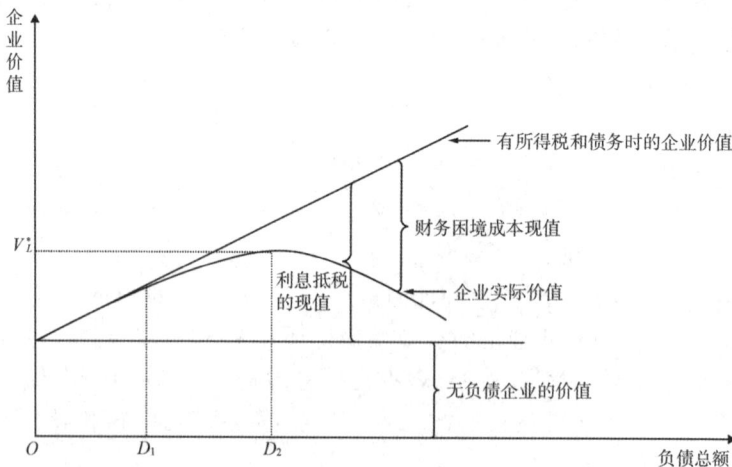

图 4-2　权衡理论模型

在资本结构的决策中,不完全契约、信息不对称以及经理、股东与债权人之间的利益冲突将影响投资项目的选择,特别是在企业陷入财务困境时,更容易引起过度投资问题与投资不足问题,导致发生债务代理成本。债务代理成本损害了债权人的利益,降低了企业价值,最终将由股东承担这种损失。然而债务在产生代理成本的同时,也会伴生相应的代理收益,具体表现为债权人保护条款引入、对经理提升企业业绩的激励措施以及对经理随意支配现金流浪费企业资源的约束等。债务的代理收益将有利于减少企业的价值损失或增加企业价值。

企业负债所引发的代理成本以及相应的代理收益,最终均反映在对企业价值产生的影响。在考虑了企业债务的代理成本与代理收益后,资本结构的权衡理论模型可以拓展为如下形式:

$$V_L = V_U + PV(节税利益) - PV(财务困境成本) - PV(债务的代理成本) + PV(债务的代理收益)$$

3.优序融资理论

优序融资理论认为在考虑了信息不对称与逆向选择行为影响下,当企业存在筹资需求时,首先是选择内源筹资,其次会选择债务筹资,最后选择权益筹资。

优序融资理论是在信息不对称框架下研究资本结构的一个分析。这里的信息不对称,是指企业内部管理层通常要比外部投资者拥有更多更准的关于企业的信息。在这种情况下,企业管理层的许多决策,如筹资方式选择、股利分配等,不仅具有财务上的意义,而且向市场和外部投资者传递着信号。外部投资者只能通过管理层的这些决策所传递出的信息了解企业对未来收益的预期和投资风险,间接地评价企业价值。企业债务比例或资本结构就是一种把内部信息传递给市场的工具。

在信息不对称的条件下,如果外部投资者掌握的关于企业资产价值的信息比企业管理层掌握得少,那么,企业权益的市场价值就可能被错误地定价。当企业股票价值被低估时,管理层将避免增发新股,而采取其他融资方式筹集资金,如内部融资或发行债券;而在企业股票价值被高估的情况下,管理层将尽量通过增发新股为新项目融资,让新的股东分担投资风险。

　　既然投资者担心企业在发行股票或债券时其价值被高估,经理人员在筹资时为摆脱利用价值被高估进行外部筹资的嫌疑,尽量以内源筹资方式从留存收益中筹措项目资金。如果留存收益的资金不能满足项目资金需求,有必要进行外部筹资时,在外部债务筹资和权益筹资之间总是优先考虑债务筹资,这是因为投资者认为企业股票被高估的可能性超过了债券。因此,企业在筹集资本的过程中,遵循先内源筹资后外源筹资的基本顺序,在需要外源筹资时,按照风险程度的差异,优先考虑债务筹资(先普通债券后可转换债券),不足时再考虑权益筹资。

二、影响资本结构的因素

　　长期债务与权益资本的组合形成了企业的资本结构。债务筹资虽然可以实现抵税收益,但在增加债务的同时也会加大企业的风险,并最终要由股东承担风险的成本。因此,企业资本结构决策的主要内容是权衡债务的收益与风险,实现合理的目标资本结构,从而实现企业价值最大化。影响资本结构的因素较为复杂,大体可以分为企业的内部因素和外部因素,具体如下。

　　(一)企业经营状况的稳定性和成长率

　　企业产销业务量的稳定程度对资本结构有重要影响:如果产销业务量稳定,企业可较多地负担固定的财务费用;如果产销业务量和盈余有周期性,则要负担固定的财务费用将承担较大的财务风险。经营发展能力表现为未来产销业务量的增长率,如果产销业务量能够以较高的水平增长,企业可以采用高负债的资本结构,以提升权益资本的报酬。

　　(二)企业的财务状况和信用等级

　　企业财务状况良好,信用等级高,债权人愿意向企业提供信用,企业容易获得债务资本。相反,如果企业财务情况欠佳,信用等级不高,债权人投资风险大,这样会降低企业获得信用的能力,加大债务的资本成本。

　　(三)企业资产结构

　　资产结构是企业筹集资本后进行资源配置和使用后的资金占用结构,包括长短期资产构成和比例,以及长短期资产内部的构成和比例。资产结构对企业资本结构的影响主要包括:拥有大量固定资产的企业主要通过长期负债和发行股票筹集资金;拥有较多流动资产的企业更多地依赖流动负债筹集资金;资产适用于抵押贷款的企业负债较多;以技术研发为主的企业则负债较少。

　　(四)企业投资人和管理当局的态度

　　从企业所有者的角度看,如果企业股权分散,企业可能更多地采用权益资本筹资以分散企业风险。如果企业为少数股东控制,股东通常重视企业控股权问题,为防止控股权稀释,企业一般尽量避免普通股筹资,而是采用优先股或债务筹资。从企业管理当局的角度看,高负债资本结构的财务风险高,一旦经营失败或出现财务危机,管理当局将面临市场接管的威胁或者被董事会解聘。因此,稳健的管理当局偏好于选择低负债比例的资本结构。

(五)行业特征和企业发展周期

大量研究表明,同一国家不同行业间的资本结构差异较大。产品市场稳定的成熟产业经营风险低,因此可提高债务资本比重,发挥财务杠杆作用。高新技术企业的产品、技术、市场尚不成熟,经营风险高,因此可降低债务资本比重,控制财务杠杆风险。在同一企业不同发展阶段,资本结构安排不同。企业初创阶段,经营风险高,在资本结构安排上应控制负债比例;企业发展成熟阶段,产品产销业务量稳定和持续增长,经营风险低,可适度增加债务资本比重,发挥财务杠杆效应;企业收缩阶段,产品市场占有率下降,经营风险逐步加大,应逐步降低债务资本比重,保证经营现金流量能够偿付到期债务,保持企业持续经营能力,减少破产风险。

(六)经营环境和经济周期状况

当企业经营环境较好,宏观经济处于上升周期时,面临发展机会的企业会采纳更激进的融资政策,较多地使用负债。经济成长性好,企业预期收益稳定增长的概率大,企业发生财务危机的可能性小,企业经理人和股东的负债融资倾向高。反之,在企业经营环境不好和经济处于衰退周期时,企业应减少负债。

(七)税收政策和货币政策

政府调控经济的手段包括财政税收政策和货币金融政策,当所得税税率较高时,债务资本的抵税作用大,企业可以充分利用这种作用来提高企业价值。货币金融政策影响资本供给,从而影响利率水平的变动,当国家执行紧缩的货币政策时,市场利率较高,企业债务资本成本增大。

需要强调的是,企业实际资本结构往往受企业自身状况与政策条件及市场环境多种因素的共同影响,并同时伴随着企业管理层的偏好与主观判断,从而使资本结构的决策难以形成统一的原则与模式。

三、最佳资本结构决策

不同的资本结构会给企业带来不同的后果。企业利用债务资本进行举债经营具有双重作用,既可以发挥财务杠杆效应,也可能带来财务风险。因此企业必须权衡财务风险和资本成本的关系,确定最佳的资本结构。评价企业资本结构最佳状态的标准应该是既能够提高股权收益或降低资本成本,又能控制财务风险,最终目的是提升企业价值。

股权收益,表现为净资产收益率或普通股每股收益;资本成本,表现为企业的加权平均资本成本。根据资本结构理论,当企业加权平均资本成本最低时,企业价值最大。所谓最佳资本结构,是指在一定条件下使企业加权平均资本成本最低、企业价值最大的资本结构。资本结构优化的目标,是降低加权平均资本成本或提高企业价值。

从理论上讲,最佳资本结构是存在的,但由于企业内部条件和外部环境的经常性变化,动态地保持最佳资本结构十分困难。因此在实践中,目标资本结构通常是企业结合自身实际进行适度负债经营所确立的资本结构,是根据满意化原则确定的资本结构。资本结构决策的常用方法有三种:一是比较资本成本法;二是每股收益无差别点法;三是比较企业价值法。

(一)比较资本成本法

比较资本成本法是指在适度财务风险的条件下,测算可供选择的不同资本结构或筹资组合方案的加权平均资本成本,确定加权平均资本成本最低的筹资组合为相对最优资本结构的方法。

例 4-19

某企业原有资本 10 000 万元,其中普通股 600 万股,每股面值 1 元,发行价 10 元,目前价格也为 10 元,今年预计股利 1 元/股,以后每年增加股利 5%;长期借款 4 000 万元,年利率 10%。目前企业为了扩大经营规模,拟增资 5 000 万元,现有 A、B、C 三个备选方案。为方便计算,假设发行的各种证券无筹资费。有关资料如下。

A 方案:按面值发行长期债券 5 000 万元,票面利率为 10%。由于风险加大,预计普通股市价降至 8 元/股。

B 方案:发行优先股 3 000 万元,年股利率为 14%。向银行借入长期贷款 2 000 万元,年利率为 12%。

C 方案:增发普通股 500 万股,每股市价 10 元,预计股利不变。

假定企业适用的所得税税率为 25%。

要求:分别计算加权平均资本成本,确定最佳筹资方案。

解答:

(1)A 方案加权平均资本成本(见表 4-6)

表 4-6　A 方案加权平均资本成本

筹资方式	权重	个别资本成本
普通股	$\dfrac{6\,000}{15\,000}\times100\%=40\%$	$\dfrac{1}{8}+5\%=17.5\%$
长期借款	$\dfrac{4\,000}{15\,000}\times100\%=26.67\%$	$10\%\times(1-25\%)=7.5\%$
长期债券	$\dfrac{5\,000}{15\,000}\times100\%=33.33\%$	$10\%\times(1-25\%)=7.5\%$
加权资本成本	$\text{WACC}=40\%\times17.5\%+60\%\times7.5\%=11.5\%$	

(2)B 方案加权平均资本成本(见表 4-7)

表 4-7　B 方案加权平均资本成本

筹资方式	权重	个别资本成本
普通股	$\dfrac{6\,000}{15\,000}\times100\%=40\%$	$\dfrac{1}{10}+5\%=15\%$
原长期借款	$\dfrac{4\,000}{15\,000}\times100\%=26.67\%$	$10\%\times(1-25\%)=7.5\%$
新长期借款	$\dfrac{2\,000}{15\,000}\times100\%=13.33\%$	$12\%\times(1-25\%)=9\%$

续表

筹资方式	权重	个别资本成本
优先股	$\frac{3\,000}{15\,000} \times 100\% = 20\%$	14%
加权资本成本	WACC=40%×15%+26.67%×7.5%+13.33%×9%+20%×14%=12%	

(3)C方案加权平均资本成本(见表4-8)

表 4-8　C方案加权平均资本成本

筹资方式	权重	个别资本成本
普通股	$\frac{11\,000}{15\,000} \times 100\% = 73.33\%$	$\frac{1}{10} + 5\% = 15\%$
长期借款	$\frac{4\,000}{15\,000} \times 100\% = 26.67\%$	$10\% \times (1-25\%) = 7.5\%$
加权资本成本	WACC=73.33%×15%+26.67%×7.5%=13%	

从计算结果可以看出,A方案的加权平均资本成本最低,所以A方案形成的资本结构为最佳筹资结构。但也要看到,如果采用A方案,企业的资本结构从原来权益资本与负债资本6∶4,变为4∶6,财务风险在加大,因此需要企业权衡各因素,综合考虑后再做出决策。

(二)每股收益无差别点法

资本结构是否合理可以用每股收益的变化来判断,即能提高普通股每股收益的资本结构,就是合理的资本结构。每股收益受到经营利润水平、债务资本成本水平等因素的影响,分析每股收益与资本结构的关系,可以找到每股收益无差别点。

所谓每股收益无差别点是不同筹资方式下普通股每股收益相等时的息税前利润或业务量水平。根据每股收益无差别点,可以分析判断在什么样的息税前利润水平或业务量水平前提下,适于采用何种筹资组合方式,进而确定企业的资本结构。

若息税前利润在每股收益无差别点上,无论是采用债务或权益筹资,每股收益都是相等的。当预期息税前利润或业务量水平大于每股收益无差别点时,应当选择债务筹资方案;反之选择权益筹资方案。

每股收益无差别点的测算公式为:

$$\frac{(\overline{EBIT} - I_1)(1-T) - D_{P_1}}{N_1} = \frac{(\overline{EBIT} - I_2)(1-T) - D_{P_2}}{N_2}$$

式中:$\overline{EBIT}$代表每股收益无差别点时的息税前利润;I_1、I_2代表两种筹资方式下的长期债务年利息;D_{P_1}、D_{P_2}代表两种筹资方式下的优先股股利;N_1、N_2代表两种筹资方式下的普通股股数;T代表所得税税率。

例 4-20

某企业原有资本7 000万元,其中债务资本2 000万元(每年负担利息240万元),普通股资本 5 000 万元(发行普通股 100 万股,每股 50 元)。公司所得税税率为 25%。由于业务扩大需要,需追加筹资 3 000 万元,经测算有两种追加筹资方案。

(1)增加权益资本,发行普通股 60 万股,每股 50 元;

(2)增加负债,筹借长期债务 3 000 万元,利率为 12%,利息 360 万元。

要求:计算企业每股收益无差别点,并为企业做出筹资决策。

解答:

增发普通股与增加长期债务两种方式下的每股收益无差别点为:

$$EPS_1 = \frac{(\overline{EBIT} - 240)(1 - 25\%)}{100 + 60}$$

$$EPS_2 = \frac{(\overline{EBIT} - 240 - 360)(1 - 25\%)}{100}$$

令 $EPS_1 = EPS_2$

解得:$\overline{EBIT} = 1\ 200$ 万元

此时:$EPS_1 = EPS_2 = 4.5$ 元

上述每股收益无差别点的计算结果,可用图 4-3 表示。

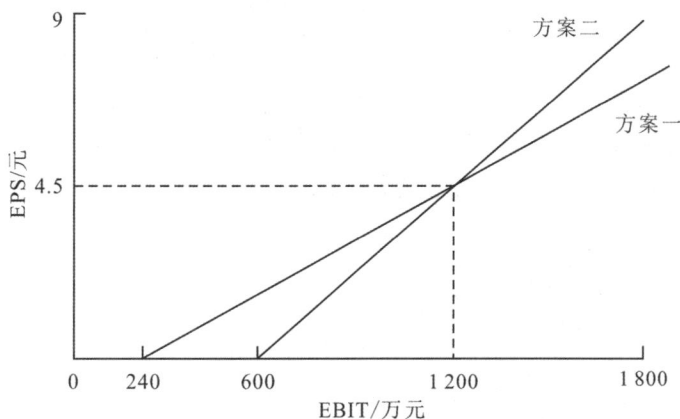

图 4-3　每股收益无差别点示意图

EBIT 为 1 200 万元的意义在于:当企业利用全部资本 10 000 万元预期实现息税前利润大于 1 200 万元时,增加债务筹资比增发普通股较为有利;当预期息税前利润小于 1 200 万元时,则不应再增加债务,而应增发股票,才对企业有利;当预期息税前利润等于 1 200 万元时,两种方案都可以选择。

(三)比较企业价值法

比较企业价值法是在反映财务风险的条件下,以企业价值的大小为标准进行资本结构决策的方法。

每股收益无差别点法以每股收益的高低作为衡量标准对筹资方式进行选择,这种方法的缺点在于没有考虑风险因素。从根本上讲,财务管理的目标在于追求企业价值的最大化或股价最大化。然而,只有在风险不变的情况下,每股收益的增长才会直接导致股价的上升。实际上经常是随着每股收益的增长,风险也会加大。如果每股收益的增长不足以补偿风险增加所需的报酬时,尽管每股收益增加,股价仍然会下降。所以,企业的最佳资本结构应当是可使企业的总价值最高,而不一定是每股收益最大的资本结构。同时,在企业总价值最大的资本结构下,企业的资本成本也是最低的。

企业的市场价值 V 等于其股票的市场价值 S 加上长期债务的市场价值 B,即:

$$V = S + B$$

为了简化起见,设长期债务的市场价值等于面值;股票的市场价值等于企业未来净收益按股东要求的报酬率进行折现的价值。假设企业经营利润永续,股东要求的报酬率(权益资本成本)不变,则股票的市场价值为:

$$股票市场价值 S = \frac{(息税前利润-利息) \times (1-所得税率)}{权益资本成本}$$

式中:权益资本成本 K_s 采用资本资产定价模型计算,此时,企业加权平均资本成本为:

$$\begin{array}{l}加权平均\\资本成本\end{array} WACC = \begin{array}{l}税前债务\\资本成本\end{array} \times (1-T) \times \begin{array}{l}债务市场\\价值比重\end{array} + \begin{array}{l}权益\\资本成本\end{array} \times \begin{array}{l}股票市场\\价值比重\end{array}$$

例 4-21

某企业资本全部为普通股组成,股票账面价值 2 000 万元,预计未来每年息税前利润为 500 万元,所得税税率 25%。该企业认为目前的资本结构不够合理,准备用发行债券购回部分股票的办法予以调整。经咨询,目前的债务利率和有关信息如表 4-9 所示。

表 4-9 不同债务水平下的债务资本成本和权益资本成本

债务的市场价值 B/万元	税前债务资本成本 K_b/%	股票 β 值	无风险报酬率 R_f/%	市场组合必要报酬率 R_m/%
0	10	1.2	8	14
200	10	1.25	8	14
400	10	1.3	8	14
600	12	1.4	8	14
800	14	1.55	8	14
1 000	16	2.1	8	14

要求:计算筹措不同金额债务时的企业价值和综合资本成本。

解答:

以债务市场价值 200 万元为例,计算在此债务规模条件下企业价值和综合资本成本。

$$权益资本成本 K_s = 8\% + 1.25 \times (14\% - 8\%) = 15.5\%$$

$$股票市场价值 S = \frac{(500 - 200 \times 10\%)(1 - 25\%)}{15.5\%} = 2\ 322.58(万元)$$

$$企业市场价值 V = S + B = 2\ 322.58 + 200 = 2\ 522.58(万元)$$

公司综合资本成本 $WACC=10\%\times(1-25\%)\times\dfrac{200}{2\,522.58}+15.5\%\times\dfrac{2\,322.58}{2\,522.58}=14.87\%$

其他计算结果如表 4-10 所示。

表 4-10　企业价值和综合资本成本

债务市场价值 B/万元	股票市场价值 S/万元	企业市场价值 V/万元	税前债务资本成本 K_b/%	权益资本成本 K_S/%	综合资本成本 WACC/%
0	2 467.11	2 467.11	10	15.20	15.20
200	2 322.58	2 522.58	10	15.50	14.87
400	2 183.54	2 583.54	10	15.80	14.51
600	1 957.32	2 557.32	12	16.40	14.66
800	1 682.08	2 482.08	14	17.30	15.11
1 000	1 237.86	2 237.86	16	20.60	16.76

从表 4-7 可以看出,在没有债务的情况下,企业价值就是股票的市场价值。当企业用债务资本部分地替换权益资本时,一开始企业价值上升,综合资本成本下降;在债务达到 400 万元时,企业价值最高,综合资本成本最低;债务超过 400 万元后,企业价值下降,综合资本成本上升。因此,债务为 400 万元时的资本结构是该企业的最佳资本结构。

本章小结

资本成本是企业为筹集和使用资本而支付的代价,包括资本筹集费和资本使用费。在不考虑筹资费用和所得税的情况下,资本成本既是筹资者为获得资本所必须支付的最低价格,又是投资者提供资本所要求的最低报酬率。资本成本对于企业财务管理具有重要作用,它是企业选择筹资方案的主要依据,也是企业判断投资项目是否可行的重要标准,亦可作为评价企业经营业绩的尺度。

资本成本包括个别资本成本、综合资本成本和边际资本成本。个别资本成本是指单一筹资方式的资本成本,主要包括银行借款资本成本、债券资本成本、优先股资本成本、普通股资本成本和留存收益资本成本等。综合资本成本是一种加权平均资本成本,是以各项个别资本占全部资本的比重为权数,对各项个别资本成本进行加权平均确定。边际资本成本就是新增资本的加权平均资本成本。企业在比较各种筹资方式时,需要使用个别资本成本;在进行长期资本结构决策时,可以利用综合资本成本;在追加筹资方案的选择中,需要运用边际资本成本。

财务管理中的杠杆效应,是指由于特定成本(如固定性经营成本或固定性资本成本)的存在而导致的,当某一财务变量以较小幅度变动时,另一相关财务变量会以较大幅度变动的现象。它包括经营杠杆、财务杠杆和复合杠杆三种效应形式。

资本结构是指企业资本总额中各种资本的构成及其比例关系。资本结构理论经历了早期资本结构理论和现代资本结构理论阶段,早期资本结构理论从经验上来判断是否应该采用负债资本,而现代资本结构理论从科学的角度论证了企业的价值与其资本结构的关系。

由于影响资本结构的因素甚多,各种因素又是动态变化的,在确定最佳资本结构时,采用近似的指标计算方法,主要包括比较资本成本法、每股收益无差别点法和比较企业价值法。

复习思考题

1. 资本成本在企业财务管理中起什么作用?
2. 不同个别资本成本测算的共性与特性是什么?
3. 简述综合资本成本测算中权数的确定方式。
4. 简述经营杠杆的基本原理和经营杠杆系数的测算方法。
5. 简述财务杠杆的基本原理和财务杠杆系数的测算方法。
6. 什么是"MM"资本结构理论? 其基本内容是什么?
7. 影响企业资本结构的因素有哪些?
8. 确定企业最佳资本结构的方法有哪些? 各自的基本原理和决策标准是什么?

案例分析

乐视网的筹资方式与资本结构

乐视网信息技术(北京)股份有限公司(简称乐视网)于 2010 年 8 月 12 日在深圳证券交易所的创业板上市(股票代码 300104),它是全球网络视频行业首家通过 IPO 上市的企业。公司上市以来的资金筹集与资本结构情况如表 4-8、表 4-9 所示。

表 4-8　2010—2015 年通过公开市场和金融机构筹资情况

单位:亿元

筹资方式	2010 年	2011 年	2012 年	2013 年	2014 年	2015 年	合 计
首次公开发行	7.3						7.3
定向增发					12.18		12.18
发行债券			4.00	2.00		19.30	25.30
银行贷款等债务融资	0.3	3.35	3.45	7.04	9.22	23.00	46.36
合 计	7.6	3.35	7.45	9.04	21.40	42.30	91.14

资料来源:武志敏.互联网传媒企业融资风险案例研究:以乐视网为例[D].内蒙古财经大学,2017:28.

表 4-9　2010—2017 年年末资产负债率

项 目	2010 年	2011 年	2012 年	2013 年	2014 年	2015 年	2016 年	2017 年
资产负债率/%	9.01	40.42	56.11	58.58	62.23	77.54	67.48	103.72

资料来源:乐视网 2010—2017 年年度报告。

问题：

1.根据上述资料，谈谈乐视网筹资的特点。

2.从资产负债率的变化中分析乐视网资本结构存在的问题。

知识拓展 4	测试 4	课件 4

第五章　　收益分配管理

思维导图 5

💡 学习目标

通过学习本章,你应该能够:

1.掌握收益分配的程序,理解收益分配应遵循的原则,掌握股利支付的程序及主要股利支付形式;

2.了解股利相关论和股利无关论;

3.理解制定股利政策应考虑的各种因素,掌握各种政策的基本原理及其优缺点;

4.理解股票股利、股票分割及股票回购的含义、意义及对企业财务状况的影响。

重点难点 5

收益分配管理是企业财务管理的一项重要课题。根据《深圳证券交易所市场统计年鉴 2017》提供的数据整理,2017 年度深交所 2 127 家上市公司中有 1 601 家共支付现金股利 1 903 亿元。据此估计,深交所大约 3/4 的上市公司支付了现金股利,而剩余的 1/4 上市公司则没有支付现金股利。可见,一方面,公司希望通过支付现金股利回馈股东;另一方面,公司也有将利润留存继续投入生产经营中的需要。股利政策的核心问题就是:公司赚来的利润应该有多少留存又该有多少分配给股东? 在本章中,我们将回顾数十年来在股利分配方面形成的理论,考虑制定现金股利分配政策的权衡因素,总结常用的现金股利分配政策,并对股票股利、股票分割和股票回购进行分析。

微课 5-1
收益分配
概述

第一节　　收益分配概述

企业的收益分配有广义和狭义之分。广义的收益分配是指对企业的收入和净利润进行分配的过程。狭义的收益分配则是指对企业净利润的分配,是企业按国家有关法律、法规以及企业章程的规定,在兼顾股东和债权人等其他利益相关者的利益关系基础上,将实现的净利润在企业与企业所有者之间、企业内部的有关项目之间进行分配的活动。本章所指收益分配是指企业净利润的分配。

一、收益分配的项目

按照我国《公司法》的规定,公司收益分配的项目包括以下部分。

(一)公积金

公积金包括法定公积金和任意公积金两部分。法定公积金从净利润中提取形成,用于弥补公司亏损、扩大公司生产经营或者转为增加公司资本。任意公积金的提取由股东会或股东大会根据需要决定。

(二)股利或向投资者分配的利润

公司向股东(投资者)支付股利(分配利润),要在提取公积金之后。股利(利润)的分配应以各股东(投资者)持有股份(投资额)的数额为依据,每一股东(投资者)取得的股利(分得的利润)与其持有的股份数(投资额)成正比。股份有限公司原则上应从累计盈利中分派股利,无盈利不得支付股利,即遵守所谓的"无利不分"原则。但若公司用公积金抵补亏损以后,为维护其股票信誉,经股东大会特别决议,也可用公积金支付股利。

中国证券监督管理委员会颁布实施的《关于修改上市公司现金分红若干规定的决定》中强调了股利分配中现金分红的重要性,要求上市公司应当在章程中明确现金分红政策,并保持利润分配政策的连续性和稳定性。此外,还强调作为上市公司申请公开增发或配股的重要前提条件,公司最近三年以现金方式累计分配利润不得少于最近三年实现的年均可分配利润的30%。

需要指出的是,股利分配与收益分配是两个不同的概念。收益分配是指企业缴纳所得税后的净利润的分配,它有法定程序,首先弥补亏损,补亏后仍有剩余,则必须计提法定公积金,结余部分企业才具有相对的自由决策权,经股东会或者股东大会决议计提任意公积金,送股或派现;而股利分配仅针对送股或派现而言。前者的范畴明显大于后者。股利分配是收益分配的核心。

二、收益分配的程序

公司向股东(投资者)分配股利(利润),应按一定的顺序进行。按照我国《公司法》的有关规定,收益分配应按以下顺序进行。

(一)计算可供分配的利润

将本年净利润(或亏损)与年初未分配利润(或亏损)合并,计算出可供分配的利润。如果可供分配的利润为负数,则不能进行后续分配;如果可供分配利润为正数,则进行后续分配。

(二)计提法定公积金

公司分配当年税后利润时应按10%的比例提取法定公积金,当法定公积金达到公司注册资本的50%时,可不再继续提取。提取法定公积金的基数是抵减年初累计亏损后的本年净利润,它不一定是可供分配的利润,也不一定是本年的税后利润。只有不存在年初累计亏损时,才能按本年税后利润计算应提取数。

(三)计提任意公积金

根据公司法规定,公司从税后利润提取法定公积金后,经股东会或者股东大会决议,还可以从税后利润中提取任意公积金。

(四)向股东(投资者)分配股利(利润)

公司提取公积金后所余税后利润,可以向股东(投资者)分配股利(利润)。有限责任公司股东按照实缴的出资比例分配红利,全体股东约定不按照出资比例分取红利的除外;股份有限公司按照股东持有的股份比例分配,但股份有限公司章程规定不按持股比例分配的除外。

值得注意的是,若股份有限公司发行有优先股,则上述分配程序中在提取法定公积金之后应先支付优先股股利,再提取任意公积金,然后支付普通股股利。

利润分配必须严格按照上述顺序依次进行,若上一步骤未分配完成,不得进入下一步骤的分配。

三、收益分配的基本原则

(一)从法律角度

公司利润的分配由于涉及股东、债权人、职工、社会等各个利益主体的切身利益,因此为维护社会秩序,充分发挥公司这一经济组织的优越性,平衡各方面的利益冲突,各国公司法均对其分配原则和分配顺序做出了严格的规定。我国公司法规定的公司税后利润的分配原则可以概括为以下几个方面。

1.依法分配的原则

收益分配涉及国家、企业和职工个人三者之间的利益关系,协调各方利益关系是收益分配管理的重要内容。为此企业要严格遵守国家颁布的相关法规,按法定的程序进行分配。

2.资本保全原则

资本保全是现代企业制度的基础性原则之一。企业在收益分配中不能侵蚀资本。收益分配是对经营中资本增值额的分配,不是对资本金的返还。按这一原则,在一般情况下,企业如果存在尚未弥补的亏损,应首先弥补亏损,再进行其他分配。根据公司法规定,股东会、股东大会或者董事会违反相关规定,在公司弥补亏损和提取法定公积金之前向股东分配利润的,股东必须将违反规定分配的利润退还公司。

3.同股同权、同股同利原则

同股同权、同股同利不仅是公开发行股份时应遵循的原则,也是公司向股东分配利润应遵守的原则。收益分配应体现谁投资谁受益,受益大小应与投资比例相适应,这是正确处理投资者利益关系的关键所在。

4.公司持有的本公司股份不得分配利润

如果公司因持有本公司股份参与利润分配的话,公司作为股东得到分配的利润后还是要将其再分配给自己的股东,这就相当于多了一道程序,最后的结果却一样。

(二)从公司角度

1.最大限度地保证企业价值最大化原则

收益分配政策必须与企业的财务管理目标相一致,即最大限度地保证企业价值最大化。满足理财目标的要求,是制定收益分配政策的前提条件和根本出发点,无论采取何种政策、方案,决策者都要预见它对企业价值的影响。例如,如果一家上市公司未来现金流入不稳定,则应采取较低水平的股利政策,否则,一旦因现金流入减少而削减股利,就会向投资者传递一种盈利能力下降的信息,导致股价下跌,企业价值下降。

2.既要考虑股东眼前利益又要保障企业长远发展的原则

收益分配实际上是要确定公司利润中留存收益的比例。就企业发展而言,提高留存收益比例有利于企业当前的财务运作,减少外部融资,降低融资成本。但提高留存收益比例即意味着减少股东的现时收益,从而影响企业形象和投资者信心,增大企业未来的融资成本和融资难度。因此,收益分配的基本任务之一是通过利润分配,平衡企业和股东面临的当前利益与未来利益、短期利益与长远利益、分配与增长的三大矛盾,有效地增强企业的发展后劲,促进企业的长远稳定发展。

3.有利于改善资本结构的原则

收益分配对企业资本结构有直接的影响,良好的收益分配政策有助于改善资本结构,使其趋于合理。如果企业的资产负债率过高,则应考虑提高留存收益的比例,以改善资本结构,增强其财务实力,降低财务风险;反之,如果资产负债率过低,则应向股东多分配利润,提高财务杠杆利益。另外,当企业预见到良好的投资机会时,在确定投资方案所需资金的问题上,应按照最佳的资本结构,相应确定留存收益的比例。

4.有利于股价的合理定位原则

对上市公司而言,其股利分配还应符合有利于股价合理定位的原则。股票在市场上的价格过高或过低都不利于企业的正常经营和稳定发展。股价过高会影响股票的流动性,并留下股价急剧下跌的隐患;股价过低,必将影响企业声誉,不利于今后增资扩股或负债融资,还可能引发被收购和兼并的活动;股价时高时低,波动频繁剧烈,则会动摇投资者信心。所以,合理并且稳定的股价对于企业的正常生产经营具有重要的意义。而股利政策对股票价格有着直接的影响,维持股票价格的合理定位就必然成为制定股利政策的一个原则。

5.保持股利政策的连续性和稳定性原则

该原则主要也是针对上市公司而言。一般来说,股利政策的重大调整会在两个方面给股东带来影响:一方面是股利政策的波动或不稳定,会给投资者带来企业经营不稳定的印象,从而导致股票价格的下跌。另一方面,股利收入是一部分股东的生产和消费资金来源,股利的突然减少会给他们的生活带来较大的影响。因此,这部分股东一般不愿意持有这种股票而将其抛售,导致股票价格的下跌。为了避免抬高股利后又将其削减所带来的波动,也为了有利于股东对其收入、支出的合理安排,企业应在确信未来能够维持新的股利水平时才宜提高股利。

四、股利支付程序

公司股利的发放必须遵守相关的要求,按照日程安排进行。一般情况下,先由公司董事会根据公司盈利水平和股利政策制定股利分配预案,提交股东大会审议通过后生效,然后由董事会进行公告,并确定股权登记日、除息日以及股利发放日。

(一)股利宣告日

股利宣告日是指公司董事会将股东大会通过本年度利润分配方案的情况以及股利支付情况予以公告的日期。公告中将宣布每股派发股利、股权登记日、除息日、股利支付日以及派发对象等事项。

(二)股权登记日

股权登记日是有权领取本期股利的股东资格登记截止日期。只有在股权登记日这一天登记在册的股东,才有资格领取本期股利。而在这一天之后登记在册的股东,则无权领取本期股利。此外,我国部分上市公司在进行利润分配时除了分派现金股利外,还有送股或转增股,在股权登记日这一天仍持有或买进公司股票的投资者是可以享有此次分红、送股或转增股的股东,这部分股东由证券登记结算公司统计在案,届时分红、送股或转增股会划到其账户中。

(三)除息日

除息日又叫除权日,是股票的所有权和领取股息的权利分离的日期,在这一天及以后购入的股票不再享有本次分配股利的权利。我国上市公司的除息日或除权日通常为股权登记日后的第一个交易日。除息日对股票的价格有明显的影响。在除息日之前进行的股票交易,股票价格中含有将要发放的股利的价值,在除息日之后进行的股票交易,股票价格中不再包含股利收入,因此其价格应低于除息日之前的交易价格。

(四)股利发放日

股利发放日是向股东发放股利的日期。在这一天,公司通过资金清算系统或其他方式将股利支付给股东。

例 5-1

建设银行(601939)于 2018 年 7 月 10 日公布《中国建设银行股份有限公司 2017 年年度 A 股分红派息实施公告》,公告中的利润分配方案经公司 2018 年 6 月 29 日的 2017 年度股东大会审议通过,相关内容如下。

1.分派对象:截至股权登记日 2018 年 7 月 16 日下午上海证券交易所收市后,在中国证券登记结算有限责任公司上海分公司登记在册的本公司全体 A 股股东。

2.分配方案:以方案实施前的公司总股本 250 010 977 486 股(其中 A 股股本为 9 593 657 606股)为基数,向全体股东派发 2017 年度现金股息每股人民币 0.291 元(含税)。本次共计派发现金股息约人民币 727.53 亿元,其中派发 A 股现金股息约人民币 27.92亿元。

3.相关日期(见表 5-1):

表 5-1   相关日期

股份类别	股权登记日	除权(息)日	现金红利发放日
A 股	2018/7/16	2018/7/17	2018/7/17

该公司股利分配相关日期的示意图如图 5-1 所示。

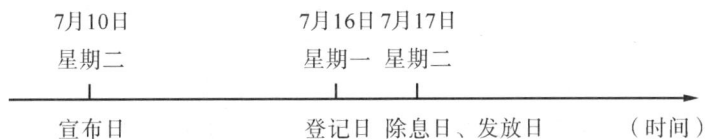

图 5-1　建设银行股利分配相关日期

五、股利支付的形式

股利支付形式一般有现金股利、股票股利、财产股利和负债股利。

(一)现金股利

现金股利是指公司以现金的方式向股东支付的股利。现金股利是公司最常见的也是最易被投资者接受的股利支付方式。公司支付现金股利,除了要有累计的未分配利润外,还要有足够的现金。因此,公司在支付现金前,必须做好财务上安排,以便有充足的现金支付股利。

(二)股票股利

股票股利是指公司以增发的股票作为股利的支付形式。以股票作为股利,一般按在册股东持有股份的一定比例来发放,对于不满一股的股利仍采用现金发放。股票股利最大的优点就是节约现金支出,因而常被现金短缺的企业所采用。股票股利的具体内容将在本章第四节讨论。

(三)财产股利

财产股利是以现金以外的资产支付的股利,主要是以公司所拥有的其他企业的有价证券,如债券、股票,作为股利支付给股东。

(四)负债股利

负债股利是公司以负债形式支付的股利,通常以公司的应付票据支付给股东,在不得已的情况下也有发行公司债券抵付股利的。使用负债股利的形式,对股东而言,虽然收到现金的时间推迟了,但可以得到相应的利息补偿;对公司来说,则解决了暂时的现金短缺问题。需要注意的是,负债股利同时带来了负债的增加及留存收益的减少,会相应增加公司的财务风险。

财产股利和负债股利实际上是现金股利的替代,这两种股利方式目前在我国实务中很少使用,但并非法律所禁止。

第二节　股利理论

股利理论主要研究两个问题:一是股利的支付是否影响企业价值,二是股利的支付若会影响企业价值的话,使企业价值最大化的股利支付率是多少。在这个问题上,存在着不同的观点,形成不同的股利理论,主要有股利无关论和股利相关论。

微课 5-2
股利理论

一、股利无关论

股利无关论认为股利分配对公司的市场价值(或股票价格)不会产生影响。该理论始于 20 世纪 60 年代初,美国财务学家莫迪格利安尼(Franco Modigliani)和米勒(Merton Miller)在关于资本结构与企业价值的 MM 理论中提出,在满足一定假设的前提下,企业的资本结构与其价值无关。这些假设为包括:(1)公司的投资政策已确定并且已经为投资者所理解。(2)不存在个人和公司所得税,即股票价格上涨的资本利得和股票股利的现金所得之间没有所得税差异。(3)不存在股票发行费和交易费。证券市场是完全有效的资本市场,投资者和管理者一样可以公平地免费获得相同的信息,各种证券无限分散,任何投资者都不可能控制证券价格。(4)关于未来的投资机会,投资者和企业管理者之间信息是对称的。(5)经理与外部投资者之间不存在代理成本。

上述这些假设构建了一个完美资本市场,因而股利无关论又被称为完全市场理论。在满足这些假设条件下,股利无关论认为:(1)投资者并不关心公司的股利分配。若公司留存较多的利润用于再投资,会导致公司股票价格上升,此时尽管股利较低,但需用现金的投资者可以出售股票换取现金。若公司发放较多的股利,投资者又可以用现金再买入一些股票以扩大投资。也就是说,投资者对股利和资本利得并无偏好。(2)股利的支付比率不影响公司的价值。既然投资者不关心股利的分配,公司的价值就完全由其投资政策及其获利能力所决定,公司的盈余在股利和保留盈余之间的分配并不影响公司的价值,既不会使公司价值增加,也不会使公司价值降低。即使公司有理想的投资机会而又支付了高额股利,也可以募集新股,新投资者会认可公司的投资机会。

二、股利相关论

股利无关理论是在完美资本市场的一系列假设下提出的,但现实世界与其假设的理想情景有很大的差异,如果放宽这些假设条件,股利政策就会显现出对公司价值(或股票价格)产生的影响。

(一)"在手之鸟"理论

股东的投资收益来自当期股利和资本利得两个方面。企业的当期股利支付率升高时,企业盈余用于未来发展的留存资金会减少,虽然股东在当期获得了较高的股利,但未来的资本利得则有可能降低;而当企业的股利支付率下降时,用于发展企业的留存资金会增加,未来股东的资本利得将有可能提高。

由于企业在经营过程中存在着诸多的不确定性因素,股东会认为现实的现金股利要比未来的资本利得更为可靠,会更偏好于确定的股利收益。因此,资本利得好像林中之鸟,虽然看上去很多,但却不一定抓得到。而现金股利则好像在手之鸟,是股东有把握按时、按量得到的现实收益。股东在对待股利分配政策态度上表现出来的这种宁愿现在取得确定的股利收益,而不愿将同等的资金放在未来价值不确定性投资上的态度偏好,就如英国的格言所说"一鸟在手,强于二鸟在林"。

根据"在手之鸟"理论所指出的收益与风险的选择偏好,股东更偏好于现金股利而非资本利得,倾向于选择股利支付率高的股票。当企业股利支付率提高时,股东承担的收益风险越小,其所要求的权益资本收益率也越低,权益资本成本也相应越低,则根据永续年金计算所得的企业权益价值(企业权益价值=分红额/权益资本成本)将会上升;反之,随着股利支付率的下降,股东的权益资本成本升高,企业的权益价值将会下降。这说明股利政策会对股东价值产生影响,而"在手之鸟"理论所强调的是为了实现股东价值最大化,企业应实行高股利分配率的股利政策。

(二)信号传递理论

股利无关论得以成立的假设之一,是投资者和公司的管理人员对公司的未来发展和收益情况有相同的了解和预期。但实际上,投资者对公司的实际状况和未来前途的了解远不如公司管理人员清晰,在这两者之间存在着信息不对称的情况。

信号传递理论认为,在信息不对称的情况下,公司可以通过股利政策向市场传递有关公司未来盈利能力的信息。一般说来,高质量的公司往往愿意通过相对较高的股利支付率把自己同低质量的公司区别开来,以吸引更多的投资者。对市场上的投资者来说,股利政策的差异或许是反映公司质量差异的极有价值的信号。如果公司连续保持较为稳定的股利支付率,那么,投资者就可能对公司未来的盈利能力与现金流量抱有较为乐观的预期。

不过,公司以支付现金股利的方式向市场传递信息,通常也要付出较为高昂的代价。这些代价包括:(1)较高的所得税负担;(2)一旦公司因分派现金股利造成现金流量短缺,就有可能被迫重返资本市场发行新股,而这一方面会随之产生必不可少的交易成本,另一方面又会扩大股本,摊薄每股的税后盈利,对公司的市场价值产生不利影响;(3)如果公司因分派现金股利造成投资不足,并丧失有利的投资机会,还会产生一定的机会成本。尽管以派现方式向市场传递利好信号需要付出很高的成本,但为什么公司仍要选择派现作为公司股利支付的主要方式呢? 这个难以破解的理论问题被布莱克(Black,1976)称之为"股利分配之谜"。

围绕"股利分配之谜",经济学家们做出了各种各样的解释。其中,较有说服力的观点有四种:(1)声誉激励理论。该理论认为,由于公司未来的现金流量具有很大的不确定性,因此,为了在将来能够以较为有利的条件在资本市场上融资,公司必须在事先建立起不剥夺股东利益的良好声誉。建立"善待股东"这一良好声誉的有效方式之一就是派现。(2)逆向选择理论。该理论认为,相对于现金股利而言,股票回购的主要缺陷在于,如果某些股东拥有关于公司实际价值的信息,那么,他们就可能在股票回购过程中,充分利用这一信息优势。当股票的实际价值超过公司的回购价格时,他们就会大量竞买价值被低估的股票;反之,当股票的实际价值低于公司的回购价格时,他们就会极力回避价值被高估的股票。于是,便产生了逆向选择问题,而派发现金股利则不存在这类问题。(3)交易成本理论。该理论认为,市场上有相当一部分投资者出于消费等原因,希望从投资中定期获得稳定的现金流量。对于这类投资者来说,选择稳定派现的股票也许是达到上述目的最廉价的方式。这是因为:倘若投资者以出售所持股票的方式来套现,就可能因时机选择不当而蒙受损失。况且,选择在何时以何种价位出售股票还需要投入许多时间和精力,这些交易成本的存在使得投资者更加偏好现金股利。(4)制度约束理论。该理论认为,公司之所以选择支付现金股利,是由于"谨慎人"所起的作用。所谓"谨慎人",是指信托基金、保险基金、养老基金等机构投资者出于降低风险的考虑,法律通常要求这些机构投资者只能持有支付现金股利的股票,并获得股利收入。如果公司不派现,那么,这种股票就会被排除在机构投资者的投资对象之外。

虽然股利分配的信号传递理论已为人们广泛接受,但也有一些学者对此持不同看法。他们的主要观点是:第一,公司目前的股利分配并不能帮助投资者预测公司未来的盈利能力;第二,高派现的公司向市场传递的并不是公司具有较好前景的利好消息,相反则是公司当前没有正净现值的投资项目,或公司缺乏较好投资机会的利空消息。不过,由于上述反对意见缺乏实证考察的支持,因此未能引起人们过多的关注。

(三)税差理论

股利无关论假设不存在税收,在这种情况下,公司选择何种股利支付方式并不重要。但是,如果对现金股利和资本利得课以不同的税赋,比如现金股利的税赋高于资本利得的税赋,那么,在公司及投资者看来,支付现金股利就不再是最优的股利分配政策。

一般来说,出于保护和鼓励资本市场投资的目的,政府会采用股利收益税率高于资本利得税率的差异税率制度,致使股东会偏好资本利得而不是派发现金股利。此外,即使股利与资本利得具有相同的税率,股东在支付税金的时间上也是存在差异的。股利收益纳税是在收取股利的当时,而资本利得纳税只是在股票出售时才发生,显然继续持有股票来延迟资本利得的纳税时间,可以获得递延纳税的时间价值。

税差理论强调税收在股利分配中对股东财富的重要作用,它说明了当股利收益税率与资本利得税率存在差异时,将促使股东在继续持有股票以期取得预期资本利得与立即实现股利收益这两者之间进行权衡。税差理论认为,如果不考虑股票交易成本,分配现金股利的比率越高,股东的股利收益纳税相比较于资本利得纳税其负担会越重,企业应采取低现金股利支付率政策,以提高留存收益再投资的比率,使股东在实现未来的资本利得中享有税收节省的好处。如果存在股票的交易成本,甚至当资本利得税与交易成本之和大于股利收益税时,股东也会倾向于企业采用高现金股利支付率政策。

我国个人所得税法规定,利息、股息、红利所得以及财产转让所得适用比例税率为20%,但实际工作存在减征的情况。根据《关于实施上市公司股息红利差别化个人所得税政策有关问题的通知(财税[2012]85号)》的规定,个人从公开发行和转让市场取得的上市公司股票,持股期限在1个月以内(含1个月)的,其股息红利所得全额计入应纳税所得额;持股期限在1个月以上至1年(含1年)的,暂减按50%计入应纳税所得额;持股期限超过1年的,暂减按25%计入应纳税所得额。上述三种持股期限不同的情况按统一适用的20%税率计征所得税,对应形成的实际税负按序分别为20%、10%和5%。而出售股票获得资本利得则只需支付必要的交易费用和印花税,不必缴纳所得税。显然,在我国现金股利税和资本利得税也是存在税差的。

(四)代理理论

股东、债权人、经理人员等企业利益相关者的目标并不完全一致,他们在追求自身利益最大化同时有可能会牺牲另一方的利益,这种利益冲突关系反映在公司股利分配决策过程中表现为不同形式的代理成本:反映两类投资者之间利益冲突的是股东与债权人之间的代理关系;反映股权分散情形下内部经理人员与外部分散投资者之间利益冲突的经理人员与股东之间的代理关系;反映股权集中情形下控制性大股东与外部中小股东之间利益冲突的是控股股东与中小股东之间的代理关系。

1.股东与债权人之间的代理冲突

企业股东在进行投资与融资决策时,有可能为增加自身的财富而选择了加大债权人风险的政策,如通过发行债务支付股利或为发放股利而拒绝净现值为正的投资项目。在股东与债权人之间存在代理冲突时,债权人为保护自身利益,希望企业采取低股利支付率,通过多留存少分配的股利政策以保证企业有较为充裕的现金避免发生债务支付困难。因此,债权人在与企业签订借款合同时,通常在借款合同中制定约束性条款制约企业发放股利的水平。

2.经理人员与股东之间的代理冲突

当企业拥有较多的自由现金流时,企业经理人员有可能把资金投资于低回报项目,或为了取得个人私利而追求额外津贴及在职消费等。因此,实施高股利支付率的股利政策有利于降低因经理人员与股东之间的代理冲突而引发的这种自由现金流的代理成本。实施多分配少留存的股利政策,既有利于抑制经理人随意支配自由现金流的代理成本,也有利于满足股东取得股利收益的愿望。

3.控股股东与中小股东之间的代理冲突

现代企业股权结构的一个显著特征是所有权与控制权集中于一个或少数几个大股东手中,企业管理层通常由大股东直接出任或直接指派,管理层的利益与控股股东趋于一致。这种情况下,控股股东有可能也有能力通过各种手段侵害中小股东的利益。控股股东为取得控制权私利而产生的与中小股东之间的代理冲突使企业股利政策也呈现出明显的特征。当法律制度较为完善,外部投资者利益保护受到重视时,大股东的代理成本被有效降低,可以促使企业实施较为合理的股利分配政策。反之,如果法律制度建设滞后,外部投资者利益保护程度较低时,控股股东通过控制权的取得进行利益侵占的机会较多,会使其忽视基于所有权的正常股利收益分配,甚至因过多的利益侵占而使企业缺乏可供分配的现金。因此,处于外部投资者利益保护程度较弱的环境下,中小股东一般希望企业采用少留存多分配的股利政策,以减少控股股东的利益侵害。基于此,有些企业为了向外部中小投资者表明自身盈利前景与企业良好的治理状况,通过少留存多分配的股利政策向外界传递其声誉信息。

代理理论的分析视角为解释特定治理环境下企业的股利分配行为提供了基本逻辑框架,一个企业某个时期的股利政策是其所有权结构、经理人员持股、董事会结构特征等诸多影响因素权衡的结果。

第三节　现金股利分配政策

一、制定现金股利分配政策应考虑的因素

现实生活中,企业在种种制约因素下进行现金股利分配,这些因素一般包括法律因素、公司因素、股东因素及其他因素等几个方面。

(一)法律因素

为了保护债权人、投资者和国家的利益,有关法规对企业的现金股利分配有如下限制。

1.资本保全限制

资本保全限制规定,企业不能用资本发放现金股利。该规定要求公司不能因支付现金股利而引起资本减少,目的在于保证公司有完整的资本基础,保护债权人的利益。如我国公司法规定:股东大会和董事会违反规定,在公司弥补亏损和提取法定公积金之前向股东分配利润的,股东必须将违反规定分配的利润退还公司。这条规定从利润分配的程序上防止资本被侵蚀的可能性。

2.资本积累限制

为了制约公司支付股利的任意性,按照法律规定,公司税后利润必须先提取法定公积金,法定公积金达到注册资本的 50% 可以不再提取。此外,还鼓励提取任意公积金。只有在提取法定公积金后的净利润才能用于支付股利。

3.偿债能力限制

偿债能力是指企业按时足额偿还各种到期债务的能力,是企业确定收益分配政策时要考虑的一个基本因素。出于保护债权人利益的目的,对于无力偿付债务或现金股利支付会导致失去偿债能力的公司不允许支付现金股利。无偿债能力包括两种含义:一是企业的负债总额超过了资产的公允价值总额,即资不抵债;二是企业不能向债权人偿还到期债务。由于企业清偿债务的能力取决于企业资产的流动性,而不是其资产的多少,所以第二种含义的无偿债能力限制给予了债权人更大程度上的保护。现金股利是企业现金的支出,而大量的现金支出必然影响公司的偿债能力。因此,公司在确定现金股利分配数量时,一定要考虑现金股利分配对公司偿债能力的影响,保证在现金股利分配后公司仍能保持足够的偿债能力,以维护公司的信誉和借贷能力,从而保证公司的正常资金周转。

4.超额累积利润限制

由于股东接受现金股利缴纳的所得税率高于资本利得要缴纳的所得税,公司会通过保留利润来提高其股票价格,以达到为其股东避税的目的。于是很多国家规定企业不得超额累积利润,一旦企业的留存收益超过法律许可的水平,将被加征额外税收。如美国《国内收入法》规定,如果国内税务局能够查实企业是故意压低股利支付率以帮助股东逃避缴纳个人所得税,就可对企业的累积盈余处以惩罚性的税率。我国法律目前对此尚未

做出明确规定。

(二)公司因素

企业资金的灵活周转,是企业生产经营得以正常进行的必要条件。因此企业长期发展和短期经营活动对现金的需求,便成为对现金股利的最重要的限制因素。其相关因素主要有:

1.资产的流动性

企业现金股利的分配,应以保持一定资产流动性为前提。如果企业的资产流动性越好,说明其变现能力越强,现金股利支付能力也就越强。高速成长的营利性企业,其资产可能缺乏流动性,因为,他们的大部分资金投资在固定资产和永久性流动资产上了,这类企业当期利润虽然多但资产变现能力差,企业的现金股利支付能力较弱。

2.投资机会

有着良好投资机会的企业需要有强大的资金支持,因而往往少发现金股利,将大部分盈余留存下来进行再投资;缺乏良好投资机会的企业,保留大量盈余的结果必然是大量资金闲置,于是倾向于支付较高的现金股利。所以,处于成长中的企业,因一般具有较多的良好投资机会而多采取低现金股利分配政策,许多处于经营收缩期的企业,则因缺少良好的投资机会而多采取高现金股利分配政策。

3.筹资能力

如果企业规模大、经营好、利润丰厚,其筹资能力一般很强,那么在决定现金股利支付数额时,有较大选择余地。而那些规模小、新创办、风险大的企业,其筹资能力有限,应尽量减少现金股利支付,而将利润更多地留存在企业,作为内部融资来源。

4.盈利的稳定性

企业的现金股利来源于税后利润。盈利相对稳定的企业,有可能支付较高现金股利,而盈利不稳定的企业,一般采用低现金股利政策。这是因为,对于盈利不稳定的企业,低现金股利政策可以减少因盈利下降而造成的现金股利无法支付、企业形象受损、股价急剧下降的风险,还可以将更多的盈利用于再投资,以提高企业的权益资本比重,减少财务风险。

5.资本成本

留存收益是企业内部筹资的一种重要方式,它同发行新股相比,不需要筹资费用,具有筹资成本较低的优势。因此,很多企业在确定收益分配政策时,往往将留存收益作为首选的筹资方式,特别是在负债资金较多、资本结构欠佳的时期。

6.股利政策惯性

一般情况下,企业不宜经常改变其收益分配政策。企业在确定收益分配政策时,应当充分考虑股利政策调整有可能带来的负面影响。如果企业历年采取的股利政策具有一定的连续性和稳定性,那么重大的股利政策调整有可能对企业的声誉、股票价格、负债能力、信用等多方面产生影响。另外,靠现金股利来生活和消费的股东不愿意投资于现金股利波动频繁的股票。

7.其他因素

企业收益分配政策的确定还会受其他公司因素的影响。如上市公司所处行业、不同发展阶段会影响到它的现金股利政策,企业为达到调整资本结构的目的或达到兼并、反收购的目的,或为了促使可转换债券尽快地实现转换,也会改变其现金股利政策。

(三)股东因素

股东在避税、规避风险、稳定收入和股权稀释等方面的意愿,也会对企业的现金股利政策产生影响。

1.避税考虑

公司的现金股利分配政策会受股东对税赋因素考虑的影响。一般来讲,现金股利的税率要高于资本利得的税率,很多股东会由于对税赋因素的考虑而偏好于低现金股利支付水平,因为低现金股利政策会使他们获得更多纳税上的好处。

2.规避风险

在一部分投资者看来,现金股利的风险小于资本利得的风险,当期现金股利的支付消除了投资者心中的不确定性。因此,他们往往会要求企业支付较多的现金股利,从而减少股东投资风险。

3.稳定收入

有的股东依赖公司发放的现金股利维持生活,如低收入阶层以及养老基金等机构投资者,他们往往要求公司能够支付稳定的现金股利,反对公司留存过多的收益。

4.控制权

收益分配政策也会受到现有股东对控制权要求的影响。以现有股东为基础组成的董事会,在长期的经营中可能形成了一定的有效控制格局,他们往往会将股利政策作为维持其控制地位的工具。当公司为有利可图的投资机会筹集所需资金,而外部又无适当的筹资渠道可以利用时,为避免由于增发新股使新的股东加入而打破目前已经形成的控制格局,原股东就会倾向于较低的现金股利支付水平,以便从内部的留存收益中取得所需资金。

5.投资机会

股东的外部投资机会也是公司制定分配政策必须考虑的一个因素。如果公司将留存收益用于再投资的所得报酬低于股东个人将现金股利收入投资于其他投资机会所得的报酬,则股东倾向于公司不应多留存收益,而应多发放现金股利交由股东投资于更好的项目。

(四)其他因素

影响现金股利政策的其他因素主要包括债务合同约束以及因通货膨胀带来的企业对重置实物资产的特殊考虑等。

1.债务合同约束

一般来说,现金股利支付水平越高,留存收益越少,公司的破产风险加大,就越有可能损害到债权人的利益。因此,为了保证自己的利益不受损害,债权人通常都会在公司借款合同、债券契约,以及租赁合约中加入关于借款公司股利政策的条款,以限制公司现金股利的发放。

这些限制条款经常包括以下几个方面:(1)未来的股利只能以签订合同之后的收益来发放,即不能以过去的留存收益来发放现金股利;(2)营运资金低于某一特定金额时不得发放现金股利;(3)将利润的一部分以偿债基金的形式留存下来;(4)已获利息倍数(息税前利润/债务利息)低于一定水平不得发放现金股利。

2.通货膨胀的影响

通货膨胀会带来货币购买力水平下降、固定资产重置资金不足,此时,企业往往不得不考虑留用一定的利润,以弥补由于货币购买力水平下降而造成的固定资产重置资金的缺口。即在通货膨胀时期,企业一般会采取偏紧的现金股利分配政策。

二、现金股利分配政策

现金股利分配政策是指企业管理层对与现金股利有关的事项所采取的方针策略。现金股利分配在公司制企业经营理财决策中,始终占有重要地位。这是因为现金股利的发放,既关系到公司股东的经济利益,又关系到公司的未来发展。通常较高的现金股利,一方面可使股东获取可观的投资收益;另一方面还会引起公司股票市价上涨,从而使股东除股利收入外还获得了资本利得。但是过高的现金股利必将使公司留存收益大量减少,或者影响公司未来发展,或者大量举债,增加公司资本成本负担,最终影响公司未来收益,进而降低股东权益。而较低的现金股利,虽然使公司有较多的发展资金,但与公司股东的愿望相背离,股票市价可能下降,公司形象将受到损害。因而对公司管理当局而言,如何均衡股利发放与企业的未来发展,并使公司股票价格稳中有升,便成为企业经营管理层孜孜以求的目标。

现金股利分配政策的核心问题是确定支付现金股利与留用利润的比例,即股利支付率问题。目前企业财务管理中,常用的现金股利分配政策主要有以下几种类型。

(一)剩余股利政策

剩余股利政策是在公司有良好投资机会时,根据公司设定的最佳资本结构,测算出最佳资本结构下投资所需的权益资本,先最大限度地使用留存收益来满足投资方案所需的权益资本,然后将剩余的收益作为股利发放给股东。所以这种股利政策的基本特点是企业如果有盈余,优先考虑投资的需要,如果满足投资需要后还有剩余,就用来发放现金股利,否则就不发放现金股利。"剩余"意味着只能用收益"多余部分"来支付红利。

采用剩余股利政策时,应遵循五个步骤:(1)设定目标资本结构,即确定权益资本与债务资本的比率,在此资本结构下,加权平均资本成本将达到最低水平;(2)确定公司下一年度的资金需求量;(3)确定目标资本结构下投资所需的股东权益数额;(4)最大限度地使用保留盈余来满足投资方案所需的权益资本数额;(5)投资方案所需权益资本已经满足后若还有剩余盈余,再将其作为股利发放给股东。其程序如图5-2所示。

例 5-2

某公司上年税后利润600万元,今年年初公司讨论决定股利分配的数额。预计今年需要增加投资资本800万元。公司目前权益资本占60%,债务资本占40%,该比例符合公司的目标资本结构,今年继续保持。公司采用剩余股利政策,则公司应分配多少现金股利?

根据所给资料,计算公司应分配的现金股利:

应分配的现金股利$=600-800\times60\%=120$(万元)

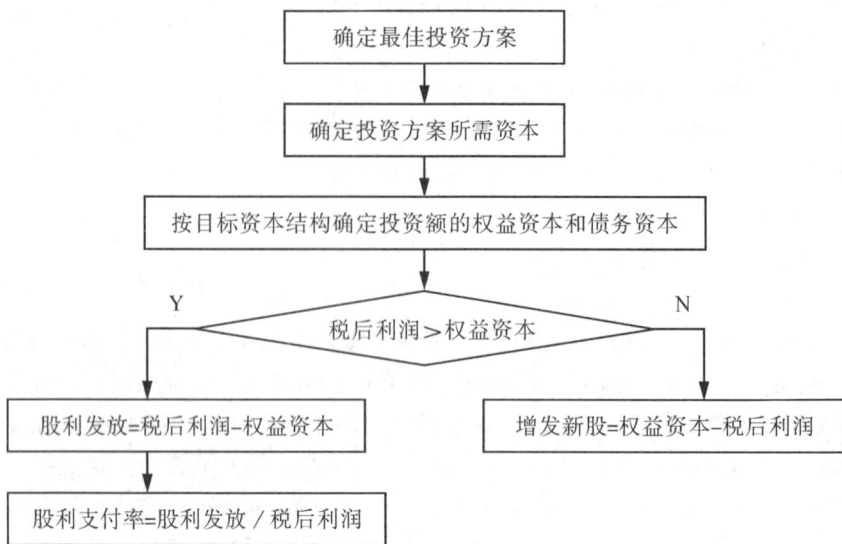

图 5-2　剩余股利政策程序

例 5-3

某企业采用剩余股利政策,其目标资本结构为资产负债率60%。

要求:

(1)如果该年的税后利润为 60 万元,在没有增发新股的情况下,企业可以从事的最大投资支出是多少?

(2)如果企业下一年拟投资 100 万元,企业将支付股利多少?

解答:

(1)企业最大的投资支出 $=\dfrac{60}{1-60\%}=150$(万元)

(2)企业支付股利 $=60-100\times(1-60\%)=20$(万元)

剩余股利政策成立的基础是,大多数投资者认为,如果企业再投资的收益率高于投资者在同样风险下其他投资的收益率,他们宁愿把利润保留下来用于企业再投资,而不是用于支付股利。例如,企业有投资收益率达12%的再投资机会,而股东取得现金股利后再投资的收益率只有10%时,则股东们愿意选择利润保留于企业。股东取得现金股利再投资后10%的收益率,就是企业利润留存的成本。如果投资者能够找到其他投资机会,使得投资收益大于企业利用保留利润再投资的收益,则投资者更喜欢发放现金股利。这意味着投资者对于盈利的留存或发放现金股利毫无偏好,关键是企业投资项目的净现值必须大于零。

剩余股利政策的优点是:可以最大限度地满足企业对再投资的权益资金需要,保持理想的资本结构,并能使综合资本成本最低。例 5-2 中,如果公司不按剩余股利政策发放现金股利,将可向股东分配的 600 万元全部留用于投资(这样当年将不发放现金股利),或全部作为现金股利发放给股东,然后再去筹借债务,这两种做法都会破坏目标资本结构,导致加权平均资本成本的提高,不利于提高公司的价值(股票价格)。

剩余股利政策的缺点：(1)忽略了不同股东对资本利得与现金股利的偏好,损害那些偏好现金股利的股东利益,从而有可能影响股东对企业的信心；(2)企业采用剩余股利政策是以投资的未来收益为前提的,由于企业管理层与股东之间存在信息不对称,股东不一定了解企业投资未来收益水平,也会影响股东对企业的信心；(3)如果完全遵照执行剩余股利政策,现金股利发放额就会每年随投资机会和盈利水平的波动而波动。即使在盈利水平不变的情况下,现金股利也将与投资机会的多寡呈反方向变动:投资机会越多,股利越少；反之,投资机会越少,股利发放越多。而在投资机会维持不变的情况下,现金股利发放额将因公司每年盈利的波动而同方向波动。

剩余股利政策不利于投资者安排收入与支出,也不利于公司树立良好的形象,一般适用于公司初创阶段。

(二)固定股利政策

固定股利政策表现为每股现金股利支付额固定的形式。其基本特征是,不论经济情况如何,也不论企业经营好坏,都将企业每年的每股现金股利支付额稳定在某一特定水平上保持不变,只有企业管理当局认为企业的盈利确已增加,而且未来的盈利足以支付更多的现金股利时,企业才会提高每股现金股利支付额。

这种股利政策的优点是:(1)稳定的现金股利向市场传递着公司正常发展的信息,有利于树立公司良好形象,增强投资者对公司的信心,稳定股票的价格。(2)稳定的现金股利额有利于投资者安排股利收入和支出,特别是那些对现金股利有着很高依赖性的股东更是如此。而现金股利忽高忽低的股票,则不会受这些股东的欢迎。(3)稳定的现金股利政策可能会不符合剩余股利政策理论,但考虑到股票市场会受到多种因素的影响,其中包括股东的心理状态和其他要求,因此使现金股利维持在稳定的水平上,即使推迟某些投资方案或者暂时偏离目标资本结构,也可能利大于弊。

该股利政策的缺点在于现金股利的支付与盈余相脱节。当盈余较低时仍要支付固定的现金股利,这可能导致资金短缺,财务状况恶化；同时不能像剩余股利政策那样保持较低的资本成本。这种股利政策适用于盈利稳定或处于成长期的企业。

(三)固定股利支付率政策

固定股利支付率政策,是将每年盈利的某一固定百分比作为现金股利分配给股东。这一百分比通常称为股利支付率,股利支付率一经确定,一般不得随意变更。固定股利支付率越高,公司留存的净收益越少。在这一股利政策下,只要公司的税后利润一经计算确定,所派发的现金股利也就相应确定了。

这种股利政策的优点是:(1)采用固定股利支付率政策,现金股利与公司盈余紧密地配合,体现了多盈多分、少盈少分、无盈不分的股利分配原则。(2)由于公司的获利能力在年度间是经常变动的,因此,每年的现金股利也应当随着公司收益的变动而变动,并保持分配与留存收益间的一定比例关系。采用固定股利支付率政策,公司每年按固定的比例从税后利润中支付现金股利,从企业支付能力的角度看,这是一种稳定的股利政策。

固定股利支付率政策的主要缺点是:(1)传递的信息容易成为公司的不利因素。大多数公司每年的收益很难保持稳定不变,如果公司每年收益状况不同,固定支付率的股利政策将导致公司每年现金股利分配额的频繁变化。而现金股利通常被认为是公司未来前途的信号传递,那么波动的股利向市场传递的信息就是公司未来收益前景不明确、不可靠等,很容易给投资者带来公司经营状况不稳定、投资风险较大的不良印象。(2)容易使公司面临较大的财务压力。因为公司实现的盈利越多,一定支付比率下派发的现金股利就越多,但公司实现的盈利多,并不代表公司有充足的现金派发股利,只能表明公司盈利状况较好而已。如果公司的现金流量状况并不好,却还要按固定比率派发现金股利的话,就很容易给公司造成较大的财务压力。(3)缺乏财务弹性。股利支付率是公司股利政策的主要内容,模式的选择、政策的制定是公司的财务手段和方法。在不同阶段,根据财务状况制定不同的股利政策,会更有效地实现公司的财务目标。但在固定股利支付率政策下,公司丧失了利用股利政策实现特定目标的财务方法,缺乏财务弹性。(4)合适的固定股利支付率的确定难度大。如果固定股利支付率确定得较低,不能满足投资者对投资收益的要求;而固定股利支付率确定得较高,没有足够的现金派发股利时会给公司带来巨大财务压力,另外当公司发展需要大量资金时,也要受其制约。

由于公司每年面临的投资机会、筹资渠道都不同,而这些都可以影响到公司的股利分派,所以,一成不变地按一种固定比率发放现金股利的公司在实际中并不多见,固定股利支付率政策只是比较适用于那些处于稳定发展且财务状况也较稳定的公司。

(四)低正常股利加额外股利政策

低正常股利加额外股利政策介于固定股利与固定股利支付率之间的一种股利政策。其特征是:企业一般每年都支付较低的固定现金股利,当盈利增长较多时,再根据实际情况加付额外现金股利。即当企业盈余较低或现金投资较多时,可维持较低的固定现金股利,而当企业盈利有较大幅度增加时,则加付额外现金股利。

这种分配政策的优点是:(1)使公司具有较大的灵活性。当公司盈余较少或投资需用较多的资金时,可维持设定的较低但正常的股利,股东不会有股利跌落感;而当盈余有较大幅度增加时,则可适度增发股利,把经济繁荣的部分利益分配给股东,使他们增强对公司的信心,这有利于稳定股票的价格。(2)可使那些依靠股利度日的股东每年至少可以得到虽然较低,但比较稳定的股利收入,从而吸引住这部分股东。

这种分配政策的主要缺点是:(1)公司在盈利较少或无盈利时,仍须支付正常的股利。尽管所付的正常股利数额可能不大,但毕竟股利的支付会导致增加公司资金的流出,这对于本来资金就很紧张的公司来说,无疑是"雪上加霜"。(2)如果公司经营状态良好,盈利较多,并持续地支付额外股利,这又很容易提高股东对股利的期望值,从而将额外股利视为"正常"股利,一旦公司盈利下降而减少额外股利时,便会招致股东极大的不满。

这种股利政策适用于盈利与现金流量波动不够稳定的企业,因而也被大多数企业所采用。

以上各种股利政策各有所长,公司在分配股利时应借鉴其基本决策思想,根据实际情况制定一套适合本公司的股利政策。

例 5-4

某股份公司发行在外的普通股为 30 万股,该公司 2019 年的税后利润为 300 万元。2020 年的税后利润为 500 万元。该公司准备在 2021 年再投资 250 万元,目前的资本结构为最佳资本结构,资本总额为 10 000 万元,其中,权益资本为 6 000 万元,负债资本为 4 000 万元。另外已知该企业 2019 年的每股股利为 4.8 元。

要求:

(1)如果该公司采用剩余政策,则其在 2020 年每股股利为多少?

(2)如果该公司采用固定股利政策,则其在 2020 年的每股股利为多少?

(3)如果该公司采用固定股利支付率政策,则其在 2020 年的每股股利为多少?

解答:

(1)采用剩余股利政策:

$$权益资本占总资本的比率 = \frac{6\ 000}{10\ 000} = 60\%$$

$$负债资本占总资本的比率 = \frac{4\ 000}{10\ 000} = 40\%$$

目标资本结构下投资所需的股东权益数额 $= 250 \times 60\% = 150$(万元)

用于股利发放的剩余盈余 $= 500 - 150 = 350$(万元)

所以发放的每股股利为 $= \frac{350}{30} = 11.67$(元/股)

(2)采用固定股利政策:

固定股利政策是将每年发放的现金股利固定在某一水平上,并在较长时期内保持不变,只有当公司认为未来盈余将会显著地、不可逆转地增长时,才会提高年度的现金股利发放额。所以 2020 年每股发放的现金股利应该和 2019 年每股发放的现金股利相等,为 4.8 元。

(3)采用固定股利支付率政策,公司确定一个现金股利占盈余的比例,长期按此比例支付现金股利,有关计算如下:

2019 年每股收益 $= \frac{300}{30} = 10$(元/股)

2019 年每股现金股利占每股收益的比例 $= \frac{4.8}{10} = 48\%$

2020 年发放的现金股利 $= 500 \times 48\% = 240$(万元)

2020 年发放的每股股利 $= \frac{240}{30} = 8$(元/股)

第四节　股票股利、股票分割与股票回购

微课 5-4 股票股利、股票分割与股票回购

一、股票股利

(一)股票股利对股东权益的影响

股票股利是公司以发放股票作为股利的支付方式。股票股利不直接增加股东的财富,不导致公司资产的流出或负债的增加,同时也不增加公司的财产。发放股票股利后,公司的股东权益总额保持不变,但是所有者权益各项目的结构将发生变化。由于发放股票

股利后普通股股数增加,所以每股收益和每股市价会下降。由于各股东所持股份的比例不会因为发放股票股利而发生变化,所以每位股东所持股票的市场价值总额仍保持不变。

例 5-5

甲公司在发放股票股利前,股东权益情况见表 5-2。

表 5-2　甲公司股东权益情况(分配前)

项　　目	金额/万元
股本(面额 1 元,已发行普通股 30 000 万股)	30 000
资本公积	30 000
盈余公积	8 000
未分配利润	60 000
股东权益合计	128 000

该公司在 2020 年度利润分配及资本公积转增股本实施公告中披露的分配方案主要信息如下:

每 10 股送 2 股派发现金红利 0.8 元(含税),转增 5 股。即每股送 0.2 股派发现金红利 0.08 元,转增 0.5 股。

股权登记日:2021 年 5 月 21 日(该日收盘价为 7.54 元);除权(除息)日:2021 年 5 月 22 日(该日开盘价为 4.48 元);新增无限售条件流通股份上市日:2021 年 5 月 23 日;现金红利发放日:2021 年 5 月 28 日。

从甲公司的利润分配及资本公积转增股本实施公告披露的信息可知,该公司的股利分配包括现金股利和股票股利。而转增股本是将资本公积转为股本,对企业而言属于股东权益项目之间的调整,对股东而言则可以按其所持股份的比例获得相应的转增股份。转增股本和股票股利一样都会使股东获得股份增持效果,但都不增加股东持有股份的价值。股票股利和转增股本不同的是,股票股利来自未分配利润需要缴纳所得税。

根据所给资料,相关计算及其说明如下:

(1)发放现金股利总额=30 000×0.08=2 400(万元)

每 10 股派发现金红利 0.8 元,总共发放现金股利 2 400 万元,这使公司现金和未分配利润同时减少 2 400 万元,现金流出企业并使公司股东权益减少,但此时公司股本总额没有发生变化。

(2)发放股票股利增加的股本=30 000×0.2=6 000(万元)

我国上市公司发放股票股利时按股票面值从未分配利润转入股本。甲公司每 10 股送 2 股股票股利,减少了未分配利润 6 000 万元,同时增加股本 6 000 万元,这改变了股东权益内部结构,但不影响股东权益总额。

(3)资本公积转增股本=30 000×0.5=15 000(万元)

每 10 股转增 5 股,减少了资本公积 15 000 万元,同时增加股本 15 000 元。资本公积转增股本只是改变了股东权益内部结构,不影响股东权益总额。

(4)实施此次股利分配及转增方案后,股东权益各项目金额变为:

股本总额＝30 000＋6 000＋15 000＝51 000(万元)

资本公积＝30 000－15 000＝15 000(万元)

未分配利润＝60 000－2 400－6 000＝51 600(万元)

该公司2020年度利润分配及资本公积转增股本方案实施后的股东权益各项目情况如表5-3所示。

表5-3　甲公司股东权益情况(分配后)

项　　目	金额/万元
股本(普通股,面额1元)	51 000
资本公积	15 000
盈余公积	8 000
未分配利润	51 600
股东权益合计	125 600

方案实施前后对比股东权益总额减少的2 400万元是现金股利分配后的结果。

西方国家发放股票股利通常按发放前的股票市价从未分配利润中转出,其中按面额计算的部分转至股本,其余部分则转入资本公积。

例5-6

假定乙公司发放股票股利前的股东权益情况如表5-3中的第一列数据所示,现该公司宣布按市价发放10%的股票股利,即发放20 000股普通股股票,现有股东每持10股可得1股新发放股票。若该股票当时市价20元,则随着股票股利的发放,需从"未分配利润"项目转出的资金为:

$$20 \times 200\ 000 \times 10\% = 400\ 000(万元)$$

由于股票面额为1元没有变化,发放20 000股股票股利后,使股本增加20 000万元,其余的380 000万元(400 000－20 000)应作为股票溢价转至资本公积,而公司股东权益总额保持不变。发放股票股利后,公司股东权益各项目金额见表5-4中的第二列数据。

表5-4　发放股票股利前后乙公司的股东权益情况

单位:万元

项　　目	发放股票股利前	发放股票股利后
股本(普通股,面额1元)	200 000	220 000
资本公积	400 000	780 000
未分配利润	2 000 000	1 600 000
股东权益合计	2 600 000	2 600 000

(二)股票股利对每股收益和每股市价的影响

发放股票股利后,如果盈利总额和市盈率不变,会由于普通股股数增加而引起每股收益和每股市价的下降;但又由于股东所持股份的比例不变,每位股东所持股票的市场价值总额仍保持不变。

理论上,发放股票股利后的每股收益、每股市价可按下列公式计算:

$$发放股票股利后的每股收益=\frac{发放股票股利前的每股收益}{1+股票股利发放率}$$

$$发放股票股利后的每股市价=\frac{发放股票股利前的每股市价}{1+股票股利发放率}$$

若公司实施同时发放现金股利和股票股利,并伴随从资本公积转增股本的方案,则在除权日的除权参考价可按下式计算:

$$除权参考价=\frac{股权登记日收盘价-每股现金股利}{1+股票股利发放率+转增率}$$

例 5-7

利用例 5-5 的数据,甲公司在 2021 年 5 月 22 日除权日的参考价计算如下:

$$除权参考价=\frac{7.54-0.08}{1+0.2+0.5}=4.39(元/股)$$

该股票除权日的开盘价理论上就由 7.54 元降到 4.39 元。如果该股票的股价由 4.39 元继续上涨,称为股价填权;如果上升至 7.54 元,则称填满权。如果该股票的股价由 4.39 元下降,则称作股价贴权。

(三)股票股利的意义

股票股利尽管不直接增加股东的财富,也不增加企业的价值,但对股东和企业都有特殊意义。

1.股票股利对股东的意义

(1)发放股票股利通常由成长中的公司所为,因此投资者往往认为发放股票股利预示着公司将会有较大发展,利润将大幅度增长,足以抵消增发股票带来的消极影响,这种心理会稳定住股价甚至导致股价上升。

(2)在股东需要现金时,还可以将分得的股票股利出售,有些国家税法规定出售股票所需交纳税率比收到现金股利所需交纳的税率低,这使得股东可以从中获得纳税上的好处。

(3)股东可能获得填权好处。公司发放股票股利后其股价一般并不成比例下降,例如在例 5-7 中,除权参考价为 4.39 元,而实际上除权日开盘价为 4.48 元。这可以使股东得到股票价值相对上升的好处,即填权好处。发放股票股利能为投资者带来填权好处的心理影响,往往有利于股价的上升。但不排除有时股票股利的发放没有让股东得到填权的好处,却让股东承担了贴权的损失。

2.股票股利对公司的意义

(1)发放股票股利一方面可以使股东享受公司盈余的好处,另一方面使公司留存了大量现金,便于进行再投资,这有利于公司长远发展。

(2)发放股票股利可以降低每股市场价格,在企业盈余和现金股利不变的情况下,会吸引更多的投资者。

(3)发放股票股利往往会向投资者传递企业将会继续发展的信息,从而提高投资者对企业的信心,在一定程度上稳定股票价格。但有时股票股利支付形式也会被认为是公司现金周转不灵的征兆,特别是当公司财务报表所反映的投资收益率低于投资者的预期或投资项目运转不良时尤其如此,这会影响到公司的财务形象和再筹资能力,降低投资者对企业的信心,导致公司股价下跌。

二、股票分割

(一)股票分割的概念

股票分割是指将面额较高的股票交换成面额较低的股票的行为。例如,将原来的 1股股票交换成 2 股股票。股票分割不属于某种股利方式,但其所产生的效果与发放股票股利近似,因而在此一并介绍。

从会计的角度看,股票分割对公司的资本结构、资产的账面价值、股东权益的各账户(普通股、资本公积、留存收益等)等都不产生影响,只是使公司发行在外的股票总数增加,每股股票代表的账面价值降低,因此,股票分割与发放股票股利的作用非常相似,都是在不增加股东权益的情况下增加股票的数量。所不同的是股票分割导致的股票数量的增加量可以远大于发放股票股利,而且在会计处理上也有所不同。

例 5-8

假定乙公司股票分割前的股东权益情况如表 5-5 所示,现该公司若按 1 股换成 2 股的比例进行股票分割,分割后的股东权益情况如表 5-6 所示。

表 5-5　股票分割前乙公司的股东权益情况

单位:万元

项　　目	发放股票股利前
股本(普通股 200 000 万股,面额 1 元)	200 000
资本公积	400 000
未分配利润	2 000 000
股东权益合计	2 600 000

表 5-6　股票分割后乙公司的股东权益情况

单位:万元

项　　目	发放股票股利前
股本(普通股 400 000 万股,面额 0.5 元)	200 000
资本公积	400 000

续表

项　目	发放股票股利前
未分配利润	2 000 000
股东权益合计	2 600 000

注意到股票分割前后普通股股数和面额发生了变动,普通股股数由原来的 200 000 万股增加到 400 000 万股,股票面值则由原来的 1 元每股被分割成 0.5 元每股。至于股东权益总额及股东权益内部各项目的金额均未发生变动。

(二)股票分割的意义

1.降低公司股票价格

由于股票分割是在不增加股东权益的情况下增加流通中的股票数量,分割后每股股票所代表的股东权益的价值将降低,每股股票的市场价格也将相应降低。当股票的市场价格过高时,股票交易会因每手交易所需的资金量太大而受到影响,特别是许多小户、散户,因资金实力有限而难以进行交易,使这类股票的流通性降低,股东人数减少。因此,许多公司在其股价过高时采用股票分割的方法降低股票的交易价格,提高公司股票的流通性,使公司的股东更为广泛。

2.传递远期良好信号

一般而言,股票分割往往是成长中的公司所为,因此,企业进行股票分割往往被视为一种利好消息而影响其股票价格,这样公司股东就能从股份数量和股票价格中获得相对收益。

3.增加股东的现金股利

股票分割在有些情况下也会增加股东的现金股利。股票分割后各股东持有的股数增加,但持股比例不变,持有股票的总价值不变。但是,只要股票分割后每股现金股利的下降幅度小于股票分割幅度,股东就能多获现金股利。例如,假定某企业股票分割前每股现金股利 3 元,某股东持有 100 股,可分得现金股利 300 元。企业按 1∶2 的比例进行股票分割后,该股东股数增为 200 股,若现金股利降为每股 1.8 元,该股东可得现金股利 360 元,将大于其股票分割前所得的现金股利。

4.有助于公司购并的实施

公司在购并另一个公司之前,首先将自己的股票分割,可以提高对被购并方股东的吸引力。

5.为新股发行做准备

在新股发行之前利用股票分割降低股价,有利于提高股票的可转让性和促进市场交易活动,由此增加投资者对股票的兴趣,促进新发行股票的畅销。

尽管股票分割与发放股票股利都能达到降低企业股价的目的,但一般地讲,只有在企业股价剧涨且预期难以下降时,才采用股票分割的办法降低股价,而在企业股价上涨幅度不大时,往往通过发放股票股利将股价维持在理想的范围之内。

与股票分割相反,企业有时也进行反分割或股票合并操作,即将数股面额较低的股票合并为一股面额较高的股票。显然,反分割将减少流通在外的股票数量,提高每股股票的面值和其所代表的净资产的数额,进而提高股票的市场价格。反分割通常是一些业绩不佳,股价过低的公司进行的,他们希望通过这种操作来提高股票价格,使之达到一个合理的交易价格水平。

三、股票回购

(一)股票回购的概念

股票回购是指上市公司从股票市场上购回本公司一定数额发行在外股票的行为。公司在股票回购完成后可以将所回购的股票注销,但在绝大多数情况下,公司将回购的股份作为"库藏股"保留,仍属于发行在外的股份,但不参与每股收益的计算和收益分配。库藏股日后可移作他用(例如,雇员福利计划、发行可转换债券等),或在需要资金时将其出售。

股票回购既是一项重要的股利政策,也是完善公司治理结构、优化企业资本结构的重要方法。股票回购作为成熟证券市场上一项常见的公司理财行为,不仅对市场参与各方产生一定的影响,而且为上市公司本身带来显著的财务效应。

股票回购最早产生于美国,起源于公司规避政府对现金红利的限制。1973—1974年,美国政府对公司支付现金红利施加了限制条款,许多公司转而采用股票回购方式向股东分配收益。

我国公司法规定,公司不得收购本公司股份。但是,有下列情形之一的除外:(1)减少公司注册资本;(2)与持有本公司股份的其他公司合并;(3)将股份用于员工持股计划或者股权激励;(4)股东因对股东大会做出的公司合并、分立决议持异议,要求公司收购其股份;(5)将股份用于转换上市公司发行的可转换为股票的公司债券;(6)上市公司为维护公司价值及股东权益所必需。

公司因前款第(1)项、第(2)项规定的情形收购本公司股份的,应当经股东大会决议;公司因前款第(3)项、第(5)项、第(6)项规定的情形收购本公司股份的,可以依照公司章程的规定或者股东大会的授权,经 2/3 以上董事出席的董事会会议决议。

公司依照本条第一款规定收购本公司股份后,属于第(1)项情形的,应当自收购之日起十日内注销;属于第(2)项、第(4)项情形的,应当在六个月内转让或者注销;属于第(3)项、第(5)项、第(6)项情形的,公司合计持有的本公司股份数不得超过本公司已发行股份总额的 10%,并应当在三年内转让或者注销。

上市公司收购本公司股份的,应当依照《中华人民共和国证券法》的规定履行信息披露义务。上市公司因本条第一款第(3)项、第(5)项、第(6)项规定的情形收购本公司股份的,应当通过公开的集中交易方式进行。

(二)股票回购的方式

在相对成熟的美国证券市场上,股票回购的方式主要有以下几种。

1.公开市场回购

即公司在股票的公开交易市场上随机回购股票,这种方法的缺点是在公开市场购买时会推高股价,从而增加回购成本,另外交易税和交易佣金也是不可忽视的成本。

2.要约回购

即公司以事先确定的某一价格向市场要约回购股票。为吸引卖者,要约价格一般略高于市价。如果愿意售回的股票多于要约数量,公司按一定的配购比例向股东配购。

3.协议回购

当公司欲从一个或几个主要股东手中回购股票时,一般会采用这种方式。但这种交易需要制定合理的回购价格。防止大股东借此高价售回股票,损坏未售回股份的股东利益。

(三)股票回购的意义

对股东而言,股票回购的主要意义在于相比较于现金股利它通常能帮助股东获得少纳税的好处。股票回购后股东得到的资本利得与现金股利两者需缴纳的所得税税率有差异,资本利得的税率通常较低。股票回购使得股东能够以较低的资本利得税取代现金股利必须缴纳的较高普通个人所得税。因此,股票回购可以被看成是公司向股东分配利润的一种重要形式,可用来替代现金股利,尤其是在避税效果显著时更是如此。

对公司而言,股票回购的意义有以下几个方面。

1.反收购措施

股票回购在国外经常是一种重要的反收购措施,此举有助于公司管理者避开竞争对手企图收购的威胁,原因如下:(1)股票回购导致股价上升和公司流通在外的股票数量减少,从而使收购方要获得控制公司的法定股份比例变得更为困难。(2)股票回购后,公司流通在外的股份少了,可以防止浮动股票落入进攻企业手中。需要注意的是,由于回购的股票无表决权,回购后进攻企业持股比例也会有所上升,因此公司需将回购股票再卖给稳定股东,才能起到反收购的作用。(3)在反收购战中,目标公司通常在股价已上升后实施股票回购,此举使得目标公司流动资金减少,财务状况恶化,减弱了公司被作为收购目标的吸引力。

2.改善资本结构,追求财务杠杆利益

当企业管理当局认为,其权益资本在整个企业资本结构中所占的比例过大,资产负债率过小时,就有可能利用留存收益或通过对外举债来回购企业发行在外的普通股,实践证明,这是一种迅速提高资产负债率的很好方法。

无论是用现金回购还是负债回购股份,都会改变公司的资本结构,提高财务杠杆比率。在现金回购方式下,假定公司中长期负债规模不变,则伴随股票回购而来的是股权资本在公司资本结构中的比重下降,公司财务杠杆比率提高。在用增加债务回购股份的情况下,一方面是公司中长期负债增加,另一方面是股权资本比重下降,两方面共同作用使公司财务杠杆比率提高。公司资本结构中权益资本比重的下降和公司财务杠杆比率的提高,一般来说会导致两个相互联系的结果:一是公司加权平均资本成本的变化;二是公司财务风险随债务比重的提高而增大。所以,公司股票回购必须考虑优化其资本结构,合理发挥其财务杠杆效应。

3.稳定公司股价

过低的股价,无疑将对公司经营造成严重影响,股价过低,使人们对公司的信心下降,使消费者对公司产品产生怀疑,削弱公司出售产品、开拓市场的能力。在这种情况下,公司回购本公司股票以支撑公司股价,有利于改善公司形象,股价在上升过程中,投资者又重新关注公司的运营情况,消费者对公司产品的信任增加,公司也有了进一步配股融资的可能。因此,在股价过低时回购股票,是维护公司形象的有力途径。在西方国家,股票回购也是政府稳定股市的重要手段之一。无论是美国 1987 年"黑色星期一"、1997 年亚洲金融危机,还是"9·11"事件发生后,在市场暴跌出现恐慌时,监管部门为保持市场的稳定,一般都会放松管制,允许上市公司动用资金,甚至向上市公司提供低息优惠贷款购买自己的股票,以防止股市出现崩盘。

4.分配公司超额现金

如果公司的现金超过其投资机会的需要量,但又没有较好的投资机会可以使用该笔现金时,公司需要考虑分配超额现金。此时,出于股东避税、控股等多种因素的考虑,公司可能通过股票回购而非现金股利的方式进行分配。

5.作为实行股权激励计划的股票来源

如公司实施管理层或者员工股票期权计划,直接发行新股会稀释原有股东权益,而通过回购股份再将该股份赋予员工则既满足了员工的持股需求,又不影响原有股东的权益。

本章小结

按照《公司法》的规定,公司在弥补亏损和提取公积金后可向股东分配利润。收益分配应在依法分配、资本保全、同股同权等原则指导下进行。公司股利的发放必须遵守相关的要求,需确定股权登记日、除息日以及股利发放日。股利支付主要形式有现金股利和股票股利。

股利理论包括股利无关论和股利相关论,其中股利相关论主要有"在手之鸟"理论、信号传递理论、税差理论和代理理论。制定现金股利分配政策应考虑法律因素、公司因素、股东因素及其他因素。常用的现金股利分配政策主要有剩余股利政策、固定股利政策、固定股利支付率政策和低正常股利加额外股利政策。

股票股利不改变公司的股东权益总额,但会使股东权益各项目的结构将发生变化。股票分割使普通股股数和面额发生了变动,但股东权益总额及股东权益内部各项目的金额均未发生变动。股票回购是公司向股东分配利润的一种重要形式,可用来替代现金股利,并可用于公司反收购、改善资本结构等。

复习思考题

1.企业进行税后利润分配应该遵循什么样的法定程序?

2.企业股利支付的方式有哪几种?企业应当如何进行选择?

3.股利支付程序中有哪些重要日期?它们之间存在什么关系?

4.股利相关理论主要有哪些?你认为哪种理论能够更好地解释我国上市公司的股利发放现状?

5.企业在制定股利政策时应该考虑哪些具体因素?

6.简述剩余股利政策的基本原理。

7.简述固定股利政策的基本原理。

8.简述固定股利支付率政策的基本原理。

9.简述低正常股利加额外股利政策的基本原理。

10.股票股利与现金股利对企业财务状况有什么不同的影响？

11.股票股利与股票分割有何异同？

12.什么是股票回购？它有哪些积极的意义？

案例分析 [①]

民族品牌老凤祥创始于 1848 年。老凤祥股份有限公司(600612)于 1992 年在上海证券交易所上市后至 2012 年的十年间,每年都保持较为稳定的现金分红政策,每股派息 0.1 至 0.2 元。而在 2013 年之后,老凤祥每股派息金额大幅度增加,从 0.6 元逐步增长至 1 元。2013 年以前,平均每股派现 0.16 元,2013—2016 年则平均每股派现 0.86 元。

金洲慈航和刚泰控股是两家与老凤祥同行业、规模相似的公司,这两家公司的股利分配情况并不稳定,不分红年份也比较多,金洲慈航有七年未分红,刚泰控股则有十年未分红,金洲慈航和刚泰控股的每股派现均值分别为 0.175 元和 0.06 元,远远小于老凤祥。

可持续增长率可以将盈利能力、营运能力、偿债能力和公司的发展能力相互联系,进而评估企业的增长战略是否可持续。

可持续增长率＝净资产收益率×(1−股利支付率)

＝销售净利率×总资产周转率×权益乘数×(1−股利支付率)

表 5-6 反映了老凤祥 2013—2016 年的可持续增长率。

表 5-6　老凤祥 2013—2016 年可持续增长率

年　度	2013 年	2014 年	2015 年	2016 年
现金分红总额/万元	31 387	44 988	47 081	50 219
净利润/万元	113 014	122 830	142 164	136 540
净资产收益率/%	26.70	23.82	24.60	20.89
销售净利率/%	3.43	3.74	3.98	3.91
总资产周转率/次	3.62	3.14	3.09	2.73
权益乘数	2.15	2.03	2.00	1.96
股利支付率/%	27.77	36.63	33.12	36.78
可持续增长率/%	19.28	15.10	16.45	13.21

数据来源:根据老凤祥 2013—2016 年年报整理得到。

从表 1 可以看出,自 2013 年以来公司的可持续增长率总体上在下降。这有以下两方

---

① 姚嘉豪.高派现股利政策对企业价值的影响:基于老凤祥的案例分析[J].现代企业,2018(4).

面的原因:(1)公司的净资产收益率呈现下降趋势;(2)随着高派现股利政策的逐步推行以及每年现金分红的金额加大,公司的股利支付率在逐年升高,造成可持续增长率的下降。

此外,利用公司报表数据计算得出现金流量利息保障倍数,该指标由 2013 年的 7.73 下降到 2016 年的－6.40,说明公司用现金偿付利息的能力在下降,公司可能面临较大的现金短缺风险。

问题:

(1)老凤祥 2013 年之后实施的现金股利政策有什么特点?

(2)你认为老凤祥最近的现金股利政策是否应该调整? 为什么?

知识拓展 5　　　　测试 5　　　　课件 5

第六章　项目投资管理

💡 学习目标

通过学习本章,你应该能够:

1.了解项目投资的含义、特点和类型;

2.掌握投资项目现金流量及其估算方法,熟悉项目现金流量表;

3.掌握净现值、获利指数、内含报酬率和投资回收期等财务可行性评价指标的含义和计算,并能根据计算结果判断是否应当接受或拒绝这一项目,熟悉净现值、获利指数、内含报酬率和投资回收期等指标的优缺点;

4.熟悉互斥方案比较决策、资本限量决策方法以及固定资产平均年使用成本的计算;

5.掌握风险调整贴现率法以及项目系统风险估计(类比法),了解调整现金流量法。

公司的财务目标是创造价值。财务原理告诉我们,如果资本市场有效,出售购买金融工具的净现值为零,企业的价值创造主要取决于投资活动;估值模型表明,企业的成长是影响价值高低的重要因子。因此,就创造价值而言,投资决策是财务决策中最重要的决策。从成长方式看,有的企业是以自主的项目投资实现公司规模扩张的内生式(内延式)发展方式,有的企业选择通过并购重组来实现公司规模扩张的外生式(外延式)发展方式,有的企业则会通过联盟、合资企业、混合组织、伙伴关系等方式建立企业间关系推动企业发展的网络化成长方式。进入 21 世纪,虽然越来越多的企业走上了复合化成长的道路,但项目投资仍然是许多企业,尤其是传统制造业重要的投资方式之一。

第一节　项目投资概述

在一定意义上,投资决策决定着企业的发展前景和可持续增长,以至于提出投资方案和评价方案的工作已经不只是财务人员的任务,而是相关经理人员的共同任务。

一、投资的含义

投资是指特定的经济主体为了在未来可预见的时期内获得收益,在一定时期内向特定的标的物投放一定数额的资金或非货币性资产的经济行为。从特定企业角度看,投资是企业为获得收益而向特定对象投放资金的经济行为;从现金流量看,投资是企业为了未来更多现金流入而现时付出现金的经济行为。

不同主体的投资目的不同,并因此导致投资决策的标准和评价方法各异。财务管理所讨论的投资,其主体是企业,而非个人、政府或专业投资机构。企业项目投资的实质是:企业作为独立的投资主体,以实现最大的投资价值为目的,将资金转化为固定资产、无形资产、流动资产等,以获取收益的投资行为。它具有以下几个方面的特征。

(一)投资的主体是公司

与个人或专业投资机构的间接投资不同,公司投资是直接投资,即将现金直接投资于经营性资产,然后用其开展经营活动并获取现金和收益。直接投资的投资人(公司)在投资以后继续控制投资所形成的经营资产,因此可以直接控制投资回报;间接投资的投资人(公司债权人和股东)在投资以后不直接控制经营资产,因此只能通过契约或更换代理人间接控制投资回报。

(二)投资对象是经营资产

经营资产是指企业生产经营活动所需要的资产,例如建筑物、机器设备、存货等。这些资产是企业进行生产经营活动的基础条件,企业利用这些资产可以增加价值,为股东创造财富。经营资产投资有别于金融资产投资。金融资产是指现金或有价证券等可以进入金融交易的资产。从投资行为介入程度看,经营资产投资是一种直接投资。投资后企业并没有失去资产的控制权,投资行为并不改变资金控制权归属,只是指定了资金的特定用途。这种投资是在企业内部进行的,因此,从投资的方向看,它是一种对内投资。

经营资产又进一步分为资本资产和营运资产。资本资产是指企业长期资产。资本资产的投资对企业的影响时间长,又称长期投资。营运资产是指企业的净流动资产(流动资产扣除流动负债后的余额)。流动资产对企业影响涉及时间短,又称短期投资。本章主要讨论与形成资本资产相关的长期投资,即项目投资(或资本投资)。长期投资涉及的问题非常广泛,财务经理主要关心其财务问题,也就是现金流量的规模(期望回收多少现金)、时间(何时回收现金)和风险(回收现金的可能性如何)。长期投资现金流量的计划和管理过程,称为"资本预算"。

(三)长期投资的直接目的是获取经营活动所需的实物资源

长期投资的直接目的是获取经营活动所需的固定资产、生物资源、油气资源等劳动手段或生产资源,以便运用这些资源赚取经营利润。长期投资的直接目的不是获取固定资产、生物资源、油气资源等资产再出售收益,而是要使用这些资产。有的企业也会以股权形式投资于其他企业,但这种投资与一般股票投资不同,主要是为了控制被投资企业,不是直接以获取股利或资本利得为目的。企业要做的事情,应当是股东自己做不了或做不好的事情。

公司对子公司的股权投资是经营性投资,目的是控制其经营,而不是期待再出售收益。合并报表将这些股权投资抵消,可以显示其经营性投资的本来面目。对子公司投资的评价方法,与直接投资经营性资产相同。对于非子公司股权投资也属于经营性投资,通常不以获取直接报酬为主要目的,目的是控制被投资企业,以便从销售、供应、技术或管理上得到回报,其分析方法与直接投资经营性资产相同。

实业企业长期持有少数股权证券或债券,在经济上缺乏合理性,没有取得正的净现值的依据,不如让股东自己直接去投资股票,不仅可以节约交易费用,而且还能减少税收负担。有时企业也会购买一些风险较低的金融资产,将其作为现金的替代品,其目的是在保持流动性的前提下降低闲置资金的机会成本,或对冲汇率、利率和产品、原材料价格等波动风险,并非真正意义上的金融资产投资行为。

二、项目投资的特点

由上述讨论可知,项目投资是指企业与形成资本性资产有关的经营资产投资。它包含的内容非常广泛,主要有开发新产品、现有产品的规模扩张、设备或厂房的更新、研究与开发、勘探及其他(如劳动保护设施建设、购置污染净化装置等)等类型。

与其他形式的投资相比,项目投资具有如下特点。

(一)投资金额大

项目投资,特别是战略性的扩大生产经营能力投资一般都需要较多的资金,其投资额往往是企业及其投资人多年的资金积累,在企业总资产中占有相当大的比重。因此,项目投资对企业未来的现金流量和财务状况都将产生深远的影响。

(二)影响时间长

项目投资的投资期及发挥作用的时间都较长,往往要跨越好几个会计年度或营业周期,对企业未来的生产经营活动将产生重大影响。

(三)变现能力差

项目投资一般不会在一年或一个营业周期内变现,而且即使在短期内变现,其变现能力也较差。因为,项目投资一旦完成,要想改变相当困难,不是无法实现,就是代价太大。

(四)投资风险大

因为影响项目投资未来收益的因素多,加上投资额大、影响时间长和变现能力差,必然造成其投资风险比其他投资大,可能会对企业未来的命运产生决定性影响。

无数事例证明,一旦项目投资决策失败,常常会给企业带来先天性、无法逆转的损失,甚至可能危及企业的生存。

三、项目投资的分类

按不同的标准,项目投资可以分为不同的类型。不同类型的投资,现金流量及其分布具有不同的特征,在决策时应注意区别对待,以便做出恰当的选择。

(一)按投资项目与企业发展的关系,分为战略性投资和战术性投资

战略性投资是指对企业全局产生重大影响的投资。其特点在于所需资金数量较多,回收时间较长,风险较大。由于战略性投资对企业的生存、发展和获利影响深远,所以这种投资必须按严格的决策程序进行慎重充分的讨论与研究,才能做出决策。

战术性投资是指只关系到企业某一局部具体业务的投资。其特点在于所需资金数量较少,风险相对较小。战术性投资主要是为了维持原有产品的市场占有率,或者是利用闲置资金增加企业收益。

(二)按投资项目风险程度,分为确定型投资和风险型投资

确定型项目投资是指项目计算期的现金流量等情况可以较为准确地予以预测的投资。这类投资项目的期限一般较短,投资环境的变化不是很大,未来现金流量较易预测。

风险型项目投资是指未来情况不确定,难以准确预测现金流量或确定折现率的投资。这类项目投资决策涉及的时间一般较长,投资初始支出、每年的现金流量回收、寿命期限、贴现率都是预测和估算的,任何预测都有实现和不实现两种情况,即带有某种程度的不确定性和一定的风险性。

投资项目都有风险,但如果项目投资决策面临的不确定性和风险较小,可以忽略它们的影响,该决策仍视为确定情况下的决策。如果决策面临的不确定性和风险比较大且足以影响方案的选择,则在决策过程中必须对这种不确定性和风险予以考虑并进行计量,以保证决策的科学性和客观性。公司的大多数项目投资都属于风险性投资。本章的第二—四节主要阐述确定型项目投资的分析和决策方法,风险型项目投资的决策与方法放在第五节中专门讨论。

(三)按投资项目之间是否相互兼容,可分为独立投资和互斥投资

独立投资是相容性投资,各投资项目之间相互独立、互不排斥,可以同时并存。在独立投资项目中,选择某一投资项目或方案并不排斥选择另一投资项目或方案。例如,某公司拟新建一个生产车间以扩大生产规模、进行某一新产品的研发、建一座办公大楼、购置几辆轿车等几项投资活动。这些投资项目之间是相互独立的,并不存在相互比较选择问题。既可以全部不接受,也可以接受其中一个或多个,甚至全部。对于独立方案而言,若无资金总量限制,只需评价其本身的财务可行性。若资金总量有限,也只影响其先后次序,不影响项目最终是否采纳。

互斥投资,又称互不相容投资,是指各投资项目之间相互排斥、不能同时并存。一组投资项目中的各个方案彼此可以相互代替,采纳项目组中的某一方案,就会自动排斥其他方案。例如,在固定资产更新改造中,是继续使用旧设备,还是购置新设备,只能选择其中一个方案,为典型的互斥方案。这类投资决策除了对所有项目逐个进行分析评价外,还要加以相互比较。显然,对互斥投资而言,即使每个项目本身在财务是可行的,也不能同时入选,只能从全部的可行方案中选择最优方案。

(四)按增加利润的途径,分为增加收入投资和降低成本投资

增加收入投资是指通过扩大企业生产经营规模,从而增加收入以增加利润、创造价值的投资。其投资决策规则是评价项目投产后所产生的现金净流入现值是否能够超过项目投资现金流出的总现值。

降低成本投资是指企业维持现有的经营规模,通过投资来降低生产经营中的成本和费用以增加企业利润、创造价值的投资。其投资决策规则是评价在成本的降低中所获得的收益现值是否能大于投资项目支出的现值。

研究投资的分类,可以更好地掌握投资的性质和它们之间的相互关系,有利于把握重点,分清主次。当然,上述分类方法不是绝对的,一个投资项目可能属于不同的类型。

四、项目投资的管理程序

在一定时期,企业可利用资源是有限的,因此合理配置资源,提高资源的利用效率,对于价值创造是非常重要的。进行投资不仅需要热情,更需要冷静的头脑。在拟实施投资项目之前,必须进行科学的调查论证,分析该项投资能给企业带来什么利益,给社会及经济会带来什么影响,在权衡利弊的基础上决定是否实施该项目投资。对任何项目投资机会的评价通常包含以下几个基本步骤。

(一)提出投资方案

对投资方案的思考,需要在把握投资机会的情况下,根据企业的长远发展战略和中长期发展计划和投资环境的变化来确定。一般情况下,新产品开发方案通常来自营销部门或研发部门,设备更新的建议通常来自生产部门。

(二)评价投资方案的财务可行性

在财务学中,主要是对已具备经济、技术、管理可行性的投资项目或方案的财务可行性进行评价。评价投资方案财务可行性,其步骤包括:一是要依据相关资料,估算出方案的相关现金流量;二是确定合适的贴现率,计算出投资方案的相关财务可行性评价指标,如净现值、内含报酬率等;三是将计算出的这些指标与可接受的标准比较,判断项目是否具有财务可行性。对多个可供选择的投资方案,还要进行相互之间的比较决策。如果投资项目的风险比较大,还需要运用敏感性、临界点、情景等风险分析方法评估项目特有风险。

(三)已接受方案的再评价

在项目实施过程中和完成后,需要对投资项目进行跟踪分析和事后评价。这是一项很重要的工作,它可以告诉我们资本预算的偏差、提供改善财务控制的线索,也有助于指导未来的决策。

许多初学财务管理的人,感到困难的是如何计算财务可行性评价指标,尤其是计算净现值和内含报酬率。其实,真正的困难在于确定现金流量和贴现率,以及计算结果的使用,而不是指标计算本身。

第二节　项目现金流量

通常情况下,纳入财务学讨论范畴的投资项目,是已经具备国民经济可行性和技术可行性的项目。财务学的主要任务是从企业投资者立场出发,评价投资项目的财务可行性。

投资项目财务可行性评价需要现金流量和贴现率两个相关参数。因此,测算投资项目现金流量和确定恰当的贴现率成为财务管理中项目投资决策的基础工作。

一、项目计算期

投资项目从投资建设开始到最终清理或出售整个过程的全部时间,称之为项目计算期(记作 n)。其中从投资建设开始到完工投产时间为建设期(记作 S),从完工投产至项目终结点的时间为生产经营期(记作 P)。

生产经营期包括试产期和达产期两个阶段。试产期是指项目投入生产,但生产能力尚未完全达到设计能力时的过渡阶段。达产期是指生产经营达到设计生产能力水平后的时间。生产经营期一般应根据投资项目主要资产的经济使用寿命确定。项目计算期、建设期和生产经营期存在以下关系:

$$n = S + P$$

式中:n 代表项目计算期;S 代表建设期;P 代表生产经营期。

例 6-1

乙公司拟新建一条生产线,预计主要设备的使用寿命为 5 年。

要求:就以下不相关情况,分别确定该项目的计算期。

(1)在建设起点投资并投产;

(2)建设期为 1 年。

解答:

(1)项目计算期=0+5=5(年)

(2)项目计算期=1+5=6(年)

二、现金流量的含义

现金流量,也称现金流动量,在投资决策中是指一个投资项目引起的企业现金支出和收入变动的数额。在确定投资方案相关现金流量时应遵循的最基本原则是:只有增量现金流量才是与项目相关的现金流量。所谓增量现金流量,是指接受或拒绝某个投资项目后,企业总现金流量会因此发生变动的现金流量。只有那些由于采纳某个投资项目引起的现金支出增加额,才是该项目的现金流出;只有那些由于采纳某个投资项目引起的现金流入增加额,才是该项目的现金流入。同时,还需要注意的是:这里的“现金”是广义的现金,不仅包括货币资金,还包括投资项目需要投入的非货币性资产的变现价值。例如,一个投资项目需要使用原有的厂房、设备等资产,相关的现金流量是指它们的变现价值,而不是其账面成本。

在进行现金流量估计时,会涉及很多的变量,涉及许多部门和人员。例如,销售量和销售价格的预测通常由营销部门根据价格弹性、广告效应、经济情况、竞争者反应及消费

微课 6-2
项目现金
流量(上)

者偏好的变化趋势等情况来估算。类似的,一项新产品相关的资本支出通常由工程师及产品开发人员确定,而经营成本则由成本会计、制造部门专家、人力资源专家和采购人员来估计。财务人员的主要任务是:为销售、生产等部门的预测建立共同的基本假设条件,如物价水平、可供资源限制条件等;协调参与预测工作的各部门人员,使之能相互衔接与配合;防止预测因个人偏好或部门利益而高估或低估收入和成本。此外,还需要特别指出的是,在预测投资项目的现金流量时,若能把握与投资项目有关的一些宏观经济数据,如国民生产总值、通货膨胀率等,能提高预测的准确程度。

现金流量包括现金流入量、现金流出量和现金净流量三个具体概念。

(一)现金流入量

现金流入量(记作 I),是指由投资项目引起的企业现金收入的增加额,简称现金流入。对于新建项目来说,现金流入量的内容主要包括:

1.营业收入

营业收入是指投资项目投产后每年实现的营业收入。它是经营期主要的现金流入项目。营业收入按照项目在经营期内相关产品预计单价和预测销售量进行估算。从会计视角看,按权责发生制计量的营业收入并不是当期的经营现金流入。经营现金流入是当期现销收入和回收前期应收款项的合计数。为简化估算,通常假设正常经营年度内每期发生的赊销额与回收前期的应收款项大体相等,即假定期末的应收款项等于期初。在这种情况下,某期的经营现金流入等于该期的营业收入。

2.出售或报废时长期资产的残值收入

资产出售或报废时的残值收入,是由当初的投资引起的,应当作为投资项目的一项现金流入。通常,长期资产的残值收入按长期资产的原值乘以其法定净残值率估计长期资产的残值收入或处置时的账面价值估算。如果直接按终结点长期资产情况预计残值收入,其数值可能与按税法计提折旧的账面价值不一致,与长期资产处置相关的现金流量需考虑收益纳税、损失抵税带来的现金流量。

3.垫付的流动资金回收

投资项目出售或报废时,流动资金将回收。回收的流动资金等于各年垫支流动资金投资额的合计数。

(二)现金流出量

现金流出量(记作 O),是指由投资项目引起的企业现金支出的增加额。对于新建项目来说,现金流出量的内容主要包括:

1.原始投资

原始投资是指企业为使投资项目完全达到设计生产能力、开展正常经营而投入的全部资金,包括建设投资和流动资金投资两项内容。

建设投资是指在建设期内按一定生产经营规模和建设内容进行的投资,包括固定资产投资、无形资产投资和其他资产投资等。其他资产投资主要包括筹建费用、试运营费用、员工培训费用等。除非特别指明,否则假设它们都是在建设期内投入的。

流动资金投资是指为维持正常生产经营活动而追加的周转性资金,一般在营业终了时才能收回。通常,流动资金投资发生在建设期期末或经营期期初。如果投资项目的经营规模在生产经营年度持续增长,会出现需要逐年追加流动资金投资的情况。

2.付现成本

付现成本,又称经营成本,是指经营期内为满足正常生产经营而用现金支付的成本费用,是项目在生产经营期最主要的现金流出量。企业的营业成本是由需要当期付现的经营成本和不需要在当期以现金支付的非付现成本两部分组成。付现成本主要包括原材料、燃料、动力、工资、生产设备的日常维护和经营性维修等,非付现成本主要包括固定资产折旧、无形资产及其他长期资产的摊销等。

3.各项税款

各项税款是指项目投产后依法缴纳的、单独列示的各项税款,包括营业税金及附加、所得税等。在所得税的估算中,由于不再进行利润总额与应纳税所得额的调整,因此,所有非付现成本的估算应符合税法的规定。

(三)现金净流量

现金净流量(记作 NCF),又称净现金流量,是指在项目计算期由每年现金流入量与同年现金流出量之间的差额所形成的序列指标。无论是在经营期内,还是在建设期内都存在净现金流量。当现金流入量大于流出量,净现金流量为正值;反之,净现金流量为负值。

由于项目计算期不同阶段上现金流入与现金流出发生的可能性不同,使各阶段的净现金流量在数值上表现出不同的特点。一般来说,建设期内的净现金流量的数值通常为负值或零;经营期内的净现金流量则大多为正值。

三、项目现金流量的估算

为简化起见,在投资项目现金流量估算中,把投资和筹资分开考虑,先评价项目本身的经济价值而不管筹资方式如何。如果投资项目有正的净现值,再去处理筹资的细节问题。这也就意味着,归还借款利息和本金不作现金流出,即全投资假设。

按是否将所得税视为现金流出,现金流量有所得税前现金流量和所得税后现金流量两种形式。从企业或法人投资主体的角度看,所得税是一项现金流出。因此,除非特别注明,本章所述的现金流量均为所得税后现金流量。如需站在政府的视角评估投资项目的财务可行性,在测算现金流量时所得税税率取值零,即为所得税前现金流量。

为了便于估算,通常把投资项目的现金流量按时段特征分为初始现金流量、营业现金流量和终结现金流量。

(一)初始现金流量

初始现金流量,即建设期现金流量,是指从投资建设开始到完工投产这段时间发生的现金流量,是项目的投资支出。在这一时段,项目没有现金流入,只有现金流出。因此,初始现金流量等于负的原始投资,其估算公式为:

$$NCF_t = -P_t$$

式中:NCF_t 代表建设期 t 年的净现金流量;P_t 代表 t 年的原始投资。

微课 6-3 项目现金流量(下)

原始投资包括固定资产投资、无形资产投资、其他资产投资和流动资金投资四项内容。固定资产投资按项目规模和投资计划所确定的各项建设工程费用、设备购置费用和安装工程费用等来估算。无形资产投资和其他资产投资,根据需要和可能,逐项按有关资产的评估方法和计价标准进行估算。流动资金投资是经营期内长期占用并周转使用的营运资金,又称垫支流动资金或铺底流动资金投资。其数值可按以下公式进行估算:

某年流动资金投资额＝该年流动资金需用数－上年流动资金投资额

＝(该年流动资产需用数－该年流动负债可用数)－上年流动资金投资额

上年流动资金投资额＝上年流动资产需用数－上年流动负债可用数

例 6-2

乙公司一投资项目,生产经营期第 1 年预计流动资产需用额为 50 万元,流动负债可用额为 15 万元;投产后第 2 年预计流动资产需用额为 80 万元,流动负债可用额为 30 万元。

要求:估算投产第 1 年和第 2 年流动资金投资额。

解答:

生产经营期第 1 年流动资金投资额＝50－15＝35(万元)

生产经营期第 2 年流动资金投资额＝(80－30)－35＝15(万元)

(二)营业现金流量

营业现金流量,又称经营现金流量,是指项目投入生产经营后,在其寿命周期内生产经营所带来的现金流入和流出的数额。营业现金流量的估算如下所示:

营业现金流量＝营业收入－付现成本－所得税额 　　　　　　　　　　(1)

＝营业收入－(营业成本－非付现成本)－所得税额

＝净利润＋非付现成本 　　　　　　　　　　　　　　　　　　(2)

＝[营业收入－(付现成本＋非付现成本)]×(1－所得税税率)＋非付现成本

＝营业收入×(1－所得税税率)－付现成本×(1－所得税税率)＋非付现成本×
　所得税税率

＝税后营业收入－税后付现成本＋非付现成本抵税 　　　　　　　(3)

由式(3)可知:非付现成本并不是现金流出,它之所以会对投资项目的现金流量产生影响,是由于所得税的存在。

非付现成本主要包括固定资产折旧、无形资产摊销、其他长期资产摊销、资产减值损失等。通常,在项目投资决策现金流量估算中,主要考虑固定资产折旧、无形资产摊销和其他长期资产摊销三项非付现成本。固定资产折旧和无形资产摊销按税法规定的净残值、使用年限和折旧摊销方法估算,其他长期资产摊销按制度规定在投产后相应年份摊销。

在计算营业现金流量的三个公式中,公式(1)很少使用。因为,要知道所得税额,须先算出利润总额。在已知利润总额的情况下,可直接用公式(2)计算营业现金流量。公式(2)容易理解,所得税对营业现金流量的影响在计算净利润时一并考虑了,比较适用于初学者掌握。

在实务中,由于所得税的缴纳主体是企业而不是项目,因此项目如果在某一年产生亏损,需要专门处理由亏损而产生的抵税现金流量,除非项目由专门注册的子公司独立运作。另一方面,在决定某个投资项目是否具有财务可行性时,不一定知道整个企业的利润及与此有关的所得税,也妨碍了公式(1)和公式(2)的使用。公式(3)不需要知道企业的利润是多少,使用起来比较方便。在有关固定资产更新决策时,由于我们没有办法计量某项资产给企业带来的收入和利润,以至于也无法使用前两个公式。

例 6-3

乙公司有一固定资产投资项目,其分析与评价资料如下:该投资项目投产后每年的营业收入为 1 000 万元,付现成本为 500 万元,固定资产折旧为 200 万元,该公司的所得税税率为 25%。

要求:估算该项目的营业现金流量。

解答:

$$营业现金流量=净利润+非付现成本$$
$$=(1\ 000-500-200)\times(1-25\%)+200=425(万元)$$

或:

$$营业现金流量=税后营业收入-税后付现成本+非付现成本抵税$$
$$=1\ 000\times(1-25\%)-500\times(1-25\%)+200\times25\%=425(万元)$$

(三)终结现金流量

终结现金流量是指投资项目终结时所发生的现金流量。它主要包括长期资产报废或出售的现金流入、收回垫支的流动资金,以及与税法确认的资产残值差异形成的纳税或抵税金额。此外,油田开采、矿业开发等一些特殊项目,可能还会涉及弃置义务等现金流出。

需要关注的是:按现行税法规定,在大多数情况下,投资项目寿命期末会有相关的纳税支出或抵税流入。这是因为长期资产通常不是按账面价值报废或出售的,况且很多项目的预计使用寿命与税法规定的折旧年限不一致,因此需要将按照出售收益和计提折旧后的账面价值之间的差额来测算纳税金额。

出售或处置长期资产现金流入可按以下公式计算:

$$NCF_c=S_c+(C_c-S_c)\times T$$

式中:NCF_c 代表出售或处置长期资产现金流量;S_c 代表预计净残值收入;C_c 为按照税法规定的残值率计算出的长期资产残值或账面净值(长期资产原值-累计折旧);T 代表所得税税率。

例 6-4

丙公司原值为 60 000 元的固定资产,税法规定的净残值率 10%,最终报废时预计净残值 5 000 元。假设公司的所得税税率为 25%。

要求:估算设备报废时残值带来的现金流量。

解答：

残值的现金流量＝5 000＋(6 000－5 000)×25％＝5 250(元)

四、项目现金流量表的编制

在实务中,项目净现金流量的测算通常是通过编制项目现金流量表实现的。项目现金流量表是一种能够全面反映某投资项目在其项目计算期内每年的现金流入量和现金流出量的具体构成内容、净现金流量以及财务可行性评价指标的财务报表。

项目现金流量表通常按全投资假设编制,即只考虑全部投资的运动情况,不具体区分自有资金和借入资金等具体形式的现金流量。全部投资现金流量表的格式如表 6-1 所示。

表 6-1 投资项目现金流量表(全部投资)

单位:万元

序号	项目	建设期		生产经营期							合计
		0	1	2	3	4	5	6	...	n	
一	现金流入										
1	营业收入	—	—	＊	＊	＊	＊	＊	＊	＊	＊
2	长期资产余值回收	—	—	—	—	—	—	—	—	＊	＊
3	垫付流动资金回收	—	—	—	—	—	—	—	—	＊	＊
4	其他现金流入	—	—	＊	＊	＊	＊	＊	＊	＊	＊
	流入小计			＊	＊	＊	＊	＊	＊	＊	＊
二	现金流出										
1	建设投资	＊	＊	—	—	—	—	—	—	—	＊
2	流动资金投资		＊	—	—	—	—	—	—	—	＊
3	经营成本	—	—	＊	＊	＊	＊	＊	＊	＊	＊
4	营业税金及附加	—	—	＊	＊	＊	＊	＊	＊	＊	＊
5	所得税额	—	—	＊	＊	＊	＊	＊	＊	＊	＊
6	其他现金流出	—	—	＊	＊	＊	＊	＊	＊	＊	＊
	流出小计	＊	＊	＊	＊	＊	＊	＊	＊	＊	＊
三	净现金流量	＊	＊	＊	＊	＊	＊	＊	＊	＊	＊
四	累计净现金流量	＊	＊	＊	＊	＊	＊	＊	＊	＊	
五	折现净现金流量	＊	＊	＊	＊	＊	＊	＊	＊	＊	

续表

序号	项目	建设期		生产经营期							合计
		0	1	2	3	4	5	6	⋯	n	
评价指标	1.净现值＝										
	2.内含报酬率＝										
	3.投资回收期＝										

自有资金的现金流量表,现金流入项目与全部投资现金流量表相同,但现金流出项目不同,具体包括自有资金(建设投资和流动资金投资)、借款本金偿还、借款利息支付、经营成本、营业税金及附加和所得税等。

项目现金流量表不同于会计现金流量表,主要有以下几个方面的差别:①反映对象不同:前者反映的是特定投资项目的现金流量;后者反映的是某一企业的现金流量。②期间特征不同:前者包括建设期和经营期,在时间上横跨整个项目计算期;后者则仅为一个会计年度。③表格结构不同:前者包括表格部分和指标部分,其中表格部分包括现金流入、现金流出和净现金流量三大项内容;后者则分为主表和附表部分,其中主表包括经营活动现金流量、投资活动现金流量和筹资活动现金流量三大类内容,每类又包括现金流入量、现金流出量和现金净流量;附表为现金流量表补充资料,包括将净利润调节为经营活动现金流量、不涉及现金收支的重大投资和筹资活动、现金及现金等价物净变动情况三个部分。④勾稽关系不同:前者的勾稽关系表现在各年现金流量具体项目与现金流量合计之间;后者则通过主表和辅表分别按直接法和间接法确定的净现金流量进行勾稽。⑤信息属性不同:前者的信息多为预计的未来数据;后者则必须是真实的历史数据。

五、现金流量估算例题

微课 6-4
现金流量
估算例题

例 6-5

丁公司准备购入一设备以扩充生产能力。现有 A、B 两个方案可供选择:

A 方案需投资 3 000.00 万元,使用寿命为 5 年,采用直线法计提折旧,5 年后设备无残值。5 年中每年营业收入为 1 500.00 万元,每年的付现成本为 500.00 万元。

B 方案需投资 3 600.00 万元,建设期为一年,使用寿命也为 5 年,5 年后有残值收入 200.00 万元,5 年中每年的营业收入为 1 700.00 万元,付现成本第一年为 600.00 万元,以后随着设备陈旧,逐年将增加修理费 30.00 万元,另需垫支营运资金 300.00 万元。税法规定折旧按年数总和法计提,预计净残值率 10%。

要求:假设公司的所得税税率为 25%,估算两个方案的现金流量。

解答:

(1)计算两个方案每年的非付现成本。

A 方案:

每年折旧额＝3 000.00/5＝600.00(万元)

B 方案：

第 1 年折旧额＝(3 600.00－360.00)×(5/15)＝1 080.00(万元)

第 2 年折旧额＝(3 600.00－360.00)×(4/15)＝864.00(万元)

第 3 年折旧额＝(3 600.00－360.00)×(3/15)＝648.00(万元)

第 4 年折旧额＝(3 600.00－360.00)×(2/15)＝432.00(万元)

第 5 年折旧额＝(3 600.00－360.00)×(1/15)＝216.00(万元)

(2)列表计算两个方案的营业现金流量,见表 6-2 和表 6-3。

表 6-2　A 投资方案营业现金流量计算表

单位:万元

生产经营年度	1～5 年
营业收入	1 500.00
付现成本	500.00
折旧	600.00
税前利润	400.00
所得税	100.00
净利润	300.00
营业现金流量	900.00

表 6-3　B 投资方案营业现金流量计算表

单位:万元

生产经营年度	1	2	3	4	5
营业收入	1 700.00	1 700.00	1 700.00	1 700.00	1 700.00
付现成本	600.00	630.00	660.00	690.00	720.00
折旧	1 080.00	864.00	648.00	432.00	216.00
税前利润	20.00	206.00	392.00	578.00	764.00
所得税	5.00	51.50	98.00	144.50	191.00
净利润	15.00	154.50	294.00	433.50	573.00
营业现金流量	1 095.00	1 018.50	942.00	865.50	789.00

(3)结合初始现金流量和终结现金流量,编制两个方案的税后现金流量表(见表 6-4)。

表 6-4　投资方案税后现金流量计算表

单位:万元

	年度	0	1	2	3	4	5	6
A 方案	固定资产投资	－3 000.00						
	营业现金流量		900.00	900.00	900.00	900.00	900.00	
	税后现金净流量	－3 000.00	900.00	900.00	900.00	900.00	900.00	

续表

年度		0	1	2	3	4	5	6
B方案	固定资产投资	−3 600.00						
	流动资金投资		−300.00					
	营业现金流量			1 095.00	1 018.50	942.00	865.50	789.00
	固定资产残值收入							200.00
	固定资产处置损失抵税							40.00
	流动资金回收							300.00
	税后现金净流量	−3 600.00	−300.00	1 095.00	1 018.50	942.00	865.50	1 329.00

六、现金流量估算中应注意的问题

在确定投资方案的相关现金流量时,应遵循的基本原则是:只有增量的现金流量才是相关现金流量。所谓增量现金流量,是指接受或拒绝某个投资方案后,企业总现金流量因此发生的变动。因此,只有那些由于采纳某个项目引起的现金支出增加额才是该项目的现金流出,只有那些由于采纳某个项目引起的现金流入增加额,才是该项目的现金流入。

为正确计算投资方案的增量现金流量,需要正确判断哪些收入或支出会引起企业总现金流量的变动,哪些收入或支出不会引起企业总现金流量的变动。在进行这种判断时,要注意以下几个方面的问题。

(一)区分相关成本与非相关成本

相关成本是指与特定决策有关的,在分析评价时必须加以考虑的成本。例如,差额成本、未来成本、重置成本和机会成本等都属于相关成本。非相关成本是指与特定决策无关,在分析评价时不必加以考虑的成本。例如,沉没成本、历史成本、账面成本等往往是非相关成本。如果将非相关成本纳入投资方案的总成本,则一个有利的方案可能因此变得不利,一个较好的方案可能因此变为较差的方案,从而可能造成决策错误。

例 6-6

甲公司已投资 50.00 万元于一项设备的研制,但未能获得成功。如果继续研发,还需要再投入 40.00 万元,有成功的把握。

要求:估算与设备是否继续研发决策相关的现金流量。

解答:

与设备是否继续研发决策相关的现金流量是 40.00 万元。

已经投入的 50.00 万元是沉没成本,不管是否继续研发,都已无法收回,与公司未来的总现金流量无关。

(二)不要忽视机会成本

在投资方案的选择中,如果选择了一个方案,则必须放弃投资于其他项目的机会。其他投资机会可能取得的收益是实行本方案的一种代价,被称为这项投资方案的机会成本。机会成本不是我们通常意义上的"成本",它不是一种支出或费用,而是失去的收益。这种收益不是实际发生的,是潜在的。机会成本总是针对具体方案的,离开被放弃方案就无从计量确定。机会成本在决策中的意义在于它有助于全面考虑可能采取的各种方案,以便为既定资源寻求最为有利的使用途径。

例 6-7

甲公司正在讨论是否要投产一种新产品。该新产品的生产需要利用现有闲置厂房和设备。如果将该厂房和设备出租,可获收益200.00万元。

要求:

(1)估算应纳入项目评价的现金流量;

(2)如果公司规定这些厂房和设备不得对外出租,以防止出现厂区管理上的混乱,则应纳入项目评价的现金流量是多少?

解答:

(1)应纳入项目评价的现金流量是200.00万元,这是进行新产品生产的机会成本。

(2)如果公司规定这些厂房和设备不得出租,应纳入项目评价的现金流量为0.00。因为无论新产品是否生产,这项现金流入量均是不可能获取的,因此,它不是相关的现金流量。

(三)要考虑投资方案对其他项目的影响

当我们采纳一个新的投资项目后,该项目可能对公司的其他项目造成有利或不利的影响。因此,在进行投资项目分析时,应当关注的是新项目实施后对整个公司预期现金流入的影响。当然,这些交互的影响有时是很难准确计量的。但决策者在进行投资分析仍应将其考虑在内。

例 6-8

丁公司拟新建一车间用以生产受市场欢迎的甲产品,据预测甲产品投产后每年可创造100.00万元的收入;但公司原生产的乙产品会因此受到影响,使其年收入由原来的200.00万元下降到180.00万元。

要求:估算与新建车间相关的现金流量。

解答:

与新建车间相关的现金流量是80.00万元。在进行投资决策分析时,不仅应将新车间的营业收入作为增量收入来处理,而且应扣除其他部门因此而减少的营业收入。

尽管在许多情形下,新项目会对公司现有产品的市场和销售产生不利的影响。但在某些情况下,新项目则会促进现有产品的销售。例如:航空公司开通一条新航线,除直接创造收入外,还将旅客运送至与之相连的其他航线,可能会增加相关航线的收入。因此,决策时必须考虑新项目实施后可能给公司带来的每一笔关联现金流量。

(四)对净营运资本的影响

在一般情况下,当公司投资一个新项目并使销售额扩大后,对于存货和应收账款等流动资产的需求也会增加,公司必须筹措新的资金以满足这种额外需求;另一方面,公司扩张的结果,应付账款与其他一些应付费用等流动负债也会同时增加,从而降低公司流动资金的实际需要。投资项目对净营运资本的需要,是指因投资项目增加的经营性流动资产与增加的经营性流动负债之间的差额。

当投资方案的寿命周期快要结束时,公司将与项目相关的存货出售,应收款项变为现金,应付款项和应付费用也随之偿付,净营运资金恢复到原有水平。通常,在进行项目投资分析时,假定开始投资时投入净营运资金,在项目结束时收回。

例 6-9

甲公司某一新产品生产需要占用流动资金 80.00 万元,它们可在公司现有的周转资金中解决,不需要另外筹资。

要求:估算与该项目相关的现金流量。

解答:

与该项目相关的现金流量是 80.00 万元。流动资金投资是相关的现金流量,要纳入方案决策评价。

至于这笔资金是从现有周转金中解决,还是通过借款等其他方式筹集,是筹资问题。

(五)忽略利息支付和融资现金流量

在评价新投资项目和确定现金流量时,往往将投资决策和融资决策分开,即从全部资本角度来考虑。此时,利息费用和投资项目的其他融资现金流量不应看成是该项目的增量现金流量。也就是说,即使接受项目时不得不通过举借债务来筹集资金,与筹集债务资金相关的利息支出及债务本金的偿还不是相关的现金流量。因为,当用公司要求的投资收益率作为贴现率来贴现项目的现金流量时,该贴现率已经隐含了这些项目的融资成本。分析人员通常事先确定对投资项目的期望收益或收益率,然后再寻求最佳融资方式。

七、项目投资决策中使用现金流量的原因

财务会计是按权责发生制核算企业的收入和成本,并以收入减去成本后的利润作为收益,用来评价企业的经营成果。在长期投资决策中则不能以按这种方法计算的收入和成本作为评价项目经济效益高低的基础,而应以现金流入作为项目的收入,以现金流出作为项目的支出,以净现金流量作为项目的净收益,并在此基础上评价投资项目的经济效益。投资决策之所以按收付实现制计算的现金流量作为评价项目经济效益的基础,主要有以下两方面原因。

(一)采用现金流量才能使投资决策更合理

资金时间价值是财务学基本理念。项目投资有一个时间周期,横跨多个年度,而不同时间的等量资金具有不同的价值。因此,忽略资金时间价值就可能做出错误的项目投资决策。要考虑资金的时间价值,需要在决策时弄清每笔预期收入款项和支出款项的具体

时间。在衡量方案优劣时,应根据各投资项目寿命周期内各年的现金流量,按照资本成本,结合资金的时间价值来确定。

而利润的计算,并不考虑资金收付时间,它是以权责发生制为基础的。例如:购置固定资产、无形资产等长期资产付出现金时不计入成本;将固定资产、无形资产等资产的价值以折旧或摊销的形式逐期计入成本时,却又不需要付出现金;计算利润是不考虑垫支流动资金的数量和回收的时间;等等。可见,要在投资决策中考虑资金的时间价值,就不能利用利润来衡量项目的优劣,而必须采用现金流量。

(二)用现金流量才能使投资决策更客观

在长期投资决策时,用现金流量能科学客观地评价投资方案的优劣,而利润则明显地存在不科学、不客观的成分。这是因为:(1)利润的计算没有一个统一的标准,在一定程度上要受存货计价、费用摊配和折旧计提方法差异的影响,因而净利润计算比现金流量的计算具有更大的主观随意性,作为决策的主要依据不太可靠;(2)利润反映的是某一会计期间"应计"的,而不是实际的。若以实际未收到现金的流入或实际未支付的现金流出度量收益,具有较大风险,容易高估或低估投资项目的经济效益,存在不科学、不合理的成分。

第三节 项目投资决策评价方法

项目投资决策评价的基本原理是:当投资项目收益率超过资本成本时,企业价值将增加;投资项目收益率低于资本成本时,企业价值将减少。这一原理涉及项目的报酬率、资本成本和股东财富的关系。

投资要求的报酬率是投资人的机会成本,即是投资人将资金投资于其他等风险资产可以赚取的最高收益。企业投资项目的报酬率必须达到投资人的要求。如果企业的资产获得的报酬超过资本成本,企业的收益大于股东要求,必然会吸引新的投资者购买该公司股票,其结果是股价上升。如果相反,股东会对公司不满,有一部分人会出售公司股票,导致股价下跌。因此,资本成本也可以说是企业在现有资产上必须赚取的、能使股价维持不变的收益。股价代表了股东财富,反映了资本市场对公司价值的预估。企业投资取得的报酬高于资本成本,就能为股东创造了价值;反之,则毁损了股东财富。因此,投资人要求的报酬率,即资本成本,是评价项目是否为股东创造财富的标准。

项目投资决策是通过一定的经济评价指标来进行。进行投资项目决策的评价方法有非贴现评价方法和贴现评价方法两类。

一、非贴现评价方法

非贴现的方法不考虑资金的时间价值,把不同时间的现金流量看成是等效的。因此,这些方法在选择方案时通常起辅助作用。

微课 6-6
非贴现评
价方法

(一)回收期法

1.投资回收期法的含义

投资回收期法是使用回收期作为评价方案优劣指标的一种方法。投资回收期是指投资引起的现金净流入累积到与投资额相等所需的时间,代表收回投资所需的年限。回收年限越短,投资方案的流动性越好,风险越小。

投资回收期有包括建设期的投资回收期(记作 PP)和不包括建设期的投资回收期(记作 PP')两种形式。包括建设期的投资回收期等于不包括建设期的投资回收期加上建设期,即 $PP=PP'+S$。

2.投资回收期的计算

投资回收期的计算有通用法和简算法两种。通用法计算出的投资回收期为包括建设期投资回收期,其计算公式如下:

$$\sum_{t=0}^{PP} NCF_t = 0$$

式中:PP 代表包括建设期的投资回收期;NCF_t 代表第 t 年的净现金流量。

不包括建设期投资回收期等于包括建设期投资回收期减去建设期。

例 6-10

丁公司投资项目的相关现金流量见例 6-5 中 B 方案资料。

要求:计算 B 方案的投资回收期。

解答:

依题意列表 6-5。

表 6-5　丁公司 B 方案现金流量表(部分)

单位:万元

项目计算期	0	1	2	3	4	5	6
税后现金净流量	−3 600.00	−300.00	1 095.00	1 018.50	942.00	865.50	1 329.00
累计净现金流量	−3 600.00	−3 900.00	−2 805.00	−1 786.50	−844.50	21.00	1 350.00

该方案的投资回收期在 4～5 年之间,用插值法计算如下:

年份	累计净现金流量
第 4 年	−844.50
PP	0.00
第 5 年	21.00

$$\frac{PP-4}{5-4} = \frac{0-(-844.50)}{21.00-(-844.50)}$$

B 方案包括建设期的投资回收期 $=4+\dfrac{844.50}{865.5}=4.98$(年)

B 方案不包括建设期的投资回收期 $=4.98-1=3.98$(年)

如果原始投资全部发生在建设期内,投产后前若干年每年营业净现金流量相等,且相

等年份营业净现金流量之和大于或等于原始投资额,则不包括建设期的投资回收期可用以下简化公式计算:

$$PP' = \frac{\sum\limits_{t=0}^{s} P_t}{NCF_t}$$

式中:PP'代表不包括建设期的投资回收期;P_t代表原始投资;S代表建设期;NCF_t代表第t年营业净现金流量。

例 6-11

丁公司投资项目的相关现金流量见例 6-5 中 A 方案的资料。

要求:判断是否可以利用简化公式计算投资回收期?如果可以,计算该投资项目的投资回收期。

解答:

依题意,该项目原始投资 3 000.00 万元于建设起点投入,投产后每年的净现金流量相等,均为 900.00 万元,相等年份的净现金流量之和为 4 500.00 万元,大于原始投资,可以使用简化公式计算投资回收期。

$$A\text{方案的投资回收期} = \frac{3\ 000.00}{900.00} = 3.33(\text{年})$$

3.投资回收期指标的特点

投资回收期是一个静态的绝对量反指标。由于计算简便,并且容易理解,在实务中应用较为广泛。它的缺点主要是:一是没有考虑资金时间价值;二是没有考虑回收期以后的现金流量;三是不能反映投资方案实际报酬率。事实上,具有战略意义的长期投资往往早期收益较低,中后期收益较高。投资回收期法优先考虑急功近利的项目,可能导致放弃长期成功的方案。它以前是评价投资项目财务可行性最常用的方法,现在只是作为辅助方法使用,主要用来测定方案的流动性而非营利性。

使用投资回收期法进行决策必须有一个决策依据,但没有客观因素表明存在一个合适的截止期,可以使公司价值最大化。因此,回收期法没有相应的参照标准。通常,在不考虑其他评价指标的前提下,用小于或等于项目计算期的一半或基准回收期,作为判断投资项目是否具有财务可行性的标准。这一参照标准在一定意义上只是一种主观的臆断。

为了克服回收期法不考虑资金时间价值的缺陷,人们提出了折现投资回收期法。折现投资回收期,又称动态投资回收期,是指在考虑资金时间价值的情况下以投资项目引起的现金净流入量抵偿原始投资所需的时间。动态投资回收期是使下式成立的 PP。

$$\sum_{t=0}^{PP} \frac{NCF_t}{(1+i)^t} = 0$$

例 6-12

丁公司投资项目的相关现金流量见例 6-5,投资人要求的报酬率为 10%。

要求:分别计算 A 方案和 B 方案的动态投资回收期。

解答：

依题意分别列表 6-6、表 6-7。

表 6-6　丁公司 A 方案动态投资回收期计算表

单位:万元

项目计算期	0	1	2	3	4	5
税后现金净流量	−3 000.00	900.00	900.00	900.00	900.00	900.00
折现系数	1.000 0	0.909 1	0.826 4	0.751 3	0.683 0	0.620 9
折现现金净流量	−3 000.00	818.18	743.80	676.18	614.71	558.83
累计折现净现金流量	−3 000.00	−2 181.82	−1 438.02	−761.83	−147.12	411.71

A 方案的动态投资回收期在 4～5 年之间，用插值法计算如下：

年份	累计净现金流量
第 4 年	−147.12
PP	0
第 5 年	411.71

$$\frac{PP-4}{5-4}=\frac{0-(-147.12)}{411.71-(-147.12)}$$

A 方案的动态投资回收期 $=4+\dfrac{147.12}{558.83}=4.26$（年）

表 6-7　丁公司 B 方案动态投资回收期计算表

单位:万元

项目计算期	0	1	2	3	4	5	6
税后现金净流量	−3 600.00	−300.00	1 095.00	1 018.50	942.00	865.50	1 329.00
折现系数	1.000 0	0.909 1	0.826 4	0.751 3	0.683 0	0.620 9	0.564 5
折现现金净流量	−3 600.00	−272.73	904.96	765.21	643.40	537.41	750.19
累计折现净现金流量	−3 600.00	−3 872.73	−2 967.77	−2 202.55	−1 559.16	−1 021.75	−271.56

表 6-7 计算结果表明，在考虑资金时间价值的情况，B 方案直到项目终结，还未收回投资。

动态投资回收期出现以后，为了区分，将传统的投资回收期称为非折现投资回收期或静态投资回收期。

(二)会计收益率法

1.会计收益率法的含义

会计收益率法是使用会计收益率作为评价投资方案优劣指标的一种方法。会计收益率，又称投资利润率，是年平均净收益占原始投资额的百分比。在计算时使用会计的收益、成本观念以及会计报表的利润数据，不直接使用现金流量信息。

2.会计收益率的计算

会计收益率的计算公式为：

$$会计收益率=\frac{年平均净利润}{原始投资额}\times100\%$$

如果在计算年平均净收益时,使用不包括建设期的经营期年数,其结果称为"经营期会计收益率"。

例 6-13

丁公司投资项目的相关资料见例 6-5。

要求:分别计算该公司 A 方案和 B 方案的会计收益率。

解答:

$$A\ 方案会计收益率=\frac{300.00}{3\ 000.00}\times100\%=10\%$$

$$B\ 方案会计收益率=\frac{\dfrac{15.00+154.00+294.00+433.50+573.00}{6}}{3\ 900.00}\times100\%=6.28\%$$

$$B\ 方案经营期会计收益率=\frac{\dfrac{15.00+154.00+294.00+433.50+573.00}{5}}{3\ 900.00}\times100\%=7.54\%$$

3.会计收益率指标的特点

会计收益率是一个静态的相对量正指标。它的优点是计算简单,应用范围较广。其缺点主要有:一是没有考虑资金时间价值;二是无法直接利用净现金流量信息;三是不能反映投资方案本身的投资报酬率;四是计算公式的分子分母的时间特征不同,不具有可比性。

与投资回收期一样,会计收益率指标没有一个客观的基准可以作为评判投资项目财务可行性的依据。通常以行业平均会计收益率或投资人要求的会计收益率作为基准。在此情况下,不考虑其他评价指标的前提下,只有当会计收益率指标大于或等于基准会计收益率,投资项目才具有财务可行性。

二、贴现评价方法

贴现的评价方法,是指考虑资金时间价值的分析评价方法,亦被称为贴现现金流量分析技术,或动态分析法。常用的贴现评价方法主要包括净现值法、获利指数法和内含报酬率法等。

(一)净现值法

1.净现值法的含义

净现值法是使用净现值来评价方案优劣的一种方法。净现值(记作 NPV),是指特定方案在整个项目计算期内每年净现金流量现值的代数和,或者说是特定方案未来现金流入量的现值与未来现金流出量的现值之间的差额。

净现值法所依据的原理是:假设预计的现金流入在年末肯定可以实现,把原始投资看成是按预定贴现率借入的。当净现值为正时,偿还本息后还有剩余的收益。净现值的经济意义是投资方案贴现后的净收益。

　　要计算投资项目的净现值,不仅需要知道与项目相关的现金流量,还必须确定贴现率。在通常情况下,采用企业要求的最低投资报酬率或资本成本作为投资项目预定的贴现率。贴现率问题将在本章第 5 节中进一步讨论。

　　2.净现值的计算

　　净现值的计算公式为:

$$净现值(NPV) = \sum_{t=0}^{n} \frac{NCF_t}{(1+i)^t}$$

　　或:

$$NPV = \sum_{t=0}^{n} \frac{I_t}{(1+i)^t} - \sum_{t=0}^{n} \frac{O_t}{(1+i)^t}$$

　　式中:n 代表投资项目计算期;NCF_t 代表第 t 年的净现金流量;I_t 代表第 t 年的现金流入量;O_t 代表第 t 年的现金流出量;i 代表投资人要求的报酬率。

例 6-14

　　丁公司投资项目的相关现金流量的数据见例 6-5,假设投资人要求的报酬率为 10%。

　　要求:分别计算 A 方案和 B 方案的净现值。

　　解答:

　　　　A 方案净现值$=900.00×(P/A,10\%,5)-3\,000.00$

　　　　　　　　　　$=900.00×3.790\,8-3\,000.00=411.72(万元)$

　　　　B 方案净现值$=-3\,600.00-300.00×(P/F,10\%,1)+1\,095.00×(P/F,10\%,2)+$

　　　　　　　　　　$1\,018.50×(P/F,10\%,3)+942.00×(P/F,10\%,4)+865.50×$

　　　　　　　　　　$(P/F,10\%,5)+1\,329.00×(P/F,10\%,6)$

　　　　　　　　$=-3\,600.00-300.00×0.909\,1+1\,095.00×0.826\,4+1\,018.50×0.751\,3+$

　　　　　　　　　　$942.00×0.683\,0+865.50×0.620\,9+1\,329.00×0.564\,5$

　　　　　　　　$=3\,601.10-3\,872.73=-271.63(万元)$

　　目前,净现值的计算通常是在 Excel 中用公式链接或插入函数求得。在 Excel 中用公式链接计算 B 方案净现值的步骤及结果见表 6-8。

表 6-8　B 方案净现值 Excel 计算表

单位:万元

年度	0	1	2	3	4	5	6
税后现金净流量	−3 600.00	−300.00	1 095.00	1 018.50	942.00	865.50	1 329.00
折现系数	1.000 0	0.909 1	0.826 4	0.751 3	0.683 0	0.620 9	0.564 5
折现现金净流量	−3 600.00	−272.73	904.96	765.21	643.40	537.41	750.19
净现值	−271.63						

　　用 Excel 公式链接计算的净现值之所以会与查现值系数表计算结果有 0.07 万元的差异,是因为在 Excel 中运算保留小数 30 位,而现值系数表中的数值只有 4 位小数。

Excel 的插入函数法具体操作步骤为：打开 Excel 程序，点击公式中的插入函数"NPV"，按计算机提示分别输入贴现率和净现金流量，可求得净现值的数值。但由于 Excel 程序的设计者将发生第一次现金流量的时间定义为第一年年末，系统只承认第 $1-n$ 期的净现金流量。因此，在这种情况下，用插入函数法求得的净现值是第零年的前一年的价值，投资项目的净现值等于按插入函数法求得的净现值乘以 $(1+$ 贴现率$)$。如果建设起点不发生投资，则插入函数法求得的净现值就是投资项目真实的净现值。

例 6-15

丁公司投资项目的相关现金流量的数据见例 6-5，假设该项目的预定贴现率为 10.00%。

要求：要求用插入函数法计算 A 方案的净现值。

解答：

在 Excel 表格中，直接插入 NPV 函数，并输入贴现率 10% 和已知的第 0～5 年的净现金流量，求得的净现值 374.28 万元。

A 项目调整后的净现值 $=374.28×(1+10\%)=411.71$（万元）

本例计算结果与例 6-14 计算结果有 -0.01 万元的误差，也是因为计算机系统与手工计算保留精度不同。这样微小的差异，在实务中可以忽略不计。

3.净现值指标的特点

净现值是一个折现的绝对量正指标，是项目投资决策评价指标中最重要的指标之一。净现值法考虑了资金的时间价值和整个项目寿命周期的现金流量，能反映投资项目在其计算期内的净收益。从理论说，它比其他方法更完善，被誉为"理财的第一原则"，具有广泛的适用性。净现值法的缺点在于不能直接反映项目实际收益率水平；且当投资额不等时，无法用 NPV 确定独立方案的优劣。

按照这种方法，所有未来现金流入和流出都要按照预定的贴现率折算为现值，然后再计算它们的差额。如净现值为正数，即贴现后现金流入大于贴现后现金流出，该投资项目的报酬率大于预定的贴现率；如净现值为零，即贴现后现金流入等于贴现后现金流出，该投资项目的报酬率等于预定的贴现率；如净现值为负数，即贴现后现金流入小于贴现后现金流出，该投资项目的报酬率小于预定的贴现率。因此，只有当净现值大于等于 0，投资方案才具有财务可行性。

由例 6-14 计算结果可知，丁公司投资项目 A 方案的净现值为 411.72 万元，大于零，具有财务可行性；B 方案的净现值为 -271.63 万元，小于零，不具有财务可行性。

（二）获利指数法

1.获利指数法的含义

获利指数法是根据获利指数来评价方案优劣的一种方法。获利指数（记作 PI），又称现值指数，是指未来现金流入量的现值与现金流出量的现值的比率，或者说是投产后各年净现金流量的现值之和除以原始投资的现值。

2.获利指数的计算

获利指数的计算公式为：

$$PI = \sum_{t=0}^{n} \frac{I_t}{(1+i)^t} \div \sum_{t=0}^{n} \frac{O_t}{(1+i)^t}$$

或：

$$PI = \sum_{t=s+1}^{n} \frac{NCF_t}{(1+i)^t} \div \left| \sum_{t=0}^{s} \frac{NCF_t}{(1+i)^t} \right|$$

式中：n 代表投资项目计算期；S 代表投资项目建设期；NCF_t 代表第 t 年的净现金流量；I_t 代表第 t 年的现金流入量；O_t 代表第 t 年的现金流出量；i 代表预定的贴现率。

例 6-16

丁公司投资项目的相关现金流量的数据见例 6-5,假设该项目的预定贴现率为 10.00%。

要求：分别计算 A 方案和 B 方案的获利指数。

解答：

由例 6-14 计算过程可知,A 方案经营期现金流量现值合计为 3 411.72 万元,原始投资为 3 000.00 万元,其获利指数为：

$$A \text{ 方案的获利指数} = \frac{3\ 411.72}{3\ 000.00} = 1.14$$

由例 6-14 计算过程可知,B 方案经营期现金流量现值合计为 3 601.10 万元,原始投资的现值为 3 872.73 万元,其获利指数为：

$$B \text{ 方案的获利指数} = \frac{3\ 601.10}{3\ 872.73} = 0.93$$

3.获利指数指标的特点

获利指数是一个贴现的相对量正指标。它从动态的角度反映了投资项目的资金投入与总产出之间的关系,可以进行独立投资机会获利能力的比较。但它与净现值一样,无法直接反映投资项目的投资收益率。

获利指数可以看成是 1 元原始投资可望获得的现值净收益。它是一个相对数指标,反映的是投资的效率;而净现值指标是绝对数指标,反映的是投资的效益。只有当投资方案的获利指数大于或等于 1,说明其收益超过或等于成本,即投资报酬率超过或等于预定的贴现率,方案才具有财务可行性。

由例 6-16 计算结果可知,丁公司投资项目 A 方案的获利指数为 1.14>1,具有财务可行性;B 方案的获利指数为 0.93<1,不具有财务可行性。

(三)内含报酬率法

1.内含报酬率法的含义

内含报酬率法是根据方案本身的内含报酬率来评价方案优劣的一种方法。内含报酬率(记作 IRR),又称内部收益率,或内部报酬率,是指能够使未来现金流入量的现值等于未来现金流出量的现值的贴现率,或者说是使投资方案净现值为零的贴现率。

净现值和获利指数虽然考虑了资金时间价值,可以说明投资方案高于或低于某一特定的投资报酬率,但没有揭示方案本身可以达到的实际报酬率水平。

内含报酬率是投资项目本身"固有"的最高可以实现的投资收益率。"固有"是指内含报酬率是投资项目的内生变量,本身不受资本市场利率的影响,而取决于投资项目本身所产生的现金流量,只要确定了预期现金流量,包括各期现金流量规模和持续时间,也就确定了内含报酬率。最高是指内含报酬率反映投资项目所能达到的真实收益率,为投资者提供了一个选择期望要求报酬率的上限,即投资者的要求报酬率不能超过投资项目的内含报酬率,否则将无法偿还资本成本。

2.内含报酬率的计算

内含报酬率的计算公式为:

$$\sum_{t=0}^{n} \frac{NCF_t}{(1+IRR)^t} = 0$$

或:

$$\sum_{t=0}^{n} \frac{I_t}{(1+IRR)^t} = \sum_{t=0}^{n} \frac{O_t}{(1+IRR)^t}$$

式中:IRR代表内含报酬率;n代表投资项目计算期;NCF_t代表第t年的净现金流量;I_t代表第t年的现金流入量;O_t代表第t年的现金流出量。

内含报酬率的计算,通常要采用"逐次测试逼近法"。首先,估计一个贴现率,用它来计算投资方案的净现值:如果净现值为正数,说明方案本身的报酬率超过估计的贴现率,应提高贴现率后进一步测试;如果净现值为负数,说明方案本身的报酬率低于估计的贴现率,应降低贴现率后进一步测试。经过多次测试,寻找到净现值接近于零的贴现率,即为方案本身的内含报酬率。需要指出的是:插值时,净现值一正一负对应的两个贴现率之差应小于或等于5%,否则可能会导致误差太大。

例 6-17

丁公司投资项目的相关现金流量可见例6-5中B方案的资料。

要求:计算B方案的内含报酬率。

解答:

由例6-14的计算结果,已知B方案的净现值为负数,说明它的投资报酬率小于10%,应降低贴现率进一步测试。假设以8%为贴现率进行测试,发现净现值仍然为负,继续降低贴现率至6%,计算结果为正的。由此可以判定B方案的内含报酬率界于6%～8%之间。B方案内含报酬的测试见表6-9。

表 6-9 丁公司B方案内含报酬率测试表

单位:万元

年份	现金净流量	贴现率=6%		贴现率=8%		贴现率=10%	
		贴现系数	现值	贴现系数	现值	贴现系数	现值
0	−3 600.00	1.000 0	−3 600.00	1.000 0	−3 600.00	1.000 0	−3 600.00
1	−300.00	0.943 4	−283.02	0.925 9	−277.77	0.909 1	−272.73

续表

年份	现金净流量	贴现率＝6%		贴现率＝8%		贴现率＝10%	
		贴现系数	现值	贴现系数	现值	贴现系数	现值
2	1 095.00	0.890 0	974.55	0.857 3	938.74	0.826 4	904.91
3	1 018.50	0.839 6	855.13	0.793 8	808.49	0.751 3	765.20
4	942.00	0.792 1	746.16	0.735 0	692.37	0.683 0	643.39
5	865.50	0.747 3	646.79	0.680 6	589.06	0.620 9	537.39
6	1 329.00	0.705 0	936.95	0.630 2	837.54	0.564 5	750.22
	净现值	276.55		−11.58		−271.63	

用插值法求内含报酬率：

贴现率	净现值
6%	276.55
IRR	0.00
8%	−11.58

$$\frac{IRR-6\%}{8\%-6\%}=\frac{0.00-276.55}{-11.58-276.55}$$

B 方案的内含报酬率(IRR)$=\frac{276.55}{288.13}\times2\%+6\%=7.92\%$

如果投资项目的原始投资于建设起点一次投入,建设期为零,生产经营期每年的净现金流量相等,不需要进行逐步测试,可以直接利用年金现值系数计算内含报酬率,即通常所称的简算法。

在此法下,内含报酬率(IRR)可按下式确定：

$$(P/A,IRR,n)=\frac{P}{NCF}$$

式中：IRR 代表内含报酬率；n 代表投资项目计算期；NCF 代表各年相等的净现金流量；P 代表原始投资。

如果将上述公式与计算静态投资回收期的简化公式比较,即可发现：计算内含报酬率时的年金现值系数就是该投资方案的静态投资回收期。

例 6-18

丁公司投资项目的相关现金流量见例 6-5 中 A 方案的数据。

要求：判断是否可利用简算法计算内含报酬率？ 如果可以,请用简算法计算该投资项目的内含报酬率。

解答：

依题意,该项目原始投资 3 000.00 万元于建设起点一次投入,投产后每年的净现金流量相等,均为 900.00 万元,可以运用简算公式计算内含报酬率。

$$(P/A,\text{IRR},5)=\frac{3\ 000.00}{900.00}=3.333\ 3$$

查阅"年金现值系数表",寻找 $n=5$ 时系数 3.333 3 所对应的贴现率。查表结果显示,与 3.333 3 接近的年金现值系数 3.433 1 和 3.274 3 分别指向 14% 和 16%。

用插值法计算内含报酬率如下:

贴现率	年金现值系数
14%	3.433 1
IRR	3.333 3
16%	3.274 3

$$\frac{\text{IRR}-14\%}{16\%-14\%}=\frac{3.333\ 3-3.433\ 1}{3.274\ 3-3.433\ 1}$$

$$\text{A 方案内含报酬率(IRR)}=\frac{0.099\ 8}{0.158\ 8}\times2\%+14\%=15.26\%$$

与净现值一样,内含报酬率也可运用 Excel 程序中插入函数功能计算。点击 Excel 中插入函数"IRR",按计算机系统的提示输入净现金流量,可直接求得内含报酬率的数据。如前所述,由于 Excel 程序的设计者将发生第一次现金流量的时间定义为第一年年末。因此,在这种情况下,用插入函数法求得的内含报酬率一定会小于项目真实的内含报酬率,但在项目计算期不小于两年的情况下,误差通常会小于 1.00%。

与按插入函数法计算净现值不同,由于内含报酬率指标计算上的特殊性,无法将按插入函数法求得的内含报酬率调整为项目真实的内含报酬率。如果建设起点不发生投资,则插入函数法求得的内含报酬率就是项目真实的内含报酬率。

3.内含报酬率指标的特点

内含报酬率是一个折现的相对量正指标。它从动态的角度直接反映了投资项目实际收益水平,计算不受设定贴现率的影响,是企业项目投资决策中使用频率最高的决策方法。其缺点主要是计算过程比较麻烦,而借助 Excel 工具用插入函数法又无法求得真实的内含报酬率。

只有当内含报酬率大于或等于资本成本或投资人要求的收益率,方案才具有财务可行性。

假设丁公司的资本成本为 10.00%。由例 6-18 计算结果可知,A 方案的内含报酬率为 15.26%>10%,具有财务可行性;从例 6-17 计算结果可知,B 方案的内含报酬率为 7.92%<10%,不具有财务可行性。

4.内含报酬率与净现值关系

内含报酬率与净现值的计算原理实际上是一致的。所不同的是:净现值是用给定的贴现率对项目现金流量进行贴现,而内含报酬率是给定净现值为零的情况下求出贴现率。如果投资项目产生正常现金流量,即只是在初始阶段发生现金净流出,其后始终是现金净流入,即现金流量的符号是按照-,+,+,+,+……的模式排列,"-"可以有多个,但不能在出现"+"以后再次出现"-",则净现值与内含报酬率之间的关系如图 6-1 所示。

由图 6-1 可知,同一现金流量的净现值随着贴现率的增大逐渐减小。因此,净现值是

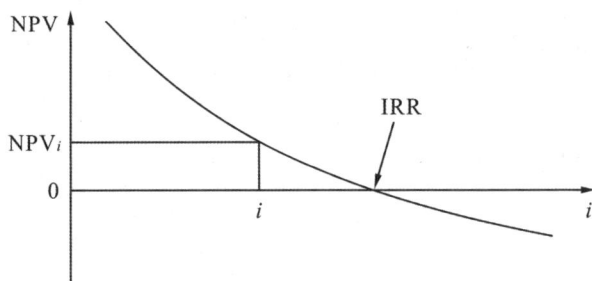

图 6-1 NPV 函数曲线图

贴现率的减函数。净现值函数曲线在 NPV＝0.00 时，与代表贴现率的横轴相交的贴现率，就是内含报酬率。当资本成本小于内含报酬率（资本成本位于内含报酬率的左侧），贴现后项目的净现值大于零，而同时也满足项目的内含报酬率大于资本成本。同样，当资本成本大于内含报酬率（资本成本位于内含报酬率的右侧），贴现后项目的净现值小于零，而同时这也不满足项目的内含报酬率大于资本成本。所以，净现值与内含报酬率的两个决策指标的结论是一致的。

但是，如果投资项目产生的现金流量在整个项目计算期内多次改变符号，即出现正负相间的状况，就有可能出现如图 6-2 的多重内含报酬率的现象。

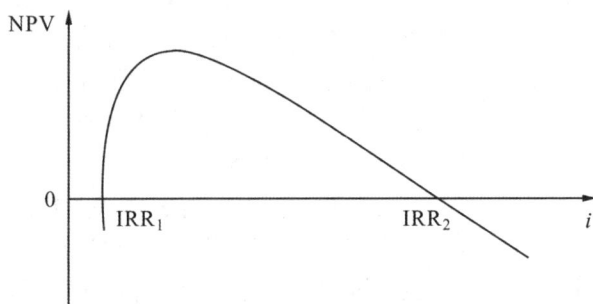

图 6-2 NPV 函数曲线图——多重 IRR

当 $i<IRR_1$ 时，两个内含报酬率均大于资本成本，根据内含报酬率的决策规则，应接受该项目。但如果计算此时的净现值，发现项目的净现值为负，应予拒绝。在这种情况下，净现值与内含报酬率指标的结论是矛盾的，且内含报酬率的结论是错误的。导致这种情况出现的原因是项目计算期内现金流量两次改变符号，净现值与贴现率之间不再是单调函数，内含报酬率出现多个解。只有当贴现率 $IRR_1<i<IRR_2$ 时，净现值才为正。

当项目现金流量不是前正后负的常规现金流量时，实务中通常采用将非常规的现金流量转化为常规现金流量再计算内含报酬率。

第四节　项目投资决策评价方法的应用

　　在实务中,我们不仅需要判别各个投资项目的财务可行性,还要面对多个财务可行的投资项目的选择性决策。投资决策方法因投资项目本身是否互斥以及企业投资资本是否有限制而不同。

一、独立方案的财务可行性

　　净现值、获利指数和内含报酬率是评价投资方案是否具有财务可行性的主要指标。

　　通常,净现值、获利指数和内含报酬率指标之间存在以下数量关系:当净现值大于零时,获利指数大于 1,内含报酬率大于贴现率;当净现值等于零时,获利指数等于 1,内含报酬率等于贴现率;当净现值小于零时,获利指数小于 1,内含报酬率小于贴现率。因此,在用这三个贴现的评价指标对同一个投资项目进行财务可行性评价,不会得出矛盾的结论。判别投资方案是否可行主要看这三个贴现指标。

　　非贴现的投资回收期和会计收益率指标只是次要或辅助指标,而且它们不一定会与上述三个贴现的主要指标的评价结论一致。当投资回收期和会计收益率与上述三个贴现指标的评价结论一致时,我们认为投资方案具有完全可行或完全不可行;当投资回收期和会计收益率或其中的一个与上述三个贴现的主要指标的评价结论发生矛盾时,我们将其定义为基本可行或基本不可行。由此可见,独立方案的财务评价结论有完全可行、完全不可行、基本可行和基本不可行四种类型。

　　当净现值≥0,获利指数≥1,内含报酬率≥贴现率(资本成本),静态投资回收期≤项目计算期/2,会计收益率≥基准收益率,投资方案完全具备财务可行性。当净现值≥0,获利指数≥1,内含报酬率≥贴现率(资本成本),但静态投资回收期>项目计算期/2,或会计收益率<基准收益率,投资方案基本具备财务可行性。

　　当净现值<0,获利指数<1,内含报酬率<贴现率(资本成本),静态投资回收期>大于项目计算期/2,会计收益率<基准收益率,投资方案完全不具备财务可行性。当净现值<0,获利指数<1,内含报酬率<贴现率(资本成本),但静态投资回收期≤项目计算期/2或会计收益率≥基准收益率,投资方案基本不具备财务可行性。

　　只有完全具备或基本具备财务可行性的方案,才是可以接受的。

例 6-19

　　依据例 6-10 至例 6-18 计算结果,丁公司 A、B 两个投资方案相关评价指标如下:A 方案的静态投资回收期为 3.33 年、会计收益率为 10%、净现值为 411.72 万元、获利指数为 1.14、内含报酬率为 15.26%;B 方案的静态投资回收期为 4.98 年、会计收益率为 6.28%、净现值为 −271.63 万元、获利指数为 0.93、内含报酬率为 7.927%。假定该企业资本成本为 10%,基准会计收益率为 8%。

要求:分别评价 A、B 两个方案的财务可行性。

解答:

A 方案的净现值＝411.72 万元＞0,获利指数＝1.14＞1,内含报酬率＝15.26％＞10％,会计收益率＝10％＞8％,静态投资回收期＝3.33＞2.5 年。因此,该方案基本具有财务可行性。

B 方案的净现值＝－271.63 元＜0,获利指数＝0.93＜1、内含报酬率＝7.92％＜10％,会计收益率＝6.28％＜8％,静态投资回收期＝4.98 年＞3 年。因此,该方案完全不具有财务可行性。

需要注意的是:与金融资产投资不同,投资经营资产,经常可以增加投资人的选择权,这种未来可以采取某种行动的权利而非义务是有价值的,它们被称为实物期权。在运用净现值、内含报酬率等指标对投资项目的财务可行性进行分析时,隐含两个不切实际的假设,即企业决策不能延迟而且只能选择投资或不投资、项目未来不会作任何调整。然而,实务中我们经常会遇到这样的现象:企业通常会先小规模推出新产品以抢占市场,而后根据市场的反应再决定是否扩充规模(扩张期权);或在项目执行一段时间后,实际产生的现金流量远低于预期,企业就会考虑提前放弃项目(放弃期权);或一些前景不明朗的项目,企业会选择观望,看一看未来是更好,还是更差(时机选择期权)。如果投资项目的风险比较大,其隐含的这些实物期权的价值在财务可行性评价中不能忽略不计,否则可能会做出错误的决策。也就是说,当投资项目具有负的净现值,如果其隐含的扩张期权或放弃期权的价值能够覆盖负的净现值,该投资项目是具有财务可行性的;当投资项目具有正的净现值,如果时机选择期权的价值大于项目的净现值,等一等之于企业的价值创造更有利。

二、互斥方案的比较决策

多个互斥方案的比较决策是指在每一个入选方案已具备财务可行性的前提下,比较各个方案的优劣,从中选出最优方案。只有完全具备或基本具备财务可行性的方案,才有资格进入筛选比较视野。在这里,我们主要讨论资本无限量条件下互斥方案的比较决策。因为,在资本有限量的情况下,有些方案即使本身具有财务可行性,但可能受制于资本限制,无法付诸实施。

如果一个项目方案的所有评价指标均比另一个方案差,在选择时不会有什么困难。问题是这些评价指标出现矛盾时,尤其是主要评价指标出现矛盾时,我们如何选择? 导致评价指标出现矛盾的原因主要有两种:一是投资额不同;二是项目计算期不同。

(一)项目计算期相同

在企业价值最大化的财务目标导向下,投资决策的基本原理是实现整个企业的净现值最大化。在多个互斥方案的比较决策中,如果项目计算期相同,可运用直接比较法或差量分析法进行互斥方案的选择。

1.直接比较法

直接比较法是指通过比较净现值的大小,从互斥方案中选择最优方案的方法。在此法下,净现值最大的方案为最优。

无论投资方案原始投资是否相同,由于方案是互斥的,在无资本限量的情况下,选择净现值大的方案符合企业的最大利益。在投资方案原始投资相同的情况下,也可以比较获利指数的大小。

例 6-20

丙公司有一投资项目,现有 A、B、C 三个计算期相同的互斥方案可供选择,其原始投资分别为 500.00 万元、300.00 万元和 200.00 万元,净现值分别为 138.00 万元、59.00 万元和－3.00 万元。

要求:评价每一方案的财务可行性,并按净现值法进行比较决策。

解答:

A、B 两个方案的净现值大于 0,具有财务可行性;C 方案净现值小于 0,方案不具有财务可行性。

A 方案的净现值大于 B 方案,因此,应选择 A 方案。

在无资本限量情况下,运用直接比较法进行计算期相同的互斥方案比较决策,应当注意以下几个方面的问题。

(1)净现值比较法具有普通的适用性。互斥投资选择最高的净现值项目,符合企业价值最大化的财务目标。因为,净现值越高,企业的价值越大。

(2)当原始投资额相同时,也可通过比较投资方案的获利指数法(PI)的大小来选择最优方案。在原始投资相同、计算期相同的互斥方案决策中,采用净现值法会与获利指数得出完全相同的结论。当初始投资不同时,可能会得出矛盾的结论。在没有资本限量的情况下的互斥决策中,选择净现值较大投资项目。这是因为净现值是用经营期各年现金净流量的现值减原始投资现值,而获利指数是用经营期各年现金净流量的现值除以原始投资现值。获利指数只反映项目的投资回收程度,不反映投资回收多少。

例 6-21

乙公司有 A、B 两个计算期均为 10 年的互斥投资方案,A 项目原始投资现值为 120.00 万元,净现值为 30.00 万元,获利指数为 1.25;B 项目原始投资现值为 100.00 万元,净现值为 28.00 万元,获利指数为 1.28。

要求:比较两个投资方案的优劣,并做出选择。

解答:

在获利指数法下 B 优于 A,在净现值法下 A 优于 B。

这是两个计算期相同的互斥方案的比较决策。获利指数是假定净现金流入量重新投资产生的收益率与此项目的特定的投资报酬率相同,净现值法是假定产生的净现金流量重新投资会产生企业资本成本的利润率,依据净现值比较法决策更具合理性。因此,乙公司应该选择 A 方案。

(3)内含报酬率不能直接用于互斥方案的比较决策。即使当项目计算期相同,甚至是原始投资额相同,运用内含报酬率法进行互斥方案的比较决策,也可能导致错误的结论。

在多数情况下,净现值与内含报酬率得出的结论是相同的。在初始投资或现金净流量流入时点不一致的情况下,内含报酬率法与净现值法在项目的优劣比较中可能得出不一致的结论。由于净现值的计算是依据已知的贴现率(资本成本),而内含报酬率的计算本身与资本成本的高低无关。这也就意味着:净现值法假定项目产生的现金净流入量重新投资会产生相当于企业资本成本的收益率,而内含报酬率则假定项目产生的现金净流入量重新投资产生的收益率与此项目的特定内含报酬率相同。用内含报酬率法进行互斥项目的比较决策可能会导致错误的结论。

由于内含报酬率计算时假定项目产生的现金净流入量重新投资产生的收益率为此项目的特定内含报酬率,当测算出的内含报酬率过高时,此时它并不代表项目真的可以获得这么高的回报。在实务中,解决这一问题的办法是按预期投资收益率或资本成本对再投资收益率进行修正,求得修正的内含报酬率(记作 MIRR)。修正的内含报酬率可以用 Excel 中的 MIRR 插入函数求得。

由此可见,内含报酬率不仅无法直接用于计算期相同、原始投资不同互斥方案的比较决策,也不能用于计算期相同、原始投资也相同的互斥方案的比较决策。因为,它们未来的现金净流量的时间分布有可能不一致。

例 6-22

丙公司有 B 和 E 两个互斥项目,项目计算期均为 3 年,B 项目的原始投资为 11 000.00 万元,年营业现金流量为 5 000.00 万元;D 项目原始投资 1 000.00 万元,年营业现金流量 505.00 万元,企业资金成本 12%。

要求:运用 Excel 的插入函数计算 B 和 E 两个项目净现值和内含报酬率,并做出选择。

解答:

$$NPV_B = 901.03 \times (1+12\%) = 1\ 009.16(万元) \qquad IRR_B = 17.27\%$$

$$NPV_E = 190.11 \times (1+12\%) = 212.92(万元) \qquad IRR_E = 24.04\%$$

如果按内含报酬率法应选择 E 项目,按净现值法应选择 B 项目。产生上述差异的根本原因是内含报酬率法假定项目 B 前两期产生的现金流量若进行再投资,则会产生与17.27% 相等的报酬率,而项目 E 前两期现金流量若再投资可得到 24.04% 的报酬率。而净现值法假定前两期产生的现金流量若进行再投资,报酬率相等,在本例中是 12%,即企业的资本成本。考虑再投资收益率的差别,在资本无限量情况下,应选择净现值大的 B 项目。

为进一步分析,我们计算了不同贴现率下的两个项目净现值,具体数据如表 6-10 所示。

表 6-10 B 和 E 项目不同贴现率下净现值数据表

单位:万元

贴现率/%	NPV_B	NPV_E
0	4 000.00	515.00
5	2 612.24	375.24
10	1 434.26	255.86
15	416.13	153.03

续表

贴现率/%	NPV_B	NPV_E
20	−467.59	66.77
25	−1 240.00	−14.24

用上表数据绘制净现值曲线可发现,B项目和E项目的净现值曲线相交于16.59%,即净现值无差别点为16.59%,该数值可以通过以下公式求解而得:

$$5\ 000.00\times(P/A,IRR,3)-11\ 000.00=505.00\times(P/A,IRR,3)-1\ 000.00$$

如果企业的资本成本小于16.59%,B项目的净现值大于E项目,即B项目优于E项目;如果资本成本高于16.59%,E项目的净现值大于B项目,即E项目优于B项目。因此,在资本成本为12%,且没有资本限量的情况下,项目B虽然投资较多,但净现值也较高,可为企业带来较多的财富,是较优的项目。当企业的资本成本高于16.59%时,不论净现值法还是内含报酬率,都会得出项目E优于B项目的结论。这表明净现值法总是正确的,内含报酬率法有时却会得出错误的结论。

因此,在资本无限量情况下,对于计算期相同的互斥方案的选择,最简单的办法是直接比较各方案的净现值。如果原始投资额相同,获利指数法也适用。内含报酬率主要用于投资方案财务可行性评价和确定独立方案优序,不适用于互斥方案的比较决策。

2.差量分析法

差量分析法是指根据两个投资方案差量的净现金流量(记作 ΔNCF)计算差额净现值(ΔNPV),或差额投资内含报酬率(ΔIRR),从而判断方案优劣的方法。

差量分析法在互斥方案的比较决策中,更易于使人理解,也更具适用性。有些项目直接产生的增量现金流入可能很少或难以确切计量,难以直接计算各方案的净现值、内含报酬率等指标。在这种情况下,我们可以运用差量分析法进行选择判断。差量分析法通常适用于资本无限量情况下,计算期相同但原始投资不同的互斥方案的比较决策。

差量分析法其基本原理是:

假设有A和B两个投资项目,A方案的投资额大,B方案的投资额小。我们可以把A方案看成是B方案和C方案之和。C方案的投资是A方案的投资额与B方案投资额之差。C方案的净现金流量等于A方案的净现金流量减去B方案的净现金流量而形成的差量净现金流量。根据差量净现金流量计算的差额净现值,或差额投资内含报酬率,实质上就是C方案的净现值或内含报酬率。如果差额净现值大于零或差额投资内含报酬率大于资本成本,C方案具有财务可行性,意味着A方案优于B方案;反之,B方案为优。

在差量分析法下,当差额的净现值大于零,或差额投资内含报酬率大于基准贴现率时,原始投资额较大的方案较优;反之,则原始投资小的方案为优。

差量分析法经常被用于固定资产更新改造项目的决策中。固定资产更新改造决策不同于一般的投资决策。一般来说,设备更换并不改变企业的生产能力,通常不会增加企业的现金流入。即使有营业收入增加,数额往往也是很少的。更新决策的现金流量主要是现金流出。即使有少量的残值变价收入,也属于支出的抵减,而非实质上的流入增加。由于只有现金流出,而没有现金流入,就给采用贴现现金流量分析带来困难。如果新旧设备未来使用年限相同,可使用差量分析估算继续使用旧设备和购置新设备差量的现金流量。当该项目的差额净现值大于零或差额投资内含报酬率大于资本成本时,应当进行更新改造;反之,则继续使用旧设备。

例 6-23

丁公司考虑用一台新设备来代替旧设备,以减少成本,增加收益。旧设备原购置成本为 40 000.00 元,已使用 5 年,估计还可使用 5 年,已提折旧 20 000.00 元,假定使用期满后无残值,如果现在出售可得价款 10 000.00 元。新设备的购置成本为 60 000.00 元,估计可使用 5 年,期满有残值 10 000.00 元,使用新设备可使每年付现成本节约 20 000.00 元。假定该公司的资本成本为 10%,所得税率 25%。新、旧设备均用直线折旧法计提折旧。

要求:就该公司是继续使用旧设备,还是更新改造做出决策。

解答:

在本例中,一个方案是继续使用旧设备,另一个方案是出售旧设备购置新设备。受制于数据的局限,我们无法直接计算这两个方案的净现值或内含报酬率。由于项目计算期相同(旧设备尚可使用年限与新设备相同),只是原始投资额不同(将出售旧设备的收入看成是继续使用旧设备的投资)。因此,可以用差量分析法进行比较选择。

$$出售旧设备现金流入 = 10\ 000.00 + (20\ 000.00 - 10\ 000.00) \times 25\% = 12\ 500.00(元)$$

$$\Delta 初始投资 = 60\ 000.00 - 12\ 500.00 = 47\ 500.00(元)$$

$$\Delta 年折旧额 = 10\ 000.00 - 4\ 000.00 = 6\ 000.00(元)$$

$$\Delta 净利润 = [0.00 - (-20\ 000.00 + 6\ 000.00)] \times (1 - 25\%) = 10\ 500.00(元)$$

$$\Delta 营业现金流量 = 10\ 500.00 + 6\ 000.00 = 16\ 500.00(元)$$

$$\Delta 终结现金流量 = 10\ 000.00 - 0.00 = 10\ 000.00(元)$$

$$16\ 500.00 \times (P/A, \Delta IRR, 5) + 10\ 000.00 \times (P/F, \Delta IRR, 5) - 47\ 500.00 = 0$$

采用逐次测试插值法计算 ΔIRR。

当 $\Delta IRR = 24\%$ $NPV = 1\ 210.10(元)$

当 $\Delta IRR = 28\%$ $NPV = -2\ 812.00(元)$

$$\frac{\Delta IRR - 24\%}{28\% - 24\%} = \frac{0 - 1\ 210.10}{-2\ 812.00 - 1\ 210.10}$$

$$差额投资内含报酬率(\Delta IRR) = \frac{1\ 210.10}{4\ 022.10} \times 4\% + 24\% = 25.20\%$$

由于差额投资内含报酬率为 25.20%,大于 10%,应该进行更新改造。

本例题可通过计算两个方案的差额净现值进行分析。

$$NPV = 16\ 500.00 \times (P/A, 10\%, 5) + 10\ 000.00 \times (P/F, 10\%, 5) - 47\ 500.00 = 21\ 257.20(元)$$

这项固定资产更新改造后,可为企业增加净现值 21 257.20 元,应该进行更新改造。

(二)项目计算期不同

在项目计算期不同的情况下,通常采用年等额净回收额法或方案重复法,进行互斥方案的比较决策。

1.年等额净回收额法

年等额净回收额法是指通过比较各投资方案年等额净回收额(记作 NA)的大小来选择最优方案的决策方法。无论原始投资或项目计算期是否相同,均可以通过这一方法进行互斥方案的比较决策。

$$某方案的年等额净回收额=该方案的净现值÷年金现值系数$$
$$=该方案的净现值×资本回收系数$$

例 6-24

甲公司拟投资建设一条新生产线。现有二个方案可供选择:A 方案的原始投资为 1 000.00万元,项目计算期为 10 年,净现值为 756.00 万元;B 方案的原始投资为 1 200.00 万元,项目计算期为 15 年,净现值为 895.00 万元。假定该公司的资本成本为 10%。

要求:用年等额净回收额法为甲公司做出投资决策。

解答:

两个投资方案的计算期不同,需要进一步计算这两个方案的年等额净回收额法。

$$A 方案的年等额净回收额=756.00÷(P/A,10\%,10)=756.00÷6.144\ 6=123.03(万元)$$
$$B 方案的年等额净回收额=895.00÷(P/A,10\%,15)=895.00÷7.606\ 1=117.67(万元)$$

A 方案的年等额净回收额大于 B 方案,应选择 A 方案。

2.方案重复法

方案重复法,又称最小公倍数法,是将各方案计算期的最小公倍数作为比较方案的计算期,进而调整有关指标,并据以进行互斥方案的比较决策的方法。

用方案重复法计算调整后的净现值,既可直接用各方案计算期各年净现金流量,也可以用各方案原计算期内的净现值,按最小公倍数原理分别对其贴现,求其代数和。为简化计算,通常采用后一方法。

例 6-25

仍沿用例 6-24 中资料。

要求:用方案重复法为甲公司做出投资决策。

解答:

A 方案的计算为 10 年,B 方案的计算期为 15 年,两个方案计算共有的最小公倍数为 30 年。这也就意味着 A 方案重复两次,B 方案重复一次,这两个方案的计算期即相同了。

$$A 方案调整后的净现值=756.00+756.00×(P/F,10\%,10)+756.00×(P/F,10\%,20)$$
$$=756.00+756×0.385\ 5+756×0.148\ 6=1\ 159.78(万元)$$
$$B 方案调整后的净现值=895.00+895.00×(P/F,10\%,15)$$
$$=895.00+895.00×0.239\ 4==1\ 109.26(万元)$$

A 方案调整后的净现值大于 B 方案调整后的净现值,应选择 A 方案。

在有些情况下,计算多个方案的最小公倍数是很麻烦的。例如,一个项目的寿命为 7

年,另一个项目的寿命为 11 年,最小公倍数为 77 年。在这种情况下,应用方案重复法工作量比较大。因此,在实务中,方案重复法不如年等额净回收法应用广泛。

三、资本限量决策

上面讨论了互斥投资项目的优选问题,现在讨论独立投资项目的排序问题。从原理上说,独立项目是不需要排序的。凡是净现值为正的项目或者内含报酬率大于资本成本的项目,都可以增加股东财富,都应当被采用。然而,现实世界是复杂的,资本限量就是其中之一。

资本限量是指企业的资金有一定限度,不能投资于所有可接受的项目。也就是说,有很多非互斥的获利项目可供投资,但无法筹集到足够的资金。这种情况在许多公司都存在,特别是那些采用以内部融资为主的筹资策略或外部融资受限制的企业。

在资金有限量的情况下,为了使有限的资金获得最大的使用效率,我们不能仅依据单个项目的净现值进行排序,而必须考虑各个项目的初始投资,根据获利指数进行优先排序。这也就是说,为了使企业获得最大的利益,应投资于一组净现值最大的项目。这样一组项目可用以下方法进行选择。

计算所有项目的获利指数,并列出每一个项目的初始投资。接受获利指数大于等于1 的项目,如果所有可接受的项目都有足够的资金,则说明资本没有限量,这一过程即可完成。

如果资金不能满足所有获利指数大于等于 1 的项目,则需按获利指数的大小排序,若资金限制允许选择获利指数较大的项目,这一过程即完成。直接选择获利指数较大的项目不适用,寻找从所需初始投资之和不超过资本限量可能存在的组合,从中选择出净现值总额最大的组合。基本方法是:当排序组合中发现第 j 项累计投资总额超过资本限量时,删除该项,依次与后面项交换继续计算累计投资额至合适的;如无法再与后面项目交换,如第 $j-1$ 项的原始投资大于第 j 项,可将第 j 项与第 $j-1$ 项交换,继续计算投资额直至合适。这些交换均可连续进行。

通过这种方法选择的方案组合,虽然没有保证获利指数大的方案都入选,但它充分利用了有限的资金为企业创造了最大的净现值,从而达到企业价值最大化的财务目标。

例 6-26

丙公司现有五个非互斥的投资项目,有关原始投资、净现值和获利指数的数据如表6-11 所示。

表 6-11 投资项目相关数据表

单位:万元

项目	原始投资	净现值	获利指数
A	100.00	50.00	1.50
B	200.00	110.00	1.55

续表

项目	原始投资	净现值	获利指数
C	50.00	20.00	1.40
D	150.00	80.00	1.53
E	100.00	70.00	1.70

要求:在资本限额分别为250.00万元、300.00万元和400.00万元情况下,选择对公司最有利的投资组合。

解答:

首先,应按方案获利指数大小排序,结果如表6-12所示。

表6-12 投资项目按获利指数排序表

单位:万元

项目	原始投资	净现值	获利指数
E	100.00	70.00	1.70
B	200.00	110.00	1.55
D	150.00	80.00	1.53
A	100.00	50.00	1.50
C	50.00	20.00	1.40

当资本限额为250.00万元时,最优投资组合为E+D,净现值为150.00万元,大于其他可能组合:B+C、D+A、E+A+C。这里B和D可进行交换。

当资本限额为300.00万元时,最优投资组合为E+B,净现值为180.00万元,大于其他可能的组合:E+D+C、B+A、D+A+C。

当资本限额为400.00万元时,最优投资组合为E+B+A,净现值为230.00万元,大于其他可能的组合:B+D+C、E+D+A+C。这里D和A可以进行交换。

需要注意的是,上述分析是在多种假设条件下进行的:一是假设各方案都是相互独立的;二是假设各方案的风险程度相同,且资本成本相一致;三是假设资本限量只是单一周期。但通常资本限量要持续若干年,在今后几年中可获得的资本取决于前些年投资的现金流入状况。

内含报酬率与获利指数法一样,都是根据相对比率来评价方案。因此,也可用来排定独立投资方案的优先次序。但内含报酬率与获利指数不一样的是:获利指数法需要有一个贴现率才能计算,贴现率的高低会影响方案的优选次序;计算内含报酬率时不必事先设定贴现率,根据内含报酬率就可以排定独立投资方案的优先次序,只是需要一个切合实际的资本成本或最低报酬率来判断方案是否可行。

四、固定资产年平均使用成本

前面我们已经讨论了新旧设备未来使用年限相同的固定资产更新改造方案进行决策的方法,即差量分析法。在大多数情况下,新、旧设备未来使用年限往往不相同,不适合采用差量分析法估算差量现金流量。比较好的方法是比较继续使用和更新固定资产的年平均使用成本,选较低的方案。

固定资产的年平均使用成本是指该资产引起的现金流出的年平均值,它是未来使用年限内现金流出现值与年金现值系数的比值或资本回收系数的乘积。

要计算固定资产年平均使用成本,首先,必须估算出继续使用旧设备和购置新设备现金净流出量。继续使用旧设备初始的现金流量为处置旧设备收入及变现净损益对所得税的影响,这是继续使用旧设备丧失的现金流入(机会成本),更新设备初始的现金流量为新设备购置成本。营业现金流量包括税后营业收入、税后付现成本和设备年折旧额的抵税等;终结现金流量主要是残值变现收入及对所得税的影响。

例 6-27

丙公司原有一台设备,原值为 15.00 万元,预计使用 10 年,已使用 5 年,预计残值为 1.00 万元。现该公司拟购买新设备替换原设备,以提高生产率,降低成本。新设备购置成本为 20.00 万元,使用年限为 10 年,预计净残值收入为购置成本的 10%。使用新设备后公司每年付现成本将从 120.00 万元下降到 100.00 万元,公司如果购置新设备,旧设备出售可得收入 5.00 万元。税法规定该项固定资产可按直线法提取折旧,折旧年限为 10 年,净残值率为 10%。假设公司所得税税率为 25%,资本成本为 10%。

要求:分别计算继续使用旧设备和购置新设备的年平均使用成本,并依据计算结果做出决策。

解答:

(1)继续使用旧设备:

旧设备的年折旧 $=[15.00\times(1-10\%)]\div10=1.35$(万元)

旧设备的账面价值 $=15.00-1.35\times5=8.25$(万元)

旧设备的变现价值 $=5.00$(万元)

旧设备变现损失抵税 $=(8.25-5.00)\times25\%=0.812\,5$(万元)

付现成本的现值 $=120.00\times(1-25\%)\times(P/A,10\%,5)=90\times3.790\,8=341.172$(万元)

折旧抵税的现值 $=1.35\times25\%\times(P/A,10\%,5)=0.337\,5\times3.790\,8=1.279\,4$(万元)

残值净收入现值 $=1.00\times(P/F,10\%,5)=1\times0.620\,9=0.620\,9$(万元)

残值净损失抵税现值 $=(1.50-1.00)\times25\%\times(P/F,10\%,5)$

$\qquad=0.125\times0.620\,9=0.077\,6$(万元)

继续使用旧设备的现金流出总现值 $=5.00+0.812\,5+341.172-1.279\,4-0.620\,9-0.077\,6$

$\qquad=345.01$(万元)

继续使用旧设备的年平均使用成本 $=345.01\div(P/A,10\%,5)$

$\qquad=345.01\div3.790\,8=91.01$(万元)

（2）更新设备：

新设备的年折旧＝[20.00×（1－10%）]÷10＝1.80（万元）

原始投资＝20.00（万元）

付现成本的现值＝100.00×（1－25%）×（P/A,10%,10）＝75×6.144 6＝460.845（万元）

折旧抵税的现值＝1.80×25%×（P/A,10%,10）＝0.45×6.144 6＝2.765 1（万元）

残值净收入现值＝2.00×（P/F,10%,10）＝2.00×0.385 5＝0.771（万元）

残值净损失抵税现值＝0

更新设备的现金流出总现值＝20.00＋460.845－2.765 1－0.771＝477.31（万元）

更新设备的年平均使用成本＝477.31÷（P/A,10%,10）＝477.31÷6.144 6＝77.68（万元）

由于更换新设备后的年平均使用成本为 77.68 万元,低于继续使用旧设备的平均年成本 91.01 万元,应该更换新设备。

五、通货膨胀的处置

通货膨胀是指一定时期内物价水平持续、普遍上涨的经济现象。通货膨胀会导致货币购买力下降,即使每年通货膨胀不是很高,但由于项目持续时间较长,长期积累起来对项目价值会产生巨大影响。因此,长期投资项目评价必须对通货膨胀进行处置。

通货膨胀对资本预算的影响主要表现在两个方面:一是影响现金流量的估计;二是影响资本成本的估计。在存在通货膨胀的情况下,利率可区分为包含了通货膨胀因素的名义利率和排除了通货膨胀因素的实际利率。两者的关系为:

$$1＋r_{名义}＝(1＋r_{实际})×(1＋通货膨胀率)$$

在存在通货膨胀的情况下,现金流量有名义现金流量和实际现金流量之分。名义现金流量是包含了通货膨胀影响的现金流量,实际现金流量是去除通货膨胀影响的现金流量。两者关系为:

$$名义现金流量_t＝实际现金流量_t×(1＋通货膨胀率)^t$$

式中:t 代表相对于基期的期数。

在资本预算的编制中,应遵循一致性原则:实际现金流量用实际资本成本进行折现,名义现金流量用名义资本成本进行折现。因此,在资本预算中处置通货膨胀的方法主要有两种:一种是将名义现金流量用名义资本成本折现,一种是将实际现金流量用实际资本成本折现。

例 6-28

成公司的 A 投资项目的实际现金流量如表 6-13 所示,名义资本成本为 10%。预期一年内的通货膨胀率为 4%,求该项目的净现值。

表 6-13　A 项目实际现金流量

单位:万元

年度	0	1	2	3	4	5
实际现金流量	−150.00	48.00	50.00	52.00	53.00	58.00

方法一:将实际现金流量调整成为名义现金流量,然后用 10% 的资本成本进行折现。具体计算过程如表 6-14 所示。

表 6-14　A 项目净现值的计算

单位:万元

年度	0	1	2	3	4	5
实际现金流量	−150.00	48.00	50.00	52.00	53.00	58.00
名义现金流量	−150.00	49.92	54.08	58.49	62.00	70.57
现值系数	1.000 0	0.909 1	0.826 4	0.751 3	0.683 0	0.620 9
现金流量现值	−150.00	45.38	44.69	43.95	42.35	43.82
净现值	NPV=70.19					

方法二:将名义资本成本换算成实际资本成本,再计算净现值。具体计算过程见表 6-15。

$$实际资本成本 = \frac{1+10\%}{1+4\%} - 1 = 5.7692\%$$

表 6-15　A 项目净现值的计算

单位:万元

年度	0	1	2	3	4	5
实际现金流量	−150.00	48.00	50.00	52.00	53.00	58.00
现值系数	1.000 0	0.945 5	0.893 9	0.845 1	0.799 0	0.755 4
现金流量现值	−150.00	45.38	44.69	43.95	42.35	43.82
净现值	NPV=70.19					

上述例题计算结果表明,两种计算方法所得到的结果是一样的。然而,在资本成本的估计中,需要依赖资本市场上各种可以观察到的信息,它们通常是含有通货膨胀的,由此得到的是含有通货膨胀的资本成本。将其调整成为实际资本成本极为困难,而调整现金流量相对容易。因此,在实务中,我们通常是将实际现金流量调整成为名义现金流量,然后用名义的资本成本折现,对资本预算中的通货膨胀问题进行处置。

第五节　项目风险的衡量与处置

前面,在讨论投资项目分析和决策方法的过程时,针对的是确定型投资,即假设项目的现金流量是确定的。

任何投资项目都有风险,未来的现金流量总会具有某种程度的不确定性。例如:由于产品销售数量、价格、成本和费用的非预期变化,会导致项目计算期内经营现金净流入发

微课 6-9
项目风险
的衡量与
处置

生非预期的变化;由于资本市场供求关系和公司资本结构的变化,会导致项目计算期内资本成本发生变化;项目生产的产品或提供劳务可能由于市场变化改变生命周期轨迹,可能使项目提前结束或转产其他产品;国际经济和金融市场的变动也可能对项目现金流量产生影响等等。公司在编制资本预算时,不仅需要考虑相关风险的大小并将其纳入评价范围,还应在设计项目时尽可能减少不确定。

如何处置投资项目的风险是一个很复杂的问题。资金时间价值和投资风险价值是财务管理中两个重要的理念,风险与收益对等是财务基本原理。在投资决策中,要考虑风险与收益的配比,需要对投资项目进行风险分析。

一、项目风险处置方法

风险降低了投资项目的价值。那么如何认定风险对投资价值的影响呢?投资风险的处理方法很多。运用净现值进行决策时对投资项目的风险处置主要有调整现金流量法和风险调整贴现法。调整现金流量法是将有风险的现金流量调整为无风险的现金流量,即调减分子;风险调整贴现率法是将无风险贴现率调整为有风险的贴现率,即调增分母。

(一)调整现金流量法

调整现金流量法,又称肯定当量法,是把不确定的现金流量调整为确定的现金流量,然后用无风险报酬率作为贴现率计算净现值。

$$风险调整后净现值 = \sum_{t=0}^{n} \frac{\alpha_t \times \mathrm{NCF}_t}{(1+r)^t}$$

式中:α_t 代表第 t 年现金流量的肯定当量系数,它在 0～1 之间;NCF_t 代表第 t 年现金流量期望值;r 代表无风险报酬率;n 代表项目计算期。

肯定当量系数是把不确定的一元现金流量期望值相当于使投资者满意的肯定金额的系数,它等于:

$$\alpha_t = \frac{第 t 年确定的现金净流量}{第 t 年不确定的现金净流量期望值}$$

式中:α_t 代表第 t 年现金流量的肯定当量系数。

利用肯定当量系数可以把各年不肯定的现金流量折算成肯定的现金流量,或者说是删除了现金流量中有风险的部分。通过这种办法删除的风险是全部风险,既删除了系统性风险,也删除了非系统性风险;既删除了经营风险也删除了财务风险,剩下的只是无风险的现金流量。由于现金流量中已经消除了全部风险,计算净现值时采用的贴现率应为无风险收益率。无风险收益可以根据同期国库券的利率确定。

例 6-29

乙公司有两个投资机会,有关资料如表 6-16 所示。现乙公司只能从中选择一个方案付诸实施;假设当前的无风险收益率为 4%。

表 6-16　A 项目和 B 项目现金流量及肯定当量系数表

单位:万元

项目	A 项目		B 项目	
年份	现金净流量	肯定当量系数	现金净流量	肯定当量系数
0	−4 000.00	1.00	−4 700.00	1.00
1	1 300.00	0.90	1 400.00	0.90
2	1 300.00	0.80	1 400.00	0.80
3	1 300.00	0.70	1 400.00	0.80
4	1 300.00	0.60	1 400.00	0.70
5	1 300.00	0.50	1 400.00	0.70

要求:(1)分别用调整现金流量法计算两个方案风险调整后净现值,从中确定最优方案;(2)如果依据风险调整前的净现值决策,结果一样吗?

解答:

(1)A 方案和 B 方案风险调整后净现值计算见表 6-17。

表 6-17　A 项目和 B 项目净现值计算表(调整现金流量法)

单位:万元

项目	A 项目			B 项目		
年份	肯定现金流量	现值系数(4%)	调整后的现值	肯定现金流量	现值系数(4%)	调整后的现值
0	−4 000.00	1.000 0	−4 000.00	−4 700.00	1	−4 700.00
1	1 170.00	0.961 5	1 124.96	1 260.00	0.961 5	1 211.49
2	1 040.00	0.924 6	961.58	1 120.00	0.924 6	1 035.55
3	910.00	0.889 0	808.99	1 120.00	0.889 0	995.68
4	780.00	0.854 8	666.74	980.00	0.854 8	837.70
5	650.00	0.821 9	534.24	980.00	0.821 9	805.46
净现值	96.51			185.89		

因为 B 方案风险调整后的净现值为 185.89 万元,大于 A 方案风险调整后的净现值 96.51 万元。因此,乙公司应选择 B 方案。

(2)A 方案风险调整前净现值

A 方案风险调整前净现值＝1 300.00×(P/A,4%,5)−4 000.00

＝1 300.00×4.451 8−4 000.00＝1 787.34(万元)

B 方案风险调整前净现值

B 方案风险调整前净现值＝1 400.00×(P/A,4%,5)−4 700.00

＝1 400.00×4.451 8−4 700.00＝1 532.52(万元)

A 方案风险调整前的净现值为 1 787.34 元,大于 B 方案风险调整前的净现值的 1 532.52万元。因此,依据风险调整前的净现值判断,乙公司应选择 A 方案。与依据风险调整后净现值做出的决策结论不一致。

由此可见,如果不进行风险调整,就可能导致错误的判断。

调整现金流量法的关键是确定各年现金流量的肯定当量系数。肯定当量系数的选取通常由经验丰富的分析人员凭经验判断确定,带有一定的主观随意性。为了防止因决策者的风险偏好不同而造成决策偏差,有些企业根据标准离差率来确定肯定当量系数。标准离差率与肯定当量系数的经验对应关系如表 6-18 所示。

表 6-18　标准离差率与肯定当量系数经验关系对照表[①]

标准离差率	肯定当量系数	标准离差率	肯定当量系数
0.01～0.07	1.00	0.33～0.42	0.60
0.08～0.15	0.90	0.43～0.54	0.50
0.16～0.23	0.80	0.55～0.70	0.40
0.24～0.32	0.70	……	……

(二)风险调整贴现法

风险调整贴现法是更为实际、更为常用的风险处置方法。这种方法的基本思路是对高风险的项目,应当采用较高的贴现率计算净现值。

$$风险调整后净现值 = \sum_{t=0}^{n} \frac{NCF_t}{(1+i)^t}$$

式中:NCF_t 代表第 t 年预期现金流量;i 代表风险调整贴现率;n 代表项目计算期。

例 6-30

沿用例 6-29 资料,由于 A 项目的现金流量风险大,其 β 值为 2,B 项目的现金流量风险小,其 β 值为 1,市场组合的平均收益率为 12%,项目的资本结构均为负债 50%、所有者权益 50%,负债的资本成本为 8%。

要求:计算 A、B 两个项目风险调整贴现率及调整后净现值。

解答:

A 项目风险调整贴现率 = 50% × 8% + [4% + 2 × (12% - 4%)] × 50% = 14%

B 项目风险调整贴现率 = 50% × 8% + [4% + 1 × (12% - 4%)] × 50% = 10%

A 项目风险调整后净现值 = 1 300.00 × (P/A,14%,5) - 4 000.00

= 1 300.00 × 3.433 1 - 4 000.00 = 463.03(万元)

B 项目风险调整后净现值 = 1 400.00 × (P/A,10%,5) - 4 700.00

= 1 400.00 × 3.790 8 - 4 700.00 = 607.12(万元)

由例 6-29 计算可知,如果不进行风险调整,A 项目比较好。运用风险调整贴现法进行风险调整以后,B 项目要好很多。两个项目在风险调整前后,净现值有明显的差别。

(三)两种方法比较

风险调整贴现率法是根据风险的大小确定调整贴现率,然后以风险调整贴现率对现

---

① 　马忠编.公司财务管理理论与案例[M].北京:机械工业出版社,2009.

金流量进行贴现;肯定当量法则是根据风险的大小确定肯定当量系数,计算各年风险现金流量的肯定当量,然后以无风险利率将肯定当量折现。两种方法的步骤如图 6-3 所示。

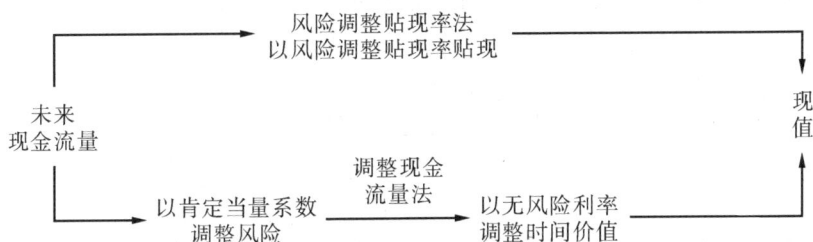

图 6-3 风险调整贴现率法和肯定当量法的步骤比较图

在风险调整贴现率法下,风险调整的贴现率等于无风险报酬加风险溢价。由于贴现过程是以复利形式来进行的。所以,随着时间的推移和延续,风险溢价越来越高。也就是说,这种方法夸大了远期风险,对远期的现金流量采用了较高的贴现率。因此,风险调整贴现法只适用于一些风险随时间推移和延续而增加的项目。

调整现金流量法克服了风险调整贴现率法夸大远期风险的缺点,可以根据各年不同风险程度,分别采用不同的肯定当量系数,对每年的现金流量直接进行调整,将时间和风险因素分开,在理论上是可行的,受到好评。问题是如何确定肯定当量系数是一个难题,加之调整贴现率更符合人们习惯。因此,实务中,风险型项目投资的决策大多使用风险调整贴现率法来处置风险问题。

二、项目贴现率的确定

计算项目净现值有实体现金流量法和股权现金流量法两种办法。实体现金流量是项目在经营期内可以提供给所有投资人(股权投资人和债权投资人)的税后现金流量,股权现金流量是项目在经营期内可以提供给股权投资人的税后现金流量。在计算净现值时,实体现金流量用加权平均资本成本折现,股权现金流量用股权资本成本折现。具体计算公式如下所示:

$$净现值 = \sum_{t=s+1}^{n} \frac{实体现金流量_t}{(1+加权平均资本成本)^t} - \sum_{t=0}^{s} \frac{原始投资_t}{(1+加权平均资本成本)^t}$$

$$净现值 = \sum_{t=s+1}^{n} \frac{股权现金流量_t}{(1+股权资本成本)^t} - \sum_{t=0}^{s} \frac{股权投资_t}{(1+股权资本成本)^t}$$

这两种方法计算净现值没有实质区别。由于股权资本成本不仅受经营风险的影响,而且受财务杠杆影响,很不稳定,估计起来也十分困难。因此,在资本预算中,我们将投资和筹资分开考虑,首先评价项目本身的经济价值,再去处理筹资的细节问题。筹资只是如何分配净现值问题,主要是利息抵税产生的股东和政府之间的分配问题。

在实体现金流量法下,当投资项目的风险与企业当前资产的平均风险相同,公司继续采用相同的资本结构为新项目筹资,可以用公司当前的资本成本作为计算净现值的贴现率。用公司当前的资本成本作为贴现率,隐含的一个重要假设是:新项目是企业现有资产的复制品,它们风险相同,要求的报酬率才会相同。这种情况是经常会出现的,例如:固定资产更新、现有生产规模的扩张等。用公司当前的资本成本作为贴现率,隐含的另一个重要假设是:资本市场是完善的,资本结构不改变企业的资本成本。然而,现实的资本市场是不完善,筹资结构会改变公司的资本成本。

在等风险假设和资本结构不变假设明显不能成立时,不能使用当前的资本成本作为新项目的贴现率。而应当估计项目的风险,并计算项目要求的必要报酬率。

三、投资项目风险及系统风险的衡量

投资项目的风险可以从项目的特有风险、项目的公司风险和项目的市场风险三个层面来考察。项目的特有风险是指项目本身的风险,通常用项目预期收益率的波动性来衡量;项目的公司风险是指项目给公司带来风险,可以用项目对于公司未来收入不确定影响的大小来衡量;项目市场风险是指新项目给股东带来的风险。

适宜作为项目资本预算风险度量的是项目的系统风险,而不是项目自身特有的风险。这是因为项目的非系统性风险通过公司内部的资产组合和股东资产组合的多样化分散了,影响股东预期收益的是项目的系统性风险。

项目系统风险的估计,比企业系统风险的估计更为困难。然而,资本市场的存在为我们提供了股价,为计算企业的 β 值提供了数据。项目没有充分的交易市场,没有可靠数据供我们使用。解决问题的方法之一是使用类比法。

类比法是寻找一个经营业务与待评价项目类似的上市公司,以该公司的 β 值作为待评价项目的 β 值。在运用类比法时,应注意可比公司的资本结构已反映在 β 值中。如果可比公司的资本结构与本公司显著不同,那么在估计项目的 β 值时,应进行调整。

调整的基本步骤如下:

(1)卸载可比公司的财务杠杆

根据可比公司股票收益率波动性估计的 β 值,是含有财务杠杆的 $\beta_{权益}$。如果可比公司的资本结构与本公司有差异,要将含有资本结构因素的 $\beta_{权益}$ 转换为不含负债的 $\beta_{资产}$。这一过程通常称为"卸载财务杠杆"。卸载使用的公式是:

$$\beta_{资产}=\frac{可比公司\ \beta_{权益}}{1+(1-可比公司所得税税率)\times 可比公司产权比率}$$

$\beta_{资产}$ 是假设全部用权益资本融资的 β 值,此时没有财务风险。或者说,此时的股东权益的风险与资产的风险相同,股东只承担经营风险即资产的风险。

(2)加载本公司的财务杠杆

根据本公司的资本结构调整 β 值,该过程称为"加载财务杠杆"。加载使用的公式是:

$$\beta_{权益}=可比公司\ \beta_{资产}\times[1+(1-本公司所得税税率)\times 本公司产权比率]$$

(3)根据 $\beta_{权益}$ 计算权益资本成本

$$权益资本成本=无风险报酬率+\beta_{权益}\times(市场平均收益率-无风险报酬率)$$

（4）计算加权平均资本成本

加权平均资本成本＝负债资本成本×负债比重＋权益资本成本×权益比重

如果投资项目的筹资不是按公司的目标资本结构安排的,则应选用该投资项目的负债与权益比进行调整。

例 6-31

F公司是一家钢铁生产企业,拟进入前景看好的汽车制造业,生产汽车零件。B公司是一个有代表性汽车零件生产企业,其 β 系数为2.00,产权比率为1.50。F公司目前的产权比率为0.60,投资项目后不想改变当前的资本结构。假设F和B公司的所得税率为25%,无风险报酬率为4%,市场组合的预期报酬率为12%,目前的借款利率为8%。

要求:计算对该项目进行财务可行性评价的贴现率。

解答:

B公司的 $\beta_{资产}=\dfrac{2.00}{1+(1-25\%)\times1.50}=0.941\,2$

F公司的 $\beta_{权益}=0.941\,2\times[1+(1-25\%)\times0.60]=1.364\,7$

F公司投资该项目的权益资本成本＝$4\%+1.364\,7\times(12\%-4\%)=14.92\%$

评价该项目的贴现率＝$8\%\times(1-25\%)\times\dfrac{6}{16}+14.92\%\times\dfrac{10}{16}=11.58\%$

尽管类比法不是一个完美的方法,但它在估算项目的系统风险时还是比较有效的。

四、项目特有风险的分析

在项目评价时,是否要考虑项目的特有风险? 答案是肯定的。项目特有风险分析方法主要有敏感性分析、临界点分析、情景分析和模拟分析(蒙特卡罗法)等。

(一)敏感性分析

敏感性分析是假定其他条件不变前提下,分析项目的净现值(或内含报酬率)对某一个主要因素变动的敏感程度。有些因素即使发生了变化,对项目净现值(或内含报酬率)的影响较小,这些因素称之为非敏感性因素;有些因素发生很小的变化,就会使项目净现值(或内含报酬率)变化很大,这些因素就是敏感性因素。敏感性分析就是检测项目的净现值(或内含报酬率)对某一特定因素变化的敏感度,以确定哪些因素是敏感性因素。基本步骤如下。

1.计算项目的基准净现值

以正常情况下现金流量为数据,计算出项目的预期净现值,作为计算变动幅度的基础。

2.选择需要分析的不确定因素,计算其变化引起的净现值变动

项目的不确定因素通常有市场占有率、销售量、价格、主要原材料价格或劳动力价格、投资额等。其中销售量、价格、成本和投资额等是常被选择的变量。

在选定需要分析的因素后,假定其中一个因素变动一定幅度而其他因素不变,重新计算净现值,并将其与基准净现值比较,确定变动幅度。

3.计算各因素的敏感系数,确定风险因素

$$某一因素的敏感系数 = \frac{净现值变动百分比}{该因素变动百分比}$$

敏感系数表示选定因素变化1%时导致净现值变动的百分数。比较敏感系数的大小,可以发现影响净现值的敏感性因素。

例 6-32

丁公司对影响B投资项目经济效益的因素进行分析后,认为建设投资额、产品销售价格、经营成本、产量等是主要因素,计算了这些因素发生±4%和±8%变动的净现值数据,具体见表6-19。

表 6-19 B项目敏感性分析数据表

单位:万元

因素	变化幅度				
	−8.0%	−4.0%	0%	4.0%	8.0%
产量	5 554.00	6 024.00	6 493.00	6 963.00	7 433.00
投资额	6 768.00	6 631.00	6 493.00	6 356.00	6 219.00
经营成本	9 447.00	7 970.00	6 493.00	5 016.00	3 540.00
售价	2 600.00	4 547.00	6 493.00	8 440.00	10 386.00

要求:计算产量、投资额、经营成本和售价对净现值的敏感系数,并进行分析。

解答:

$$产量敏感系数 = \frac{\frac{7\ 433.00 - 6\ 493.00}{6\ 493.00} \times 100\%}{8\%} = 1.81$$

$$投资额敏感系数 = \frac{\frac{6\ 219.00 - 6\ 493.00}{6\ 493.00} \times 100\%}{8\%} = -0.53$$

$$经营成本敏感系数 = \frac{\frac{3\ 540.00 - 6\ 493.00}{6\ 493.00} \times 100\%}{8\%} = -5.68$$

$$售价敏感系数 = \frac{\frac{10\ 386.00 - 6\ 493.00}{6\ 493.00} \times 100\%}{8\%} = 7.49$$

计算结果表明,销售价格是净现值变化最敏感的驱动因素,销售价格每降低1%,项目净现值就损失7.49%,或者说销售价格每提高1%,净现值就提高7.49%。若实施该项目,要对此密切关注。次敏感因素是经营成本,相对不敏感的因素是投资额。

敏感性分析是一种最常用的风险分析方法,计算过程简单,也易于理解。问题是它只允许一个变量发生变动,而假设其他变量保持不变。现实中,这些变量通常是相互关联的,会一起发生变动,只是变动的幅度不同而已。因此,情景分析是对敏感性分析的较好补充。

(二)情景分析

情景分析,也称剧情分析或场景分析,也是一种常用的投资项目风险分析方法。它通过设定一定的场景,综合考察某种场景下各因素变化对项目净现值的影响。与敏感性分析的区别主要在于:情景分析法允许多个因素同时变动,而敏感性分析只允许一个因素变动。

情景分析一般假定未来现金流量有乐观、正常和悲观三种情景,也可以根据实际情况和需要,设计更多的情景。采用情景分析,需要对每种情景出现的概率做出估计。如果它们的概率难以估计,也可以假设正常情况出现的概率为50%。乐观和悲观情景出现的概率各为25%。

例 6-33

戊公司需要购买一台设备,购买价格为 240 000.00 元,设备使用寿命为 6 年,没有残值,采用直线法折旧,项目的资本成本为 10%,公司所得税税率为 25%。其他信息如表6-20 所示。

表 6-20　投资项目的相关信息

单位:元

项目	正常	悲观	乐观
概率	0.50	0.25	0.25
销售量(只)	4 000.00	3 200.00	4 300.00
单价	110.00	102.00	118.00
单位变动成本	84.00	92.00	80.00
每年固定成本	35 000.00	42 000.00	38 000.00

要求:计算各种情景下投资项目的净现值和期望的净现值,并进行分析。

解答:

在 Excel 中运用公式链接进行相关数据计算,结果见表6-21。

表 6-21　投资项目净现值计算

单位:元

项目	正常	悲观	乐观
营业收入	440 000.00	326 400.00	507 400.00
变动成本	336 000.00	294 400.00	344 000.00
固定成本	35 000.00	4 2000.00	38 000.00
折旧	40 000.00	4 0000.00	40 000.00
营业现金流量	61 750.00	2 500.00	104 050.00
年金现值系数(10%,6 年)	4.355 3	4.355 3	4.355 3
净现值	28 939.78	−22 9111.75	213 168.97
期望净现值	14 469.89	−57 277.94	53 292.24
净现值期望值	10 484.19		

根据计算结果可知,在正常的情景下,项目的净现值为 28 939.78 元;最坏情景出现时,项目的净现值为—229 111.75 元;在乐观的情景下,项目的净现值为 213 168.97 元;期望净现值为 10 484.19 元。因此,从总体上看,项目具有正的净现值,是能够为企业创造价值的,具有财务可行性。然而,项目最终是否会被企业接受,需要考虑—229 111.75 元的损失是否可以承受。对于一个大型公司来说,此数额不会给整体带来灾难性后果,但对小微企业来说,或许可能是致命的。

情景分析存在的局限性是只考虑有限的几种状况下的净现值,实际上有无限多的情景和可能结果,且估计每种情景出现的概率,具有很大的主观性,其结论的可信性依赖于分析人员的经验和判断力。

(三)临界点分析

临界点分析是通过计算净现值为零时各变量值(最大值或最小值),帮助决策者认识项目的特有风险,又称最大最小法。其主要步骤是:根据给定的原始投资、营业现金流入、营业现金流出、回收额等变量最可能发生的数值,即期望值,计算出项目基准净现值,以判断项目的财务可行性。在此基础上选择一个变量并假设其他变量不变,令净现值等于零,计算选定变量的临界值;选择第二个变量,假设其他变量不变,求解变量的临界值;重复这一过程,直至完成主要变量测算。通过对各变量的临界值与期望值之间的差异,对项目风险进行分析与评判。

例 6-34

丙公司拟投产一新产品,需要购置一套专用设备,预计价款 900 000.00 元,追加流动资金 145 823.00 元,建设期为零。税法规定该类设备采用直线法计提折旧,年限为 5 年,净残值率为零。该新产品预计销售量 100 000.00 件,销售单价 20.00 元/件,单位变动成本 12.00 元/件,每年固定付现成本 500 000.00 元。该公司所得税税率为 25%,投资的最低报酬率为 10%。

要求:计算基准现值以及销售量、销售单价、单位变动成本和固定成本的临界值,并进行临界点分析。(销售量取整数,其他保留两位小数)

解答:

(1)基准净现值

$$年折旧额 = \frac{900\ 000.00}{5} = 180\ 000.00(元)$$

$$
\begin{aligned}
基准净现值 =& [100\ 000.00 \times (20.00 - 12.00) - 500\ 000.00] \times (1 - 25\%) \times (P/A, 10\%, 5) + \\
& 180\ 000.00 \times 25\% \times (P/A, 10\%, 5) + 145\ 823.00 \times (P/F, 10\%, 5) - \\
& 900\ 000.00 - 145\ 823.00 \\
=& 68\ 234.88(元)
\end{aligned}
$$

(2)销售量临界值

$$[销售量临界值 \times (20.00 - 12.00) - 500\ 000.00] \times (1 - 25\%) \times (P/A, 10\%, 5) + 180\ 000.00 \times 25\% \times (P/A, 10\%, 5) + 145\ 823.00 \times (P/F, 10\%, 5) - 900\ 000.00 - 145\ 823.00 = 0$$

$$销售量临界值 \times 6.00 \times 3.790\ 8 - 1\ 421\ 550.00 = 784\ 701.12$$

销售量临界值＝97 000.00(件)

（3）销售单价临界值

$[100\ 000.00\times(销售单价临界值－12.00)－500\ 000.00]\times(1－25\%)\times(P/A,10\%,5)=$ 784 701.12

销售单价临界值$\times284\ 310.00－3\ 411\ 720.00－1\ 421\ 550.00=784\ 701.12$

销售单价临界值＝19.76(元/件)

（4）单位变动成本临界值

$[100\ 000.00\times(20.00－单位变动成本临界值)－500\ 000.00]\times(1－25\%)\times(P/A,10\%,5)=$ 784 701.12

$5\ 686\ 200.00－284\ 310.00\times单位变动成本临界值－1\ 421\ 550.00=784\ 701.12$

单位变动成本临界值＝12.24(元/件)

（5）固定付现成本临界值

$(800\ 000.00－固定付现成本临界值)\times(1－25\%)\times(P/A,10\%,5)=784\ 701.12$

固定付现成本临界值＝523 998.06(元)

汇总该项目净现值临界点数据,并计算期望值与临界点的距离(见表6-22)。

表6-22　新产品项目净现值临界点数据表

变量	期望值	临界点	与临界点距离
销售量/件	100 000.00	97 000.00	3.00%
销售单价/(元/件)	20.00	19.76	1.20%
单位变动成本/(元/件)	12.00	12.24	2.00%
固定付现成本/元	500 000	523 998.06	4.80%

从收益看,项目的基准净现值为68 234.88元,表明该项目具有财务可行性。但上表数据显示,该项目期望的销售量、销售单价、单位变动成本和固定付现成本均已经非常接近于临界点,表明项目的风险很大,是否投资该项目需要慎重决策。除非决策者对市场前景和成本控制特别有信心,否则,这样的项目是不应该投资的。

（四）模拟分析

模拟分析,又称蒙特卡罗模拟,它是使用计算机输入影响项目现金流量的基本变量,然后模拟项目运作的过程,最终得出项目净现值的概率分布,据以对项目做出取舍决策。模拟分析是通过计算机计算及高速运转来实现的,比情景分析更进一步,它考虑了无限多的情景,更接近实际的情景分析。但由于计算过程中需要知道未来现金流量的连续分布概率,在实务中,是很难获得的。如果我们随意选择该分布的各种参数,所得到的模拟结果尽管在理论上很诱人,但实际却毫无用处。

◈ 本章小结

投资是指特定经济主体为了在未来可预见的时期内获得收益,在一定时期向特定的标的物投放一定数额的资金或实物等非货币性资产的经济行为。本章所述的项目投资是指与形成资本资产相关的生产性资产投资,即资本投资。它具有投资金额大、影响时间长、变现能力差和投资风险大等特点。

投资项目从投资建设开始到最终清理出售整个过程的全部时间,称之为项目计算期。它包括建设期和生产经营期两个时段。现金流量是指一个投资项目引起的企业现金支出和收入增加的数量。一个投资项目的现金流入量主要包括营业收入、资产出售或报废时的残值收入和垫付的流动资金回收等内容,现金流出量主要包括原始投资、付现成本和各项税款等内容。原始投资又有固定资产投资、无形资产投资、其他资产投资和流动资金投资等。现金净流量是指在项目计算期由每年现金流入量与同年现金流出量之间的差额所形成的序列指标。

为便于估算,按时段特征将现金流量分为初始现金流量、营业现金流量和终结现金流量。初始现金流量为负的原始投资;营业现金流量等于净利润加非付现成本,或者用税后收入减税后付现成本加非付现成本抵税公式估算;终结现金流量主要是固定资产报废或出售的现金流入和收回垫支的流动资金。在确定投资方案的相关现金流量时,应遵循的最基本原则是:只有增量的现金流量才是与项目相关的现金流量。

投资项目决策的评价方法有非贴现的评价方法和贴现评价方法两类。常用的非贴现评价方法主要有静态投资回收期法和会计收益率法;贴现的评价方法主要包括净现值法、内含报酬率法和获利指数法等。净现值、获利指数和内含报酬率是评价投资方案是否具有财务可行性的主要指标,非贴现的投资回收期和会计收益率指标只是次要或辅助指标,当净现值大于等于零时、获利指数大于等于1,内含报酬率大于等于资本成本,投资方案具备财务可行性。

独立方案财务可行性评价与投资决策可以同时完成,互斥方案的决策必须以方案具备财务可行性为前提。对于计算期相同的互斥方案,可运用直接比较法和差量分析法进行比较决策。直接比较法中的净现值比较法在计算期相同互斥方案的决策中具有广泛的适用性,当原始投资相同时也可用获利指数比较法。计算期不同互斥方案的决策方法主要有年等额净回收额和方案重复法。

对于固定资产更新改造,是通过比较继续使用和更新固定资产的年平均使用成本,选较低的方案。固定资产的年平均使用成本是指该资产引起的现金流出的年平均值,它是未来使用年限内现金净流出的总现值与年金现值系数的比值。

大多数投资项目是有风险的。处置投资项目风险的方法主要有调整现金流量法和风险调整贴现率法。风险调整贴现率在实务中的运用更为普遍。当投资项目的风险与企业当前资产的平均风险相同,公司继续采用相同的资本结构为新项目筹资,可以用当前的资本成本作为贴现率。在等风险假设和资本结构不变假设明显不能成立时,可用类比法估计项目的系统风险并计算项目要求的必要报酬率。在实务中,我们还会采用敏感性分析、情景分析、临界点分析、模拟分析(蒙特卡罗法)等方法,对项目特有风险进行解剖与分析。

复习思考题

1.什么是项目投资？独立项目与互斥项目之间有何区别？

2.项目投资的现金流入量和现金流出量分别包括哪些内容？

3.为什么在项目投资决策中使用现金流量，而不是会计利润？

4.确定投资方案相关现金流量时，应遵循的基本原则是什么？在具体的估算中应注意哪几个方面的问题？

5.什么是净现值？哪些因素决定了一个投资项目的净现值？用净现值来评价投资项目的财务可行性存在哪些缺陷？

6.为什么在计算出净现值之后，通常还需要计算内含报酬率？你是如何理解内含报酬率与净现值之间的关系的？

7.对于独立项目而言，净现值、获利指数和内含报酬率之间存在什么关系？

8.在互斥项目的投资决策中，若根据净现值法得出的结论和根据内含报酬率法得出的结论不符，应当按哪一种方法进行决策？为什么？

9.在固定资产的更新决策中，为什么使用年平均使用成本比较？该如何计算更新设备及继续使用旧设备的年平均使用成本？

10.如何利用调整现金流量法和风险调整贴现率法处理风险条件下的项目投资决策问题？两者各有何优缺点？

11.投资项目风险包括哪三个层次？与项目资本预算直接相关的是哪一个层次的风险？在实务中通常是采用什么方法度量这一风险的？

12.敏感性分析与情景分析有什么区别？为什么说情景分析是敏感性分析有效的补充？

案例分析

在 2006—2008 年的控制权争夺和转移过程中，百大集团的百货资产被托管给银泰投资经营。为谋求发展，扭转托管后基本没有经营业务的"空壳"状况，2008 年百大集团确立了以商业地产板块为核心业务(航空母舰)，以商贸运营和酒店连锁板块为周边业务(护卫舰)，以金融投资板块为支持业务(补给舰)的航母发展战略。2009 年 9 月，百大集团注册设立全资子公司浙江百大置业有限责任公司，踏上了向商业地产转型之路。同年 10 月，浙江百大置业和绿城房地产集团以 26.5 亿元联合竞拍获得庆春广场西侧27 908平方米的商业地块，并共同设立项目公司杭州百大置业有限公司进行后续投资开发，项目预计总投资 57.61 亿元①。土地使用年限 40 年，其中建设开发期 5 年。

西子国际项目位于杭州市目前最为成熟的金融商圈之一——庆春商圈核心区域，与钱

---

① 在百大集团相关公告中披露的西子国际(原庆春广场项目)的预计总投资数据并不一致，分别有 50 亿元、52 亿元、54 亿元、57.61 亿元等数据，在项目现金流量测算中，我们选择最新的资产重组公告书中的预计总投资金额。

江新城零距离无缝衔接(见图 6-4)。在这一地块上,百大集团以高品质城市综合体为规划理念,定位于"世界级大都会综合地标",立足杭州城市文脉,融合世界级城市文明,聘请国际著名设计团队 KPF 打造,以简洁挺拔的建筑模块,勾勒出"世界之门"的建筑造型,巧妙组合"五星级酒店、精装城市公馆、国际甲级写字楼、国际名品广场"等物业模块(见图 6-5)。

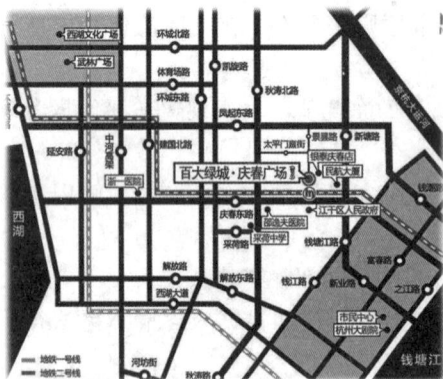

图 6-4　西子国际项目效果图

图 6-5　西子国际项目区位图

西子国际项目是一个集居住、商业、娱乐、办公、购物等多功能复合的高品质城市综合体,由 3 座塔楼构成,T1 塔楼高 36 层,T2 塔楼高 33 层,T3 塔楼高 37 层,总高 145 米。总建筑面积为 276 339 平方米,其中地上建筑面积为 195 356 平方米,地下建筑面积为 80 983平方米。[①] 2012 年 7 月,百大集团以注册资本额加上按同期银行贷款利率计算的利息,即 24 125 万元的价格将其持有的杭州百大置业 40％的股权卖给了杭州大厦。按协议规定,自股权转让完成之日起至杭州百大置业名下的西子国际商业物业开业届满两年期间,杭州大厦还有权向浙江百大置业额外收购其所持杭州百大置业不低于 11％但不高于 20％的股权。

百大集团为什么要按成本价转让杭州百大的控股权?是因为这个项目的净现值小于零吗?请你搜集相关的数据资料并运用专业知识对该项目的财务可行性进行评价。

问题:

1.项目财务可行性评价需要哪些资料?该通过哪些渠道和方法搜集获得?

2.在房产开发阶段,该项目有哪些现金流出量和现金流入量?在商贸营运阶段,项目的现金流量又有哪些?在终结点,有哪些现金流量?请用搜集到的相关数据编制项目现金流量表。

3.计算净现值时,房产开发阶段和商贸营运阶段的现金流量是否可以用同一折现率折现?为什么?请你根据相关的资料为项目确定合适的折现率。

---

① 在 2012 年 10 月 30 日百大集团发布的《关于西子国际项目取得预售证的公告》中:2012 年 10 月 29 日,西子国际商业综合体项目取得了由杭州市住房保障和房产管理局颁发的《商品房预售证》。西子国际项目地上建筑面积为 195 356 平方米,此次取得预售许可证的建筑面积共计 108 814.17 平方米,其中写字楼 104 567.05 平方米、商贸 4 247.12 平方米。

4.根据你的测算,该项目是否具有财务可行性? 如果你测算出的净现值是负的,是否表明该项目一定不具有财务可行性? 为什么?

知识拓展 6　　　　测试 6　　　　课件 6

第七章　营运资金管理

学习目标

通过学习本章,你应该能够:

1. 理解营运资金的概念与特点;
2. 理解企业流动资产投资策略和融资策略;
3. 理解持有现金的动机,掌握最佳现金持有量的确定方法;
4. 理解应收账款管理的目标,掌握信用政策制定的方法;
5. 理解存货的功能与成本,掌握存货经济订货量确定的方法。

　　如果一个企业的现金持有量太少,可能不能满足日常生产经营活动的需要;如果一个企业的信用政策过于严格,虽然能使应收账款占用大幅减少,却也因此失去了利用赊销方式扩大销售收入的机会;如果一个企业的存货不足,可能导致企业在市场需求旺盛时丢失了获利的机会。反过来,出于资金成本等因素的考虑,一个企业也不愿意在现金、应收账款和存货这些资产上占用过多的资金。本章我们主要讨论现金、应收账款和存货管理的相关成本,并在利润最大化的要求下对现金持有量、信用政策以及存货的采购批量做出最佳的抉择。

第一节　营运资金管理策略

一、营运资金的概念与特点

(一)营运资金的概念

　　营运资金有广义和狭义之分。广义的营运资金又称总营运资金,是指一个企业投放在流动资产上的资金,包括现金、有价证券、应收账款、存货等占用的资金。狭义的营运资金也叫净营运资金,是指流动资产减去流动负债后的差额。营运资金的管理既包括流动资产的管理,也包括流动负债的管理。本章主要介绍流动资产的管理,流动负债的管理包含在相关章节里进行介绍。

1.流动资产

流动资产是指可以在一年内或超过一年的一个营业周期内变现或运用的资产。流动资产具有占用时间短、易变现等特点。流动资产可以按不同的标准进行不同的分类,常见的分类方式如下。

(1)按经济内容不同划分。流动资产按经济内容不同,可划分为现金、交易性金融资产、应收账款、预付账款和存货等。现金有狭义和广义之分:狭义现金是指企业的库存现金,即为了满足经营过程中零星支付需要而保留的现金;广义现金是指货币形态表现的资金,即货币资金,包括库存现金、银行存款和其他货币资金,其中其他货币资金包括外埠存款、银行汇票存款、银行本票存款、信用证保证金存款、信用卡存款、存出投资款等。交易性金融资产是指企业为了近期内出售而持有的债券投资、股票投资和基金投资,如以获取资本利得或价差为目的从二级市场购买的债券、股票、基金等。应收账款是指企业在正常的经营过程中因销售商品、产品、提供劳务等业务,应向购买单位收取的款项。预付账款是指企业按照购货合同的规定,预先以货币资金或货币等价物支付给供应单位的款项。存货是指企业在日常活动中持有以备出售的产成品或商品、处在生产过程中的在产品、在生产过程或提供劳务过程中耗用的材料和物料等。

(2)按占用特征不同划分。流动资产按其占用是否稳定的特征不同可划分为永久性流动资产和临时性流动资产。一个企业对流动资产的需求数量一般会随产品销售的变化而变化。例如,企业在销售旺季对流动资产占用的需求比较高,而在销售淡季对流动资产占用需求较低。但即便是处于销售的最低水平,企业也存在对流动资产的最低需求,这种最低需求是长期存在的。永久性流动资产就是指那些能满足企业长期最低需求的流动资产,其占用通常比较稳定。临时性流动资产则是指那些由于季节性或临时性的原因而形成的流动资产,其占用通常不稳定。当企业销售因季节性或临时性原因而增长时,企业的临时性流动资产占用会随之增长,这种增长是在永久性流动资产占用基础上的变化增长。

此外,还可以按流动资产所处的生产经营环节不同,将其划分为生产领域流动资产、流通领域流动资产以及其他领域流动资产。

2.流动负债

流动负债是指需要在一年或超过一年的一个营业周期内偿还的债务。流动负债也叫短期负债,具有偿还期短、成本低的特点。流动负债按不同标准有不同分类,常见的分类方式如下。

(1)按经济内容不同划分。按经济内容不同可将流动负债划分为短期借款、交易性金融负债、应付票据、应付账款、预收账款、应付职工薪酬和应交税费等。短期借款是指企业向银行或非银行金融机构借入的、还款期限不超过一年的借款。交易性金融负债指企业采用短期获利模式进行融资所形成的负债。应付票据是由出票人出票,委托付款人在指定日期无条件支付确定的金额给收款人或持票人的票据,代表委托付款人在一定时期内支付一定款项的允诺。应付账款是企业因购买材料、商品和接受劳务供应等经营活动应支付的款项。预收账款是企业按照合同规定或交易双方之约定,向购买单位或接受劳务的单位在未发出商品或提供劳务时预收的款项。应付职工薪酬是企业根据有关规定应付给职工的各种薪酬,包括职工工资、职工福利、社会保险费、住房公积金、工会经费、职工教育经费、非货币性福利等内容。应交税费是指企业根据在一定时期内取得的营业收入、实现的利润等,按照现行税法规定计提的应缴纳的各种税费。

(2)按应付金额是否确定划分。按应付金额是否确定,可以将流动负债划分为应付金额确定的流动负债和应付金额不确定的流动负债。应付金额确定的流动负债是指那些根据合同或法律规定到期必须偿付确定金额的流动负债,如短期借款、应付票据。应付金额不确定的流动负债是指那些要根据企业生产经营情况,到一定时期或具备一定条件时才能确定的流动负债,或应付金额需要估计的流动负债,如应交税费。

(3)按形成原因不同划分。按流动负债形成原因可将其划分为自然性流动负债和人为性流动负债。自然性流动负债是指由于结算程序或有关法律法规的规定等原因,不需要正式安排而自然形成流动负债,如应付账款。人为性流动负债是指由财务人员根据企业对短期资金的需求,通过人为安排所形成的流动负债,如短期借款。

(二)营运资金的特点

要想有效地管理企业的营运资金,就必须把握营运资金的特点,以便开展针对性的管理。营运资金一般具有以下特点。

1.营运资金周转期短

企业占用在流动资产上的资金周转期较短,通常是在一年或超过一年的一个营业周期内收回。根据这一特点,企业可以采用短期的筹资方式解决对营运资金的需求,如利用短期借款、商业信用等筹资方式提供营运资金。

2.营运资金占用形态变动性大

营运资金每次循环都要经过采购、生产、销售等过程,例如先用现金购买原材料,再投入生产形成在产品和产成品,然后销售产品形成应收账款,最后收回应收账款得到现金。可见在这个循环过程中,营运资金的占用形态是不断地变化着的。为此,企业有必要在不同形态的流动资产上合理配置资金,以促进资金循环周转的顺利进行。

3.营运资金占用数量波动性强

营运资金占用的数量会随着企业内外经营条件的变化而变化,时高时低,波动很大。特别是季节性生产的企业,其营运资金的占用数量在不同季节之间的波动更加明显。一般而言,在营运资金的波动过程中,流动负债和流动资产的变动方向是相同的。例如,随着销售的增加,存货和应收账款等流动资产的资金占用会增加,同时应付账款等自发性的流动负债也会增加。根据营运资金占用数量波动性强的特点,企业应事先预计不同时期营运资金的需求量,及时筹措所需要的营运资金,合理调整不同时期的营运资金占用量。

4.营运资金变现性强

交易性金融资产、应收账款和存货等流动资产一般具有较强的变现能力,企业如果遭遇意外情况而现金短缺、资金周转不灵时,可以迅速变卖这些流动资产,获取所需要的现金,帮助企业渡过难关。因此,持有适当的流动资产对企业应付临时性的资金需求具有重要的意义。企业应该根据营运资金变现性强的特点,合理配置资产结构,保留适当比例的流动资产。

5.营运资金来源灵活多样

企业筹集长期资金的方式一般包括吸收直接投资、发行股票、发行债券等方式。与此相比,企业筹集营运资金的方式更加灵活多样,通常包括短期借款、短期融资券、商业信用、应交税费、应付股利、应付职工薪酬等多种内、外部融资方式。企业应该根据营运资金来源灵活多样的特点,根据筹资需求选择最合适的筹资方式。

二、营运资金管理原则

(一)满足合理的资金需求

企业营运资金的需求数量与企业生产经营活动有直接关系。一般情况下,当企业产销两旺时,流动资产会不断增加,流动负债也会相应增加;而当企业产销量不断减少时,流动资产和流动负债也会相应减少。企业财务人员应以满足正常合理的资金需求作为首要任务,认真分析生产经营状况,采用一定的方法预测营运资金的需要数量,并及时地筹措、安排所需要的营运资金。

(二)提高资金使用效率

营运资金的周转是指企业的营运资金从现金投入生产经营开始,到最终转化为现金的过程。提高营运资金使用效率的关键就是采取得力措施,缩短营业周期,加速变现过程,加快营运资金周转。企业应在成本效益分析的基础上千方百计地加速存货、应收账款等流动资产的周转,以使用有限的资金服务于更大的产业规模,为企业取得更优的经济效益提供条件。

(三)节约资金使用成本

在营运资金管理中,必须正确处理保证生产经营需要和节约资金使用成本两者之间的关系。要在保证生产经营需要的前提下,尽力降低资金使用成本。一方面,要挖掘资金潜力,加速资金周转,精打细算地使用资金;另一方面,积极拓展融资渠道,合理配置资源,筹措低成本资金,服务于生产经营。

(四)保持足够的短期偿债能力

偿债能力是企业财务风险高低的标志之一。合理安排流动资产与流动负债的比例关系,保持流动资产结构与流动负债结构的适配性,保证企业有足够的短期偿债能力是营运资金管理的重要原则之一。流动负债是在短期内需要偿还的债务,而流动资产则是在短期内可以转化为现金的资产,两者之间的关系能较好地反映企业的短期偿债能力。如果一个企业的流动资产比较多,流动负债比较少,说明企业的短期偿债能力较强;反之,则说明短期偿债能力较弱。但如果企业的流动资产太多,流动负债太少,也不是正常现象,可能是企业流动资产闲置或流动负债利用不足而导致的。

企业需要遵循上述营运资金管理原则,评估营运资金管理中的风险和收益,制定流动资产投资策略和融资策略,对企业该拥有多少流动资产以及如何获取流动资产融资进行决策。实践中,这两方面的决策往往同时开展并且相互影响。

三、流动资产投资策略

流动资产投资策略的核心问题是选择持有流动资产的数量,这种选择需要权衡资产的收益性与风险性,需要考虑企业经营的内外部环境,还需要考虑行业因素及规模因素的影响,并且受决策者风险偏好的影响。

通常按流动资产占用量与业务量水平的关系,可以将流动资产投资策略划分为保守的流动资产投资策略、适中的流动资产投资策略和冒险的流动资产投资策略三个类型,如图 7-1 所示。

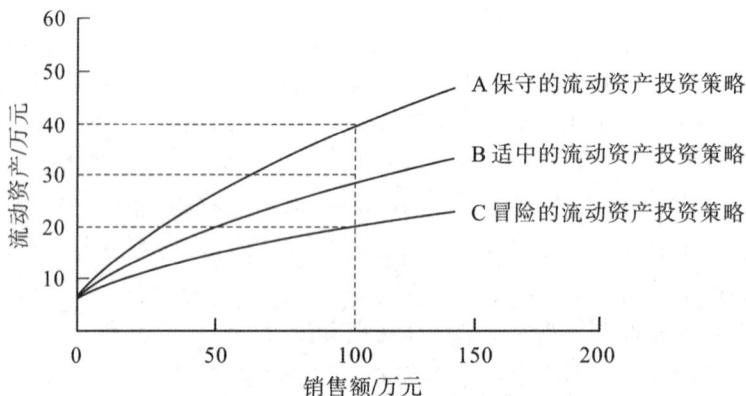

图 7-1 流动资产投资策略

(一)保守的流动资产投资策略

保守的流动资产投资策略要求企业在一定的业务量水平下保持较多的流动资产。在这种策略下,企业在安排流动资产数量时,在正常生产经营需要量和保险储备量的基础上,再加上一部分额外的储备量,以便降低风险。如图 7-1 中的策略 A 为保守的流动资产投资策略,当销售额为 100 万元时,该策略下的流动资产占用数最多,为 40 万元。采用保守的流动资产投资策略风险较小,收益也相应较低。

(二)冒险的流动资产投资策略

冒险的流动资产投资策略要求企业在一定的业务量水平下保持较少的流动资产。在这种策略下,企业在安排流动资产数量时,只安排正常生产经营需要量,不安排或只安排很少的保险储备量,以减少资金占用,提高投资收益率。图 7-1 中的 C 策略为冒险的流动资产投资策略,当销售额为 100 万元时,该策略下的流动资产占用数最少,为 20 万元。采用冒险的流动资产投资策略风险较大,收益也相应较高。

(三)适中的流动资产投资策略

适中的流动资产投资策略是对上述两种策略的折中,要求企业在一定的业务量水平下保持适中的流动资产。在这种策略下,企业在安排流动资产数量时,既安排正常生产经营需要量,也安排一定的保险储备量。图 7-1 中的 B 策略即属于适中的流动资产投资策略,当销售额为 100 万元时,流动资产占用数为 30 万元,介于保守的和冒险的流动资产投资策略之间。采用适中的流动资产投资策略风险和收益均适中。

四、流动资产融资策略

在确定流动资产投资水平后,如何运用相关的资金来源去配套,即选择流动资产融资策略,是营运资金管理的又一重要内容。流动资产融资策略的核心问题是如何安排临时性流动资产和永久性流动资产的资金来源。一般来说,永久性流动资产的资金占用长期且稳定,适合通过长期负债融资或权益性融资提供其资金来源;而临时性流动资产的资金占用不稳定,其资金来源可以相对灵活些,比较经济的办法是通过资金成本较低的短期融资来解决。

根据资产的期限结构和资金来源的期限结构两者之间的匹配程度的差异,流动资产融资策略可以划分为保守的流动资产融资策略、中庸的流动资产融资策略和冒险的流动资产融资策略。流动资产融资策略的选择主要取决于管理者的风险偏好,此外它还受不同期限债务资金利率差异的影响。

(一)保守的流动资产融资策略

保守的融资组合策略是用长期资金来源支持非流动资产、永久性流动资产和部分临时性流动资产的占用,如图 7-2 所示。这种策略下,企业通常以长期资金来源为临时性流动资产的平均占用融资,短期资金来源仅用于融通超过平均水平部分的临时性流动资产。由于这种策略下短期负债等短期资金来源比重较低,企业不用经常性地去举债、还债,因此较少出现融资困难和不能按时还本付息的风险。但是,由于长期资金来源的资金成本较高,导致长期资金来源比重较高的这种策略收益较低。因此,保守的流动资产融资策略是一种低风险、低收益的策略。

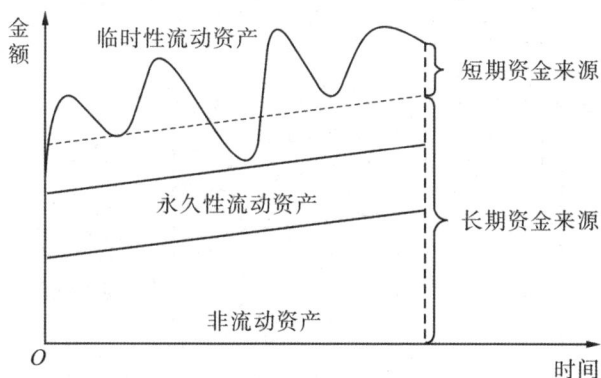

图 7-2 保守的流动资产融资策略

(二)冒险的流动资产融资策略

冒险的流动资产融资策略是用长期资金来源支持非流动资产和部分的永久性流动资产的占用,用短期资金来源支持剩下的永久性流动资产和所有临时性流动资产的占用,如图 7-3 所示。在这种策略下,企业使用较多的短期资金来源。短期资金来源的资金成本通常低于长期资金来源,因此,该策略能降低企业的资金成本,提高资金收益率。但另一方面,由于该策略用短期负债等短期资金来源满足部分长期占用资金的永久性流动资产,必然导致企业要经常性地在短期债务到期后归还债务并重新举债,这种经常性的举债、还债,加大了企业筹资的困难和不能按时还本付息的风险。由此可见,冒险的流动资产融资策略是一种高风险、高收益的策略。

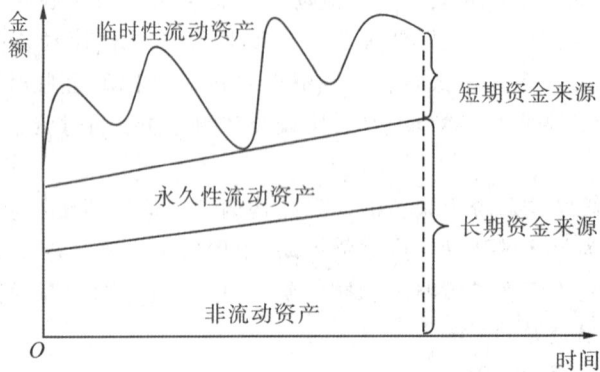

图 7-3 冒险的流动资产融资策略

(三)中庸的流动资产融资策略

中庸的流动资产融资策略用长期资金来源支持非流动资产和永久性流动资产的占用,用短期资金来源支持临时性流动资产的占用,如图 7-4 所示。这种策略在观念上要将资产的期限结构和资金来源的期限结构对应匹配,但由于资产的使用期限不确定而还款期限确定等原因,导致资产的期限结构和资金来源的期限结构在实际上是做不到完全匹配的。中庸的流动资产融资策略是对上述两种融资策略的折中,它的风险和收益也介于上述两个策略之间,是一种中等风险,中等收益的策略。

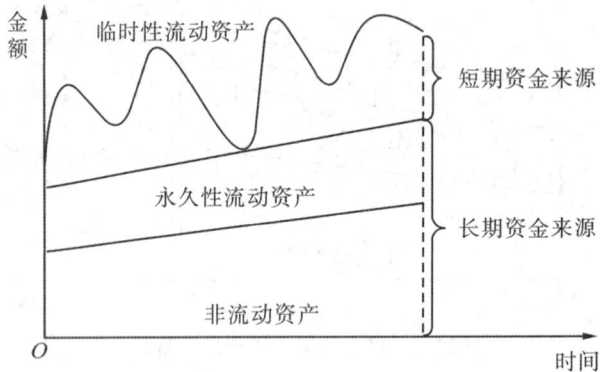

图 7-4 中庸的流动资产融资策略

第二节 现金管理

微课 7-2
现金管理

现金有狭义和广义之分,狭义现金是指企业的库存现金,广义现金是指货币形态表现的资金,包括库存现金、银行存款和其他货币资金,这里所讲的现金是指广义的现金。

现金是流动资产中流动性最强的资产,拥有较多的现金,企业就具有较强的偿债能力和抗风险能力。但现金的收益性最弱,即使是银行存款,其利率也是很低的,因此现金的持有量不是越多越好。企业现金管理的目标是要在现金的流动性和收益性之间进行权衡,在确保必要的资产流动性的同时,降低现金持有量,提高现金的使用效率。

一、持有现金的动机

企业持有现金出于以下三方面的动机:交易动机、预防动机和投机动机。

(一)交易动机

交易动机又称支付动机,是指企业为满足正常生产经营活动中的各种支付需要而持有的现金,包括为购买原材料、支付工资、上缴税收、偿还到期债务等日常支出而持有的现金,这是企业持有现金的主要动机。企业日常生产经营发生很多支出和收入,这些支出和收入很少同时等额发生,因此,企业保留适当的现金余额是完全必要的,以避免企业的现金收支不平衡时,中断正常的生产经营活动。

(二)预防动机

预防动机是指企业为应付突发事件需要保持一定数量的现金。这种突发事件包括自然灾害、生产事故、未能及时收回货款等。预防性现金量的多少主要取决于以下三个方面:一是企业现金流量预测的可靠性;二是企业临时举债能力的强弱;三是企业愿意承担现金短缺风险的程度。一般而言,现金流量预测的可靠性较高,临时举债能力较强,愿意承担现金短缺风险的程度较高的企业,其预防动机的现金持有量较低。

(三)投机动机

投机动机是指为抓住突然出现的获利机会而持有的现金。如抓住市场廉价供给原材料或其他资产的机会,或抓住机会以较低价格购进预计上涨的有价证券等。这种获利机会通常一闪即逝,如果企业没有用于投机的现金,就会错过这种机会。通常,投机动机不是生产型企业的主要现金持有动机。

企业的现金持有量一般小于三种动机下的现金持有量之和,因为三种动机的现金持有量可以在一定程度上调剂使用。

二、目标现金持有量的确定

(一)现金周转期模式

现金周转期模式是利用现金周转期求得最佳现金持有量。现金周转期是指从现金投入生产经营开始,到最终转化为现金为止所经历的时间,它大致包括以下三个部分:一是存货周转期,即将原材料转化为产成品并出售所需要的时间;二是应收账款周转期,也叫收现期,即从产品销售形成应收账款到收回现金所需要的时间;三是应付账款周转期,即从收到尚未付款的原材料开始到实际支付价款时所用的时间。

现金周转期模式确定最佳现金持有量的步骤如下。

第一,计算现金周转期。现金周转期的计算公式:

$$现金周转期=平均存货周转期+平均应收账款周转期-平均应付账款周转期$$

第二,计算现金周转率。现金周转率是指一定时期内现金的周转次数,若计算某一年的现金周转率,其计算公式如下:

$$现金周转率=\frac{360}{现金周转期}$$

第三,计算最佳现金持有量。某一年的最佳现金持有量就等于该年预计现金总需要量除以现金周转率,计算公式如下:

$$某年最佳现金持有量=\frac{该年预计现金总需要量}{现金周转率}$$

例 7-1

某企业的原材料采购和产品销售均采用信用方式。经测算,平均存货周转期为 85 天,应收账款的平均收款天数为 70 天,应付账款的平均付款天数为 35 天,每年现金需要量预计为 1 800 000 元,则:

$$现金周转期=85+70-35=120(天)$$

$$现金周转率=\frac{360}{120}=3(次)$$

$$最佳现金持用量=\frac{1\ 800\ 000}{3}=600\ 000(元)$$

(二)成本分析模式

成本分析模式考虑持有现金所发生的机会成本、管理成本和短缺成本。

1.机会成本

持有现金的机会成本是指因为持有一定量现金所丧失的再投资收益,即因为持有现金不能将其用于有价证券投资而产生的机会成本,在数额上通常视同为持有现金的资金成本。例如,假设一个企业的资本成本为 10%,年均持有现金 100 万元,则该企业每年持有现金的机会成本为 10 万元(100×10%)。在资本成本率既定的条件下,持有现金的机会成本与现金持有量成正比,是一种变动成本。

2.管理成本

持有现金的管理成本是指企业因为持有一定量的现金而发生的管理费用,比如现金管理人员的工资、现金安全保护措施所发生的费用等。通常认为在一定的持有量范围内,持有现金的管理成本不会随持有量的变化而变化,是一种固定成本。

3.短缺成本

持有现金的短缺成本是指企业因为现金持有量不足且又无法及时通过有价证券变现加以补充而给企业造成的损失。比如由于现金短缺而无法购进急需的原材料,使企业的生产经营中断而给企业造成的损失,再如由于现金短缺而无法按时支付货款而造成的信用损失。持有现金的短缺成本与现金持有量之间呈负相关关系,其发生额随现金持有量的增加而下降,随现金持有量的减少而上升。

在成本分析模式下,最佳现金持有量是能使机会成本、管理成本和短缺成本的总和达到最小的持有量,如图 7-5 所示。其中,管理成本在现金持有量发生变动时保持不变,机会成本随持有量正相关变动,短缺成本随持有量负相关变动,三者总和即总成本达到最低时,所对应的现金持有量为最佳持有量。

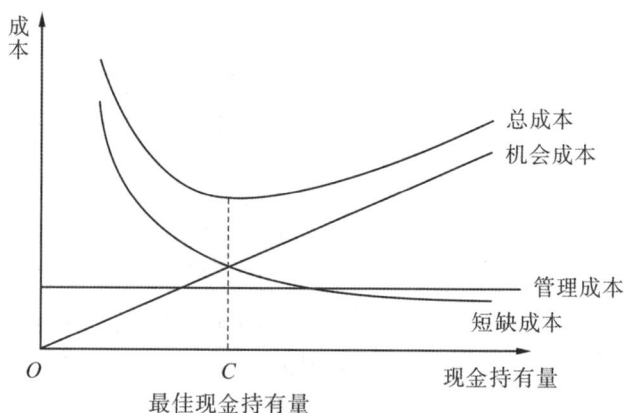

图 7-5 成本分析模式

例 7-2

某企业有甲、乙、丙三个现金持有方案,有关资料如表 7-1 所示。假设现金的机会成本率为 10%,请确定该企业的最佳现金持有量。

表 7-1 现金持有方案

单位:元

方案	甲	乙	丙
现金持有量	300 000	600 000	900 000
管理成本	18 000	18 000	18 000
短缺成本	56 000	15 000	0

这四个方案的总成本计算结果如表 7-2 所示。

表 7-2 现金持有方案总成本计算

单位:元

方案	甲	乙	丙
管理成本	18 000	18 000	18 000
短缺成本	56 000	15 000	0
机会成本	30 000	60 000	90 000
总成本	104 000	93 000	108 000

通过总成本的比较可知,乙方案的总成本最低,所以该企业的最佳现金持有量应为 600 000 元。

(三)存货模式

存货模式借鉴存货经济订货批量模型来确定最佳现金持有量。和成本分析模式类似,存货模式确定最佳现金持有量也要使相关总成本达到最低,但两者考虑的相关成本的内容不同。存货模式认为持有现金的管理成本因为比较稳定,与持有量关系不大,是固定成本,因此可以视为决策的无关成本而不需要考虑。此外,由于现金是否会发生短缺、短缺多少、概率多大以及各种短缺情形发生时可能的损失如何,都存在很大的不确定性并且计量困难,所以存货模式不考虑短缺成本。

存货模式下只考虑机会成本和转换成本。其中转换成本是指企业用现金购入有价证券以及用有价证券换取现金时付出的交易费用,即现金同有价证券之间相互转换的成本,如买卖佣金、手续费、证券过户费、印花税等。转换成本可以分为两类:一是与委托转换的金额相关的费用,如买卖佣金、印花税等,这部分转换成本从某个预算期间(如一年)来看是固定不变的,是一种固定成本,因为委托转换的总额是可预计的、视为常数的预算期现金总需要量;二是与委托金额无关而与转换次数有关的费用,如委托手续费、过户费等,这部分转换成本每次发生额固定不变,但整个预算期内的发生总额与预算期内的转换次数成正比,所以是一种变动成本。由于固定转换成本固定不变,与决策无关,所以存货模式下考虑的转换成本是相关的变动转换成本。在预计现金总需要量不变的条件下,现金持有量越高,每次委托转换的金额越大,预算期内转换的次数就越少,变动转换成本就越低。

存货模式确定最佳现金持有量时有下列基本假设:(1)企业所需现金可确保在需要时通过有价证券变现取得;(2)企业预算期内的现金总需要量可以预计;(3)现金支出过程均衡、稳定;(4)有价证券的投资报酬率以及每次转换发生的固定交易费用稳定、可知。

设 Q 为现金持有量,T 为某个预算期间的现金总需要量,F 为每次出售有价证券以补充现金所发生的固定交易成本,K 为有价证券的投资报酬率即机会成本率,则持有现金的相关总成本(TC)为机会成本与变动转换成本两者的总和:

相关总成本=机会成本+变动转换成本

用字母表示为:

$$TC = \frac{Q}{2} \cdot K + \frac{T}{Q} \cdot F$$

持有现金的相关总成本与机会成本、变动转换成本的关系如图 7-6 所示。

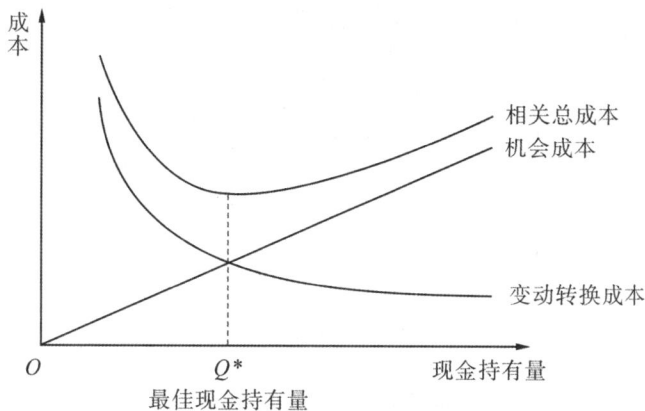

图 7-6 存货模式

对上面公式中的 Q 求导,并令其等于零,即可求得最佳现金持有量 Q^*:

$$Q^* = \sqrt{\frac{2TF}{K}}$$

将 Q^* 代入原公式即可求得最低相关总成本 TC^*:

$$TC^* = \sqrt{2TFK}$$

例 7-3

某企业现金收支状况比较稳定,预计全年需要现金 1 000 000 元,现金与有价证券的转换成本每次为 500 元,有价证券的年投资回报率为 10%。则:

$$最佳现金持有量\ Q^* = \sqrt{\frac{2 \times 1\ 000\ 000 \times 500}{10\%}} = 100\ 000(元)$$

$$最低相关总成本\ TC^* = \sqrt{2 \times 1\ 000\ 000 \times 500 \times 10\%} = 10\ 000(元)$$

(四)随机模式

随机模式认为公司现金流量存在不确定性,在确定公司目标现金持有量时,必须充分考虑这种不确定性。该模式假定公司每日现金流量的分布接近于正态分布,每日现金流量可能高于也可能低于期望值,其变化是随机的。由于现金流量波动是随机的,只能对现金持有量确定一个控制区域,定出上限和下限。当企业现金余额在上下限之间波动时,表明企业的现金持有量处于合理的水平,不需要在现金和有价证券之间进行转换调整。当企业现金余额达到上限时,则将部分现金用于购买有价证券,使现金持有量下降;当现金余额达到下限时,则变卖部分有价证券,使现金持有量回升。随机模式下对现金余额的控制原理如图 7-7 所示。

图 7-7 中,虚线 H 为现金持有量的上限,虚线 L 为现金持有量的下限,实线 R 为目标返回线。当企业现金余额随机波动至 A 点,达到了现金控制的上限,此时企业应动用现金购买有价证券,使现金余额回落到目标返回线的水平。当企业现金余额随机波动至

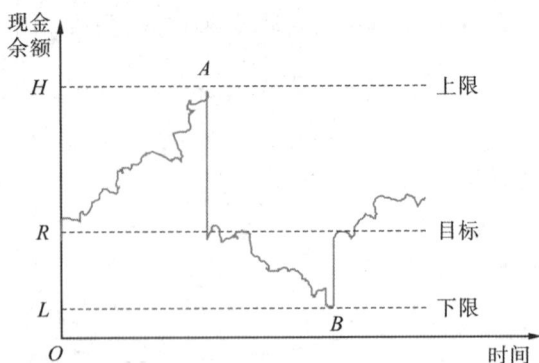

图 7-7　随机模式

B 点,达到了现金控制的下限,此时企业应变卖有价证券获取现金,使现金余额回升到目标返回线的水平。当现金余额在 H 和 L 之间波动而未触及上下限时,企业不在现金和有价证券之间进行转换。现金持有量的下限 L 取决于模型之外的因素,其数额由管理者在综合考虑现金短缺的风险承受能力、企业举债能力、企业日常周转所需资金、银行要求的补偿性余额等因素的基础上确定。目标返回线 R 可按下列公式计算:

$$R = \sqrt[3]{\frac{3b\sigma^2}{4r}} + L$$

其中:b 表示有价证券固定的每次转换成本;σ 表示每日现金流量变动的标准差;r 表示有价证券的日利息率;L 表示现金持有下限。

现金持有上限 H 的计算公式为:

$$H = 3R - 2L$$

例 7-4

某企业每日现金流量的标准差为 800 元,有价证券的年利率为 9%,每次转换的固定成本为 75 元,公司认为任何时候其现金持有量均不能低于 1 000 元。则根据随机模式原理:

有价证券日利息率 = 9% ÷ 360 = 0.025%

$$R = \sqrt[3]{\frac{3 \times 75 \times 800^2}{4 \times 0.025\%}} + 1\ 000 = 6\ 241(元)$$

$$H = 3R - 2L = 16\ 723(元)$$

由计算结果可知,如果该企业现金持有量达到 16 723 元上限,则应买进有价证券 10 482 元,使持有量降至目标现金余额 6 241 元。若该企业现金持有量达到 1 000 元下限,则应卖出有价证券 5 241 元,使现金持有量回升至目标现金余额 6 241 元。

三、现金收支管理

现金收支管理的目的在于提高现金使用效率,为达到这一目的,应做好以下几方面的工作。

（一）尽量做到现金流量同步

如果企业能做到现金流量同步，使企业的现金流入与现金流出在数量上和时间上趋于一致，就可以使其所持有的交易性动机的现金余额降低到最低水平。

（二）合理使用现金浮游量

现金的浮游量是指企业账户上的现金余额与银行账户上所示的企业存款余额之间的差额。从企业开出支票，收款人收到支票存入银行，至银行将款项划出企业账户，支票金额对应的现金在这段时间里的占用即为现金浮游量。现金浮游量是企业已付，银行未付的款项，尽管企业已经开出了支票，但仍可在活期存款账户上动用这笔资金。需要注意的是，企业利用现金浮游量必须控制好时间，以免发生透支现象。

（三）加速收款

加速收款主要是指缩短应收账款周转期。发生应收账款会增加企业资金的占用，但它又是必要的，因为它可以扩大销售规模，增加销售收入。关键是要做到一方面利用应收账款吸引客户，另一方面还要想办法缩短收款时间。为此，企业需要权衡确定合理的收账政策。此外，企业想办法尽量缩短从客户开出支票到将支票送交银行办理结算的时间也能起到加速收款的作用。

（四）推迟应付款项的支付

推迟应付款项的支付是指企业在不影响自身信誉的条件下，充分利用供货方提供的信用优惠，尽可能地推迟应付款的支付期。如果急需现金，企业甚至可以放弃供货方的现金折扣优惠，在信用期的最后一天支付款项。当然，放弃现金折扣的成本是很高的，需要权衡利弊得失定夺。

第三节　应收账款管理

微课 7-3
应收账款
管理

一、应收账款管理的目标

应收账款从其产生来看主要有两个原因：(1)适应商业竞争的需要。在竞争机制的作用下，迫使企业以各种手段扩大销售。除了依靠产品质量、价格、售后服务、广告等之外，企业实施赊销策略也是扩大销售的手段之一。企业适应竞争的需要采用赊销方式而形成的应收账款是一种商业信用，是应收账款发生的主要原因；(2)企业销售和收款上的时间差。就一般批发和大量生产的企业而言，发货的时间和收到货款的时间往往不同，作为销售方的企业承担由此产生的资金垫支，形成应收账款。由于销售和收款上的时间差造成的应收账款不属于商业信用，也不是应收账款管理的主要对象。

应收账款具有两面性：一方面企业通过提供商业信用，采取赊销、分期付款等销售方式，可以扩大销售收入，降低存货，增加利润；另一方面较高的应收账款会导致较高的相关成本发生。同时较高的应收账款，导致较高的资金占用，从而会影响企业资金的流动性和资金的利用效率。因此，应收账款的管理目标在于：在通过应收账款管理扩大销售收入、提高竞争能力的同时,尽可能地控制应收账款相关成本,并提高应收账款的流动性。

二、应收账款的成本

应收账款的成本主要包括机会成本、管理成本和坏账成本。

(一)机会成本

应收账款的机会成本是指因资金投放在应收账款上而丧失的其他投资收益。应收账款会占用企业一定量的资金,而企业如果不把这部分资金投放于应收账款,便可以用于其他投资并获得收益,例如可以投资债券获得利息收入。应收账款的机会成本并不是实际发生的成本。应收账款的机会成本可按以下公式计算:

$$应收账款机会成本 = 维持赊销业务所需要的资金 \times 资本成本$$

维持赊销业务所需要的资金计算公式为:

$$维持赊销业务所需要的资金 = 应收账款平均余额 \times 变动成本率$$

其中:

$$应收账款平均余额 = \frac{年赊销额}{360} \times 平均收现期$$

(二)管理成本

应收账款的管理成本是指企业为管理应收账款而发生的开支,是从应收账款发生到收回期间所有与应收账款管理系统运行有关的费用。主要包括调查客户信用状况的费用、收集信用信息的费用、应收账款簿记费用、收账费用和相关管理人员成本。当应收账款的规模属于某个特定范围时,其管理成本一般比较稳定,可视为固定成本。当应收账款的规模脱离某个特定范围后,其管理成本将跳跃到一个新的水平再继续保持一种固定成本的属性。

(三)坏账成本

应收账款的坏账成本是指由于应收账款因故不能收回而给企业带来的损失。坏账成本的高低与客户的信用状况有直接关系,且与企业的管理水平相关。企业管理水平越高,对客户信用状况的调查越全面、仔细,对客户的监督和催讨越有力,则坏账损失发生额就越低。坏账成本的测算一般是通过坏账损失率与赊销收入相乘得到。即:

$$坏账成本 = 年赊销额 \times 坏账损失率$$

三、信用政策

信用政策是指企业在采用赊销方式时,为了对应收账款投资进行规划和控制而确定的基本原则与行为规范,包括信用标准、信用条件和收账政策三个方面。

(一)信用标准

信用标准是信用申请者获得企业所提供的信用必须达到的基本条件,通常以坏账损失率作为判定的依据。如果客户达不到企业的信用标准,就不能享受企业所提供的信用或只能享受较低的信用优惠。信用标准宽,可以扩大销售额,但会相应增加坏账损失和应收账款的机会成本。信用标准严,可以减少坏账损失,减少应收账款的机会成本,但不利于扩大销售额,甚至会减少销售额。因此,对信用标准的管理,就是对信用标准宽严度的把握,要在增加的收益与增加的应收账款成本之间进行权衡。

影响信用标准的因素包括以下几个方面:(1)同行业竞争对手的情况。在产品品种、质量、价格等因素基本相同情况下,如果对手实力更强,就需采取较宽松的信用标准。反之,信用标准可以严格一些。(2)企业承担违约风险能力。当企业具有较强的违约风险承受能力时,信用标准可以宽松一些,以提高竞争力,争取客户,扩大销售。反之,如果企业承担违约风险的能力比较脆弱,就应该选择较严格的信用标准以降低违约风险。(3)客户的资信程度。客户的资信程度越高,信用标准可以越宽松;客户的资信程度越低,则信用标准应该越严格。

企业在设定顾客的信用标准时,往往要先评估其赖账的可能性,这可以通过"五C"系统来完成。"五C"是指评估顾客信用品质的五个方面:品质(character)、能力(capacity)、资本(capital)、抵押(collateral)和条件(conditions)。

1.品质

品质指顾客履约或赖账的可能性,这是决定是否给予客户信用的首要因素,主要通过了解顾客以往的付款履约纪录进行评价。

2.能力

能力指顾客的偿债能力,取决于顾客资产特别是流动资产数量、质量以及与流动负债的比率关系。一般来说,企业流动资产的数量越多,流动比率越大,表明其偿付债务的物资保证越雄厚,反之,则偿债能力越差。同时,还应注意顾客流动资产的质量,看是否有存货过多、过时、质量下降,影响其变现能力和支付能力的情况。

3.资本

资本指顾客的经济实力和财务状况,是偿付债务的最终保证,一般从财务报表中获得。

4.抵押

抵押指顾客提供的可作为资信安全保证的资产。这对于不知底细或信用状况有争议的顾客尤为重要。一旦收不到这些顾客的款项,便以抵押品抵补。如果这些顾客能够提供足够的抵押,就可以考虑向他们提供相应的信用。

5.条件

条件指可能影响顾客付款能力的经济环境。例如,万一出现经济不景气,会对顾客的付款能力产生什么样的影响,顾客会如何做等,这需要了解顾客在过去困难时期的付款历史。

上述各方面的信息主要通过以下渠道得到:顾客的财务报表资料、银行核查、信用评估机构的报告、与某一顾客过往的交易记录等。

(二)信用条件

信用条件是指企业要求客户支付赊销款项的条件,包括信用期限、折扣期限和现金折扣。如"2/10,n/30"是一项信用条件,它表示如果在发票开出后 10 天内付款,可享受 2% 的折扣;如果放弃折扣,则全部货款必须在 30 天内付清。这里信用期是 30 天,折扣期是 10 天,现金折扣为 2%。为客户提供优惠的信用条件能增加企业的销售收入,但也会增加成本。因此,确定信用条件需要考虑成本与收益的关系。如果某项信用条件的改变增加的收益大于增加的成本,则这种改变是可行的。

1.信用期限

信用期限是指企业为客户规定的最长付款期限。信用期限的长短,与销售收入、应收账款、坏账损失都密切相关。信用期限越长,表明企业给予客户的信用条件越优惠,它促使企业销售收入增长,同时也使应收账款的成本和坏账损失随之增加。因此,必须比较改变信用期限带来的边际收益和边际成本,才能决定是否改变信用期限。

例 7-5

某企业预测 2021 年度赊销额为 6 000 万元,其信用条件为 n/30,变动成本率为 60%。假设等风险投资的必要报酬率为 10%,现有 A、B、C 三个信用条件的备选方案供抉择。

A 方案:维持 n/30 的信用条件,此时,预计坏账损失率为 2%,收账费用为 200 万元。

B 方案:将信用条件放宽到 n/45。可以增加销售额 600 万元,同时,预计坏账损失率提高为 3%,收账费用将增加 80 万元。

C 方案:将信用条件放宽到 n/60。可以增加销售额 800 万元,同时,预计坏账损失率提高为 5%,收账费用将增加 150 万元。

则三个方案的信用成本后收益计算如下:

(1)A 方案信用成本后收益的计算:

信用成本前收益＝6 000×(1−60%)＝2 400(万元)

机会成本＝(6 000÷360)×30×60%×10%＝30(万元)

收账费用＝200(万元)

坏账损失＝6 000×2%＝120(万元)

信用成本总额＝30＋200＋120＝350(万元)

信用成本后收益＝2 400−350＝2 050(万元)

(2)B 方案信用成本后收益的计算:

信用成本前收益＝(6 000＋600)×(1−60%)＝2 640(万元)

机会成本＝(6 600÷360)×45×60%×10%＝49.5(万元)

收账费用＝200＋80＝280(万元)

坏账损失＝6 600×3%＝198(万元)

信用成本总额＝49.5＋280＋198＝527.5(万元)

信用成本后收益＝2 640−527.5＝2 112.5(万元)

(3)C 方案信用成本后收益的计算:

信用成本前收益＝(6 000＋800)×(1−60%)＝2 720(万元)

机会成本＝(6 800÷360)×60×60%×10%＝68(万元)

收账费用＝200＋150＝350(万元)

坏账损失＝6 800×5%＝340(万元)

信用成本总额＝68＋350＋340＝758(万元)

信用成本后收益＝2 720－758＝1 962(万元)

从上面计算结果得知,B方案($n/45$)的信用成本后收益最大,为2 112.5万元,因此应选择B方案,即将信用期定为45天。

2.现金折扣与折扣期限

折扣条件包括现金折扣和折扣期限。现金折扣是企业对顾客在商品价格上的扣减,折扣期限是指企业规定的客户可享受现金折扣的最迟付款时间。企业给出折扣条件,其目的在于吸引顾客为享受现金折扣优惠而提前付款,从而加速企业应收账款的回收。

现金折扣的通常用类似于"3/10,1/20,$n/30$"这样的符号表示。在这个例子中,3/10表示10天内付款可以享受3%的折扣;1/20表示20天内付款可以享受1%的折扣;$n/30$表示付款的最长期限为30天,此时付款无优惠。

在给予客户现金折扣时,如果折扣率过低,无法产生激励客户提早付款的效果;如果折扣率过高,又导致现金折扣成本过高。企业能否提供现金折扣,主要取决于提供现金折扣加速应收账款收回所增加的收益是否大于所增加的成本。因此在评价上,只要给予折扣后成本的节约大于折扣的支出,则方案可行。

例 7-6

沿用例7-5的资料,企业为加快资金的回收,决定在B方案的基础上将信用条件改为"2/10,1/20,$n/45$",称之为D方案。信用条件修改后,预计有60%的客户会享受2%的折扣;30%的客户会享受1%的折扣,坏账损失率可以降为1.2%,收账费用可以降为120万元。为企业做出是否要修改信用条件的决策。

根据上述资料,D方案的信用成本后收益计算如下:

现金折扣＝6 600×(2%×60%＋1%×30%)＝99(万元)

信用成本前收益＝6 600×(1－60%)－99＝2541(万元)

应收账款平均收账天数＝10×60%＋20×30%＋45×(1－60%－30%)＝16.5(天)

机会成本＝(6 600/360)×16.5×60%×10%＝18.15(万元)

收账费用＝120(万元)

坏账损失＝6 600×1.2%＝79.2(万元)

信用成本总额＝18.15＋120＋79.2＝217.35(万元)

信用成本后收益＝2 541－217.35＝2 323.65(万元)

计算结果表明,实行现金折扣后,企业的收益达到2 323.65万元,比原B方案多获利211.15万元,因此,企业应该实施D方案,提供现金折扣。

(三)收账政策

收账政策是指信用条件被违反、客户拖欠甚至拒付账款时企业所采取的收账策略与措施。正常情况下,客户应该按照信用条件中的规定期限及时付款,履行其购货时承诺的义务。但现实生活中,有的客户由于种种原因在信用期满后仍不能支付账款。此时,企业应采取一定的收账方式来收回账款。企业可以采用信函、电话、面谈等方式自行收账,如果无效可以进一步考虑委托商账追收公司收账,最后还可以考虑提出法律诉讼追讨债款。

企业如果采取积极的收账政策,可以减少应收账款的占用,并减少应收账款的机会成本和坏账损失,但会导致收账成本的增加。如果采用消极的收账政策,则收账成本较低,但会增加应收账款的占用,并增加应收账款的机会成本和坏账损失。企业需要对增减变动的应收账款成本进行权衡,以评价收账政策是否可行。

例 7-7

宏达公司预计每年销售收入 1 500 000 元,其中现销占 20%,赊销占 80%。公司现行收账政策下,每年开支收账费用为 100 000 元,应收账款平均收现期为 80 天,坏账损失率为 5%。公司为了加大应收账款的回收和减少坏账损失,拟采用积极的收账政策。现有A、B 两个方案可供选择,有关资料如表 7-3 所示。

表 7-3　收账政策备选方案

项目	现行收账政策	A 方案	B 方案
年收账费用/元	100 000	140 000	180 000
应收账款平均收现期/天	80	45	40
坏账损失率/%	5	2	1

假定等风险投资的最低报酬率为 10%,变动成本率为 70%。公司应选择哪一种收账政策呢?

根据上述资料,计算各收账政策的收账总成本如下。

(1)现行收账政策:

应收账款机会成本=(1 500 000×80%÷360)×80×70%×10%=18 667(元)

坏账损失=1 500 000×80%×5%=60 000(元)

收账费用=100 000(元)

收账总成本=18 667+60 000+100 000=178 667(元)

(2)A 方案:

应收账款机会成本=(1 500 000×80%÷360)×45×70%×10%=10 500(元)

坏账损失=1 500 000×80%×2%=24 000(元)

收账费用=140 000(元)

收账总成本=10 500+24 000+140 000=174 500(元)

(3)B 方案:

应收账款机会成本=(1 500 000×80%÷360)×40×70%×10%=9 333(元)

坏账损失=1 500 000×80%×1%=12 000(元)

收账费用=180 000(元)

收账总成本=9 333+12 000+180 000=201 333(元)

计算结果表明,A 方案收账总成本最低。因此,应该选择 A 方案。

四、应收账款的日常管理

应收账款管理难度较大,需要在平时做好客户信用调查、客户信用评估及日常追踪等工作。

(一)客户的信用调查

信用调查时指收集和整理反映客户信用状况的有关资料的工作,它是正确评价客户信用的前提条件,是企业应收账款日常的基础。客户的信用调查一般有以下途径。

1.直接调查

直接调查是指调查人员通过与被调查单位进行直接接触,通过当面采访、询问、观看等方式获取信用资料的方法。直接调查有利于企业快速、直接地获取所需要的信息,但直接调查获得的资料基本上是感性的资料,而且被调查单位有可能抵触调查或隐瞒对自己不利的信息。

2.间接调查

间接调查是以被调查单位及其他单位保存的有关原始记录和核算资料为基础,通过加工整理获得被调查单位信用资料的一种方法。这些资料主要来自以下几个方面。

(1)财务报表。通过财务报表分析,可以基本掌握一个企业的财务状况和信用状况。

(2)信用评估机构。因为评估方法先进,评估调查细致,评估程序合理,所以专门的信用评估部门可信度较高。在我国,目前的信用评估机构有三种形式:第一种是独立的社会评级机构,它们根据自身的业务需要吸收有关专家参加,不受行政干预和集团利益的牵制,独立自主地开办信用评估业务;第二种是政策性银行、政策性保险公司负责组织的评估机构,一般由政策性银行、政策性保险公司的有关人员和各部门专家进行评估;第三是由商业银行、商业性保险公司组织的评估机构,由商业性银行、商业性保险公司组织专家对其客户进行评估。

(3)银行。银行是信用资料的一个重要来源,许多银行都设有信用部,为其顾客服务,并负责对其顾客信用状况进行记录、评估。但银行的资料一般仅愿意在内部及同行间进行交流,而不愿向其他单位提供。

(4)其他途径。如财税部门、工商管理部门、消费者协会等机构都可能提供相关的信用状况资料。

(二)评估客户信用

收集好客户信用资料以后,就需要对这些资料进行分析、评价。企业一般采用"5C"系统来评价,并对客户信用进行等级划分。在信用等级方面,目前主要有两种:一种是三类九等,即将企业的信用状况分为 A、B、C 三类,以及 AAA、AA、A、BBB、BB、B、CCC、CC、C 九等,其中 AAA 为信用最优等级,C 为信用最低等级。另一种是三级制,即分为 AAA、AA、A 三个信用等级。

(三)应收账款追踪分析

为了按期足额收回应收账款,企业有必要对该应收账款进行追踪分析。

1.应收账款账龄分析

应收账款账龄分析是对应收账款账龄结构的分析,是指企业在某一时刻,将所发生的各笔应收账款按照开票日期进行归类,计算出不同账龄的应收账款占总额的比重。

例 7-8

宏达公司 2020 年 9 月 30 日,对企业应收账款进行追踪分析,各账龄的应收账款如表 7-4 所示。

表 7-4　宏达公司账龄分析表

应收账款账龄		账户数/个	账户数百分比/%	金额/万元	百分比/%
信用期内		100	43.29	600	60
超出信用期	1 个月内	50	21.65	100	10
	2 个月内	20	8.66	60	6
	3 个月内	10	4.33	40	4
	6 个月内	15	6.49	70	7
	12 个月内	12	5.19	50	5
	18 个月内	8	3.46	20	2
	24 个月内	16	6.93	60	6
	小计	131	56.71	400	40
合计		231	100	1 000	100

表 7-4 分析表明,宏达公司通过账龄分析可以看到宏达公司所有应收账款中,在信用期内的账户数有 100 个,占 43.29%;在信用期内的应收账款为 600 万元,占 60%。而超出信用期的账户数有 131 个,占 56.71%;超出信用期的应收账款为 400 万元,占 40%。这些信息可以帮助企业进一步采取相应的应收账款管理措施。

2.应收账款收现保证率分析

应收账款收现保证率是为了适应企业现金收支匹配关系的需要,确定出的有效收现的账款应占全部应收账款的百分比,是二者应当保持的最低比例。其计算公式为:

$$\frac{某期应收账款}{收现保证率} = \frac{当期必要现金支付总额 - 当期其他稳定可靠的现金流入总额}{当期应收账款总额}$$

应收账款收现保证率指标反映了企业既定会计期间预期现金支付总额扣除各种可靠、稳定的现金来源后,必须通过应收账款有效收现予以弥补的最低保证程度,是企业控制应收账款收现水平的基本依据。

(四)应收账款保理

保理又称托收保付,是指卖方(供应商或出口商)与保理商之间存在的一种契约关系。根据契约,卖方将其现在或将来的基于其与买方(债务人)订立的货物销售(服务)合同所产生的应收账款转让给保理商,由保理商提供下列服务中的至少两项:贸易融资、销售账户管理、应收账款的催收、信用风险控制与坏账担保。可见,保理是一项综合性的金融服务方式,其同单纯的融资或收账管理有较大区别。

应收账款保理是企业将赊销形成的未到期应收账款,在满足一定条件的情况下转让给保理商,以获得流动资金,加快资金的周转。保理可以分为有追索权保理(非买断型)和无追索权保理(买断型)、明保理和暗保理、折扣保理和到期保理。

有追索权保理指供应商将债权转让给保理商,供应商向保理商融通货币资金后,如果购货商拒绝付款或无力付款,保理商有权向供应商要求偿还预付的货币资金,如购货商破产或无力支付,只要有关款项到期未能收回,保理商都有权向供应商进行追索,因而保理商具有全部"追索权",这种保理方式在我国采用较多。无追索权保理是指保理商将销售合同完全买断,并承担全部的收款风险。

明保理是指保理商和供应商需要将销售合同被转让的情况通知购货商,并签订保理商、供应商、购货商之间的三方合同。暗保理是指供应商为了避免让客户知道自己因流动资金不足而转让应收账款,并不将债权转让情况通知客户。

折扣保理又称为融资保理,即在销售合同到期前,保理商将剩余未收款部分先预付给销售商,一般不超过全部合同额的70%~90%。到期保理是指保理商并不提供预付账款融资,而是在赊销到期时才支付,届时不管货款是否收到,保理商都必须向销售商支付货款。

应收账款保理对于企业而言,其财务管理作用主要体现在:(1)融资功能。应收账款保理,其实质是利用未到期应收账款这种流动资产作为抵押进行融资。对于规模小、销售业务少的企业来说,利用保理业务进行融资是一种较便利的选择。(2)减轻应收账款的管理负担。面对市场的激烈竞争,企业可以选择把应收账款转让给专门的保理商进行管理,使企业从应收账款的管理之中解脱出来。(3)减少坏账损失、降低经营风险。企业可以利用买断型保理,将全部的收款风险转由保理商承担,有效地减少坏账损失。(4)增强销售能力。由于企业有能力利用应收账款保理融资,企业会对采购商的付款期限做出较大让步,从而大大增加了销售合同成功签订的可能性,拓宽了企业的销售渠道。

第四节　存货管理

微课 7-4
存货管理

存货指企业在生产经营过程中为生产或销售而储备的物质,包括原材料、在产品、半成品、产成品等。存货是联系产品的生产和销售的重要环节,存货控制或管理效率的高低,直接反映并决定着企业收益、风险、流动性的综合水平,而且对大多数企业来说,存货在营运资金中往往占有较大的比重。因此,存货管理是企业财务管理的一项重要内容。

一、存货的功能与存货管理的目标

(一)存货的功能
存货的功能是指存货在生产经营过程中的作用,具体表现如下。

1.保证生产经营活动正常开展

生产过程中所需要的原材料,是生产中必需的物质资料。企业为了保证生产顺利进行,需要适当储备一些生产所需的原材料这样的存货,从而能有效防止停工待料事件的发生,维持生产的连续性。

2.适应市场需求变化

由于市场的需求处于变化之中,一旦市场需求下降,会导致企业的库存积压,而市场需求上升,则会导致存货不足,企业白白丧失获利的机会。适当储备存货能增强企业在生产和销售方面的机动性以及适应市场变化的能力。

3.便于均衡组织生产

对于企业所生产的季节性产品,其生产所需的材料往往具有季节性,供应量和价格在不同季节波动很大。因此,企业为了实现均衡生产,降低生产成本,就必须适当储备一定的原材料存货。

4.可以降低进货成本

很多企业为扩大销售规模而提供商业折扣,即客户购货达到一定数量时,企业便在价格上给予其相应的折扣优惠。为了获得商业折扣,企业往往需要批量集中进货,由此增加了企业的存货。这反过来看,便是存货可以降低进货成本。此外,在采购总量不变的前提下,增加每次购货数量会减少购货次数,可以降低采购费用支出,同时带来存货的增加,这也体现出存货可以降低进货成本的功能。

(二)存货管理的目标

企业持有充足的存货,不仅有利于生产过程的顺利进行,节约采购费用与生产时间,而且能够适应市场变化迅速满足客户的各种订货要求,从而为企业的生产和销售提供较大的机动性,避免因为存货不足带来的机会损失。但存货的增加必然要占用更多的资金,这会使企业付出更大的持有成本或机会成本,而且存货的储存成本也会增加,影响企业获利能力的提高。因此,存货管理需要权衡存货所带来的收益和增加的成本,其目标是要在充分发挥存货功能的基础上,合理控制存货水平,提高资金流动性,降低存货成本。

二、存货成本

存货的成本主要包括以下几方面。

1.采购成本

采购成本是指存货本身的价值,即为购买存货所支付的代价,包括存货的买价和运杂费等。采购成本的多少取决于企业在一定时期内需要的数量和单价。在单价不随采购数量变动时,用不变的单价去乘可预计的年采购数量所得到的年采购成本就是一个不变的数字,即此时采购成本是固定成本,与采购批量没有关系,是采购批量决策的无关成本。如果供应商提供商业折扣,在采购批量达到折扣起点时,采购单价将发生变动,年采购成本也将随着单价的变动而发生相应的变动,此时采购成本与采购批量的决策相关,是一个相关成本。

2.订货成本

订货成本是指企业在组织货源的过程中支付的费用。一般包括采购部门的日常经营费用,如采购人员的工资、折旧费、入库搬运费和水电费等,还包括专门为订购存货发生的业务费用,如差旅费、邮电资等支出。订货成本按其发生额与订货次数的关系,可以分解成变动订货成本和固定订货成本。变动订货成本与订货次数成正比,单位变动订货成本即每次订货费用则保持不变。当存货采购批量发生变动时,订货次数会随之反向变动,由此导致订货成本也发生变动,因此变动订货成本受采购批量的影响,是采购批量决策的相关成本。固定订货成本固定不变,不受采购批量变动的影响,是采购批量决策的无关成本。

3.储存成本

储存成本是企业为持有存货而发生的费用。包括存货占用资金的机会成本、仓储费用、保险费用、存货残损霉变损失等。储存成本按其发生额与平均储存量的关系可以划分成变动储存成本和固定储存成本。那些与存货储存水平高低无关而保持不变的储存成本是固定储存成本,那些随储存量的变化而正比例变化的储存成本则为变动储存成本。采购批量的变动会带来储存量的同向变动,并导致变动储存成本的同向变动。显然,变动储存成本是采购批量决策的相关成本。固定储存成本固定不变,不受采购批量变动的影响,是采购批量决策的无关成本。

4.缺货成本

缺货成本是因存货供应中断而给企业造成的损失,包括由于材料供应中断造成的停工损失、成品供应中断导致延误发货的信誉损失及丧失销售机会的损失等。如果企业为完成订单任务,紧急采购代用材料解决库存材料中断之急,那么紧急采购超过正常采购的额外支出也是一种缺货成本。缺货成本能否作为决策的相关成本,应视企业是否允许出现存货短缺的不同情形而定。若允许缺货,则缺货成本便与存货数量反向相关,即属于决策相关成本,反之,若企业不允许发生缺货情形,则此时缺货成本为零,也就无须加以考虑。

三、目标存货持有量的确定

存货决策除了决定进货项目、选择供货商之外,还要决定合理的进货时间和进货批量,以使存货相关总成本达到最低。这种能使存货相关总成本达到最低的进货批量叫作经济订货量或经济批量。

(一)经济订货量基本模型

经济订货量基本模型是建立在一系列严格假设的基础上的,这些假设包括:(1)存货总需求量确定;(2)采购的物资集中到货一次性入库,然后被均匀消耗;(3)供应商不提供商业折扣,供应充足,采购单价不变;(4)企业资金充足,能够及时补充存货,不允许缺货现象存在。

由于模型假设中不允许缺货现象的存在,所以不存在缺货成本。又由于存货采购单价不变,全年存货总需求量确定,所以两者的乘积即采购成本保持不变,不受采购批量变化的影响,是一项无关成本可以不用考虑。此外,固定储存成本和固定订货成本固定不变,是无关成本也不需要考虑。于是,存货的成本中,该模型只需考虑变动储存成本和变动订货成本,相关总成本为两者之和:

相关总成本=变动储存成本+变动订货成本

假设:Q 代表采购批量,A 代表某种存货年度计划进货总量,P 代表平均每次订货费

用,C 代表单位存货年均储存成本,N 代表进货次数,则相关总成本(TC)可以表示为:

$$TC = \frac{Q}{2} \cdot C + \frac{A}{Q} \cdot P$$

能使总成本达到最小的采购批量为最优采购批量,即经济订货量,记为 Q^*。利用数学知识可求得:

$$Q^* = \sqrt{\frac{2AP}{C}}$$

当采购批量为经济订货量时,存货的相关成本达到最低,记为 TC^*。将 Q^* 表达式代入相关总成本 TC 的表达式,可得:

$$TC^* = \sqrt{2APC}$$

当采购批量为经济订货量时,采购的批次为最优批次,记为 N^*,则:

$$N^* = \frac{A}{Q^*} = \sqrt{\frac{AC}{2P}}$$

上述经济订货量与存货相关总成本、变动订货成本、变动储存成本的关系可以用图 7-8 表示。

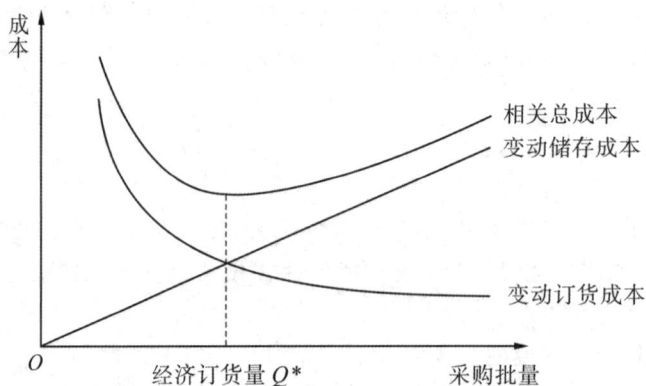

图 7-8　经济订货量基本模型

例 7-9

某企业每年耗用甲材料 3 600 千克,甲材料每次订货费用为 25 元,每千克年均储存成本为 2 元,则:

$$Q^* = \sqrt{\frac{2 \times 3\ 600 \times 25}{2}} = 300(千克)$$

$$TC^* = \sqrt{2 \times 3\ 600 \times 25 \times 2} = 600(元)$$

$$N^* = \frac{3\ 600}{300} = 12(次)$$

计算结果表明,经济订货量为 300 千克,即企业每次采购应该采购 300 千克,全年分 12 次采购,这样能使存货相关成本达到最低水平 600 元。

(二)基本模型的扩展

放宽经济订货量基本模型的假设,可以扩展模型,扩大其适用范围。

1.再订货点

一般情况下,订货需要一定的交货时间,即从发出订单到货物验收入库所经历的时间。因此,为了避免停工待料使生产停顿,企业不能等到存货用完再去订货,而需要在没有用完时提前订货。企业提前订货,在其发出订单时尚有的存货库存量称为再订货点。再订货点要能满足交货时间内企业生产的需要量。若不考虑保险储备量,再订货点就等于交货时间和每日平均需要量的乘积。用 R 表示再订货点,用 L 表示交货时间,用 d 表示每日平均需要量,则:

$$R = L \cdot d$$

再订货点示意图如图 7-9 所示。

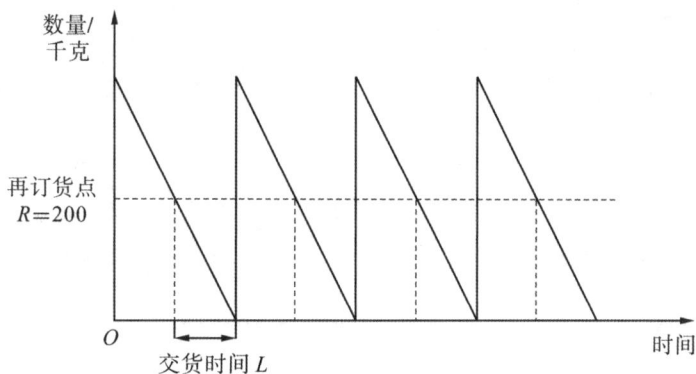

图 7-9 再订货点示意图

例 7-10

宏达公司每天正常耗用 A 材料为 20 千克,A 材料订货的交货时间一般为 10 天,则再订货点为:

$$R = L \cdot d = 20 \times 10 = 200(\text{千克})$$

即企业在尚存 200 千克 A 材料时,就应当再次订货。需要注意的是,再订货点对经济订货量并无影响,再次订货时,采购的批量还是经济订货量。

2.存货陆续入库模型

在建立基本模型时,是假设存货一次性到货入库,事实上,各批存货可能是陆续入库,使库存量陆续增加。尤其是产成品入库和在产品的转移,几乎总是陆续供应和陆续耗用的。这种情况下,需要对基本模型作一些变更。

假设采购批量为 Q,每日送货量为 b,则该批存货全部送达所需日数即送货期为

Q/b，由于存货边送边用，所以当每一批送达完毕时，最高库存量为：

$$最高库存量为 = Q - \frac{Q}{b} \cdot d$$

平均储存量为：

$$平均储存量 = \frac{最高库存量 + 最低库存量}{2} = \frac{Q}{2} \cdot \left(1 - \frac{d}{b}\right)$$

这样与批量有关的总成本为：

$$TC = \frac{Q}{2} \cdot \left(1 - \frac{d}{b}\right) \cdot C + \frac{A}{Q} \cdot P$$

由此推导出能使相关总成本达到最低的经济订货量为：

$$Q^* = \sqrt{\frac{2AP}{C\left(1 - \frac{d}{b}\right)}}$$

此时的最低相关总成本为：

$$TC^* = \sqrt{2APC\left(1 - \frac{d}{b}\right)}$$

例 7-11

某企业全年需要乙材料 36 000 千克，每次订货费用为 400 元，每千克乙材料年均储存成本为 40 元。该企业的订货陆续到货，每日送货量为 200 千克，则：

$$每日耗用量(d) = \frac{36\ 000}{360} = 100（千克）$$

$$经济订货量(Q^*) = \sqrt{\frac{2 \times 36\ 000 \times 400}{40 \times \left(1 - \frac{100}{200}\right)}} = 1\ 200（千克）$$

$$最低总成本(TC^*) = \sqrt{2 \times 36\ 000 \times 400 \times 40 \times \left(1 - \frac{100}{200}\right)} = 24\ 000（元）$$

3.考虑数量折扣

在实际经济活动中，供货商为争取顾客多订购材料，加速资金周转，往往采取数量折扣的供应方式，即当顾客每次订购材料超过一定数目时，便予以价格上的优惠。购货企业接受数量折扣条件，有利于降低材料购买价格，从而降低采购成本，而且由于每次购买数量越大，其采购次数越少，从而可降低订货成本。但是，由于每次订货数量加大，导致存货平均储存量增加，势必提高储存成本。此时，进货企业对经济订货量的确定，除了考虑订货成本和储存成本外，还应考虑存货的采购成本，即在有数量折扣的条件下，能使采购成本、订货成本和储存成本之和达到最小的采购批量为经济订货量。

例 7-12

某企业生产产品所用的甲原料全年需要量为 8 000 千克，每千克的正常采购价格为

20元,每次订货成本为160元,单位材料的年储存成本4元。销售商规定:客户每批购买数量不足2 000千克时,单价为每千克20元;每批购买数量在2 000千克以上、4 000千克以下的,价格优惠2%;每批购买数量在4 000千克以上的,价格优惠3%。要求:确定该企业的经济批量。

在不考虑数量折扣条件下,经济订货量为:

$$Q^* = \sqrt{\frac{2 \times 8\,000 \times 160}{4}} = 800(千克)$$

如图7-10所示,能使采购成本、订货成本和储存成本之和达到最小的采购批量有三种可能:(1)不考虑数量折扣条件下的经济订货量800千克;(2)折扣起点2 000千克;(3)折扣起点4 000千克。

分别计算这三种情况下的存货相关总成本,即采购成本、订货成本和储存成本之和,总额最低时的采购批量即经济订货批量。

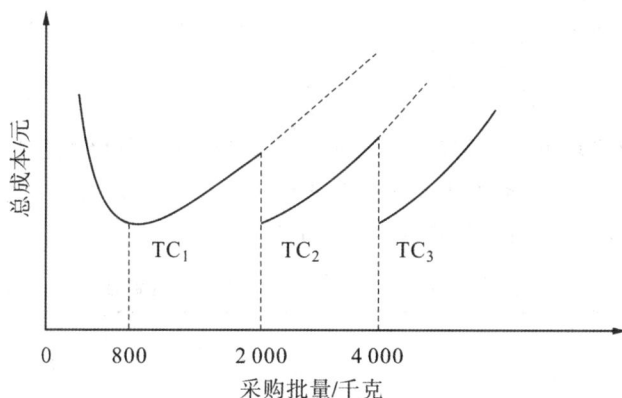

图7-10 有数量折扣模型

(1)若采购批量为800千克:

$$相关总成本(TC_1) = 8\,000 \times 20 + \frac{8\,000}{800} \times 160 + \frac{800}{2} \times 4 = 163\,200(元)$$

(2)若采购批量为2 000千克:

$$相关总成本(TC_2) = 8\,000 \times 20 \times (1-2\%) + \frac{8\,000}{2\,000} \times 160 + \frac{2\,000}{2} \times 4 = 161\,440(元)$$

(3)若采购批量为4 000千克:

$$相关总成本(TC_3) = 8\,000 \times 20 \times (1-3\%) + \frac{8\,000}{4\,000} \times 160 + \frac{4\,000}{2} \times 4 = 163\,520(元)$$

通过比较可以看出,每次订货为2 000千克时的全年相关总成本最低,所以经济订货量应为2 000千克。

4.保险储备

前面讨论的经济订货量时以耗用均匀为前提的,实际上企业对存货的耗用水平可能发生变化,交货时间也可能延误。交货期间如果企业的耗用量增大或交货时间延误,就会发生缺货,保险储备是为防止这种现象的产生而多储备的一些存货,它也叫安全存量。在有保险储备的情况下,企业的再订货点等于交货时间的正常需要量加上保险储备量。

保险储备的存在,可以减少供应短缺而造成的损失,但过多储备,势必造成资金的积压,增加储存费用。企业应找出合理的保险储备水平,使缺货成本和保险储备成本之和达到最小。此时考虑是存货相关总成本为:

相关总成本＝保险储备成本＋缺货成本

其中:

缺货成本＝单位缺货成本×每年订货次数×每次订货的缺货量

保险储备成本＝保险储备量×单位年均储存成本

每次订货的缺货量可根据概率计算,主要取决于需求量的变化和供应量的变化。

例 7-13

长城公司每年需求 12 cm 螺纹钢 3 600 千克,单位存货年均储存成本为 2 元,单位缺货成本为 4 元,每次订货费用为 25 元,全年平均日需求量为 10 千克,正常交货时间为 10 天。交货时间内的存货需要量及其概率如表 7-5 所示。

表 7-5 交货时间内的存货需要量及其概率

需要量/千克	70	80	90	100	110	120	130
概率	0.01	0.04	0.2	0.5	0.2	0.04	0.01

要求确定企业的最佳保险储备量。

(1)计算经济订货量、订货次数及不考虑保险储备量时的再订货点:

$$经济订货量 Q^* = \sqrt{\frac{2 \times 3\ 600 \times 25}{2}} = 300(千克)$$

$$订货次数 N^* = \frac{3\ 600}{300} = 12(次)$$

$$再订货点 = 10 \times 10 = 100(千克)$$

(2)如果保险储备量为 0 千克,则:

保险储备成本＝0(元)

每次订货的缺货量期望值＝(110−100)×0.2＋(120−100)×0.04＋(130−100)×0.01

$$= 3.1(千克)$$

缺货成本＝4×12×3.1＝148.8(元)

相关总成本＝0＋148.8＝148.8(元)

(3)如果保险储备量为 10 千克,则:

再订货点＝100＋10＝110(千克)

保险储备成本＝10×2＝20(元)

每次订货的缺货量期望值＝(120－110)×0.04＋(130－110)×0.01＝0.6(千克)

缺货成本＝4×12×0.6＝28.8(元)

相关总成本＝20＋28.8＝48.8(元)

（4）如果保险储备量为 20 千克,则：

再订货点＝100＋20＝120(千克)

保险储备成本＝20×2＝40(元)

每次订货的缺货量期望值＝(130－120)×0.01＝0.1(千克)

缺货成本＝4×12×0.1＝4.8(元)

相关总成本＝40＋4.8＝44.8(元)

（5）如果保险储备量为 30 千克,则：

再订货点＝100＋30＝130(千克)

保险储备成本＝30×2＝60(元)

每次订货的缺货量期望值＝0(千克)

缺货成本＝0(元)

相关总成本＝60＋0＝60(元)

比较不同保险储备量下的总成本,可知当保险储备量为 20 千克时,相关总成本最低,所以应该确定保险储备量为 20 千克。此时,再订货点为 120 件,最低相关总成本为 44.8 元。

四、存货日常管理

存货日常管理是营运资金管理的一个重要方面,搞好存货日常管理,对于改善企业生产经营活动,提高流动资金利用效果具有重要的意义。

（一）ABC 管理

ABC 管理法又称重点管理法。它是根据一定的标准对事物进行分类,分清重点和一般,区别对待实施管理的一种管理方法。其基本原理,可概括为"区别主次,分类管理"。存货 ABC 管理是将企业各种存货按重要性程度分为 A、B、C 三类,分别实行按品种重点管理、按类别一般控制和按总额灵活掌握。

进行存货分类的标准有两个:一是金额标准;二是数量标准。其中金额标准是主要的,数量标准只作为参考。A 类存货的特点是金额大,品种数量少;B 类存货的特点是金额和数量水平一般;C 类存货的特点是金额小,但品种数量繁多。一般而言,三类存货的金额比重大致为 A：B：C＝7：2：1;品种数量比重大致为 A：B：C＝1：2：7。

对 A 类存货,企业应按每一个品种进行管理,严格控制,经常检查库存,认真确定其消耗定额、经济订货量等指标。对 C 类存货,企业可以采用简化的控制方式进行管理,一般只要把握一个总金额就可以了。对 B 类存货的控制介于 A 类存货和 C 类存货之间,企业可以通过划分类别的方式进行管理。

(二)零库存管理

零库存管理也叫适时制库存控制或看板管理。零存货管理在 20 世纪 70 年代由日本丰田汽车公司提出并用于实践。在这种管理系统下,企业要事先和供应商协调好,让供应商将必要的原材料和零部件,以必要的数量和完美的质量,在必要的时间,送往必要的地点。并且和客户协调好,在产品完工后不在企业停留立即送往客户手中。这样,企业的存货持有水平就可以大大下降,企业的供应、生产和销售形成连续的流畅的运动过程。显然,实施零库存管理需要稳定、标准的生产程序以及诚信的供应商,否则极易导致企业生产的停顿。目前,已经有越来越多的企业采用零库存管理减少甚至消除对存货的需求。零库存管理的思想被进一步发展应用于整个生产经营过程——集开发、生产、库存和分销于一体,大大提高了企业运营管理效率。

本章小结

营运资金管理是企业财务管理的重要内容,营运资金利用效率的高低,直接影响到企业收益的大小。营运资金管理目的是要保持企业必要流动性的前提下,提高企业的盈利能力。

营运资金包括流动资产和流动负债,本章主要讨论的是流动资产的管理。流动资产管理的内容包括:

现金管理。企业持有现金的动机包括交易动机、预防动机和投机动机,现金管理的目的是在保证企业生产经营活动所需要现金的同时,降低现金持有量,提高现金的使用效率。确定现金最佳持有量的模式主要有现金周转期模式、成本分析模式、存货模式和随机模式。在现金日常控制中,企业应尽力加速收款、控制支出。

应收账款管理。应收账款的成本有机会成本、管理成本和坏账成本。应收账款的管理目标是通过应收账款管理扩大销售收入、提高竞争能力的同时,尽可能降低在应收账款上的投资,并提高其流动性。应收账款管理主要内容一是信用政策的制定,包括信用标准、信用条件和收账政策;二是应收账款的日常管理,包括客户信用调查、客户信用评级和应收账款追踪分析。

存货管理。存货的成本主要有采购成本、订货成本、储存成本和缺货成本。存货管理的目的是在充分发挥存货功能的基础上,合理控制存货水平,提高资金流动性,降低存货成本。存货管理主要是两个方面,一是存货经济订货量的确定,二是存货的日常管理。

复习思考题

1.什么是广义和狭义的营运资金?

2.简述流动资产投资策略。

3.简述流动资产融资政策。

4.企业持有现金的动机是什么?

5.确定目标现金持有量的模式有哪些? 其基本原理如何?

6.企业信用政策包括哪些内容? 如何制定企业信用政策?

7.什么是 5C 评估法？

8.什么是应收账款保理？它有何作用？

9.简述存货的功能和成本。

10.简述经济订货量基本模型的原理。

11.什么是再订货点？

12.简述 ABC 管理的基本原理。

案例分析

2013 年 9 月,辉山乳业在港交所正式挂牌上市,上市首日市值近 400 亿港元,跻身中国乳业境外上市公司市值前三名。辉山乳业依托其自营牧场和全产业链发展模式,产品涵盖婴幼儿配方奶粉、液态奶等多个品类。然而从 2016 年 12 月开始,由于辉山乳业自身资金链的断裂,导致公司股价几次三番跳水,企业价值迅速下跌。

通过对其资产负债表的分析可以发现,辉山乳业营运资金在 2014—2016 年不断降低,在 2016 年甚至降为负值,企业存在较高的营运风险,如表 7-6 所示。

辉山乳业的流动资产呈现逐年递增趋势,由 2014 年的 7 282 546 千元增长至 2016 年的 10 103 526 千元,累计增长了 38.74%。流动资产占到总资产的比重从 2014 年的 34.65%变化到 2016 年的 34.22%,波动幅度则较为平稳,如表 7-7 所示。

辉山乳业流动负债规模呈逐年递增趋势,由 2014 年的 2 919 153 千元上升到 2016 年的 11 016 867 千元,累计增长幅度达到了 277.40%。流动负债占总资产的比重也逐年上升,即该公司筹集的来源于流动负债的资金不断增加,如表 7-8 所示。

2016 年辉山乳业降为负值的营运资金规模已经不再能够满足短期偿债需求,公司的营运有周转不灵而中断的风险。营运资金规模的不合理,注定了辉山乳业资金链断裂的必然。

表 7-6　营运资金规模及资产负债率

项　　目	2016 年	2015 年	2014 年
营运资金/千元	−913 341	2 500 131	4 363 393
资产负债率/%	57.88	43.90	37.23

表 7-7　流动资产规模及占总资产的比重

项　　目	2016 年	2015 年	2014 年
流动资产/千元	10 103 526	7 821 052	7 282 546
资产总额/千元	29 521 769	24 548 638	21 020 080
流动资产占总资产比重/%	34.22	31.86	34.65

① 资料来源:唐大鹏,李佳虹,刘莲.企业营运资金内部控制缺陷及优化研究:基于辉山乳业的案例分析[J].财政监督,2017(11).

表 7-8 　流动负债规模及占总资产的比重

项 目	2016 年	2015 年	2014 年
流动负债/千元	11 016 867	5 320 921	2 919 153
资产总额/千元	29 521 769	24 548 638	21 020 080
流动负债占总资产的比重/％	37.32	21.68	13.89

问题:对辉山乳业营运资金管理的策略做出评价。

知识拓展 7 　　　　测试 7 　　　　课件 7

第八章　财务预测与计划

🔆 学习目标

通过学习本章,你应该能够:

1.理解财务预测的含义和意义,了解财务预测步骤;

2.掌握财务预测的基本方法,能用销售百分比法编制预计资产负债表和利润表,并完成外部融资需求量的预测;

3.熟悉内含增长率和可持续增长率的含义以及解决超常增长所需资金问题的路径;

4.了解通货膨胀对融资需求的影响。

决策是面向未来的,预测未来和编制计划对企业管理者和投资者来说,是极为重要的。财务预测作为财务管理的重要组成环节,不仅是企业财务决策的重要依据,也是编制财务计划不可或缺的前提。财务计划是以货币形式预计预测期内资金的取得、运用和各项经营收支及财务成果的书面文件,是编制财务预算的基础。无数案例表明,人类预测未来的能力有限,其准确性不高。既然预测未来如此困难,而计划又是建立在预测未来的基础上,为什么许多企业仍然对计划工作乐此不疲呢？因为预测和计划,可以增强企业应对未来不确定性的能力。未来的不确定性越大,预测和计划能给企业带来的收益越大。

第一节　财务预测

一、财务预测的含义

财务预测是在对历史财务报表分析的基础上,根据财务目标,综合考虑未来经营战略、宏观经济环境以及行业发展前景等各种内外部因素,采用特定的方法,预测企业未来营业收入增长、资金需求及财务成果。狭义的财务预测仅指估计未来的融资需求,广义的财务预测包括编制全部的预计财务报表。财务预测的意义主要体现在以下几个方面。

财务预测有助于评价企业和股东目标的实现程度。通过财务预测,可以估计企业未来的发展是否可以达到企业的目标和满足股东的期望。例如,对营业收入的预测可以分析企业在预测期的市场份额;对利润的预测可以发现其是否能够达到股东的盈利期望等。

财务预测是融资计划的前提。企业要对外提供产品和服务,必须有一定的资产与其相匹配。企业销售增加时,其所需的资产也会增加,资产的增加意味着资金占用的增加。这些资金占用的增加,有一部分需要通过外部融资取得。外部融资需要寻找资金提供者,需要较长时间的协商谈判。因此,企业需要通过财务预测,预先知道自己的外部融资需求,提前安排融资计划,否则可能因为临时融资失败而导致资金周转困难。

财务预测有助于改善投资决策。受制于现实诸多环境因素的制约,根据销售前景测算出的融资需要不一定总能满足。在此种情况下,需要企业基于现有的财务资源以及融资能力,估测可能筹措到的资金,并以此为基础对企业的投资决策进行评估,使其建立在财务资源可行的基础上。

财务预测有助于提高企业的应变能力。财务预测是对经营活动全面的事先思考。通过财务预测,加深了企业管理人员对未来各种可能前景的认识和思考,可以提高企业对不确定事件的反应能力,从而减少不利事件出现时可能带来的损失,增加利用有利机会带来的收益。

二、财务预测的步骤

财务预测的核心是将企业的预期市场目标转化为预期财务效益目标,并进一步转化为预期资产与融资需求,其基本步骤如下。

(一)销售预测

在财务预测过程中,对销售收入的预测是资产需求、融资需求、成本费用、税金等一系列预测的基础,是整个财务预测的起点。销售预测对财务预测的质量有重大影响。如果销售的实际情况超出预测很多,企业没有准备足够的资金添置设备或储备存货,则无法满足顾客需要,不仅失去盈利机会,并且会丧失市场份额。相反,销售预测过高,筹集大量资金购买设备并储备存货,则会造成设备闲置和存货积压,使资产营运效率下降,导致净资产收益率降低。

进行销售预测,需要分析企业过去及当期的财务报表,并依据经营战略判断企业所在行业的发展趋势,分析企业的产品结构和市场需求。管理层对销售收入成长的信心也会对销售预测产生重要的影响。销售预测本身不是财务管理的职能,但它是财务预测的基础。通常情况下,在进行财务预测时把销售数据视为已知数据。

(二)融资需求预测

融资需求的预测是借助基本会计等式,即资产等于负债加所有者权益来完成。一般情况下,企业的资产与销售收入之间存在着一定的数量对应关系。在财务预测中,通常采用基期或历史平均的资产销售百分比(或资产收入比)将这种对应关系表达出来。资产销售百分比是资产除以销售收入,反映的是实现 100 元销售收入所需的资产金额。根据销售预测以及资产销售百分比可以测算出资产的需求量。如果预计在预测年度内企业资产的营运效率将会发生变动,则可以在对基期或历史平均资产销售百分比进行修订的基础上再进行预测。

大部分经营负债也是销售收入的函数,这种关系与资产销售百分比类似,反映的是实现 100 元销售收入所产生的经营负债金额。根据销售预测以及经营负债销售百分比可以计算出经营负债的自发增长金额,这种增长可以减少企业外部融资额。

假设各项成本费用与销售收入之间也存在函数关系,可以基于利润表的结构,确定预测期的销售收入与成本、费用及其他损益的关系,并在此基础上计算出净利润。净利润和股利支付率的高低决定了留存收益所能提供的内源融资金额。

预计资产总量减去已有的资产、负债的自发增长,为企业的融资需求量。融资需求量扣除可以动用的金融资产和留存收益能够提供的资金,就是企业的外部融资需求量。在可以动用的金融资产为零的情况下,企业外部融资需求量计算公式如下:

外部融资需求量＝预计资产－基期资产－负债自发增长－留存收益增加

(三)销售增长率调整

确定了所需外部融资需求量后,企业要对融资来源渠道和方式进行安排与决策。如果通过分析发现,预期的外部融资需求在预测期内无法全额筹措,则需要考虑是否可以通过提高销售净利率,或降低股利支付率,或加快资金周转等方式加以解决。如果这些措施依然不能保证实现销售收入的预期增长,则要根据企业的现实融资能力对销售预测进行调整。

三、财务预测的基本方法

财务预测最基本的方法是销售百分比法。销售百分比法的基本思想是:假设企业的成本、费用、资产、负债项目与销售收入之间存在稳定的比例关系,根据销售预测和销售百分比预计资产、负债和所有者权益,利用会计等式确定融资需求,并完成预计资产负债表和利润表的编制。

本章通过一个案例来说明采用销售百分比法进行财务预测的基本步骤。

例 8-1

甲公司 2021 年资产负债表和利润表有关数据如表 8-1 第 2 列和表 8-2 第 2 列所示。假设 2022 年除长期股权投资、投资收益、营业外收支保持不变,其他的经营资产、经营负债、成本费用与销售收入百分比保持 2021 年水平。2022 年预计销售收入增长 10%,股利支付率为 55%,法定盈余公积的计提比例为 10%,不计提任意盈余公积。如需外部融资,则采用长期借款方式筹措。

要求:采用销售百分比法预测甲公司 2022 年的外部融资需求,并编制该公司 2022 年预计资产负债表和预计利润表。

(一)确定资产和负债销售百分比

在确定资产和负债销售百分比时,需要区分敏感项目和不敏感项目。在资产负债表中,有些项目与销售收入存在一定的比例关系,会随着销售收入的变动同比例变动,这些项目称为敏感项目;有一些项目在短期内不会随着销售额的变动而发生变动,这样的项目称为不敏感项目。根据题意,本例的长期股权投资为非敏感项目,其他的经营资产和经营负债均为敏感项目。

$$各项目销售百分比 = \frac{基期敏感资产或敏感负债}{基期营业收入}$$

根据 2021 年销售收入、资产和负债数据计算的销售百分比见表 8-1 第 3 列数据。

表 8-1　甲公司 2022 年预计资产负债表

单位:元

项　　目	2021 年 12 月 31 日	销售百分比/%*	2022 年 12 月 31 日
流动资产:			
货币资金	4 076 704.42	2.531 9	4 484 374.86
应收票据	14 497 570.74	9.003 9	15 947 327.81
应收账款	5 556 627.32	3.451 0	6 112 290.05
预付款项	2 249 650.16	1.397 2	2 474 615.18
存货	26 457 744.31	16.431 9	29 103 518.74
流动资产合计	52 838 296.95	32.815 8	58 122 126.65
非流动资产:			
长期股权投资	27 883 109.21	N	27 883 109.21
固定资产	92 026 337.44	57.154 0	101 228 971.18
无形资产	3 992 995.16	2.479 9	4 392 294.68
长期待摊费用	1 879.45	0.001 2	2 067.40
递延所得税资产	340 675.58	0.211 6	37 443.14
非流动资产合计	124 244 996.84	59.846 6	133 881 185.60
资产总计	177 083 293.79	92.662 5	192 003 312.25
流动负债:			
短期借款	19 050 862.51	N	19 050 862.51
应付票据	1 201 738.21	0.746 4	1 321 912.03
应付账款	25 103 083.15	15.590 6	27 613 391.47
预收款项	9 809 436.92	6.092 3	10 790 380.61
应付职工薪酬	1 405 939.76	0.873 2	1 546 533.74
应交税费	1 296 576.21	0.805 3	1 426 233.83
流动负债合计	57 867 636.76	24.107 6	61 749 614.19
非流动负债:			
长期借款	17 861 144.90	N	23 009 346.31
长期应付款	2 542 058.25	1.578 8	2 796 264.08
递延所得税负债	215 130.87	0.133 6	236 643.96

续表

项 目	2021 年 12 月 31 日	销售百分比/%*	2022 年 12 月 31 日
非流动负债合计	20 618 334.02	1.712 4	26 042 254.34
负债合计	78 485 970.78	25.820 0	87 791 568.53
所有者权益：			
实收资本	17 512 048.09		17 512 048.09
资本公积	36 970 366.71		36 970 366.71
盈余公积	20 124 401.54		21 372 050.59①
未分配利润	23 990 506.66		28 357 278.32②
股东权益合计	98 597 323.01		104 211 743.71
负债与股东权益合计	177 083 293.79		192 003 312.24

＊ 本章例题是用上市公司实际数据做一定技术处理而得,计算过程全部用 Excel 完成,为避免在直接计算过程中因保留小数位次问题导致的差异,本章销售百分比精确到了百万分之一,而不是通常的万分之一,下同。

(二)预计各项资产和经营负债

$$各项敏感资产或负债＝预计销售收入×各项目销售百分比$$
$$＝基期销售收入×(1＋增长率)×各项目销售百分比$$

根据预计销售收入和销售百分比计算的各项经营资产和经营负债金额见表 8-1 第 4 列所示。

$$融资总需求＝资产销售百分比×销售变动额－负债销售百分比×销售变动额$$
$$＝(预计资产总额－基期资产总额)－(预计经营负债总额－基期经营负债总额)$$

本例中,甲公司基期的敏感资产总额为 149 200 184.58 元(177 083 293.79－27 883 109.21),基期的经营负债总额为41 573 963.37元(78 485 970.78－19 050 862.25－17 861 144.90)。

$$甲公司 2022 年\atop 融 资 总 需 求＝\frac{149\ 200\ 184.58－41\ 573\ 963.36}{161\ 014\ 710.63}×161\ 014\ 710.63×10\%$$
$$＝(192\ 003\ 312.25－177\ 083\ 293.79)－(45\ 731\ 359.70－41\ 573\ 963.36)③$$
$$＝10\ 762\ 622.12(元)$$

甲公司 2022 年需要融资 10 762 622.12 元。如何筹集资金取决于公司的融资政策。通常,融资的优先顺序是:①运用金融资产;②增加留存收益;③增加金融负债;④增加股

---

① 期末盈余公积为期初盈余公积 20 124 401.54 万元和利润表中本期计提的法定盈余公积 1 247 649.05万元的合计数。

② 期末未分配利润数据来自利润表,或按公式:期初未分配利润＋本年净利润×(45%－10%)计算而得。

③ 直接按此式计算结果为 10 762 622.11 万元,在 Excel 中运算结果 10 762 622.12 万元,这一误差是因为运算过程中保留小数位次差异造成,后者更加精确。

本。由资产负债表可知,该公司没有可以动用的金融资产。

(三)预计留存收益

留存收益是公司内部融资来源,只要公司有盈利并且不是全部支付股利,留存收益会使公司股东权益自然增长,可以满足或部分满足企业资金要求。如果有计划销售净利率数据,留存收益的增加可以按以下公式测算:

留存收益增加=预计销售收入×计划销售净利率×(1−股利支付率)

如果没有预计或计划的销售净利率数据,需要编制预计利润表才能获得留存收益增加数据。本例采用后一种方法测算留存收益。甲公司 2022 年预计利润表如表 8-2 所示。

表 8-2　甲公司 2022 年预期利润表

单位:元

项　　目	2021 年	销售百分比/%	2022 年
一、营业收入	161 014 710.63		177 116 181.69
减:营业成本	143 237 546.35	88.959 3	157 561 300.98
营业税金及附加	332 043.10	0.206 2	365 247.41
销售费用	760 995.23	0.472 6	837 094.75
管理费用	3 398 992.83	2.111 0	3 738 892.12
财务费用	532 625.50	0.330 8	585 888.05
资产减值损失	123 354.02	0.076 6	135 689.42
加:投资收益	1 511 188.16		1 511 188.16
二、营业利润	1 414 041.76		15 403 257.12
加:营业外收入	388 297.81		388 297.81
减:营业外支出	103 132.25		103 132.25
三、利润总额	14 425 507.32		15 688 422.68
减:所得税费用	2 953 372.22		3 211 932.22
四、净利润	11 472 135.10		12 476 490.46
加:年初未分配利润	19 319 365.71		23 990 506.66
五、可供分配利润	30 791 500.81		36 466 997.12
减:提取法定盈余公积	1 037 584.03		1 247 649.05
六、可供投资者分配利润	29 753 916.78		35 219 348.08
减:支付普通股股东现金股利	5 763 410.12		6 862 069.76
七、未分配利润	23 990 506.66		28 357 278.32

甲公司 2022 留存收益增加=12 476 490.46×(1−55%)=5 614 420.71(元)

5 614 420.71 元留存收益中,1 247 649.05 元为盈余公积,4 366 771.66 元为未分配利润。

　　外部融资额＝融资总需求－可动用金融资产－留存收益增加

　　甲公司 2022 年需要外部融资＝10 762 622.12－5 614 420.71＝5 148 201.41(元)

(四)预计增加的借款或增发股份

　　需要的外部融资额,可以通过增加借款或增发股份筹集,这涉及公司资本结构管理问题。通常,在目标资本结构允许的情况下,企业会优先使用借款。如果不宜再增加借款,则需要增发股票或吸收直接投资。

　　根据例题资料,甲公司拟通过举借长期借款的方式加以解决。因此,长期借款的期末数为长期借款的期初数 17 861 144.90 元与外部融资额 5 148 201.41 元的合计数,即 23 009 346.31元,见表 8-1。

　　　　融资总需求＝动用金融资产＋增加留存收益＋增加借款或增发股份

　　基于资金占用(资产负债表左边)测算的融资总需求与基于资金来源(资产负债表右边)测算的融资总需求相等。

　　甲公司 2022 年融资总需求＝5 614 420.71＋5 148 201.41＝10 762 622.12(元)

　　销售百分比法是一种实用的财务预测方法,计算比较简单,也便于了解主要变量之间的关系。但这种方法存在一定的局限性,它假设的若干资产、负债项目与销售额成正比例关系,可能与事实不符。

四、财务预测的其他方法

　　为了提高财务预测的质量,有时需要使用回归分析,甚至更复杂的计算机模型进行预测。

(一)回归分析法

　　销售百分比法对若干资产和负债项目与销售收入成正比例关系的假设,与事实有一定的差距。多数企业的资产和经营负债项目会随着销售收入的变化而变化,但并非如假设所说的成正比例关系。

　　财务预测的回归分析法,是假设销售收入与资产、负债之间存在线性关系。例如,假设存货占用资金与销售收入之间存在线性关系,其直线方程为:

$$y＝a＋bx$$

　　式中:y 代表存货占用资金;a 代表不变资金;b 代表单位变动资金;x 代表销售收入。

　　只要确定了方程式中的 a 和 b,我们就能够利用这个方程式预测资金需要量。a 和 b 通常是根据历史资料和回归分析的最小二乘法求得。与销售收入存在线性关系的其他资产和负债项目,也通过同样的方法预计。

　　a 和 b 的计算公式为:

$$b = \frac{n \sum xy - \sum x \sum y}{n \sum x^2 - (\sum x)^2}$$

$$a = \frac{\sum y - b \sum x}{n}$$

例 8-2

W 公司销售收入和存货资金占用变化的情况如表 8-3 所示。

表 8-3　存货资金占用与销售收入变化情况表

单位:万元

年度	销售收入	存货资金占用
2017	800.00	100.00
2018	1 000.00	110.00
2019	1 200.00	140.00
2020	1 500.00	170.00
2021	1 800.00	208.00

要求:如果 2022 年预计的销售额为 2 000.00 万元,预测 2022 年存货资金占用量。

解答:

(1)根据表 8-3 提供的数据,计算出回归分析所需的 a 和 b 数据,汇总整理成表 8-4。

表 8-4　资金需要量预测数据表

单位:万元

年度/年	销售额(x)	存货资金占用(y)	xy	x^2
2017	800.00	100.00	8 000.00	640 000.00
2018	1 000.00	110.00	11 000.00	1 000 000.00
2019	1 200.00	140.00	16 800.00	1 440 000.00
2020	1 500.00	170.00	27 000.00	2 250 000.00
2021	1 800.00	208.00	36 000.00	3 240 000.00
n=5	$\sum x = 6\,300.00$	$\sum y = 728.00$	$\sum xy = 987\,400.00$	$\sum x^2 = 8\,570\,000.00$

(2)把表 8-4 整理出的数据代入上述 b 的计算公式:

$$b = \frac{n \sum xy - \sum x \sum y}{n \sum x^2 - \left(\sum x\right)^2} = \frac{5 \times 987\,400.00 - 6\,300.00 \times 728.00}{5 \times 8\,570\,000.00 - 6\,300.00^2} = 0.11$$

把 b 的计算结果代入 a 的计算公式:

$$a = \frac{\sum y - b \sum x}{n} = \frac{728.00 - 0.11 \times 6\,300.00}{5} = 7.00$$

(3)写出存货占用资金与销售收入之间的关系式:

$$Y = 7.00 + 0.11x$$

将 2022 年预计销售额 2 000.00 万元代入上式,得出 2022 年存货占用资金需要量为:

$$Y = 7.00 + 0.11x = 7 + 0.11 \times 2\,000.00 = 227.00(万元)$$

如果数据量比较大,用手工计算求解 a 和 b 非常麻烦。在实务中,a 和 b 的计算通常是用 Excel 软件中的插入函数功能(INTERCEPT 和 SLOPE 函数)完成。具体的操作方法是:将光标定位回归拟合线方程截距或斜率数据栏,点击 Excel"插入函数",找到 SLOPE 函数并点击,在 Known-y,s 栏中输入相关资金项目的历史数据,在 Known-x,s 中输入销售收入的历史数据,按确定键即可求得 b;找到 INTERCEPT 函数并点击,在 Known-y,s 中输入相关资金项目的历史数据,在 Known-x,s 中输入销售收入的历史数据,按确定键即可求得 a。本例中,用 Excel 插入函数计算的 a 和 b 分别为 5.80 和 0.11。a 的数值之所以出现误差,是由于手工计算时 b 的数值只保留两位小数。

(二)计算机预测

对于大型企业来说,无论是销售百分比法,还是回归分析法都显得过于简化。实际上影响融资需求的变量很多,如产品组合、信用政策、价格策略等。把这些变量纳入预测模型后,计算量大增,手工处理已很难完成,需要使用计算机方可完成。

最简单的计算机财务预测,是使用"电子表软件",如 Excel。在电子表格中输入参数,由计算机完成数据加工计算。电子表软件不仅计算速度快、准确度高,而且改变一个输入参数,计算机能够自动调整相应的预测数据,这是手工处理所无法比拟的。比较复杂的预测是使用交互式财务规划模型或综合数据库财务计划系统等。

第二节　增长率与资金需求

企业的根本目标是创造价值,增长是企业价值增加的重要源泉。因此,销售增长成为绝大多数企业追求的目标之一。企业增长的财务意义是资金增长。这是因为,销售增长通常会引起货币资金、存货、应收账款等资产的增加,需要补充资金。一般情况下,销售增长得越多,需要补充的资金也越多。

从资金来源上看,企业实现增长的方式主要有三种:

一是完全依靠内部资金实现销售增长,称为内含增长。由于内部积累的资金是有限的,这样的增长率往往很难满足股东或其他利益相关者的期望。

二是平衡增长,即保持目前的财务结构和与此相关的财务风险,按照股东权益增长比例增加借款,以此支持销售收入增长。这种增长一般不会消耗企业的财务资源,是一种可持续的增长,也称可持续增长。

三是主要依靠外部资金实现增长。根据销售收入增加计算外部融资需求就是此种情况下的增长。外部资金包括债务融资和股权融资。增加负债会使企业的财务风险增加,筹资能力下降,最终丧失借款能力;通过增发股票等方式获取权益资金,不仅会分散公司控制权,而且会稀释每股收益,除非追加投资有更高的报酬率,否则不能增加股东财富。因此,主要依靠外部资金实现的增长不能持久。

微课 8-2
增长率与
资金需求

一、销售增长率与外部融资需求的关系

外部融资需求是在销售收入增长率已知的前提下,计算出预测期内支持销售增长所需的外部融资金额。既然销售增长会带来资金需求的增加,那么销售增长和融资需求之间就存在某种函数关系。根据这种关系,就可以直接计算特定销售增长率下的融资需求。

在本章第一节财务预测中,我们讨论了在销售增长与外部融资需求之间存在正比例关系的情况下,融资总需求、留存收益增加和外部融资需求之间关系,由上一节融资总需求计算公式和留存收益增加计算公式可得:

外部融资需求＝资产增加额－负债自发增长额－留存收益增加

＝(资产销售百分比－负债销售百分比)×销售变动额－预计销售收入×

预计销售净利率×留存收益比率

销售增长与外部融资需求的关系,可用"外部融资销售增长比"这一指标表示,它代表每增加 1 元销售收入需要追加外部融资金额。将上式两边除以"销售收入增长",即可得到外部融资销售比:

$$\frac{外部融资}{销售增长比}=\frac{资产销售}{百分比}-\frac{负债销售}{百分比}-\frac{1+增长率}{增长率}\times\frac{预计销售}{净利率}\times\frac{留存收益}{比率}$$

例 8-3

甲公司 2021 年销售收入为 161 014 710.63 元,资产和负债的销售百分比分别为92.662 5％和25.820 0％,预计销售净利率为7.044 2％,股利支付率为55％。

要求:计算外部融资销售增长比,并测算 2022 年为实现 10％增长所需的外部融资额。

解答:

$$外部融资销售增长比=92.662\ 5\%-25.82\%-\frac{1.10}{0.1}\times7.044\ 2\%\times45\%=0.319\ 7$$

外部融资额＝外部融资销售增长比×销售增长额

$$=0.319\ 7\times161\ 014\ 710.63\times10\%=5\ 147\ 640.30(元)[①]$$

由外部融资需求公式可知,如果公司的销售规模保持原有水平不变,则企业的外部融资需求等于负的留存收益增加。在此种情况下,公司不仅不需要增加外部融资,同时还由于留存收益的增加,出现一定数量的剩余资金。但在存在通货膨胀的情况下,即使企业的销售收入增长为零,也需要资金弥补货币贬值带来的损失。当这部分损失无法通过留存收益的增加完全弥补时,仍需要一定的外部融资才能维持原有的销售规模。

外部融资销售增长比不仅可以预计外部融资额,而且也可用于测算通货膨胀状态下

---

① 计算结果与本章第一节的 5 148 201.41 元有 561.11 元的差异,主要是因为本例中销售百分比和销售净利率被取整了,只保留了百分号后四位小数。本章第一节的数据是在 Excel 中直接计算而得,更加精确。

的外部融资需求。在存在通货膨胀的情况下，企业的实际增长率与名义增长率并不相同，它们之间的关系为：

$$名义增长率＝(1＋实际增长率)×(1＋通货膨胀率)－1$$

例 8-4

预计 2022 年通货膨胀率为 5％，甲公司销售量增长 10％。

要求：计算 2022 年甲公司名义销售增长率，并测算外部融资额。

解答：

$$
\begin{aligned}
名义销售增长率 &＝(1＋实际增长率)×(1＋通货膨胀率)－1 \\
&＝(1＋10％)×(1＋5％)－1＝15.50％
\end{aligned}
$$

$$
\begin{aligned}
外部融资额 &＝外部融资销售增长比×销售增长额 \\
&＝0.319\,7×161\,014\,710.63×15.50％＝7\,978\,842.46(元)
\end{aligned}
$$

二、内含增长率

企业仅靠自身的留存收益以及负债的自发性增长能够实现的销售收入增长率，被称为内含增长率。在内含增长状态下，外部融资(负债的自发增长除外)为零。设外部融资销售增长比为零：

$$资产销售百分比－负债销售百分比－\frac{1＋增长率}{增长率}×预计销售净利率×留存收益比率＝0$$

$$内含增长率＝\frac{销售净利率×留存收益比率}{资产销售百分比－负债销售百分比－销售净利率×留存收益比率}$$

例 8-5

以例 8-1 中的甲公司为例，该公司 2021 年营业收入为 161 014 710.63 元，假设 2022 年保持 2021 年资产销售百分比 92.662 5％、负债销售百分比 25.820 0％，2022 年预计的销售净利率为 7.044 2％，股利支付率为 55％。

要求：计算该公司 2022 年的内含增长率和销售收入。

解答：

$$内含增长率＝\frac{7.044\,2％×(1－55％)}{92.662\,5％－25.82％－7.044\,2％×(1－55％)}＝4.978\,4％$$

$$销售收入＝161\,014\,710.63×(1＋4.978\,4％)＝169\,030\,666.98(元)$$

验算：

$$外部融资额＝92.662\,5％－25.82％－\frac{1.049\,784}{0.049\,784}×7.044\,2％×45％＝0$$

三、可持续增长率

可持续增长率是指不发行新股或回购股份，保持目前或目标经营效率(销售净利率和资产周转率不变)和财务政策(权益乘数和留存收益比率不变)条件下,销售所能实现的最大增长率。它克服了完全依靠内部资金或主要依靠外部资金,均无法支持销售收入增长持续下去的两种销售增长方式的缺陷,强调的是在不耗尽财务资源的情况下,实现销售收入增长与有限财务资源的平衡。可持续增长是一种平衡增长,企业的资产、负债、股东权益、净利润和股利完全按照上一年度的结构同比例扩大。在可持续增长模式下,资产增长率、负债增长率、股东权益增长率、净利润增长率和股利增长率均与销售增长率相等,企业处于稳定状态。

在满足企业销售净利率、资产周转率、权益乘数和留存收益比率不变,且不打算或不愿意增发新股或回购股份的假设条件下,企业的资产、负债和股东权益同比例增长。因此,可持续增长率可按照以下公式计算:

$$可持续增长率=股东权益增长率=\frac{股东权益增加}{期初股东权益}$$

$$=\frac{净利润×留存收益比率}{期末股东权益-净利润×留存比率}=\frac{净资产收益率×留存收益比率}{1-净资产收益率×留存收益比率}$$

$$=\frac{销售净利率×资产周转率×权益乘数×留存收益比率}{1-销售净利率×资产周转率×权益乘数×留存收益比率}$$

例 8-6

根据例 8-1 所给的资料,假设甲公司股本一直保持不变,公司在今后可以维持本年度经营效率和财务政策,不断增长的产品能为市场所接受,不变的销售净利率可以涵盖增加的利息[①]。

要求:计算该公司 2021 年的可持续增长率,并预计 2022 年度可实现的净利润。

解答:

$$净资产收益率=\frac{11\ 472\ 135.10}{98\ 597\ 323.01}×100\%=11.635\ 3\%$$

$$可持续增长率=\frac{11.635\ 3\%×45\%}{1-11.635\ 3\%×45\%}×100\%=5.525\ 2\%$$

$$预计净利润=11\ 472\ 135.10×(1+5.525\ 2\%)=12\ 105\ 993.51(元)[②]$$

可持续增长率可以为企业管理增长率提供决策参考。企业增长得越快,因资产增加带来的融资需求也越大,即使盈利的情况下也是如此。这种高速增长,在短期内可以通过提高销售净利率、资产周转率和财务杠杆,或降低股利支付率来实现。然而,财务杠杆提高会增加企业财务风险,不可能持续提高,否则就会发生资金链断裂导致企业破产。留存

---

① 用预计营业收入×销售净利率×留存收益比率测算留存收益增加,隐含了销售净利率可以涵盖增加的利息。这是为了摆脱融资预测的数据循环。在融资预测时,需要先确定留存收益的增加额,然而确定需要增加的借款,但是借款的改变反过来又会影响留存收益。解决这一数据循环问题,一是使用多次迭代法,逐步逼近可使数据平衡的留存收益和借款增加额;另一个更为简单的办法是假设预计销售净利率不变,即其他利润表项目可以吸收或涵盖新借款增加的利息,故先确定留存收益,然后确定借款增加额。

② 与表 8-2 中预期净利润 12 476 490.46 元出现差异的主要原因是本例假设经营效率和财务政策不变,而例 8-1 中公司 2022 年经营效率和资本结构与 2021 年不相同。

收益比率、销售净利率和资产周转率同样也都不可能无限提高。

如果企业要实现超越于可持续增长率的增长,即超常增长,必须解决由此带来的资金问题。由可持续增长率计算公式可知,企业的增长潜力来源于销售净利率、资产周转率、权益乘数和留存收益比率的可持续水平以及筹集权益资金。如果通过技术和管理创新,使企业的经营效率跃上一个新水平,则企业的增长率可以相应提高。财务杠杆和收益分配受到资本市场的制约,通过提高这两个比例支持高增长,只能是临时解决办法,不可能持续使用。如果通过筹集权益资金实现高增长,在新增投资报酬率不能超过要求的报酬率(资本成本)的情况下,不会增加股东财富,是一种无效增长。

例 8-7

甲公司的股东们认为 2022 年销售增长 5.525 2% 太低了,要求增长率至少达到 10%,公司 2021 年主要财务数据相关财务比率如表 8-5 所示。

表 8-5 甲公司 2021 年主要财务数据表

项目	数值	项目	数值
总资产/万元	17 708.33	销售收入/万元	16 101.47
股东权益/万元	9 859.73	净利润/万元	1 147.21
资产负债率/%	44.32	销售净利率/%	7.12
资产周转率/%	0.909 3	留存收益比率/%	45

要求:请回答下列互不关联问题。

(1)如果不打算从外部筹集权益资金,并保持目前的财务政策和资产周转率不变,销售净利率应达到多少?

(2)如果不打算从外部筹集权益资金,并保持目前的经营效率和股利政策不变,资产负债率应达到多少?

解答:

(1)因为资产周转率保持不变,所以资产增长率=销售增长率=10%

权益乘数不变,所以股东权益增长率=资产增长率=10%

增加的股东权益=9 859.73×10%=985.97(万元)

因为不打算从外部筹集权益资金,增加的留存收益=增加股东权益=985.97(万元)

增加留存收益=预计销售收入×销售净利率×留存收益比率

即:

16 101.47×(1+10%)×销售净利率×45%=985.97

$$销售净利率=\frac{985.97}{16\ 101.47×1.1×45\%}=12.37\%$$

要实现 10% 的销售增长,在其他条件不变情况下,需要将销售净利率由 2021 年的 7.12% 提升到 12.37%。

（2）因为资产周转率保持不变，所以资产增长率＝销售增长率＝10％

预计资产总额＝17 708.33×（1＋10％）＝19 479.16（万元）

因为销售净利率不变，净利润增长率＝销售收入增长率＝10％

因为不打算从外部筹集权益资金，增加的留存收益＝增加股东权益

增加的留存收益＝1 147.21×（1＋10％）×45％＝567.87（万元）

预期股东权益＝9 859.73＋567.87＝10 427.60（万元）

$$资产负债率＝\frac{19\ 479.16－10\ 427.60}{19\ 479.16}×100％＝46.47％$$

要实现 10％的销售增长，在其他条件不变情况下，需要将资产负债率由 2021 年的 44.32％％提高到 46.47％。

超常增长不是维持财务比率的结果，而是"提高"财务比率的结果。可持续增长率是企业当前经营效率和财务政策决定的内在增长能力。在不增发新股，或不进行股份回购的情况下，实际增长率与可持续增长之间的关系为：如果某一年的经营效率和财务政策与上年相同，则实际增长率、本年的可持续增长率等于上年可持续增长率；如果销售净利率、资产周转率、权益乘数和留存收益比率四个指标中，有一个或多个数值增长，则实际增长率、本年的可持续增长率均会超过上年可持续增长率；如果销售净利率、资产周转率、权益乘数和留存收益比率 4 个指标中，有一个或多个数值较上年下降，则实际增长率、本年的可持续增长率均会低于上年可持续增长率。

如果销售净利率、资产周转率、权益乘数和留存收益比率 4 个财务比率已经达到公司的极限水平，并且新增投资报酬率已经与资本成本相等，则通过筹集权益资金实现的销售增长无助于股东财富增加。由此可见，一个理智的企业，在增长率问题上并没有很大的回旋余地，尤其从长期来看更是如此。一些企业由于发展过快陷入危机甚至破产，另一些企业由于增长太慢遇到困难甚至被其他企业收购，这都说明不当的增长足以毁掉一个企业。

🔷 本章小结

狭义的财务预测仅指估计未来的融资需求，广义的财务预测包括编制全部的预计财务报表。财务预测不仅可以帮助企业和股东评价企业财务目标实现程度，也是企业融资计划的前提和投资决策可行的基础，最为重要的是它能提高企业的应变能力。

财务预测基本步骤是在销售预测的基础上，依据企业的营运和管理效率测算出融资需求量，最终完成预计财务报表的编制。如果企业的融资能力受限，无法足额筹措支持增长所需的资金，应对预计的销售增长率进行调整。

销售百分比法是财务预测的基本方法。它的基本思想是：假设企业的成本、费用、资产、负债项目与销售收入之间存在稳定的比例关系，根据预测销售收入、资产、负债，或成本、费用的销售百分比预计资产、负债、所有者权益和成本费用等数据，利用会计等式确定融资需求，并完成预计资产负债表和利润表的编制。回归分析法也是进行财务预测的常用方法之一，它是假设销售收入与资产、负债等相关要素之间存在线性关系。在计算机极

为普通的今天,绝大多数企业都是用计算机进行财务预测。一些业务复杂的大型企业除用 Excel 等电子表软件外,还会使用交互式财务规划模型或综合数据库财务计划系统。

企业增长的财务意义是资金增长。就资金来源来说,企业增长的实现方式有完全依靠内部资金、主要依靠外部资金和平衡增长三种模式。平衡增长是按照股东权益的增长比例增加借款。这样的增长模式,一般不会消耗企业的财务资源,具有可持续性。

外部融资销售增长比表示每增加 1 元销售收入需要追加的外部融资。它不仅可以预计外部融资额,而且适用于通货膨胀状态下外部融资需求的测算。在存在通货膨胀的情况下,实际增长率与名义增长率的关系为:

名义增长率＝(1＋实际增长率)×(1＋通货膨胀率)－1

内含增长率是指外部融资额为零,仅靠自身的留存收益以及负债的自发性增长能够实现的销售增长率。可持续增长率是指不发行新股,保持目前或目标经营效率和财务政策条件下,销售所能实现的最大增长率。它是企业当前的经营效率和财务政策决定的内在增长能力。如果企业要实现超常增长,必须解决由此带来的资金问题。维持企业增长的资金潜力来源于销售净利率、资产周转率、权益乘数和留存收益比率提升的可持续水平以及权益资金筹集。依靠增量的权益资金实现的高增长,在新增投资报酬率不能大于资本成本的情况下,只是单纯的销售增长,无助于股东财富的增加。

复习思考题

1.什么是财务预测?它有哪些方面的意义?请举例说明。

2.资产销售百分比和负债销售百分比是怎样计算的?在财务预测中,什么样的资产和负债应该通过计算销售百分比进行预测?什么样的资产或负债适合采用回归分析法进行预测?

3.用例 8-1 中所给的资料和表格左边二列数据,在 Excel 中,用公式链接完成该公司2022 年末预计资产负债表和 2022 年度预计利润表的编制。

4.在存在通货膨胀的情况下,为什么即使企业销售规模不增长仍然可能需要外部融资?

5.什么是内含增长率?什么是可持续增长率?两者有何差别?

6.影响企业可持续增长率高低的因素有哪些?如果企业期望超常增长,可通过哪些路径来解决因此带来的资金问题?

案例分析

TBX 公司是一家大型的商业零售企业。公司 2014—2021 年的主要财务数据如表8-6所示。

表 8-6　TBX 可持续增长率测算数据表

金额单位:亿元

项　　目	2014 年	2015 年	2016 年	2017 年	2018 年	2019 年	2020 年	2021 年
营业收入	755.05	938.89	983.57	1 052.92	1 089.25	1 355.48	1 485.85	1 879.28
净利润	41.06	48.86	25.05	1.04	8.24	7.58	4.93	40.50
资产	439.07	597.86	761.61	822.51	821.93	880.76	1 371.67	1 572.77
股东权益	188.45	230.31	291.12	287.03	295.37	319.25	699.22	836.28
其中:股本	69.96	69.96	73.83	73.83	73.83	73.83	93.1	93.1
销售净利率/%	5.44	5.20	2.55	0.10	0.76	0.56	0.33	2.15
资产周转率/次	1.719 7	1.570 4	1.291 4	1.280 1	1.325 2	1.539 0	1.083 2	1.194 9
权益乘数	2.329 9	2.595 9	2.616 1	2.865 6	2.782 7	2.758 8	1.961 7	1.880 7
留存比例/%	82.55	78.22	86.21	100.00	57.44	49.26	7.39	70.15
实际增长率/%	29.51	24.35	4.76	7.05	3.45	24.44	9.62	26.48

问题:

1.测算 TBX 公司各年的可持续增长率,并与实际增长率比对,判定公司在哪些年份为超常增长。

2.依据可持续增长的原理,分析公司实现超常增长的资金来源。

3.从资金来源看,公司这一阶段的增长模式可归属于哪种类型? 这样的增长可持续吗? 为什么?

知识拓展 8　　　　**测试 8**　　　　**课件 8**

第九章　财务预算与控制

学习目标

通过学习本章,你应该能够:

1.理解财务预算的意义,掌握财务预算的编制方法。

2.理解财务控制的含义、特征和种类。

思维导图 9

重点难点 9

"凡事豫则立,不豫则废。言前定则不跆,事前定则不困,行前定则不疚,道前定则不穷"(出自《礼记·中庸》,豫者预也)。预算在企业财务管理中发挥着重要的作用。如果没有预算,企业的管理者和员工就很难知道他们是否达到了增长目标和开支目标。可能有人会认为预算只适用于那些财务困难或者利润率很低的企业,而事实上,所有的企业都可以编制预算并遵守预算。本章以制造业企业为例,介绍了财务预算的编制方法,并进一步阐释了以财务预算为依据所进行的财务控制。

第一节　财务预算

微课 9-1
财务预算

一、财务预算概述

(一)财务预算的意义

财务预算是一系列专门反映企业未来一定预算期内预计财务状况和经营成果,以及现金收支等价值指标的各种预算的总称,包括现金预算、预计利润表、预计资产负债表等内容。编制财务预算是企业财务管理的一项重要工作,它具有以下作用。

1.明确目标

企业的总目标可以通过财务目标得到体现,而财务预算是则是具体化的财务目标。通过财务预算的编制,企业总目标被分解落实成各部门的具体目标,分门别类、有层次地表达为企业的销售、生产、成本和费用、收入和利润等方面量化的具体目标。编制财务预算有助于企业内部各个部门和职工了解本部门或本人的经济活动与企业目标之间的关系,有助于明确各部门及人员在业务量、收入和成本等各方面应达到的水平和努力的方向。

2.协调各部门的工作

各级各部门因其职责不同,往往会出现互相冲突的现象。例如:销售部门提出一个庞大的销售计划,但是生产部门没有相应的生产能力;或者生产部门编制出一个充分发挥生产能力的计划,但销售部门却可能无力将这些产品推销出去;再或销售和生产部门都认同扩大生产能力,而财务部门却无法筹集到必要的资金。企业通过财务预算的编制,围绕企业的财务目标,可以综合平衡解决各部门的冲突,统筹兼顾全面安排,确定对企业整体最优的方案,把企业经营过程中的各个环节、各个方面的工作严密地组织起来,使各部门的工作协调一致。

3.有利于控制与考核

企业制订的预算是控制经济活动的依据和衡量其合理性的标准,预算确定并进入实施阶段以后,应设法控制经济活动使其按预算进行,当实际状态和预算有了较大差异时,应查明原因并采取措施调整改善经营活动。实际偏离预算的差异不仅是控制的依据,也是评定各预算执行单位的工作业绩的重要标准,将实际数与预算数对比进行考核,比本期实际数与以往实际数的对比考核更具有现实意义,因为超过上年或历史先进水平,只能说明有所进步,而不说明这种进步已经达到了应有的程度。

4.合理配置资源

每个企业的资源都是有限的,应该予以合理有效的运用。通过编制财务预算,可以将资源优先分配给获利能力强的部门、项目及产品,从而使企业的资源配置更加合理有效。

(二)财务预算在全面预算体系中的地位和作用

"豫则立,不豫则废",企业应该对一定期间的生产经营活动有个总体规划。全面预算是对企业总体规划的数量说明,图 9-1 表示企业全面预算体系的一个简化例子。图中的销售预算、生产预算、直接材料预算、直接人工预算、制造费用预算、产品成本预算和期间费用预算,是反映企业计划期间日常发生的经常性业务活动的预算,统称为业务预算。企业为不经常发生的资本支出或筹资等专门业务活动而编制的预算则称为专门决策预算。现金预算、预计利润表和预计资产负债表,反映了企业计划期间的现金收支、经营成果和财务状况,统称为财务预算。

由图 9-1 可以看出各预算之间的主要联系:企业以经营目标为基础,确定本年度的销售预算,并结合企业财力确定资本支出预算等专门决策预算,根据"以销定产"的原则,以销售预算为年度预算的编制起点,进一步确定生产预算,然后延伸到直接材料、直接人工和制造费用等预算,各个业务预算和专门决策预算为企业的现金预算提供了依据。预计的利润表和资产负债表在最后编制,是对前面各种业务预算和专门决策预算以及现金预算的综合。

可见,财务预算是企业全面预算体系中的最后环节,可以从价值方面总括地反映经营期决策预算与业务预算的结果,因此它在企业的全面预算体系中具有重要的地位。

财务预算是以财务预测的结果为根据,受到财务预测质量的制约。同时,财务预算必须服从决策目标的要求,是决策目标的具体化、系统化和定量化,能够明确规定企业有关生产经营人员各自职责及相应的奋斗目标。而且,财务预算是财务控制的先导,其量化指标可作为日常控制与业绩考核的依据,成为奖勤罚懒、评估优劣的准绳。

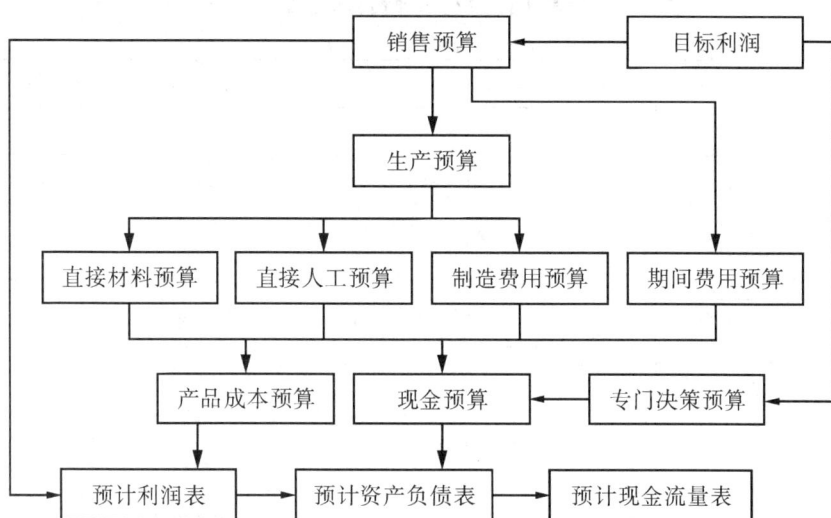

图 9-1 全面预算体系

二、财务预算的编制方法

预算的编制方法多种多样,主要包括固定预算和弹性预算、增量预算和零基预算、定期预算和滚动预算。

(一)固定预算和弹性预算

固定预算是根据预算内正常的、可实现的某一业务量水平编制的预算。由于固定预算在编制过程中所依据的产销业务量水平是某一固定的事先预定的业务量,一旦事先预定的业务量与实际水平相去甚远时,必然导致有关成本费用及利润的实际水平与预算水平因业务量基础不同而失去可比性,不利于开展控制与考核。

弹性预算是为克服固定预算的缺点而设计的,它是指按照预算期内可预见的多种业务量水平而编制的、能够适应不同业务量情况的预算。弹性预算是在按照成本(费用)习性分类的基础上,根据量、本、利之间的依存关系编制的预算,一般适用于与预算执行单位业务量有关的成本(费用)、利润等预算项目。弹性预算编制的依据不是一个固定的业务量,而是一个可预见的业务量范围,因此能规定不同业务量条件下的预算收支,适用面宽,机动性强,具有弹性,但工作量也大。

编制弹性预算的基本方法是:在可预见的业务量范围内,按照一定业务量间隔,根据收入、成本、费用、利润与业务量之间的内在关系,分析确定其预算额。业务量的间隔不能过大,也不能过小,通常以 5%～10% 为宜。编制弹性预算的关键在于把握收入、成本、费用的习性特征,即它们与业务量之间的依存关系。收入和变动成本随业务量正比例增减变动,其单位额乘预算业务量即可得到预算额,不同业务量下的预算额是不一样的。固定成本则在相关范围内保持不变,可以从总额的角度进行预算,在不同的业务量下的预算额是保持不变的。

例如,C 公司编制弹性利润预算如表 9-1 所示。

表 9-1　C 公司弹性利润预算

单位:万元

项　目	单位预算	弹性预算		
销售数量		10 000	11 000	12 000
销售收入	20	200 000	220 000	240 000
变动成本	12	120 000	132 000	144 000
变动制造费用	9	90 000	99 000	108 000
变动销售费用	2	20 000	22 000	24 000
变动管理费用	1	10 000	11 000	12 000
边际贡献	8	80 000	88 000	96 000
固定成本		50 000	50 000	50 000
固定制造费用		30 000	30 000	30 000
固定销售及管理费用		20 000	20 000	20 000
营业利润		30 000	38 000	46 000

(二)增量预算和零基预算

增量预算是以基期的成本费用实际水平为基础,结合预算期业务量水平以及有关降低成本的措施,调整部分原有的成本费用项目而编制的预算。它以过去的经验为基础,实际上是承认过去所发生的一切都是合理的,主张不需在预算内容上做较大改进,而是因循沿袭以前的预算项目。按这种方法编制预算,往往不加分析地保留或接受原有的成本项目,可能使原来不合理的费用开支继续存在下去,造成浪费,并且容易鼓励预算编制人凭主观臆断按成本项目平均削减预算或只增不减,不利于调动各部门降低费用的积极性。

零基预算是为克服增量预算的缺点而设计的。零基预算对预算收支以零为基点,对预算期内各项支出的必要性、合理性或者各项收入的可行性以及预算数额的大小,逐项审议决策从而予以确定收支水平的预算,一般适用于不经常发生的或者预算编制基础变化较大的预算项目,如对外投资。这种方法最初是由美国德州仪器公司彼得·派尔在 20 世纪 60 年代末提出来的,现已被西方国家广泛采用作为管理间接费用的一种新的有效方法。

零基预算一般可按下列程序进行编制。

1.确定费用项目

即动员企业内部各部门根据预算期内的战略目标对其所从事的作业进行分析评价,主要包括:(1)作业的目的;(2)不从事此作业将产生的后果;(3)完成该作业有无其他可供选择的途径等。在充分讨论的基础上确定企业必要的作业项目以及相应发生的费用项目,并确定其预算数额,而不考虑这些费用项目以往是否发生以及发生额多少。

2.排列费用项目开支的先后顺序

将全部费用项目划分为约束性项目和酌量性项目,前者是指在预算期内必须发生且发生数额不能改变的费用项目,后者是指在上一步中确定应当发生的但是其发生数额可以予以斟酌的费用项目。在预算编制过程中,对约束性项目必须保证资金供应;对酌量性项目则需要逐项进行成本—效益分析,并在此基础上确定项目开支的先后顺序。

3.分配资源,落实预算

按照上一步确定的费用项目开支顺序,对预算期内可动用的资源进行分配,落实资金。

零基预算以企业的战略目标为出发点确定必需的费用开支项目,有利于企业长远目标的实现,这种方法可以充分发挥各级管理人员的积极性、主动性和创造性,促进各预算部门精打细算,合理有效地进行资源分配,将有限的资金用在刀刃上。但是零基预算一切从零出发,在编制费用预算时需要完成大量的基础工作,这势必带来浩繁的工作量,编制时间也较长。为简化预算编制的工作量,可以每隔几年才按此方法编制一次预算。

(三)定期预算和滚动预算

定期预算,是指在编制预算时通常以某个特定的会计年度作为预算期的一种预算编制方法。这种预算由于受预算期间的限制,致使经营管理者们的决策视野局限于本期规划的经营活动,通常不考虑下期,形成人为的预算间断,因此这种预算不能适应连续不断的生产经营过程,不利于企业的长远发展。此外,这种预算不能随情况的变化及时调整,当预算中所规划的各种经营活动在预算期内发生重大变化时,就会造成预算滞后过时,使之成为虚假预算。

滚动预算是随时间的推移和市场条件的变化而自行延伸并进行同步调整的预算,一般适用于季度预算的编制。滚动预算是为克服定期预算的缺点而设计的,是对定期预算的改进。滚动预算在编制预算时将预算期与会计年度脱离开来,随预算的执行而不断地滚动补充预算,使预算期始终保持为 12 个月,如图 9-2 所示。

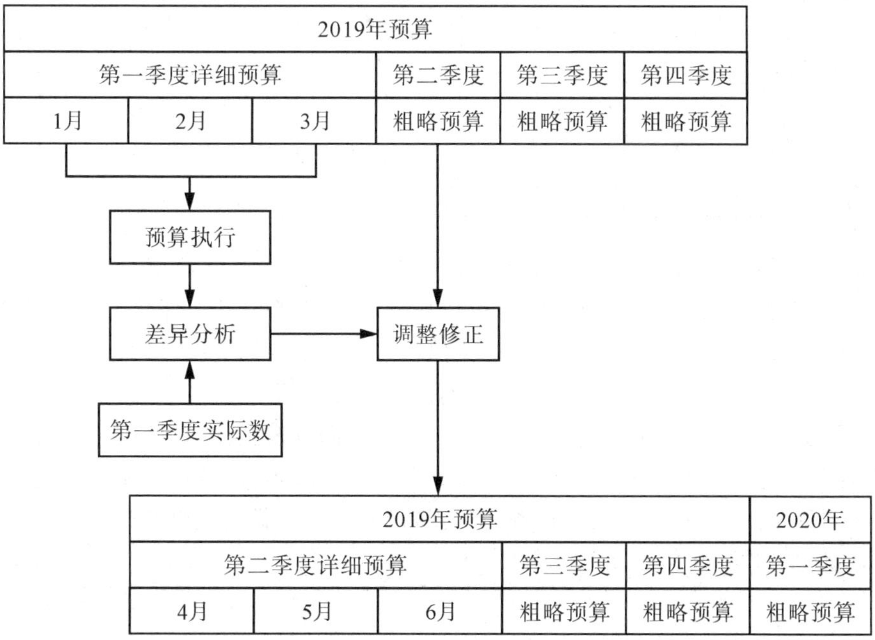

图 9-2 滚动预算示意图

滚动预算不受日历年度的限制,能够连续不断地规划未来的经营活动,不会造成预算的人为间断,它总是可以使企业管理人员了解未来 12 个月内企业的总体规划与近期预算目标,能够确保企业管理工作的完整性与稳定性。并且它能根据前期预算的执行情况,结合各种因素的变动影响,及时调整和修订近期预算,从而使预算更加切合实际,能够充分发挥预算的指导和控制作用。当然,采用滚动预算的方法编制预算,也会加大预算的工作量。

(四)概率预算

概率预算是对具有不确定性的预算项目,估计其可能出现的条件价值及其概率,计算期望值,从而编制的预算。上述有关预算编制时,假设生产和销售的情况是稳定的,所涉及的业务量、价格、成本等因素是一个确定的值,所编制的预算是一种确定性的预算。但是实际上企业生产经营的不确定性因素很多,在市场的供需、产销变动比较大的情况下,业务量、价格、成本等变量有时是难以确定的。这时企业就需要根据客观条件,对有关变量进行分析,估计它们可能变动的范围及其在该范围内出现的概率,然后结合概率对各变量进行调整,计算期望值,编制预算。概率预算一般适用于难以推测变动趋势的预算项目,如销售新产品、开拓新业务等。

例如,E 企业对计划年度影响利润的有关因素进行分析,预计出各因素的可能情况及其概率如表 9-2 所示。

表 9-2　E 企业影响利润的有关因素及其概率情况

销售数量		销售单价/元		单位变动成本/元	固定成本/千元
数量/千件	概　率	金额	概　率		
160	0.2	10 9	0.8 0.2	5	400
200	0.6	10 9	0.6 0.4	5.1	500
250	0.2	10 9	0.3 0.7	5.2	600

根据上述资料计算出该企业计划年度的利润期望值如表 9-3 所示。

表中的利润按公式"利润=(单价-单位变动成本)×销售量-固定成本"计算,联合概率为相关变量各自概率的乘积,利润期望值则等于利润与联合概率的乘积,其合计值为398.6 千元,即为该企业对计划年度可实现利润的合理预期。

概率预算考虑了计划年度的各种可能情况,考虑问题较全面,比较符合多变的市场实际情况,但如何估计未来的各种可能情况及其概率是比较困难的事情,尤其是概率的确定容易受主观因素的影响。通常,在具备历史资料的条件下,我们可以通过对历史资料的统计分析来确定各种可能情况及其概率。

表 9-3 E 企业利润期望值计算表

销售数量/千件		销售单价/元		单位变动成本/元	固定成本/千元	利润/千元	联合概率	利润期望值/千元
数量	概率	金额	概率					
160	0.2	10	0.8	5	400	400	0.16	64
		9	0.2	5	400	240	0.04	9.6
200	0.6	10	0.6	5.1	500	480	0.36	172.8
		9	0.4	5.1	500	280	0.24	67.2
250	0.2	10	0.3	5.2	600	600	0.06	36
		9	0.7	5.2	600	350	0.14	49
合　计							1.00	398.6

上述介绍的各种预算方法均有所长,也有所短,企业应该根据自身的业务特点和需要,选择适当的方法进行预算编制,尤其应该注意各种方法的结合应用。

三、财务预算的编制

预算的内容,一般包括业务预算、专门决策预算和财务预算三大类。企业编制预算时应当按照先业务预算、专门决策预算,后财务预算的流程进行,并按照各预算执行单位所承担经济业务的类型(生产型或非生产型)及其责任权限,编制不同形式的预算。为了更好地理解财务预算的编制,这里以生产型企业为例,简要介绍业务预算和专门决策预算的编制,然后以它们为基础说明财务预算的编制。

(一)业务预算

业务预算是反映预算期内企业可能形成现金收付的生产经营活动的预算,一般包括销售预算、生产预算、采购预算、直接人工预算、制造费用预算、产品成本预算、期间费用预算等,企业可根据实际情况具体编制。

1.销售预算

销售预算是预算期内预算执行单位销售各种产品或者提供各种劳务可能实现的销售量或者业务量及其收入的预算,是编制企业全面预算的出发点,也是日常业务预算的基础,主要依据年度目标利润、预测的市场销量或劳务需求及提供的产品结构以及市场价格编制。在编制销售预算时,应根据预算期的现销收入与回收赊销货款的可能情况反映现金收入,为编制现金预算提供信息。

ZD 公司经营多种产品,预计 2019 年各季度各种产品销售量及有关售价的部分资料见表 9-4。该公司每季的商品销售在当季收到 80%,其余的 20% 在下季收讫。表中下半部分反映与销售业务有关的现金收支情况,其中第一季度回收应收销货款系按上年末应收账款余额确定,可以从资产负债表的年初数中找到相应数据。根据财税〔2018〕32 号文件,本例使用 16% 的增值税税率。

表 9-4 ZD 公司 2019 年销售预算

单位:元

项目	第一季度	第二季度	第三季度	第四季度	本年合计
销售量(预计)					
A 产品/件	480	600	720	600	2 400
B 产品/个	…	…	…	…	…
…	…	…	…	…	…
销售单价					
A 产品	100	100	100	100	100
B 产品	…	…	…	…	…
…	…	…	…	…	…
预计销售收入	100 000	150 000	190 000	110 000	550 000
增值税销项税额	16 000	24 000	30 400	17 600	88 000
含税销售收入合计	116 000	174 000	220 400	127 600	638 000
现销收入	92 800	139 200	176 320	102 080	510 400
回收前期应收货款	24 000	23 200	34 800	44 080	126 080
现金收入合计	116 800	162 400	211 120	146 160	636 480

2.生产预算

生产预算是从事工业生产的预算执行单位在预算期内所要达到的生产规模及其产品结构的预算,主要是在销售预算的基础上,依据各种产品的生产能力、各项材料及人工的消耗定额及其物价水平和期末存货状况编制。为了实现有效管理,还应当在生产预算的基础上进一步编制直接人工预算和直接材料预算。生产预算应该按产品品种编制,编制过程中主要应根据下列公式计算出预计生产量填入预算表内:

$$预计生产量＝预计销售量＋预计期末存货量－预计期初存货量$$

公式中,预计期初存货量等于上期预计期末存货量,预计期末存货量则可按事先估计的期末存货量占一定时期销售量的比例进行估算。

表 9-5 是 ZD 公司据有关资料编制的 A 产品的生产预算,其他产品的生产预算编制方法类同于 A 产品,在此从略。表中,各季销售量来自销售预算,第一季度期初存货量 48 件为上年结转数,第四季度的期末存货量 72 件则为估计数,其余各季期末存货量按下期销售量的 10%进行估算。

表 9-5 ZD 公司 2019 年生产预算

产品名称:A 产品

单位:件

项目	第一季度	第二季度	第三季度	第四季度	本年合计
本期销售量	480	600	720	600	2 400
加:期末存货量	60	72	60	72	72
减:期初存货量	48	60	72	60	48
本期生产量	492	612	708	612	2 424

3.采购预算

采购预算是预算执行单位在预算期内为保证生产或者经营的需要而从外部购买各类商品、各项材料、低值易耗品等存货的预算,主要根据销售预算、生产预算以及期初存货和期末存货的情况进行编制。

从事工业生产的预算执行单位的采购预算也可称之为直接材料耗用及采购预算,主要反映预算期内各种材料预计消耗量、采购量和采购金额以及采购付现支出情况,它应该在生产预算的基础上进一步编制,编制时,应按以下公式计算出某种材料预计采购量:

预计材料采购量=预计生产需要量+预计期末存料量−预计期初存料量

某种材料的预计采购量乘以该材料的预计单价就得到该材料的预计采购成本,所有材料的预计采购成本加总就得到预算期内材料采购总成本。在此基础上结合付款条件可以预计出预算期内为采购材料而发生现金支出数。

表 9-6 为 ZD 公司 2019 年直接材料耗用及采购预算。表中的预计生产量数据来自生

表 9-6 ZD 公司 2019 年直接材料耗用及采购预算

材料种类	项目		第一季度	第二季度	第三季度	第四季度	全年合计
甲材料	A 产品耗用	预计生产量/件	492	612	708	612	2 424
		消耗量定额/(千克/件)	2	2	2	2	—
		预计消耗数量/千克	984	1 224	1 416	1 224	4 848
	B 产品耗用	…	…	…	…	…	…
	…		…	…	…	…	…
	甲材料耗用总量/千克		4 560	4 824	4 944	5 040	19 368
	加:期末材料存量/千克		1 206	1 236	1 260	1 230	—
	减:期初材料存量/千克		1 140	1 206	1 236	1 260	—
	本期采购量/千克		4 626	4 854	4 968	5 010	19 458
	甲材料单价/(元/千克)		5	5	5	5	—
	甲材料采购成本/元		23 130	24 270	24 840	25 050	97 290
乙材料	…		…	…	…	…	…
	乙材料采购成本/元		…	…	…	…	…
…			…	…	…	…	…
各种材料采购成本总额/元			84 660	87 600	89 040	91 140*	352 440
增值税进项税额/元			13 546	14 016	14 246	14 582	56 390
预计采购金额合计/元			98 206	101 616	103 286	105 722	408 830
当期现购材料款/元			58 923	60 970	61 972	63 433	245 298
偿付前期所欠材料款/元			31 200	39 283	40 646	41 314	152 443
当期现金支出小计/元			90 123	100 253	102 618	104 747	397 741

* 其中包括第四季度发生的材料项目流动资金投资 3 480 元,见表 9-12。

产预算,消耗量定额、采购单价是已知的预计数。表中 A 产品第一季度期初材料存量 1 140 千克为去年末结转下来的实际已知数,第四季度期末材料存量 1 230 千克为已知的预计数,其余各季的期末材料存量按下个季度生产耗用量的 25% 进行估计。假定该公司每季材料采购总额的 60% 用现金支付,其余的 40% 在下季付讫。表中第一季度偿付前期材料款为上年末应付账款余额,可以从资产负债表的年初数中找到相应数据。

4.应交税金及附加预算

应交税金及附加预算是指为规划一定预算期内预计发生的应交增值税、消费税、资源税、城市维护建设税和教育费附加的金额而编制的预算。

应交税金及附加预算中没有包含预交的所得税。由于税金需要及时清缴,所以为简化预算,可以假定预算期内发生的各项应交税金及附加均于当期以现金的形式支付。

表 9-7 是 ZD 公司 2019 年的应交税金及附加预算,其中增值税销项税额的数据来自销售预算,增值税进项税额的数据来自采购预算。该公司流通环节只交纳增值税,城市维护建设税和教育费附加分别按应交增值税的 7% 和 3% 预计,即销售税金及附加按应交增值税的 10% 预计。

表 9-7　ZD 公司 2019 年的应交税金及附加预算

单位:元

季度	第一季度	第二季度	第三季度	第四季度	全年合计
增值税销项税额	16 000	24 000	30 400	17 600	88 000
增值税进项税额	13 546	14 016	14 246	14 582	56 390
应交增值税	2 454	9 984	16 154	3 018	31 610
销售税金及附加	245	998	1 615	302	3 160
现金支出合计	2 699	10 982	17 769	3 320	34 770

5.直接人工预算

直接人工预算,是从事工业生产的预算执行单位反映预算期内人工工时消耗水平、人工费用开支水平的业务预算,以生产预算为基础进行编制。

表 9-8 是 ZD 公司 2019 年的直接人工预算,编制的主要依据是已知的工时定额、标准工资率和生产预算中的预计生产量等资料。假定该公司直接人工成本均在发生当期用现金开支。

表 9-8 ZD 公司 2019 年直接人工预算

产品种类	项目	第一季度	第二季度	第三季度	第四季度	本年合计
A产品	预计生产量/件	492	612	708	612	2 424
	工时定额/(小时/件)	6	6	6	6	6
	直接人工总工时/小时	2 952	3 672	4 248	3 672	14 544
B产品	…		…	…	…	…
…	…		…	…	…	…
各种产品直接人工总工时/小时		4 560	4 824	4 944	5 040	19 368
单位工时直接人工成本/(元/小时)		3	3	3	3	3
直接人工成本总额/元		13 680	14 472	14 832	15 120	58 104

6.制造费用预算

制造费用预算是从事工业生产的预算执行单位在预算期内为完成生产预算所需各种间接费用的预算,主要在生产预算基础上,按照费用项目及其上年预算执行情况,根据预算期降低成本、费用的要求编制。在编制制造费用预算时可以按成本习性将所有的制造费用分为变动部分与固定部分,其中变动制造费用与业务量(一般为工时)成正比,固定制造费用总额保持不变。表 9-9 为 ZD 公司 2019 年制造费用预算。

表 9-9 ZD 公司 2019 年制造费用预算

单位:元

固定性制造费用	金额	变动性制造费用	金额
1.工资和福利费	9 220	1.机物料消耗	5 100
2.保险费	1 680	2.工资和福利费	11 280
3.办公费	1 608	3.水电费	8 700
4.修理费	1 092	4.修理费	3 972
5.折旧费	7 200	合计	29 052
合计	20 800	直接人工总工时	19 368
其中:付现费用	13 600	分配率(单位变动制造费用)	1.5

付现项目	第一季度	第二季度	第三季度	第四季度	全年合计
变动性制造费用①	6 840	7 236	7 416	7 560	29 052
付现的固定性制造费用②	3 400	3 400	3 400	3 400	13 600
现金支出合计	10 240	10 636	10 816	10 960	42 652

注:①＝分配率(1.5)×某季度预计总工时

②＝13 600÷4

7.产品成本预算

产品成本预算是从事工业生产的预算执行单位在预算期内生产产品所需的生产成

本、单位成本和销售成本的预算,主要依据生产预算、直接材料预算、直接人工预算、制造费用预算等汇总编制。

表 9-10 是 ZD 公司 2019 年产品成本预算,该表按变动成本法编制,产品成本只包括变动生产成本。

表 9-10 ZD 公司 2019 年产品成本预算

成本项目		A 产品(年产量 2424 件)				B 产品	…	合计/元
		单耗/(千克/件)	单价/(元/千克)	单位成本/(元/件)	总成本/元			
直接材料								
甲材料		2	5	10	24 240			96 840
乙材料		…	…	…	…			…
…		…	…	…	…	…	…	…
小计				22	53 328			350 100
直接人工		6	3	18	43 632			58 104
变动制造费用		6	1.5	9	21 816			29 052
变动生产成本合计				49	118 776			437 256
产成品存货	年初存货	48 件		50	2 400	…	…	17 100
	年末存货	72 件		49	3 528			48 996

8.期间费用预算

期间费用预算是预算期内预算执行单位组织经营活动必要的管理费用、财务费用、营业费用等预算,应当区分变动费用与固定费用、可控费用与不可控费用的性质,根据上年实际费用水平和预算期内的变化因素,结合费用开支标准和企业降低成本、费用的要求,分项目、分责任单位进行编制。其中:研究费用以及业务招待费、会议费、宣传广告费等重要项目,应当重点列示。

期间费用是为保证企业维持正常的经营而发生的,大多为固定成本。期间费用中的现金支出数应逐期考虑支出的具体项目进行预算。

表 9-11 是 ZD 公司 2019 年期间费用预算,包括了销售费用和管理费用的预算,但未包含财务费用的预算,财务费用的预算在编制现金预算计划资金的筹措与运用时一并予以考虑。

表 9-11 ZD公司 2019 年期间费用预算

单位:元

费用项目	全年预算	季度	现金支出
1.销售人员工资	10 700	1	5 870
2.专设销售机构业务费	1 200	2	6 440
3.保险费	720	3	6 950
4.运杂费	390	4	6 020
5.展览费和广告费	2 400	全年合计	25 280
6.其他销售费用	570		
7.公司经费	4 500		
8.董事会费	1 800		
9.折旧费	480		
10.排污费	180		
11.业务招待费	600		
12.聘请中介机构费	1 200		
13.房产税等税金	420		
14.其他管理费用	600		
费用合计	25 760		
每季平均＝25 760÷4＝6 440			

除了上述各项业务预算以外,企业对自办医院、学校及离退休人员费用支出,解除劳动关系补偿支出,缴纳税金,政策性补贴、对外捐赠支出及其他营业外支出等,应当根据实际情况和国家有关政策规定,编制营业外支出等相关业务预算。

(二)专门决策预算

专门决策预算是指企业为某个决策项目而编制的预算,包括资本预算和筹资预算。

1.资本预算

资本预算是企业在预算期内进行资本性投资活动的预算,主要包括固定资产投资预算、权益性资本投资预算和债券投资预算。

(1)固定资产投资预算。固定资产投资预算是企业在预算期内购建、改建、扩建、更新固定资产进行资本投资的预算,应当根据本单位有关投资决策资料和年度固定资产投资计划编制。企业处置固定资产所引起的现金流入,也应列入资本预算。企业如有国家基本建设投资、国家财政生产性拨款,应当根据国家有关部门批准的文件、产业结构调整政策、企业技术改造方案等资料单独编制预算。

(2)权益性资本投资预算。权益性资本投资预算是企业在预算期内为了获得其他企业单位的股权及收益分配权而进行资本投资的预算,应当根据企业有关投资决策资料和年度权益性资本投资计划编制。企业转让权益性资本投资或者收取被投资单位分配的利润(股利)所引起的现金流入,也应列入资本预算。

(3)债券投资预算。债券投资预算是企业在预算期内为购买国债、企业债券、金融债券等所作的预算,应当根据企业有关投资决策资料和证券市场行情编制。企业转让债券收回本息所引起的现金流入,也应列入资本预算。

2.筹资预算

筹资预算是企业在预算期内需要新借入的长短期借款、经批准发行的债券以及对原有借款、债券还本付息的预算,主要依据企业有关资金需求决策资料、发行债券审批文件、期初借款余额及利率等编制。

企业经批准发行股票、配股和增发股票,应当根据股票发行计划、配股计划和增发股票计划等资料单独编制预算。股票发行费用,也应当在筹资预算中分项做出安排。

表 9-12 是 ZD 公司 2019 年上马一条新的生产线而编制的专门决策预算。

表 9-12 ZD 公司 2019 年专门决策预算

单位:元

项　目	第一季度	第二季度	第三季度	第四季度	全年合计
固定资产投资					
1.设计费	300				300
2.基建工程	3 000	3 000			6 000
3.设备购置		39 000	9 000		48 000
4.安装工程			1 800	3 000	4 800
5.其他				900	900
合计	3 300	42 000	10 800	3 900	60 000
流动资金投资				3 480	3 480
合计				3 480	3 480
投资支出总计	3 300	42 000	10 800	7 380	63 480
投资资金筹措					
发行公司债①		40 000			40 000
合计		40 000			40 000

注:①公司债券于季初发行,利息率为 10%,每季季末支付利息。

(三)财务预算

财务预算是指反映企业在预算期内有关现金收支、经营成果和财务状况的预算,应当围绕企业的战略要求和发展规划,以业务预算、专门决策预算为基础,以经营利润为目标,以现金流为核心进行编制,并主要以现金预算、预计资产负债表和预计利润表等财务报表形式予以充分反映。财务预算是全面预算的体系的最后环节,可以从价值方面总括地反映业务预算和专门决策预算的结果。

1.现金预算

现金预算是按照现金流量表主要项目内容编制的反映企业预算期内一切现金收支及其结果的预算。它以业务预算、专门决策预算为基础,是业务预算、专门决策预算中有关现金收支的汇总,是企业资金头寸调控管理的依据。根据上述 ZD 公司业务预算以及专门决策预算的有关资料,编制该公司 2019 年现金预算如表 9-13 所示。

表 9-13 ZD 公司 2019 年现金预算

单位:元

项目	第一季度	第二季度	第三季度	第四季度	全年合计	备注
①期初现金余额	12 600	3 388	3 905	3 160	12 600	
②经营现金收入	116 800	162 400	211 120	146 160	636 480	表 9-4
③经营性现金支出	137 412	157 583	167 785	154 967	617 747	
直接材料采购	90 123	100 253	102 618	104 747	397 741	表 9-6
直接工资及其他支出	13 680	14 472	14 832	15 120	58 104	表 9-8
制造费用	10 240	10 636	10 816	10 960	42 652	表 9-9
销售及管理费用	5 870	6 440	6 950	6 020	25 280	表 9-11
应交税金及附加	2 699	10 982	17 769	3 320	34 770	
预交所得税	10 000	10 000	10 000	10 000	40 000	估计
预分股利	4 800	4 800	4 800	4 800	19 200	估计
④资本性现金支出	3 300	42 000	10 800	3 900	60 000	表 9-12
⑤现金余缺	(11 312)	(33 795)	36 440	(9 547)	(28 667)	
⑥资金筹措及运用	14 700	37 700	(33 280)	13 000	32 120	
流动资金借款(还款)	15 000	(1 000)	(14 000)		0	
发行公司债券		40 000			40 000	表 9-12
利息收入(支出)*	(300)	(1 300)	(1 280)	(1 000)	(3 880)	
出售(购买)有价证券			(18 000)	14 000	(4 000)	
⑦期末现金余额	3 388	3 905	3 160	3 453	3 453	

* 假定该公司流动资金借款在期初发生,还款则在期末,利息率为 8%,每季季末支付利息。

第一季度利息支出＝15 000×8%×1÷4＝300(元)
第二季度利息支出＝15 000×8%×1÷4＋40 000×10%÷4＝1 300(元)
第三季度利息支出＝(15 000−1 000)×8%÷4＋40 000×10%÷4＝1 280(元)
第四季度利息支出＝40 000×10%÷4＝1 000(元)

2.预计利润表

预计利润表是按照利润表的内容和格式编制的反映预算执业单位在预算期内利润目标的预算报表。一般根据销售预算、生产预算、产品成本预算或者营业成本预算、期间费用预算、其他专项预算等有关资料分析编制。

表 9-14 是 ZD 公司按变动成本法编制的 2019 年预计利润表。在变动成本法下,固定制造费用被作为期间费用看待,因为它是维持某一期间的最低生产经营能力所必须发生的成本,更应该与期间相配比。

表 9-14 ZD 公司 2019 年预计利润表

单位:元

摘　　要	金额
销售收入	550 000
减:销售税金及附加	3 160
减:本期销货成本①	405 360
产品边际贡献总额	141 480
减:期间成本②	50 440
利润总额	91 040
减:应交所得税(25%)	22 760
净利润	68 280

注:①=期初产品存货成本+本期生产成本-期末产品存货成本=17 100+437 256-48 996(表 9-10)

②=固定制造费用+销售和管理费用+财务费用=20 800(表 9-9)+25 760(表 9-11)+3 880(表 9-13)

3.预计资产负债表

预计资产负债表是按照资产负债表的内容和格式编制的综合反映预算执行单位期末财务状况的预算报表。一般根据预算期初实际的资产负债表、销售预算、生产预算、采购预算、资本预算、筹资预算等有关资料分析编制。表 9-15 是 ZD 公司 2019 年末的预计简易资产负债表。为了更清楚地反映存货项目年末数的形成,我们将其分为材料存货和产成品存货进行列示。

表 9-15 ZD 公司预计资产负债表

单位:元

资产	年末数	年初数	负债与股东权益	年末数	年初数
货币资金	3 453	12 600	应付账款	42 289⑤	31 200
交易性金融资产	4 000	—	应付债券	40 000	—
应收账款	25 520①	24 000	应交税费	(17 240)⑥	—
材料存货	19 140②	16 800	股东权益	249 060⑦	199 980
产成品存货	48 996	17 100			
厂房设备	237 000③	177 000			
减:累计折旧	24 000④	16 320			
资产总计	314 109	231 180	负债与股东权益总计	314 109	231 180

注:①=127 600×20%(表 9-4)

②=期初材料存货成本+本期购入材料成本-本期耗用材料成本

　=16 800+352 440(表 9-6)-350 100(表 9-10)

③=177 000+60 000(表 9-12)

④＝16 320＋7 200＋480(表9-9、表9-11)

⑤＝105 722×40％(表9-6)

⑥＝应交所得税－预交所得税＝22 760(表9-14)－40 000(表9-13)

⑦＝期初股东权益＋本年净利润－预分股利＝199 980＋68 280(表9-14)－19 200(表9-13)

四、实施预算管理应注意的问题

为了提高预算的科学性和严肃性,促进实现预算内部控制目标,企业在实施预算管理的过程中,应当明确预算编制、审批、执行、分析、考核等各部门、各环节的职责任务、工作程序和具体要求。企业在建立和实施预算内部控制中,至少应当强化对以下关键方面或者关键环节的风险控制,并采取相应的控制措施:(1)权责分配和职责分工应当明确,机构设置和人员配备应当科学合理;(2)预算编制、执行、调整、分析、考核的控制流程应当清晰,对预算编制方法、审批程序、预算执行情况检查、预算调整环节控制、预算执行结果的分析考核等应当有明确的规定。

(一)岗位分工与授权批准

企业应当建立预算工作岗位责任制,明确相关部门和岗位的职责、权限,确保预算工作中的不相容岗位相互分离、制约和监督。预算工作不相容岗位一般包括:(1)预算编制(含预算调整)与预算审批;(2)预算审批与预算执行;(3)预算执行与预算考核。

企业应当建立预算工作组织领导与运行体制,明确企业最高权力机构、决策机构、预算管理部门及各预算执行单位的职责权限、授权批准程序和工作协调机制。

股东大会或企业章程规定的类似最高权力机构负责审批企业年度预算方案。董事会或者企业章程规定的经理、厂长办公会等类似决策机构则负责制订企业年度预算方案。企业可以设立预算委员会、预算领导小组等专门机构作为企业预算管理部门具体负责本企业预算管理工作。不具备设立专门机构条件的企业,可以指定财会部门等负责预算管理工作。总会计师应当协助企业负责人加强对企业预算管理工作的领导与业务指导。企业内部相关业务部门的主要负责人应当参与企业预算管理工作。

企业预算管理部门主要负责:拟订预算目标和预算政策;制定预算管理的具体措施和办法;组织编制、审议、平衡年度预算草案;组织下达经批准的年度预算;协调、解决预算编制和执行中的具体问题;考核预算执行情况,督促完成预算目标。

企业内部生产、投资、筹资、物资管理、人力资源、市场营销等业务部门和所属分支机构在企业预算管理部门的领导下,具体负责本部门、本机构业务预算的编制、执行、控制、分析等工作,并配合预算管理部门做好企业总预算的综合平衡、控制、分析、考核等工作。企业所属子公司在上级企业预算管理部门指导下,负责本企业预算的编制、执行、控制和分析工作,并接受上级企业的检查和考核。所属基层企业负责人对本企业预算的执行结果负责。

企业应当制定预算工作流程,明确预算编制、执行、调整、分析与考核等各环节的控制要求,并设置相应的记录或凭证,如实记载各环节工作的开展情况,确保预算工作全过程得到有效控制。

（二）预算编制控制

企业应当加强对预算编制环节的控制，对编制依据、编制程序、编制方法等做出明确规定，确保预算编制依据合理、程序适当、方法科学。

企业应当在企业战略的指导下，结合本企业业务发展情况，综合考虑预算期内经济政策变动、行业市场状况、产品竞争能力、内部环境变化等因素对生产经营活动可能造成的影响，根据自身业务特点和工作实际编制相应的预算。企业年度预算方案应当符合本企业发展战略、经营目标和其他有关重大决议，反映本企业预算期内经济活动规模、成本费用水平和绩效目标，满足控制经济活动、考评经营管理业绩的需要。制定的预算方案，应当做到内容完整，指标统一，要求明确，权责明晰。

企业应当明确预算管理部门和预算编制程序，对预算目标的制订与分解、预算草案编报的流程与方法、预算汇总平衡的原则与要求、预算审批的步骤以及预算下达执行的方式等做出具体规定。

企业年度预算方案，应在预算年度开始前编制完毕，经企业最高权力机构批准后，以书面文件形式下达执行。实行滚动预算的企业，其审批程序由预算委员会或董事会等批准。

企业可以选择或综合运用固定预算、弹性预算、增量预算、零基预算、定期预算、滚动预算、概率预算等方法编制预算。企业确定预算编制方法，应当遵循经济活动规律，并符合自身经济业务特点、生产经营周期和管理需要。

预算编制应当实行全员参与、上下结合、分级编制、逐级汇总、综合平衡。

企业预算管理部门应当加强对企业内部预算执行单位预算编制的指导、监督和服务。企业应将预算编制纳入考核指标体系，对预算编制不及时或编制不符合规定要求的内部预算执行单位，应当给予相应的惩处。

（三）预算执行控制

企业应当加强对预算执行环节的控制，对预算指标的分解方式、预算执行责任制的建立、重大预算项目的特别关注、预算资金支出的审批要求、预算执行情况的报告与预警机制等做出明确规定，确保预算严格执行。

企业预算一经批准下达，各预算执行单位必须认真组织实施，将预算指标层层分解，从横向和纵向落实到内部各部门、各环节和各岗位。企业应当建立预算执行责任制度，对照已确定的责任指标，定期或不定期地对相关部门及人员责任指标完成情况进行检查，实施考评。

企业应当以年度预算作为预算期内组织、协调各项生产经营活动和管理活动的基本依据，可将年度预算细分为季度、月度等时间进度预算，通过实施分期预算控制，实现年度预算目标。

企业对重大预算项目和内容，应当密切跟踪其实施进度和完成情况，实行严格监控。企业应当加强对货币资金收支业务的预算控制，及时组织预算资金的收入，严格控制预算资金的支付，调节资金收付平衡，严格控制支付风险。

企业办理采购与付款、工程项目、对外投资、成本费用、固定资产、存货、筹资等业务，应当严格执行预算标准。企业应当健全凭证记录，完善预算管理制度，严格执行生产经营月度计划和成本费用的定额、定率标准,并对执行过程进行监控。

企业各预算责任部门应当加强与企业内部有关业务部门的沟通和联系,确保相关业务预算的执行情况能够相互监督、核对一致。企业应当建立预算执行情况内部报告制度,及时掌握预算执行动态及结果。企业预算管理部门应当运用财务报告和其他有关资料监控预算执行情况,及时向企业决策机构和各预算执行单位报告或反馈预算执行进度、执行差异及其对企业预算目标的影响,促进企业完成预算目标。企业应当建立预算执行情况预警机制,通过科学选择预警指标,合理确定预警范围,及时发出预警信号,积极采取应对措施。有条件的企业,应当逐步推进预算管理的信息化,通过现代电子信息技术手段监控预算执行,提高预警与应对水平。

企业应当建立预算执行结果质询制度,要求预算执行单位对预算指标与实际结果之间的重大差异做出解释,并采取相应措施。

(四)预算调整控制

企业应当加强对预算调整环节的控制,保证预算调整依据充分、程序合规、方案可行。

企业正式下达执行的预算,不得随意调整。企业在预算执行过程中,可能会由于市场环境、经营条件、国家法规政策等发生重大变化,或出现不可抗力的重大自然灾害、公共紧急事件等致使预算的编制基础不成立,或者将导致预算执行结果产生重大差异,需要调整预算的,应当报经原预算审批机构批准。调整预算由预算执行单位逐级向原预算审批机构提出书面报告,阐述预算执行的具体情况、客观因素变化情况及其对预算执行造成的影响程度,提出预算的调整幅度。企业预算管理部门应当对预算执行单位提交的预算调整报告进行审核分析,集中编制企业年度预算调整方案,提交原预算审批机构审议批准,然后下达执行。

企业预算调整方案应当符合以下要求:(1)预算调整事项符合企业发展战略和现实生产经营状况;(2)预算调整重点放在预算执行中出现的重要的或非正常的关键性差异方面;(3)预算调整方案客观、可行。对于不符合上述要求的预算调整方案,企业预算审批机构应予以否决。

(五)预算分析与考核控制

企业应当加强对预算分析与考核环节的控制,通过建立预算执行分析制度、审计制度、考核与奖惩制度等,确保预算分析科学、及时,预算考核严格、有据。

企业应当建立预算执行分析制度,由企业预算管理部门定期召开预算执行分析会议,通报预算执行情况,研究、解决预算执行中存在的问题,提出改进措施。企业预算管理部门和各预算执行单位应当充分收集有关财务、业务、市场、技术、政策、法律等方面的信息资料,根据不同情况分别采用比率分析、比较分析、因素分析等方法,从定量与定性两个层面充分反映预算执行单位的现状、发展趋势及其存在的潜力。对于预算执行差异,应当客观分析产生的原因,提出解决措施或建议,提交企业决策机构研究决定。

企业应当建立预算执行情况内部审计制度,通过定期或不定期地实施审计监督,及时发现和纠正预算执行中存在的问题。

企业应当建立预算执行情况考核制度。企业预算管理部门应当定期组织预算执行情况考核。有条件的企业,也可设立专门机构负责考核工作。企业预算执行情况考核,依照预算执行单位上报预算执行报告、预算管理部门审查核实、企业决策机构批准的程序进行。企业内部预算执行单位上报的预算执行报告,应经本单位负责人签章确认。企业预算执行情况考核,以企业正式下达的预算方案为标准,或以有关部门审定的预算执行报告为依据。企业预算执行情况考核,应当坚持公开、公平、公正的原则,考核结果应有完整的记录。

企业应当建立预算执行情况奖惩制度,明确奖惩办法,对照预算标准,对各部门和员工当期业绩进行考核和评价,落实奖惩措施,强化对各部门和员工的激励与约束。

微课 9-2
财务控制

第二节　财务控制

一、财务控制的含义及特征

控制是指掌握住对象不使任意活动或超出范围,或使其按控制者的意愿活动。财务控制是利用相关信息和特定手段,对企业的财务活动进行指导、约束和调节,以确保实现预定财务目标的过程。财务控制的目标服从企业财务管理的目标,即要实现企业价值最大化。财务控制是整个管理系统中各级组织共同参与的一项活动,完善的财务控制系统是企业具备良好的治理结构的体现。财务控制是企业财务管理的重要环节,也是确保实现财务管理目标的根本保证。

财务控制的特征包括:(1)财务控制是一种价值控制。财务控制以财务预算为依据,财务预算是以价值形式反映的。此外,出于财务控制目的而进行的业绩评价以及提交的责任报告都要借助于价值形式的指标。因此,财务控制实质上是一种价值控制,它以价值控制为手段,利用价值指标比较实际数据和预算数据,揭示差异,寻找原因并采取纠正的措施,使预算目标得以实现。(2)财务控制是一种综合控制。财务控制利用价值控制手段,可以将不同岗位、不同部门和不同层次的经济业务活动综合起来按预算目标进行控制。

财务控制是内部控制的一个重要组成部分,是内部控制的核心,是内部控制在资金和价值方面的体现。

二、财务控制的基本条件

财务控制需要具备的基本条件主要包括以下几个方面。

(一)合理的组织结构

财务控制涉及控制主体和控制对象。从控制主体的角度看,应有合理的组织结构确保财务控制职能的行使。例如,为了编制财务预算,应确立行使预算编制职能的组织机构;为了组织和实施日常财务控制,应建立相应的监督、协调、仲裁机构;为了评价预算的执行效果,需要有相应的考评机构;等等。从控制对象角度看,如果在企业内部根据权责范围的大小不同建立不同层次的责任中心,把企业总预算分解落实到各层次的责任中心形成责任预算,再对责任中心进行业绩的考评,将有利于财务控制的有效实施。

(二)完善的内部控制制度

内部控制制度包括组织机构的设置和企业内部采取的所有相互协调的方法和措施。完善的内部控制制度有利于保护企业的财产,保证企业会计信息的准确性和可靠性,并能提高经营效率,约束企业员工遵循既有的管理规定。例如,一家公司设置若干利润中心,公司建立预算审批、内部报告管理和协调会制度,协调其与各利润中心的关系并实施控制。预算审批是指各利润中心要提交预算至公司总部审批,总部在尊重各利润中心发挥其积极性的基础上贯彻总部的战略意图给出审批意见。内部报告管理是指各利润中心按总部要求提交总部所需的各种分析报告,总部根据各利润中心的内部报告所提供的信息做出相关决策。协调会制度是指公司与各利润中心定期召开协调会,及时解决生产经营过程中遇到的新问题,减少内部摩擦,并对市场做出快速的反应。

(三)明确的预算目标

预算是控制的依据,财务预算应层层分解落实到各层次的责任中心,形成责任预算,从而使各责任中心有明确的预算目标,并使之成为控制各责任中心经济活动的依据。如果各责任中心没有明确的预算目标,则其财务控制活动就丧失了控制的依据。

(四)迅速有效的信息反馈系统

财务控制是一个动态的控制过程,需要在预算的执行过程中对企业的经济活动进行跟踪监控,不断调整偏差,使之朝预算目标推进。因此拥有一个完善的信息反馈系统,确保其提供的相关信息真实可靠,是有效进行财务控制的前提条件。财务控制所需的各种信息中,会计信息是最直接相关、最重要的信息,为了确保会计信息真实可靠,企业应严格执行《会计法》、《企业内部控制基本规范》及其配套指引等相关法律法规,形成完善的内部牵制和监督制约机制,防止舞弊行为的发生。提高信息反馈的及时性也是强化财务控制效果必不可少的一项措施,企业应加强计算机信息网络的建设,构筑多渠道沟通的信息网络体系,提高财务控制所需信息的及时性。

(五)合理的奖惩制度

合理的奖惩制度及其严格执行是进行有效财务控制的必要保证。奖惩制度的制定应以有利于预算目标的实现为目的,奖惩制度的制定与执行均应体现公平性原则,缺乏公平性的奖惩不但不能激起员工的积极性,反而会使员工产生敌对情绪,影响企业的正常生产经营。为了保证有效性,奖惩的方式可以多样化,应充分考虑不同方式对人的行为的影响,以调动广大员工的积极性。例如,有的员工喜欢金钱奖励,有的员工则希望有更多的假期,一个企业对超额完成预算目标的员工提供两种奖励选择——额外的假期或是奖金,这就体现其制定奖惩方式时对人的行为因素方面的考虑。

三、财务控制的分类

(一)按财务控制的内容分类

按控制的内容,财务控制可以划分为一般控制和应用控制两类。一般控制是指对企业财务活动赖以进行的内部环境实施的总体控制,包括组织控制、人员控制、财务预算、业绩评价、财务记录等内容。应用控制是指直接作用于企业财务活动的具体控制,如业务处理流程中的授权与批准、审核与复核以及为保证企业财产安全而采取的限制性措施等。

(二)按财务控制的功能分类

财务控制按照控制的功能分类,可以划分为预防性控制、侦查性控制、纠正性控制、指导性控制和补偿性控制。预防性控制是指为了防范风险、错弊或非法行为的发生,或尽量减少其发生机会进行的控制。侦查性控制是指为了及时识别已经存在的风险、已经发生的错弊和非法行为,或为增强识别能力而进行的各项控制。纠正性控制是对那些由侦查性控制检查出来的问题所进行的调整和纠正。指导性控制是为了实现有利结果而采取的控制。补偿性控制是针对某些环节的不足或缺陷而采取的控制措施。

(三)按财务控制的时序分类

财务控制按照控制的时序分,可分为事前控制、事中控制和事后控制三类。事前控制是指企业为防止财务资源在质和量上发生偏差而在行为发生之前所实施的控制,如现金支出发生前的申报审批制度。事中控制是指在财务活动发生过程中所进行的控制,如按预算要求监督预算的执行。事后控制是指对财务活动的结果进行分析、评价和奖惩。

(四)按财务控制的对象分类

按照控制的对象可将财务控制划分为收支控制和现金控制。收支控制是指对企业和各责任中心权责发生制下的收入和支出进行的控制。现金控制是对企业和各责任中心的现金流入和现金流出进行的控制。由于权责发生制下利润并不一定等于现金净流入,所以有必要对现金单独控制。

(五)按财务控制的手段分类

按照控制的手段可将财务控制划分为定额控制和定率控制,或称为绝对控制和相对控制。定额控制是指采用绝对额财务指标进行控制,也叫绝对控制。通常对激励性定额指标确定最低控制标准,对约束性定额指标确定最高控制标准。定率控制是指采用相对比率财务指标进行控制。定率控制具有投入与产出对比、开源与节流并重的特征。

(六)按财务控制的主体分类

按照控制的主体可将财务控制划分为出资者财务控制、经营者财务控制和财务部门财务控制。出资者财务控制是出资者为了实现资本保全和资本增值的目标而对经营者进行的财务控制,如对成本开支范围和开支标准的规定。经营者财务控制是指经营者为了实现财务预算目标而对企业及各责任中心所进行的财务控制,通常体现为最佳方案的抉择及其贯彻执行。财务部门财务控制是指财务部门通过编制财务预算,并分析实际结果与预算目标的差异以实现控制财务活动的目标。一般认为出资者财务控制属于外部控制,而经营者财务控制和财务部门财务控制属于内部控制。

◆ 本章小结

财务预算是一系列专门反映企业未来一定预算期内预计财务状况和经营成果,以及现金收支等价值指标的各种预算的总称,包括现金预算、预计利润表、预计资产负债表等内容。编制财务预算可以起到明确目标、协调各部门的工作、有利于控制与考核、有利于合理配置资源的作用。财务预算是企业全面预算体系中的最后环节,可以从价值方面总括地反映经营期决策预算与业务预算的结果,因此它在企业的全面预算体系中具有重要的地位。

预算的编制方法多种多样,主要包括固定预算和弹性预算、增量预算和零基预算、定期预算和滚动预算,还有概率预算。各种预算方法均有所长,也有所短,企业应该根据自身的业务特点和需要,选择适当的方法进行预算编制,尤其应该注意各种方法的结合应用。

预算的内容,一般包括业务预算、专门决策预算和财务预算三大类。企业编制预算时应当按照先业务预算、专门决策预算,后财务预算的流程进行。为了提高预算的科学性和严肃性,促进实现预算内部控制目标,企业在实施预算管理的过程中,权责分配和职责分工应当明确,机构设置和人员配备应当科学合理,预算编制、执行、调整、分析、考核的控制流程应当清晰。

财务控制是利用相关信息和特定手段,对企业的财务活动进行指导、约束和调节,以确保实现预定财务目标的过程。财务控制是一种价值控制,同时也是一种综合控制。财务控制是内部控制的一个重要组成部分,是内部控制在资金和价值方面的体现。财务控制按不同的标准有不同的分类。

复习思考题

1. 什么是财务预算?有何意义?
2. 什么是弹性预算?与固定预算相比,它有什么优点?
3. 什么是零基预算?与增量预算相比,它有什么优点?
4. 什么是滚动预算?与定期预算相比,它有什么优点?
5. 全面预算包括哪些内容?它们之间的关系如何?
6. 预算不相容岗位包括哪些?
7. 预算调整方案应该符合什么要求?
8. 什么是财务控制?
9. 财务控制有什么特征?它与内部控制有什么关系?
10. 简述财务控制的种类。

案例分析 ①

神华集团有限责任公司是中央直管的国有企业,于 1995 年正式组建,目前总资产规模已超 6 000 亿元,共有全资和控股二级子公司 21 家(其中包括 1 家上市公司),是我国规模最大、现代化程度最高的煤炭企业和世界上最大的煤炭经销商,居 2013 年《财富》全球 500 强企业中的第 178 位。

---

① 刘凌冰,韩向东,杨飞.集团企业预算管理的演进与意义建构:基于神华集团 1998—2014 年的纵向案例研究[J].会计研究,2015(7).

2012年,集团聘请专业咨询公司入驻神华集团总部优化预算管理。集团成立了全面预算管理优化项目组,并由集团副总经理和财务分管领导亲自挂帅,组织、抽调了预算部门和各业务部门主管及骨干人员专职参与。所有预算管理优化项目组成员集中在一起,由咨询师团队带领和组织,封闭讨论两个月,将集团所有业务单元的作业活动进行全面而细致的梳理。此外,咨询师下基层调研、访谈和收集数据,对业务部门负责人和基层预算人员进行多次培训,采用各种形式进行交流,灌输全面预算思想,指导其完成预算系统的实施和使用。同时,集团还将预算实施较好的二级公司的实践经验进行总结并作为学习标杆,实现全集团的预算系统标准化、规范化。

除了定期召开预算分析会和预算质询会,企业高管还经常不定期地召集预算部门和各二级单位预算负责人,通报和讨论预算执行中发现的各种问题,及时纠正重大的预算偏差。"以前,基层领导的注意力都在企业产量、质量和安全上,没人关心预算。现在,大家越来越关心总部给自己定多少预算指标,主动上门找我们说预算的事。每年开会的时候,各单位负责人'吵'得很热闹呢!不过,'吵架'也是一种很好的交流。"集团财务部副总经理笑着说。

随着预算系统部署的完成和精准化预算管理的实施,以及大量的培训学习和交流活动,集团下属二级公司及基层业务部门的负责人逐渐开始认识到,预算管理并不是预算部门专门用来限制他们"自由"的工具,而是发挥集体协调功能的机制。通过细化作业活动成本,生产管理人员也对每项生产作业的收益和成本信息有了更多的了解。很多基层业务部门的负责人表达了"希望通过合理的预算评价和考核,实现整体资源的公平分配,真正做到奖勤罚懒"的愿望。

问题:请阐述你从神华集团优化预算管理案例中得到的启示。

| 知识拓展 9 | 测试 9 | 课件 9 |

第十章 财务分析

学习目标

通过学习本章,你应该能够:

1.理解财务分析的基本含义,熟悉财务分析的基础,明确财务分析的作用与内容。

2.掌握比较分析法的基本原理及其具体分析方法,明确因素分析法的基本原理及其操作方法。

3.掌握并理解偿债能力、营运能力、盈利能力、发展能力和获取现金能力以及上市公司市价比率等六大类财务比率的含义及计算,并能运用这些指标对公司财务报表进行分析。

4.掌握杜邦财务分析体系的原理,并能运用该体系对公司财务报表进行综合分析。

5.熟悉管理用报表的编制及管理用财务分析体系。

思维导图 10

重点难点 10

财务报表是反映公司某一时点或一定时期财务状况、经营活动和现金流量的基础资料,是公司进行价值管理的基本依据。对财务报表的解读,有助于相关利益人选用合适的财务比率对企业经营管理状况进行分析,在财务综合分析体系的框架下发现存在的问题,为公司经营战略制定和执行提供重要依据。需要指出的是:财务报表是各项经济活动产生的经济后果的一种结构性表述,表中的数据只是企业实施其经营战略的"会计表现",财务分析必须关注企业所处环境和经营战略,否则就可能沦为一种重形式、轻实质的"数字游戏"。

第一节 财务分析概述

一、财务分析的含义

财务分析,又称财务报告分析,是以财务报告和其他相关资料为基础,采用专门的方

微课 10-1
财务分析
概述

法,系统地分析和评价企业的过去和现在的经营成果、财务状况、现金流量及其变动,目的是为了解过去、评价现在、预测未来,帮助利益相关人改善决策。

对外发布的财务报告,是根据全体使用人的一般要求设计的,并不符合特定报表使用人的特定要求。财务分析最基本的功能是将大量的报表数据转换成对特定决策有用的信息,以减少决策的不确定性。

财务分析产生于 19 世纪末 20 世纪初。最早的财务分析主要是为银行服务的信用分析。当时,借贷资本在企业资本中的比重不断增加,银行家需要对贷款人进行信用调查和分析,借以判断客户的偿债能力。资本市场形成后发展出盈利分析,财务分析由主要为贷款银行服务扩展到为投资人服务。公司组织发展起来后,财务分析由外部分析扩大到内部分析,以改善内部管理服务。

财务分析的起点是财务报告,分析使用的数据大部分来源于财务报表及其附注资料。因此,财务分析的前提是正确理解财务报表。财务分析的结果是对企业的偿债能力、盈利能力、营运能力、发展能力和获取现金能力做出评价,或找出存在的问题及其根源。

财务分析是个认识过程,通常只能发现问题而不能提供解决问题的现成答案,只能做出评价而不能改善企业的状况。例如:某公司的净资产收益率偏低,通过分析知道原因是资产周转率偏低,进一步分析知道资产周转率偏低的原因是存货过高,再进一步分析知道存货过高的原因是销售不畅,产成品积压。如何开拓市场,处理积压的产成品,财务分析不能回答。财务分析是检查的手段,不是治疗的办法。它能检查企业偿债、盈利、营运和发展能力,分析越深入越容易对症治疗,但诊断不能代替治疗。

二、财务分析的作用

财务分析既是对已完成的财务活动的总结,又是财务预测的前提,在财务管理中起着承上启下的作用。

财务分析的作用可从不同的角度加以考察。从服务对象看,财务分析不仅对企业内部的经营管理起着重要作用,而且对外部的投资决策、贷款决策、赊销决策等也有着重要的作用。从职能作用看,它对于正确预测、决策、预算、控制、考核、评价等都有着重要作用。

财务分析的一般目的是评价过去的经营业绩,衡量现在的财务状况,预测未来的发展趋势。从目的看,财务分析具有以下几个方面意义。

(一)可以正确评价企业过去

正确评价过去,是说明现在和揭示未来的基础。财务分析通过对企业财务报告等资料的分析,能够较为准确地说明企业过去的业绩状况,肯定经营管理和财务运作的成绩、指出存在的问题并分析其原因。这不仅有助于正确评价企业过去的经营业绩,而且还可以为企业投资者和债权人的决策提供有用的信息。

(二)可以全面了解企业现状

财务报告是企业各项经营管理活动的综合反映,但财务报告的格式及提供的数据往往是根据会计的特点和管理的一般要求而设计的,它不可能全面提供不同目的的财务报告使用者所需要的数据资料。财务分析正是根据不同分析主体的分析目的与要求,采用不同的分析手段和方法,从多个方面全面地反映和评价企业的现状。

(三)可用于预测企业未来

财务分析不仅可用于评价过去和反映现状,更为重要的是它通过对过去与现状的分析与评价,可以帮助企业更好地预测未来的发展状况与趋势。财务分析既可以为企业财务预测、财务决策和财务预算指明方向,为企业进行财务危机预测提供必要的信息,又可比较客观地评估企业价值及价值创造能力。这对企业科学、恰当地进行经营者绩效评价、资本经营和产权交易决策都是十分有益的。

三、财务分析的内容

财务分析的不同主体出于不同的利益考虑,在对企业进行财务分析时有着各自不同的要求,使得它们所进行的财务分析,内容既有共性又有不同的侧重。

(一)企业所有者

企业的所有者或股东,作为投资人,必然高度关注资本的保值和增值状况,即对企业的投资回报极为关心。所有者不只关心盈利能力,为了确保资本保值和增值,他们还研究企业的资本结构、支付能力及营运状况等。对于一般投资者来讲,更关心企业的利润及股息、红利的发放。对于拥有控制权的所有者,考虑更多的是如何增强竞争实力,扩大市场占用率,降低财务风险,追求长期利益的持续、稳定的增长。

(二)企业债权人

企业的债权人因为不参与企业剩余收益分享,决定了债权人必然首先关注投资的安全性。因此,债权人在进行财务分析时,最关心的是企业是否有足够的支付能力,以保证其债务本息能够及时、足额地得以偿还。

(三)企业经营者

为了满足不同利益主体的需要,协调各方面的利益关系,企业经营者需要全面把握包括偿债能力、营运能力、盈利能力、发展能力和获取现金能力等各方面的信息,发现其中存在的问题,及时采取对策,规划和调整市场定位目标、策略,进一步挖掘潜力,为经济效益的持续稳定增长奠定基础。

(四)政府

政府兼具多重身份,既是宏观经济管理者,又是国有企业所有者(代理人)和重要的市场参与者。因此,政府对企业财务分析的关注点因身份的不同而异。政府作为国有企业的所有者,除关心投资所产生的社会效益外,还必然对投资的经济效益予以考虑;政府作为宏观经济的管理者,期望国民生产总值和财政收入的稳定增长。因此,政府不仅需要了解企业资金占用和使用效率,预测国民生产总值和财政收入增长情况,有效地组织和调整社会资源的配置,而且还要借助财务分析,检查企业的经营是否遵纪守法,并对企业的可持续发展以及对社会的贡献进行分析考察。

(五)其他利益相关人

企业的供应商和客户关心企业的信用状况,包括财务上的信用和商业上的信用。财务信用是指能否及时清算各种款项,通过对企业支付能力和偿债能力等评价可获得相关信息;商业信用是指按时、按质完成各种交易行为,可根据利润表中反映的交易完成情况等相关信息来进行判断与分析。

企业职工通常与企业存在持续的契约关系,他们关心工作岗位的稳定性、工作环境的安全性、获取报酬的前景以及职业发展空间等。因此,他们侧重于关心企业的盈利能力、偿债能力和发展能力。

尽管不同利益主体进行财务分析有着各自的侧重点,但就企业总体来看,财务分析可归纳偿债能力分析、营运能力分析、盈利能力分析、发展能力分析和获取现金能力分析五个方面。它们相辅相成,共同构成了企业财务分析的基本内容。

四、财务分析的基础

财务分析的主要基础是财务会计报告。财务会计报告,又称财务报告,是指企业对外提供的反映某一特定日期的财务状况和某一会计期间的经营成果、现金流量等会计信息的文件。企业的财务报告是由财务报表及其附注和其他应当在财务报告中披露的相关信息和资料构成。财务报表主要有资产负债表、利润表、现金流量表和所有者权益变动表等。这些财务报表及其附注集中、概括地反映了企业的财务状况、经营成果、现金流量、所有者权益变动情况等财务信息,对其进行财务分析,可以更加系统地揭示企业的偿债能力、营运能力、盈利能力、发展能力和获取现金能力等财务情况。

(一)资产负债表

资产负债表是反映企业某一特定日期财务状况的财务报表。[①] 它以"资产=负债+所有者权益"这一会计等式为依据,按照一定的分类标准和次序反映企业在某一时间点上资产、负债及所有者权益的基本状况。在我国,资产负债表采用账户式结构,报表分为左右两方,左方列示资产项目,反映全部资产的分布及存在形态;右方列示负债和所有者权益各项目,反映全部负债和所有者权益的内容及构成情况。资产负债表的结构如表 10-1 所示。

表 10-1　合并资产负债表

编制单位:ABC 公司　　　　　　　　　2021 年 12 月 31 日　　　　　　　　　单位:万元

项　目	年末余额	年初余额	项　目	年末余额	年初余额
流动资产:			流动负债:		
货币资金	6 829.99	3 674.83	短期借款	2 092.54	3 245.91
交易性金融资产	501.54	0.00	交易性金融负债	0.00	0.00
衍生金融资产	0.00	0.00	衍生金融负债	0.76	0.00
应收票据	2 118.06	1 723.05	应付票据	2 074.13	1 862.32

---

① 有财务学者认为:资产负债表不仅披露财务状况,还能披露经营成果和现金净流量。利润表和现金流量表不是为了披露利润和现金净流量的数量,而是为了披露各自的业务来源,并说明其在未来的稳定性(摘自谢志华的《对资产负债表的再认识:基于资产负债表误读的视角》,《财会月刊》2021 年第 3 期)。

续表

项　目	年末余额	年初余额	项　目	年末余额	年初余额
应收账款	6 502.71	5 555.43	应付账款	5 273.94	4 168.61
应收款项融资	242.02	102.69	预收款项	6.19	4.75
预付款项	406.81	585.90	合同负债	291.20	173.45
其他应收款	551.47	376.25	应付职工薪酬	748.73	612.37
其中:应收利息	12.40	32.88	应交税费	337.28	315.08
应收股利	170.72	14.66	其他应付款	1 214.08	807.35
存货	3 271.29	2 044.94	其中:应付利息	20.63	18.09
合同资产	0.00	0.00	应付股利	7.33	1.52
一年内到期的非流动资产	0.00	6.30	一年内到期的非流动负债	854.37	991.77
其他流动资产	616.24	2 510.86	其他流动负债	137.86	103.14
流动资产合计	21 040.13	16 580.25	流动负债合计	13 031.08	12 284.75
非流动资产:			非流动负债:		
债权投资	0.00	0.00	长期借款	8 992.18	7 620.58
其他债权投资	0.00	0.00	应付债券	0.00	0.00
长期应收款	836.60	556.89	租赁负债	0.00	0.00
长期股权投资	1 693.18	606.06	长期应付款	566.87	454.41
其他权益工具投资	0.00	0.00	预计负债	179.42	161.61
其他非流动金融资产	1 379.35	1 508.45	递延收益	807.08	766.50
投资性房地产	192.13	73.02	递延所得税负债	8.33	13.58
固定资产	16 092.73	13 458.03	其他非流动负债	0.00	0.00
在建工程	1 029.92	819.27	非流动负债合计	10 553.88	9 016.68
生产性生物资产	0.00	0.00	负债合计	23 584.96	21 301.43
油气资产	0.00	0.00	所有者权益(或股东权益):		
使用权资产	0.00	0.00	实收资本(或股本)	2 151.43	1 881.93
无形资产	344.25	530.34	资本公积	10 990.61	6 640.28
开发支出	0.00	0.00	减:库存股	171.49	0.00
商誉	38.07	7.96	其他综合收益	−23.63	18.20
长期待摊费用	227.38	136.10	盈余公积	1 051.69	894.03
递延所得税资产	281.62	231.50	未分配利润	5 987.85	3 946.00

续表

项　　目	年末余额	年初余额	项　　目	年末余额	年初余额
其他非流动资产	1 000.03	848.07	归属于母公司所有者权益合计	9 986.46	13 380.44
非流动资产合计	23 115.25	18 775.69	少数股东权益	583.96	674.07
			所有者权益合计	20 570.44	14 054.51
资产总计	44 155.38	35 355.94	负债和所有者权益总计	44 155.38	35 355.94

从资产负债表的结构来看,资产负债表的左边是资产,为企业投资活动的结果,说明了企业资金的占用情况。资产负债表的右方是负债与股东权益状况,为企业筹资活动的结果,说明了企业资金的来源情况,即有多少资金来源于债权人,有多少资金来源于企业所有者(股东)的投资。

资产负债表是企业实力的货币表现,反映了企业的投入,是进行财务分析的最重要的报表。公司盈利多少很大程度上取决于资产独特性和投资规模的大小,而盈利最终会转化为资产。它提供了企业的资产结构、资产流动性、资金来源、负债水平以及负债结构等财务信息。分析者通过对资产负债表的分析,可以了解企业的偿债能力、资金营运能力等情况,为债权人、投资者以及企业管理者提供决策依据。

(二)利润表

利润表,也称损益表,是反映企业在一定会计期间的经营成果的财务报表。利润包括收入减去费用后的净额、直接计入当期利润的利得和损失等。常见的利润表结构主要有单步式和多步式两种。在我国,企业利润表采用的基本上是单步式结构,主要包括营业总收入、营业总成本、营业利润、利润总额、净利润、每股收益、其他综合收益和综合收益总额等内容。在利润表中,营业总成本按功能分为营业成本、销售费用、管理费用、财务费用和资产减值损失等分类列示。利润表的结构如表 10-2 所示。

表 10-2　合并利润表

编制单位:ABC 公司　　　　　　　　2021 年 1—12 月　　　　　　　　单位:万元

项　　目	本年金额	上年金额
一、营业总收入	23 416.55	20 164.55
其中:营业收入	23 416.55	20 164.55
二、营业总成本	20 380.28	17 301.79
其中:营业成本	16 550.87	14 133.41
营业税金及附加	172.85	140.95
销售费用	1 341.47	1 012.29
管理费用	1 085.86	960.69
研发费用	723.90	638.75
财务费用	505.33	415.70

续表

项 目	本年金额	上年金额
加:其他收益	152.74	0.00
投资收益	214.02	158.33
其中:对联营企业和合营企业的投资收益	98.38	73.87
公允价值变动收益(损失以"一"填列)	0.79	0.00
信用减值损失(损失以"一"填列)	21.03	38.16
资产减值损失(损失以"一"填列)	58.39	105.75
资产处置收益(损失以"一"填列)	58.79	0.00
三、营业利润	3 383.19	2 877.18
加:营业外收入	27.96	206.37
减:营业外支出	16.55	48.44
四、利润总额	3 394.61	3 035.11
减:所得税费用	398.53	417.18
五、净利润	2 996.07	2 617.93
(一)按经营持续性分类		
1.持续经营净利润	2 993.76	2 613.56
2.终止经营净利润	2.31	4.37
(二)按所有权归属分类		
1.归属于母公司所有者的净利润	2 839.85	2 184.76
2.少数股东损益	156.22	433.17
六、其他综合收益的税后净额	−49.27	−11.61
(一)归属母公司所有者的其他综合收益的税后净额	−41.83	6.79
1.不能重分类进损益的其他综合收益	0.00	0.00
2.将重分类进损益的其他综合收益	−41.83	6.79
(二)归属于少数股东的其他综合收益的税后净额	−7.44	−18.40
七、综合收益总额	2 946.80	2 606.32
(一)归属于母公司股东的综合收益总额	2 798.02	2 191.55
(二)归属于少数股东的综合收益总额	148.78	414.77
八、每股收益		
(一)基本每股收益(元/股)	1.34	1.31
(二)稀释每股收益(元/股)	1.34	1.31

利润表反映了企业运用资源获取盈利的能力,反映的是产出。通过利润表分析,可以从总体上了解企业的收入、成本、费用以及利润的实现及构成情况。利润表可以帮助报表使用者评估企业的经营业绩,分析企业的盈利能力及利润增减变化的原因,预测企业利润的发展趋势,为投资者及企业经营者等各方面提供财务信息。

(三)现金流量表

现金流量表是指反映企业一定会计期间现金和现金等价物流入和流出的报表。现金流量可归类为经营活动产生的现金流量、投资活动产生的现金流量和筹资活动产生的现金流量三类。现金流量表的基本格式如表 10-3 所示。

表 10-3　合并现金流量表

编制单位:ABC 公司　　　　　　　　2021 年 1—12 月　　　　　　　　单位:万元

项　　目	本期金额	上期金额
一、经营活动产生的现金流量		
销售商品、提供劳务收到的现金	23 730.78	21 441.95
收到的税费返还	266.40	264.94
收到其他与经营活动有关的现金	937.77	1 451.05
经营活动现金流入小计	24 934.95	23 157.93
购买商品、接受劳务支付的现金	15 393.06	12 750.96
支付给职工及为职工支付的现金	2 546.04	2 032.14
支付的各项税费	1 477.84	1 424.37
支付其他与经营活动有关的现金	2 950.38	2 052.26
经营活动现金流出小计	22 367.33	18 259.73
经营活动产生的现金流量净额	2 567.62	4 898.20
二、投资活动产生的现金流量		
收回投资收到的现金	10 203.04	14 012.29
取得投资收益收到的现金	62.35	64.70
处置固定资产、无形资产和其他长期资产收回的现金净额	156.55	432.46
处置子公司及其他营业单位收到的现金净额	163.65	16.93
收到其他与投资活动有关的现金	274.12	84.13
投资活动现金流入小计	10 859.72	14 610.52
购建固定资产、无形资产和其他长期资产支付的现金	3 233.32	3 821.93
投资支付的现金	9 209.58	15 021.54
取得子公司及其他营业单位支付的现金净额	118.87	2.94
支付其他与投资活动有关的现金	1 011.27	24.98

续表

项 目	本期金额	上期金额
投资活动现金流出小计	13 573.04	18 871.40
投资活动产生的现金流量净额	−2 713.32	−4 260.87
三、筹资活动产生的现金流量		
吸收投资收到的现金	4 459.43	65.11
其中:子公司吸收少数股东投资收到的现金	62.78	4.35
取得借款收到的现金	3 929.66	6 591.31
收到其他与筹资活动有关的现金	264.43	1 529.39
筹资活动现金流入小计	8 653.52	8 185.80
偿还债务支付的现金	3 790.55	5 130.31
分配股利、利润或偿付利息支付的现金	1 277.27	1 351.55
其中:子公司支付给少数股东的股利、利润	105.09	111.23
支付其他与筹资活动有关的现金	400.64	1 426.30
筹资活动现金流出小计	5 468.47	7 908.16
筹资活动产生的现金流量净额	3 185.05	277.64
四、汇率变动对现金及现金等价物的影响	−28.57	−1.05
五、现金及现金等价物净增加额	3 010.78	913.91
加:期初现金及现金等价物余额	3 215.49	2 301.58
六、期末现金及现金等价物余额	6 226.27	3 215.49
补充资料:		
1.将净利润调节为经营活动现金流量:		
净利润	2 996.07	2 617.93
加:资产减值准备	58.39	105.75
信用减值损失	21.03	38.16
固定资产折旧、油气资产折耗、生产性生物资产折旧	1 043.48	801.03
使用权资产摊销	0.00	0.00
无形资产摊销	45.64	43.39
长期待摊费用摊销	25.40	20.23
处置固定资产、无形资产和其他长期资产的损失	−58.79	8.43
固定资产报废损失	4.58	0.00
公允价值变动损失	−0.79	0.00
财务费用	573.43	541.85
投资损失	−214.02	−158.33
递延所得税资产减少	−49.41	6.23

续表

项　　目	本期金额	上期金额
递延所得税负债增加	0.12	0.00
存货的减少	−1 230.10	400.30
经营性应收项目的减少	−2 084.09	−914.95
经营性应付项目的增加	1 436.69	1 388.18
经营活动产生的现金流量净额	2 567.62	4 898.20
2.不涉及现金收支的重大投资和筹资活动:		
3.现金及现金等价物净变动情况:		
现金的期末余额	6 226.27	3 215.49
减:现金的期初余额	3 215.49	2 301.58
加:现金筹价物的期末余额	0.00	0.00
减:现金筹价物的初期余额	0.00	0.00
现金及现金等价物净增加额	3 010.78	913.91

　　现金流量表展示了企业经营活动产生现金流量的能力及筹资、投资现金流转情况,以便报表使用者了解和评价企业获取现金和现金等价物的能力,并据以预测企业未来现金流量。由于现金流量不受会计政策、会计估计影响,比较难以为企业操纵。因此,现金流量信息能比较客观地说明了企业的资金周转情况、资产流动性和支付能力,并从一个侧面反映了公司的利润质量。

第二节　财务分析方法

微课 10-2
财务分析
方法

　　财务分析的基本功能是运用各种分析方法和技术,将财务报告所反映的信息转换成决策有用信息。财务分析的方法和技术种类繁多,在实务中广泛使用的财务分析方法,可归纳为比较分析法和因素分析法两大类。

一、比较分析法

　　比较分析法是指将两个或两个以上的可比数据进行对比,从而揭示差异和矛盾的一种分析方法,是财务分析的最基本方法。

　　(一)按比较内容分类

　　1.比较财务报表项目

　　财务报表项目比较是将连续数期的财务报表项目的金额并列起来,比较其相同项目的增减变动金额和幅度,据以判断企业财务状况、经营成果和资金变动情况发展变化的一种方法。财务报表项目比较既要计算出有关项目增减变动的绝对额,又要计算出其增减变动的百分比。其计算公式如下：

$$某财务报表项目变动额＝分析期项目金额－基期该项目金额$$

$$某财务报表项目变动率＝\frac{该项目变动额}{该项目基期金额}\times100\%$$

财务报表项目比较分析,通常的做法是先编制财务报表同形报表(水平分析部分),然后对其进行分析与解读。ABC 公司 2021 年资产负债表水平分析数据如表 10-4 所示。

表 10-4 资产负债表同形报表①

编制单位:ABC 公司   2021 年 12 月 31 日

项 目	年末余额/万元	年初余额/万元	水平分析		垂直分析	
			变动额/万元	变动率/%	本年结构/%	上年结构/%
流动资产:						
货币资金	6 829.99	3 674.83	3 155.16	85.86	15.47	10.39
交易性金融资产	501.54	0.00	501.54	—	1.14	0.00
应收票据	2 118.06	1 723.05	395.01	22.93	4.80	4.87
应收账款	6 502.71	5 555.43	947.28	17.05	14.73	15.71
应收款项融资	242.02	102.69	139.33	135.68	0.55	0.29
预付款项	406.81	585.9	−179.09	−30.57	0.92	1.66
其他应收款	551.47	376.25	175.22	46.57	1.25	1.06
存货	3 271.29	2 044.94	1 226.35	59.97	7.41	5.78
一年内到期的非流动资产	0.00	6.30	−6.30	−100.00	0.00	0.02
其他流动资产	616.24	2 510.86	−1 894.62	−75.46	1.40	7.10
流动资产合计	21 040.13	16 580.25	4 459.88	26.90	47.65	46.90
非流动资产:						
长期应收款	836.6	556.89	279.71	50.23	1.89	1.58
长期股权投资	1 693.18	606.06	1 087.12	179.37	3.83	1.71
其他非流动金融资产	1 379.35	1 508.45	−129.10	−8.56	3.12	4.27
投资性房地产	192.13	73.02	119.11	163.12	0.44	0.21
固定资产	16 092.73	13 458.03	2 634.70	19.58	36.45	38.06
在建工程	1 029.92	819.27	210.65	25.71	2.33	2.32
无形资产	344.25	530.34	−186.09	−35.09	0.78	1.50

---

① 表中的数据处理是在 Excel 中进行的,由于保留小数点后位次问题,与根据表格已经四舍五入显示的数据直接计算可能会有微小的差异。这种差异并非计算有误,计算机计算结果更加精确。本章表格及财务比率均是由计算机处理的,这样的差异问题有多处,在此一并说明。

续表

项　目	年末余额/万元	年初余额/万元	水平分析		垂直分析	
			变动额/万元	变动率/%	本年结构/%	上年结构/%
商誉	38.07	7.96	30.11	378.27	0.09	0.02
长期待摊费用	227.38	136.1	91.28	67.07	0.51	0.38
递延所得税资产	281.62	231.5	50.12	21.65	0.64	0.65
其他非流动资产	1 000.02	848.07	151.95	17.92	2.26	2.40
非流动资产合计	23 115.25	18 775.69	4 339.56	23.11	52.35	53.10
资产总计	44 155.38	35 355.94	8 799.44	24.89	100.00	100.00
流动负债：						
短期借款	2 092.54	3 245.91	−1 153.37	−35.53	4.74	9.18
衍生金融负债	0.76	0.00	0.76	—	0.00	0.00
应付票据	2 074.13	1 862.32	211.81	11.37	4.70	5.27
应付账款	5 273.94	4 168.61	1 105.33	26.52	11.94	11.79
预收款项	6.19	4.75	1.44	30.32	0.01	0.01
合同负债	291.2	173.45	117.75	67.89	0.66	0.49
应付职工薪酬	748.73	612.37	136.36	22.27	1.70	1.73
应交税费	337.28	315.08	22.20	7.05	0.76	0.89
其他应付款	1 214.08	807.35	406.73	50.38	2.75	2.28
一年内到期的非流动负债	854.37	991.77	−137.40	−13.85	1.93	2.81
其他流动负债	137.86	103.14	34.72	33.66	0.31	0.29
流动负债合计	13 031.08	12 284.75	746.33	6.08	29.51	34.75
非流动负债：						
长期借款	8 992.18	7 620.58	1 371.60	18.00	20.36	21.55
长期应付款	566.87	454.41	112.46	24.75	1.28	1.29
预计负债	179.42	161.61	17.81	11.02	0.41	0.46
递延收益	807.08	766.5	40.58	5.29	1.83	2.17
递延所得税负债	8.33	13.58	−5.25	−38.66	0.02	0.04
非流动负债合计	10 553.89	9 016.67	1 537.22	17.05	23.90	25.50
负债合计	23 584.97	21 301.43	2 283.54	10.72	53.41	60.25
所有者权益(或股东权益)：						
实收资本(或股本)	2 151.43	1 881.93	269.50	14.32	4.87	5.32

续表

项 目	年末余额/万元	年初余额/万元	水平分析		垂直分析	
			变动额/万元	变动率/%	本年结构/%	上年结构/%
资本公积	10 990.61	6 640.28	4 350.33	65.51	24.89	18.78
减:库存股	171.49	0	171.49	—	0.39	0.00
其他综合收益	−23.63	18.2	−41.83	−229.84	−0.05	0.05
盈余公积	1 051.69	894.03	157.66	17.63	2.38	2.53
未分配利润	5 987.85	3 946.00	2 041.85	51.74	13.56	11.16
归属于母公司所有者权益合计	19 986.46	13 380.44	6 606.02	49.37	45.26	37.84
少数股东权益	583.96	674.07	−90.11	−13.37	1.32	1.91
所有者权益合计	20 570.41	14 054.51	6 515.90	46.36	46.59	39.75
负债和所有者权益总计	44 155.38	35 355.94	8 799.44	24.89	100.00	100.00

财务报表项目比较主要用于时间序列分析,如研究利润的逐年变化趋势,看其增长潜力。有时也用于同行对比,看企业的相对规模和竞争地位。

2.比较结构百分比

财务报表项目构成比较是在财务报表项目比较的基础上发展而来。它是以财务报表中的某个总体指标作为100%,计算出其各组成项目占该总体指标的百分比,从而来比较各个项目百分比的增减变动,以此来判断有关财务活动的变化趋势。

财务报表项目结构比较,通常的做法是先编制财务报表同形报表(垂直分析部分),然而对其进行分析与比较。ABC公司2021年利润表垂直分析数据如表10-5所示。

表 10-5 利润表同形报表

编制单位:ABC公司　　　　　　　2021 年 1—12 月

项 目	本年金额/万元	上年金额/万元	水平分析		垂直分析	
			变动额/万元	变动率/%	本年结构/%	上年结构/%
一、营业总收入	23 416.55	20 164.55	3 252.00	16.13	100.00	100.00
其中:营业收入	23 416.55	20 164.55	3 252.00	16.13	100.00	100.00
二、营业总成本	20 380.28	17 301.79	3 078.49	17.79	87.03	85.80
其中:营业成本	16 550.87	14 133.41	2 417.46	17.10	70.68	70.09
税金及附加	172.85	140.95	31.90	22.63	0.74	0.70
销售费用	1 341.47	1 012.29	329.18	32.52	5.73	5.02
管理费用	1 085.86	960.69	125.17	13.03	4.64	4.76
研发费用	723.9	638.75	85.15	13.33	3.09	3.17

续表

项　目	本年金额/万元	上年金额/万元	水平分析		垂直分析	
			变动额/万元	变动率/%	本年结构/%	上年结构/%
财务费用	505.33	415.7	89.63	21.56	2.16	2.06
加:其他收益	152.74	0.00	152.74	—	0.65	0.00
投资收益	214.02	158.33	55.69	35.17	0.91	0.79
公允价值变动收益	0.79	0.00	0.79	—	0.00	0.00
信用减值损失	21.03	38.16	−17.13	−44.89	0.09	0.19
资产减值损失	58.39	105.75	−47.36	−44.78	0.25	0.52
资产处置收益	58.79	0.00	58.79	—	0.25	0.00
三、营业利润	3 383.19	2 877.18	506.01	17.59	14.45	14.27
加:营业外收入	27.96	206.37	−178.41	−86.45	0.12	1.02
减:营业外支出	16.55	48.44	−31.89	−65.83	0.07	0.24
四、利润总额	3 394.61	3 035.11	359.50	11.84	14.50	15.05
减:所得税费用	398.53	417.18	−18.65	−4.47	1.70	2.07
五、净利润	2 996.07	2 617.93	378.14	14.44	12.79	12.98
(一)按经营持续性分类						
1.持续经营净利润	2 993.76	2 613.56	380.20	14.55	12.78	12.96
2.终止经营净利润	2.31	4.37	−2.06	−47.14	0.01	0.02
(二)按所有权归属分类						
1.归属于母公司所有者的净利润	2 839.85	2 184.76	655.09	29.98	12.13	10.83
2.少数股东损益	156.22	433.17	−276.95	−63.94	0.67	2.15
六、其他综合收益的税后净额	−49.27	−11.61	−37.66	324.38	−0.21	−0.06
(一)归属母公司所有者的其他综合收益的税后净额	−41.83	6.79	−48.62	−716.05	−0.18	0.03
(二)归属于少数股东的其他综合收益的税后净额	−7.44	−18.4	10.96	−59.57	−0.03	−0.09
七、综合收益总额	2 946.8	2 606.32	340.48	13.06	12.58	12.93
(一)归属于母公司股东的综合收益总额	2 798.02	2 191.55	606.47	27.67	11.95	10.87
(二)归属于少数股东的综合收益总额	148.78	414.77	−265.99	−64.13	0.64	2.06
八、每股收益						
(一)基本每股收益(元/股)	1.34	1.31	0.03	2.29	—	—
(二)稀释每股收益(元/股)	1.34	1.31	0.03	2.29	—	—

　　财务报表项目构成比较法消除了不同时期、不同企业之间业务规模差异的影响,更能准确地分析企业财务活动的发展趋势,并有利于分析企业的耗费水平和盈利水平。因此,它既可用于同一企业不同时期财务状况的纵向比较,又可用于不同企业之间的横向比较。

　　3.比较财务比率

　　财务比率是某些彼此存在关联项目的比值。财务比率是相对数,采用这种方法,能够把某些条件下的不可比指标变为可以比较的指标,以利于分析。按比率的分子与分母之间的关系,财务比率有构成比率、效率比率和相关比率之分。

　　构成比率,又称结构比率,它是某项经济指标的各个组成部分占总体的比例,反映部分与总体的关系。例如:企业资产中流动资产、固定资产、无形资产占总资产的比例,企业负债中流动负债占负债总额的比例等。通过构成比率分析,可以考察总体中某个部分的形成和安排是否合理,以便协调各项财务活动。

　　效率比率是某项经济活动的所得与所费的比率,反映投入与产出的关系。利用效率比率指标,可以考察经营成果,评价经济效益。如将利润项目与销售成本、销售收入、资本等项目加以对比,可计算出成本利润率、销售利润率以及资本利润率等指标,可以从不同的角度观察比较企业盈利能力的高低及其增减变动。

　　相关比率是某个项目与其相关项目加以对比所得的比率,反映有关经济活动的相互关系。利用相关比率指标,可以考察有联系的相关业务安排得是否合理,以保障企业运营活动是否能够顺畅进行。如将经营现金净流量与流动负债加以对比,计算现金流动负债比率,据以判断企业偿付短期负债的现实能力。

　　(二)按比较对象分类

　　1.与本企业历史比

　　这一方法也称趋势分析法,是将一个企业两期或连续数期财务报表中相同项目或财务比率进行对比,确定其增减变动的方向、数额和幅度,来说明企业财务状况、经营成果或现金流量的变动趋势的一种分析方法。采用这种方法,可以分析引起变化的主要原因、变动的性质,并预测企业未来的发展趋势。

　　2.与同类企业比

　　这一方法,也称横向比较法,是将企业财务报表中相同项目或财务比率与行业平均数,或行业先进水平,或竞争对手比较,来说明企业在行业中的地位,或揭示与行业平均水平、行业先进企业之间差异的一种分析方法。

　　3.与计划预算比

　　这一方法,也称差异分析法,是将企业财务报表中相同项目或财务比率与本企业的预算或计划比较,来说明企业实际执行结果与预算(计划)的差异,以揭示存在的问题的一种分析方法。

　　此外,有些财务比率还可以与公认标准进行比较,据以判断是否合适或合理。

　　(三)运用比较分析法应注意的问题

　　在采用比较分析法进行财务分析时,应注意以下几个方面的问题。

　　1.保持对比口径的一致性

　　在运用比较分析法时,用于进行对比的会计数据或财务比率,在计算口径、范围和时间等方面应保持一致。

2.剔除偶发性项目的影响

在运用比较分析法时,要剔除偶发性项目的影响,使作为分析的数据能反映正常的经营状况。例如:在分析企业盈利能力时,应当排除金融资产交易等非经常性项目、已经或将要停止经营项目、重大事故或法律更改等特别项目、会计准则变更带来的累积影响等因素。这些因素给企业带来的收益或损失,只是特殊状况下的个别结果,是不会持续的,不能说明企业正常的盈利能力。

3.应用例外原则

在运用比较分析法时,应用例外原则,对某项有显著变动的指标作重点分析,研究其变动的原因,以便采取对策,趋利避害。

二、因素分析法

因素分析法是依据分析指标与其影响因素的关系,从数量上确定各因素对分析指标影响方向和影响程度的一种财务分析方法。因素分析法具体又可分为连环替代法和差额分析法两种。

(一)连环替代法

连环替代法,又称因素替换法,是将分析指标分解为各个可以计量的因素,并根据各个因素之间的依存关系,顺次用各因素的比较值替代基准值,据以测定各因素对分析指标的影响。采用这种方法的出发点在于,当有若干因素对分析对象发生作用时,假定其他各个因素都无变化,顺序确定每一个因素单独变化所产生的影响。

在顺次替代时,应注意比较值和基准值的正确选用,其要点是:正在替代的因素,用比较值去替代基准值;已经替代过的因素,用比较值;尚未替代过的因素,用基准值。

例 10-1

ABC 公司 2021 年净资产收益率 14.56%,较 2020 的 18.62%下降了 4.06%。已知净资产收益率是销售净利率、资产周转率和权益乘数三个因素的乘积,因此可以把净资产收益率这一指标分解为三个因素,然后逐个分析它们对其影响程度。ABC 公司 2020 年和 2021 年销售净利率、资产周转率和权益乘数的数据如表 10-6 所示。

表 10-6　ABC 公司净资产收益率相关数据表

指　　标	2021 年	2020 年
销售净利率/%	12.79	12.98
总资产周转率/次	0.530 3	0.570 3
权益乘数/倍	2.146 5	2.515 6
净资产收益率/%	14.56	18.62

要求:运用连环替代法,按销售净利率、总资产周转率和权益乘数的顺序,剖析 ABC

公司 2021 年度净资产收益率下降的原因。

解答：

2020 年净资产收益率：12.98％×0.570 3×2.515 6＝18.62％　　　　　　　①

替代销售净利率：12.79％×0.570 3×2.515 6＝18.35％　　　　　　　　　②

替代资产周转率：12.79％×0.530 3×2.515 6＝17.06％　　　　　　　　　③

替代权益乘数：12.79％×0.530 3×2.146 5＝14.56％　　　　　　　　　　④

销售净利率下降对净资产收益率的影响：

　　　②－①＝18.35％－18.62％＝－0.27％

资产周转率下降对净资产收益率的影响：

　　　③－②＝17.06％－18.35％＝－1.29％

权益乘数下降对净资产收益率的影响：

　　　④－③＝14.56％－17.06％＝－2.50％

综合影响：－0.27％＋（－1.29％）＋（－2.50％）＝－4.06％

由计算结果可知，2021 年度 ABC 公司净资产收益率下降的主要原因是公司财务杠杆降低。在控制财务风险的前提下适度提高负债的比例，以获取更多的财务杠杆利益，是 ABC 公司提升净资产收益率的重要途径；加强资产管理、提升营运效率，做大营业收入、控制成本费用，也需要 ABC 公司的持续努力。

（二）差额分析法

差额分析法是连环替代法一种简化形式。它是利用各个因素比较值与基准值之间的差额，来计算各因素对分析指标的影响。

在运用差额分析法进行因素分析时，比较值和基准值正确选用的要点是：正在分析的因素，要用比较值减基准值；已经分析过的因素，要用比较值；尚未分析过的因素，要用基准值。

例 10-2

仍以例 10-1 中的相关数据。

要求：运用差额分析法，按销售净利率、总资产周转率和权益乘数的顺序，分析 ABC 公司 2021 年度净资产收益率变动及变动原因。

解答：

净资产收益率变动：14.56％－18.62％＝－4.06％

销售净利率变动对净资产收益率的影响：

　　　（12.79％－12.98％）×0.570 3×2.515 6＝－0.27％

资产周转率变动对净资产收益率的影响：

　　　12.79％×（0.530 3－0.570 3）×2.515 6＝－1.29％

权益乘数变动对净资产收益率的影响：

12.79％×0.530 3×(2.146 5－2.515 6)＝－2.50％

检验分析结果：－0.27％＋(－1.29％)＋(－2.50％)＝－4.06％

(三)运用因素分析法时应注意的问题

因素分析法既可以全面分析各因素对某一财务指标的影响,又可以单独分析某个因素对某一财务指标的影响,在财务报表分析中应用颇为广泛。但在应用这一方法时应注意以下几个问题。

1.因素分解的关联性

因素分解的关联性是指确定构成财务指标的因素,必须是客观上存在着因果关系,要能够反映形成该项财务指标差异的内在原因,否则就失去了其存在的价值。

2.因素替代的顺序性

在替代因素时,必须按照各因素依存关系,排列成一定的顺序并依次替代,不可随意颠倒,否则会得出不同的计算结果。因素排列秩序一般按主要因素在前面,次要因素在后面;数量因素在前面,质量因素在后面等规则顺次排列。

3.顺序替代的连环性

顺序替代的连环性是指在计算每一个因素变动的影响时,都是在前一次计算的基础上进行,并采用连环比较的方法确定因素变化的影响结果。因为只有保持计算程序上的连环性,才能使各个因素影响之和等于分析指标的变动值,以全面分析指标变动的原因。

4.计算结果的假定性

由于因素分析法计算的各因素变动的影响数,会因替代顺序不同而有差别,带有假定性,是在某种假定前提下的影响结果。为此,我们应力求使这种假定是合乎逻辑的,是具有实际经济意义的。这样,计算结果的假定性,才不会妨碍分析的有效性。

第三节 财务比率分析

微课 10-3
财务比率
分析

财务报告中有大量数据,可以组成许多有意义的财务指标。这些财务指标涉及企业经营与管理的各个方面,大体上可归类为偿债能力指标、营运能力指标、盈利能力指标、发展能力指标、获取现金能力指标和市价比率等六大类。为便于说明财务比率的计算与分析,本节仍以 ABC 公司 2021 年财务报表数据为例。

一、偿债能力

偿债能力分析主要用以说明企业偿还债务的能力。除企业债权人非常关注这一类指标外,它对投资者和企业本身也具有十分重要的意义。偿债能力的衡量方法有两种:一种是比较可供偿债资产与债务存量,资产存量超过债务存量较多,则认为偿债能力较强;二是比较经营活动现金流量与偿债所需现金,如果产生的现金超过需要的现金较多,则认为偿债能力较强。

由于债务按到期时间分为短期债务和长期债务,所以偿债能力分析也分为短期偿债能力指标和长期偿债能力分析两部分。

(一)短期偿债能力

短期偿债能力是指企业偿付到期债务的能力,是衡量企业当前财务能力,特别是流动资产变现能力的重要标志。

1.流动比率

流动比率是流动资产与流动负债的比率,用以衡量企业用可在短期内变现的流动资产偿还流动负债的能力。其计算公式为:

$$流动比率 = \frac{流动资产}{流动负债}$$

营运资金是流动资产减去流动负债后余额。之所以不直接用营运资金来反映企业短期偿债能力,原因在于它是一个绝对数,受企业之间规模的制约。流动比率是个相对数,它消除了规模差异的影响,更适合企业之间及本企业不同时期的比较。

一般情况下,流动比率越高,反映企业短期偿债能力越强,债权人的权益越有保证。但流动比率也不能过高,过高则表明企业流动资产占用较多,会影响资金的使用效率。流动比率究竟多少为合适,尚无统一的标准。不同行业的流动比率,通常有明显的差别。营业周期越短的行业,合理的流动比率越低。过去很长时期,人们认为生产型企业合理的流动比率是2。这是因为流动资产中变现能力较差的存货金额约占流动资产总额的一半,剩下的流动性较好的流动资产至少要等于流动负债,才能保证企业最低的偿债能力。这种认识一直未能从理论上证明。最近几十年,企业的经营方式、金融环境和信息传递速度发生了很大变化,流动比率有降低的趋势,许多成功企业的流动比率都低于1,甚至更小。

在运用流动比率时,应注意以下几个问题。

(1)流动比率假设全部流动资产都可以变现为现金并用于偿债,全部流动负债都需要还清。实际上,经营性流动资产是企业持续经营所必需,不能全部用于偿债,经营性应付项目可以滚动存续,无须运用现金全部结清。因此,流动比率是对短期偿债能力的粗略估计。

(2)流动比率低也并不意味着企业一定无法偿付到期的债务,只要企业存货销售通畅、回款迅速,也是有可能偿付到期债务的。

(3)流动比率高并不等于说企业已有足够的现金或存款来偿还债务,流动比率高也可能是积压存货、逾期应收账款和被占用的其他应收款等所导致。

例 10-3

根据表 10-1 的资料,ABC 公司的流动比率为:

$$2020年年末流动比率 = \frac{16\,580.25}{12\,284.75} = 1.35$$

$$2021年年末流动比率 = \frac{21\,040.13}{13\,031.08} = 1.61$$

虽然这两年公司的流动比率均低于 2,但基本没有无法偿付到期债务的风险。尤其是 2021 年,短期偿债能力较 2020 年有大幅提升。2021 年货币资金高达 68.30 亿元,较 2020 年增长了 85.86%;而短期借款仅为 20.93 亿元,较 2020 年减少了 35.53%,其他多为经营负债。

2.速动比率

速动比率是企业速动资产与流动负债的比率。所谓速动资产,是指流动资产减去变现能力较差且不稳定的存货、预付账款、一年内到期的非流动资产和其他流动资产等非速动资产之后的余额。由于剔除了存货等变现能力较弱且不稳定的资产,速动比率较之流动比率能够更加准确、可靠地评价企业资产的流动性及其偿还短期债务的能力。其计算公式为:

$$速动比率 = \frac{速动资产}{流动负债}$$

式中:

$$速动资产 = 货币资金 + 交易性金融资产 + 应收账款 + 应收票据$$
$$= 流动资产 - 存货 - 预付账款 - 一年内到期的非流动资产 - 其他流动资产$$

报表中如有应收利息、应收股利或某些其他应收款项目,可视情况归入速动资产项目。

速动比率假设速动资产是可以用于偿债的资产,表明每 1 元流动负债有多少速动资产作为偿还保障。通常认为正常的速动比率为 1,低于 1 的速动比率被认为短期偿债能力偏低。这仅是一般的看法,因为行业不同,速动比率会有很大差别,没有统一的标准。例如,采用大量现金销售的零售企业,几乎没有应收账款,速动比率低于 1 也是很正常的。相反,一些应收账款较多的企业,速动比率可能要大于 1。

速动比率也不是越高越好。速动比率高,尽管债务偿还的安全性高,但却会因企业现金及应收账款资金占用过多而增加企业的机会成本,影响盈利的提升。

需指出的是:尽管速动比率较之流动比率更能反映流动负债偿还的安全性和稳定性,但并不能认为速动比率较低的企业流动负债到期一定不能偿还。实际上,如果企业存货的流动性好,即使速动比率很低,只要流动比率合适,仍有望偿还到期债务。速动比率高也并不意味着企业的流动负债到期一定能够偿还。如果应收账款的变现能力很差,仍有偿还不了到期债务的可能。

例 10-4

根据表 10-1 的资料,ABC 公司的速动比率为:

$$2020\ 年速动比率 = \frac{3\ 674.83 + 0.00 + 1\ 825.74 + 5\ 555.43}{12\ 284.75} = 0.90$$

$$2021\ 年速动比率 = \frac{6\ 829.99 + 501.54 + 2\ 360.08 + 6\ 502.71}{13\ 031.08} = 1.24$$

ABC 公司 2020 年年末的速动比率高达 0.90,表明其每 1 元的流动负债有 0.90 元的速运资产作为偿付保障。2021 年这一数值上升到 1.24,表明其短期偿债能力增强了许多。需要关注的是,2021年ABC公司持有较多的货币资金,其占总资产的比例高达15.47%,超过日常经营所需,这会增加企业的机会成本,不利于公司盈利能力的提升。因此,我们应该基于公司年度报告提供的相关信息,探寻公司货币资金攀升的原因,从而判定出现这种状况的合理性或提出应对策略。

3.现金流动负债比

现金流动负债比是企业一定期间的经营活动现金流量净额与流动负债的比率,它可以从现金流量的角度反映企业偿付短期负债的能力。其计算公式为:

$$现金流动负债比 = \frac{年经营活动产生的现金流量净额}{流动负债}$$

现金流动负债比从现金流量的动态角度对企业的实际偿债能力进行考察,反映了企业经营活动所产生的现金净流量可以在多大程度上保证当期流动负债的偿还。用该指标评价企业的偿债能力更加谨慎。该指标较大,表明企业经营活动产生的现金净流量较多,能够保障企业按时偿还到期债务。但该指标不是越大越好,越大则表明企业流动资金利用不充分,机会成本高,盈利能力下降。

现金流动负债比表明每1元流动负债的经营现金流量保障程度。该比率越高,偿债越有保障。现金流动负债比多少为合适,没有统一的标准,视行业不同而有差异。

例 10-5

根据表10-1和表10-3资料,ABC公司的现金流动负债比为:

$$2020年现金流动负债比 = \frac{4\,898.20}{12\,284.75} = 0.40$$

$$2021年现金流动负债比 = \frac{2\,567.62}{13\,031.08} = 0.20$$

ABC公司2020年的现金流动负债比为0.40,2021年下降到0.20。从这一指标看,公司短期偿债能力不是很强。当然,我们不能因这一指标低,就认为公司的短期偿债能力有问题。因为持续经营中的公司,无论是经营性债务,还是金融债务,都是滚动持续的,不需要全额清偿,况且0.20的现金流动负债比,还没有达到经营活动现金流量无法承受流动负债规模的程度。

4.影响短期偿债能力的表外因素

上述短期偿债能力指标,都是根据财务报表数据计算而得。事实上,一些表外因素也会对公司的偿付到期债务能力产生影响,甚至可能影响很大。财务报表使用人应充分了解相关信息,以正确判断公司短期偿债能力。

影响短期偿债能力的表外因素主要有可运用的银行贷款额度、准备很快变现的非流动资产、公司的偿债能力声誉、与担保有关的或有负债和租赁合同中的承诺付款等。前三项的存在会增强公司短期偿债能力,后二项会降低公司的偿债能力。

(二)长期偿债能力

长期偿债能力是指企业偿还长期负债的能力。衡量长期偿债能力的指标主要有资产负债率、产权比率、现金债务总额比和已获利息倍数等。

1.资产负债率

资产负债率是企业负债总额与资产总额的比率。它表明在企业资产总额中,债权人提供资金所占的比重以及企业资产对债权人权益的保障程度。其计算公式为:

$$资产负债率 = \frac{负债总额}{资产总额} \times 100\%$$

这一比率越小,表明企业的长期偿债能力越强,但该指标并非越小越好。从债权人的立场看,该指标越小越好。从所有者立场看,举债是一把"双刃剑",在降低资本成本的同时,会加大企业的风险。在全部资本利润率高于借款利息率的情况下,增加债务就能获取财务杠杆利益,即以较少的自有资金获得较多的利润。但如这一比率过大,则表明企业的债务负担重,企业自有资金实力不强,不仅对债权人不利,而且企业存在破产的危险。企业在进行借入资本决策时,必须充分估计预期的收益(成本降低)和增加的风险,在二者之间权衡利害得失。

例 10-6

根据表 10-1 的资料,ABC 公司的资产负债率为:

$$2020 年年末资产负债率 = \frac{21\ 301.42}{35\ 355.94} \times 100\% = 60.25\%$$

$$2021 年年末资产负债率 = \frac{23\ 584.97}{44\ 155.38} \times 100\% = 53.41\%$$

ABC 公司 2021 年资产负债率较 2020 年有所下降。从总体看,这样的资产负债率水平比较适中,通常不会有债务违约风险问题,财务风险是可控的,企业又能获得债务利息抵税利益以及财务杠杆利益(可能)。

一个企业究竟资产负债率以多少为合适,同样没有统一标准。有观点认为,资产在破产拍卖时的售价不到账面价值的 50%,因此,资产负债率高于 50%。则债权人的利益就可能缺乏保障。不过,如果无视资产和债务的结构、仅以资产负债率数值去衡量企业的偿债能力极有可能出现判断失误。因为,企业各类资产的变现能力差异很大,例如:房地产变现的价值损失小甚至可能还有较大的升值,专用设备通常很难以账面价值变现;另一方面,企业债务的来源结构和期限结构不同。例如,格力电器,公司的资产负债率很高,但有息负债率很低,加之持有大量货币资金,长期偿债能力仍然很好。具体数据如表 10-7 所示。

表 10-7　格力电器(母公司)资产负债率计算表

单位:亿元

项　　目	2016 年	2017 年	2018 年	2019 年	2020 年	2021 年
流动负债	1 371.20	1 414.32	1 453.51	1 636.22	1 575.95	1 644.52
其中:短期借款	71.37	121.74	177.59	111.89	158.63	180.69
应付款项	518.39	473.3	449.16	681.11	635.42	693.52

续表

项　　目	2016 年	2017 年	2018 年	2019 年	2020 年	2021 年
预收款项(合同负债)	147.91	165.49	134.71	118.33	145.95	122.2
一年内到期的非流动负债	0.00	0.00	0.00	0.00	0.00	1.35
其他流动负债	601.07	609.01	633.48	643.75	597.38	596.74
其中:销售返利	582.2	594.66	618.78	617.52	558.08	526.69
非流动负债	4.8	3.95	4.73	7.21	12.17	81.48
负债合计	1 376.00	1 418.27	1 458.24	1 643.43	1 588.12	1 725.99
股东权益	253.24	383.78	574.86	701.26	808.15	661.19
资产合计	1 629.24	1 802.05	2 033.10	2 344.69	2 396.27	2 387.18
其中:货币资金	943.60	978.29	1 026.97	1 219.07	1 238.29	1 004.13
资产负债率/%	84.46	78.70	71.72	70.09	66.27	72.30
有息负债率/%	4.38	6.76	8.73	4.77	6.62	7.63

2. 产权比率

产权比率,又称资本负债率,是指负债总额与所有者权益总额的比率。其计算公式如下:

$$产权比率 = \frac{负债总额}{所有者权益总额}$$

该指标说明了由债权人提供的资本与所有者提供的资本的相对关系,反映企业基本财务结构是否稳定。产权比率高,是高风险、高收益的财务结构;产权比率低,是低风险、低收益的财务结构。一般来说,所有者资本大于借入资本比较好,但也不能一概而论。在通货膨胀加剧时期,企业多借债可以把损失和风险转嫁给债权人;在经济繁荣时期,企业多借债可以获得额外的利润;在经济萎缩时期,企业少借债可以减少利息负担和财务风险。

产权比率也是衡量长期偿债能力的指标之一。它反映了债权人投入的资本受到所有者权益保障的程度,或者说是企业清算时对债权人利益的保障程度。

资产负债率和产权比率具有共同的经济意义,但资产负债率侧重于分析债务偿付安全性的资产保障程度,产权比率侧重于揭示财务结构的稳健程度以及所有者权益对债权人利益的保障程度,两个指标可以相互补充。

例 10-7

根据表 10-1 的资料,ABC 公司的产权比率为:

$$2020 年产权比率 = \frac{21\ 301.42}{14\ 054.51} = 1.52$$

$$2021 年产权比率 = \frac{23\ 584.97}{20\ 570.41} = 1.15$$

ABC 公司 2021 年的产权比率较 2020 年有所下降,债权人提供的资本与所有者提供的资本的比例向 1∶1 靠近。这样的财务结构比较稳健,债权人的利益因有所有者提供的资本而有较好的保障,也能使企业获得较好的负债经营利益。

3.现金债务总额比

现金债务总额比是指企业一定期间的经营活动现金流量净额与负债总额的比率。其计算公式为:

$$现金债务总额比 = \frac{年经营活动产生的现金流量净额}{负债总额}$$

现金债务总额比说明了企业最大的付息能力,是最能谨慎地反映企业举债能力的财务指标。该指标越高,企业承担债务的能力越强。只要能按时付息,就能借新债还旧债,维持债务规模。用年经营活动现金流量净额除以市场利率,可测算基于付息能力的企业最大举债额。

例 10-8

根据表 10-1 和表 10-3 的资料,ABC 公司现金债务总额比为:

$$2020 年现金债务总额比 = \frac{4\ 898.20}{21\ 301.42} = 22.99\%$$

$$2021 年现金债务总额比 = \frac{2\ 567.62}{23\ 584.97} = 10.89\%$$

计算结果表明,公司现金债务总额比由 2020 年的 22.99% 下降至 10.89%。导致这种变化的主要原因是公司经营活动现金流量下降。对于 ABC 公司来说,只要借款利率不超过 10.89%,公司经营活动创造的现金流量仍然能够支付利息。当然,如果继续下降,可能会对公司的偿债能力产生一定的影响。

4.已获利息倍数

已获利息倍数是指企业息税前利润(EBIT)与利息支出的比率,它可以反映获利能力对债务利息偿付的保证程度。其计算公式为:

$$已获利息倍数 = \frac{息税前利润}{利息支出}$$

公式中的“息税前利润”是指利润表中未扣除利息费用和所得税之前的利润。它可以用“利润总额加利息费用”来测算。公式中的“利息支出”是指本期发生的全部利息,不仅包括财务费用中的利息费用,还包括计入长期资产成本的资本化利息。

已获利息倍数不仅反映了企业获利能力,而且反映了获利能力对债务偿还的保证程度。企业若要维持正常的偿债能力,从长期看,已获利息倍数至少应当大于1,且比值越高,企业偿债能力就越强。如果已获利息倍数过小,企业将面临亏损、偿债的安全性与稳定性下降的风险。究竟企业已获利息倍数多少才算偿债能力强,这要根据往年经验结合行业特点来判断。同样,已获利息倍数也不是越大越好,该指标过大则表明企业未能充分利用负债抵税及财务杠杆效应,影响获利能力。

例 10-9

根据表 10-2 的资料,假定表中的财务费用全部为利息费用,且无资本化利息,则 ABC 公司的已获利息倍数为:

$$2020 \text{ 年已获利息倍数} = \frac{3\ 035.11 + 415.70}{415.70} = 8.30$$

$$2021 \text{ 年已获利息倍数} = \frac{3\ 394.61 + 505.33}{505.33} = 7.72$$

从已获利息倍数看,ABC 公司具有较强的偿付债务利息的能力。在分析时,需要关注公司的资本化利息问题。由于我们在该公司的年度报告中未能找到资本化利息的相关数据,在计算时忽略了。

二、营运能力

营运能力是指企业营运资产的效率和效果,反映企业资产管理水平和资金周转状况。资产营运能力的强弱关键取决于周转速度。一般来说,周转速度越快,资产的使用效率越高,资产的营运能力越强;反之,营运能力就越差。

周转率是企业一定时期内资产的周转额与平均余额的比率,它反映企业资金在一定时期的周转次数。周转次数越多,周转速度越快,表明营运能力越强。这一指标的反指标是周转期,它是计算期天数除以周转次数,反映资产周转一次所需要的天数。周转率和周转期的计算公式为:

$$\text{周转率(次)} = \frac{\text{周转额}}{\text{平均资产余额}}$$

$$\text{周转期(天)} = \frac{\text{计算期天数}}{\text{周转率}}$$

营运能力分析实际上是对企业总资产及其各个组成部分的营运能力分析,在实务中应用较广泛的主要包括应收账款周转率、存货周转率、流动资产周转率、固定资产周转率和总资产周转率等指标。

(一)应收账款周转率

应收账款周转率是企业一定时期内营业收入与平均应收账款余额的比率,是反映应收账款周转速度的指标。其计算公式为:

$$\text{应收账款周转率(次)} = \frac{\text{营业收入}}{\text{平均应收账款余额}}$$

$$\text{平均应收账款余额} = \frac{\text{应收账款期初余额} + \text{应收账款期末余额}}{2}$$

$$\text{应收账款周转期(天)} = \frac{365}{\text{应收账款周转率}}$$

公式中营业收入为全部销售收入。从理论上说,应收账款是赊销引起的,其对应的周转额是赊销额,而非全部销售收入。然而,不仅财务报告的外部使用者无法取得这项数据,而且内部使用人也未必容易取得该数据,因此,把"现销收入"视为收账时间为零的赊销,也是可以的。只要保持历史的一贯性,使用营业收入来计算该指标一般不影响其分析和利用价值。在实务中,一旦出现影响该指标正确计算的因素,加以适当考虑即可。公式中的应收账款是报表上列示的应收账款,是已经计提坏账准备后的净额。如果计提的坏账准备金额较大,应根据报表附注中披露的应收账款坏账准备信息,将其调整为未计提坏账准备的应收账款,以免出现计提的坏账准备越多,应收账款周转率越高的不合理状态。另一方面,公司的应收票据是销售形成的,是应收账款的另一种形式,应该将其纳入应收账款周转率计算,称之为"应收账款及应收票据周转率"。

一般来说,应收账款周转率越高,企业的平均收现期越短,应收账款收账迅速,同时也意味着资产流动性强,短期偿债能力强。一般情况下,应收账款周转率越高对企业越有利,但过高的应收账款周转率对企业也可能是不利的。因为,过高的应收账款周转率可能是企业过紧信用政策所致。

需要指出的是:季节性经营、大量使用分期收款、大量使用现金结算等因素会对该指标的计算结果产生较大的影响,在分析时应引起重视。应收账款周转率高低同样难以以一个具体数值标准来衡量。财务报表的外部使用人可以将计算出的指标与该企业前期指标、与行业平均水平或其他类似企业的指标相比较,判断该指标的高低。

例 10-10

根据表 10-1 和表 10-2 的资料,ABC 公司 2021 年应收账款周转率为:

$$应收账款周转率 = \frac{23\ 416.55}{\dfrac{5\ 555.43 + 6\ 502.71}{2}} = 3.88(次)$$

ABC 公司 2021 年的应收账款周转率为 3.88 次,应收账款每周转一次需要的时间长达 94.07 天。如果将应收票据考虑在内,周转期更是达到 126.74 天。提高应收账款和应收票据营运效率,减少赊销占用的资金,是 ABC 公司信用政策管理中应该关注的重要问题之一。

(二)存货周转率

存货周转率是企业一定时期的营业成本或营业收入与平均存货余额的比率,是反映流动资产流动性的一个指标,也是衡量生产经营环节中存货营运效率的一个综合性指标。其计算公式为:

$$存货周转率(次) = \frac{营业收入或营业成本}{平均存货余额}$$

$$平均存货余额 = \frac{存货期初余额 + 存货期末余额}{2}$$

$$存货周转期(天) = \frac{365}{存货周转率}$$

在计算存货周转率时,周转额是选用营业成本还是营业收入,是不少财务人士较为纠结的问题。事实上,究竟选用什么作为分子,取决于分析的目的。在短期偿债能力分析中,为了评估资产的变现能力需要计量存货转换为现金的时间,应该采用"营业收入";在分解总资产周转率时,为系统分析各项资产的周转情况并识别主要的影响因素,应统一使用"营业收入";评估存货管理效率时,应当使用"营业成本"计算周转率,使其分子和分母保持口径一致。

存货周转速度的快慢,不仅反映企业购入存货、投入生产、销售收回等各环节管理状况的好坏,而且对企业的偿债能力及盈利能力有着重大的影响。一般来说,存货周转速度越快,存货的占用水平越低,流动性越高,存货的变现能力越强。提高存货周转率可以提高企业的变现能力,而存货周转速度越慢则变现能力越差。

例 10-11

根据表 10-1 和表 10-2 的资料,ABC 公司 2021 年存货周转率为:

$$存货周转率 = \frac{16\ 550.87}{\dfrac{2\ 044.94 + 3\ 271.29}{2}} = 6.23(次)$$

计算结果表明,ABC 公司 2021 年存货周转率为 6.23 次,从原材料买进到产品销售需要 58.59 天。我们不能根据计算而得的周转率或周转期数值,直接判别存货管理效率的高低,还需要结合公司的经营业务和商业模式加以分析。对存货营运效率的分析,也可以与历史值比较。如果按存货期末数口径,ABC 公司 2021 年存货周转率为 5.06 次[①],较 2020 年下降了 1.85 次。

从购进原材料、生产产品,到产品销售并收回现金,构成了企业营业周期。一个企业的营业周期数值为存货周转期和应收账款及应收票据周转期之和。ABC 电器的营业周期为 185.33 天(126.74＋58.59)。

在分析存货周转率时,应注意应付账款、存货和应收账款(营业收入)之间关系。一般来说,销售增加会拉动应收账款、存货和应收账款增加,不会引起周转率的明显变化。但是,当企业接受一个大订单时,通常要先增加存货。在该订单销售没有实现以前,表现为存货周转天数增加。这种周转天数的增加是好事。因此,任何财务分析都以认识经营活动本质为目的,不可只是根据数据高低下简单结论。

与应收账款一样,存货也是特定时点的存量,容易受季节性、偶然性和人为因素影响。因此,在用存货周转率进行行业绩评价时,是使用年初和年末的平均数,还是使用多个时点的平均数,需视情况而定。

(三)流动资产周转率

流动资产周转率是企业一定时期的营业收入与平均流动资产余额的比率。其计算公

---

① 有些财务比率的分子和分母,一个是资产负债表的存量数据,另一个是利润表或现金流量表的流量数据。其中资产负债表数据使用有三种选择:一是直接使用期末数,优点是简单,缺点是一个时点数据缺乏代表性;二是使用年末和年初平均数,两个时点数据平均后代表性增强,但也增加工作量;三是使用各月平均数,优点是代表性明显增强,缺点是工作量更大且外部分析人士不一定能得到各月数据。本数据和下一数据是采用第一种方法计算的结果,故而与例 10-11 有差异。

式为：

$$流动资产周转率(次) = \frac{营业收入}{平均流动资产余额}$$

$$平均流动资产余额 = \frac{流动资产期初余额 + 流动资产期末余额}{2}$$

$$流动资产周转期(天) = \frac{365}{流动资产周转率}$$

流动资产周转率是反映企业流动资产周转速度的指标。流动资产周转速度快，同样的资金占用能够获得更多收入，从而提高流动资产占用资产的效率，增强企业盈利能力；而延缓周转速度，会则对企业的盈利能力产生不利的影响。生产经营任何一个环节上的工作改善，都会反映到流动资产周转速度上来。

例 10-12

根据表 10-1 和表 10-2 的资料，ABC 公司 2021 年流动资产周转率为：

$$流动资产周转率 = \frac{23\,416.55}{\dfrac{16\,580.25 + 21\,040.13}{2}} = 1.24(次)$$

ABC 公司流动资产一年周转 1.24 次，每周转一次约需要 294.35 天。公司流动资产周转率大于 1，就流动资产总体来说，完成一次周转循环时间不超过一年，流动资产周转速度还是可以的。不过，ABC 公司如能减少闲置货币资金持有、加快销售收款速度、加强存货管理等方法，流动资产周转率还存有一定的提升空间。

(四)固定资产周转率

固定资产周转率是指企业一定时期的营业收入与平均固定资产净值的比率。它是反映企业固定资产周转情况，衡量企业固定资产利用效率的一项指标。其计算公式为：

$$固定资产周转率(次) = \frac{营业收入}{平均固定资产净值}$$

$$平均固定资产净值 = \frac{期初固定资产净值 + 期末固定资产净值}{2}$$

$$固定资产周转期(天) = \frac{365}{固定资产周转率}$$

固定资产周转率高，表明固定资产利用效率比较高，也说明固定资产投资得当，资产结构合理，能够充分发挥效率。运用固定资产周转率进行分析时，需要考虑因计提折旧其净值持续下降以及因更新重置或新建固定资产交付使用其净值突然增加的影响。此外，因计提折旧方法的差异，会影响其数据的可比性。因此，在分析时要剔除这些不可比因素。

例 10-13

根据表 10-1 和表 10-2 的资料，ABC 公司 2021 年固定资产周转率为：

$$固定资产周转率 = \frac{23\,416.55}{\dfrac{13\,458.03 + 16\,092.73}{2}} = 1.58(次)$$

其他非流动资产周转率比照同样方法计算。ABC 公司非流动资产周转率为 1.12 次，周转期率为 325.89 天。公司的非流动资产资产周转率低于流动资产周转率，说明公司生产经营占用资金的主体是非流动资产。

非流动资产周转率反映非流动资产管理效率，主要用于资本预算和项目管理分析，以确定投资与竞争战略是否一致以及收购剥离政策是否合理等。

（五）总资产周转率

总资产周转率是企业一定时期的营业收入与平均资产总额的比率，它反映了企业全部资产的利用效率。其计算公式为：

$$总资产周转率（次）=\frac{营业收入}{平均资产总额}$$

$$平均资产总额=\frac{期初资产总额+期末资产总额}{2}$$

$$总资产周转期（天）=\frac{365}{总资产周转率}$$

该指标反映总资产的周转速度。总资产周转率越高，表明企业全部资产的使用效率高；如果这个比率较低，说明使用效率较差，最终会影响企业的盈利能力。企业可能通过薄利多销的办法，加速资产的周转，来提升资产使用效率。

例 10-14

根据表 10-1 和表 10-2 的资料，ABC 公司 2021 年总资产周转率为：

$$总资产周转率=\frac{23\ 416.55}{\dfrac{35\ 355.94+44\ 155.38}{2}}=0.59（次）$$

总资产是由各项资产组成，在销售收入既定的情况下，各项资产周转率的高低决定总资产周转率。通过对各项资产周转率的分析，可以了解总资产周转率变动是由哪些资产项目引起的，以及什么是影响较大的因素，从而为进一步分析指明方向。由于各项资产周转次数之和不等于总资产周转次数，因此，通常是基于资产负债表的原始数据，计算出各项资产的周转天数或资产收入比，在此基础上对总资产周转率进行因素分析。ABC 公司 2021 年各项资产收入比及总资产周转天数如表 10-8 所示。

表 10-8　ABC 公司 2021 年资产营运效率数据表

项　　目	周转期/天			资产收入比/%		
	本年	上年	变动	本年	上年	变动
货币资金	106.46	66.52	39.94	0.29	0.18	0.11
交易性金融资产	7.82	0.00	7.82	0.02	0.00	0.02
应收票据	33.01	31.19	1.83	0.09	0.09	0.01
应收账款	101.36	100.56	0.80	0.28	0.28	0.00
应收款项融资	3.77	1.86	1.91	0.01	0.01	0.01

续表

项　　目	周转期/天			资产收入比/%		
	本年	上年	变动	本年	上年	变动
预付款项	6.34	10.61	−4.26	0.02	0.03	−0.01
其他应收款	8.60	6.81	1.79	0.02	0.02	0.00
存货	50.99	37.02	13.97	0.14	0.10	0.04
一年内到期的非流动资产	0.00	0.11	−0.11	0.00	0.00	0.00
其他流动资产	9.61	45.45	−35.84	0.03	0.12	−0.10
流动资产合计	327.96	300.12	27.84	0.90	0.82	0.08
长期应收款	13.04	10.08	2.96	0.04	0.03	0.01
长期股权投资	26.39	10.97	15.42	0.07	0.03	0.04
其他非流动金融资产	21.50	27.30	−5.80	0.06	0.07	−0.02
投资性房地产	2.99	1.32	1.67	0.01	0.00	0.00
固定资产	250.84	243.60	7.24	0.69	0.67	0.02
在建工程	16.05	14.83	1.22	0.04	0.04	0.00
无形资产	5.37	9.60	−4.23	0.01	0.03	−0.01
商誉	0.59	0.14	0.45	0.00	0.00	0.00
长期待摊费用	3.54	2.46	1.08	0.01	0.01	0.00
递延所得税资产	4.39	4.19	0.20	0.01	0.01	0.00
其他非流动资产	15.59	15.35	0.24	0.04	0.04	0.00
非流动资产合计	360.30	339.86	20.44	0.99	0.93	0.06
资产总计	688.26	639.98	48.28	1.89	1.75	0.13

表 10-8 数据表明，从总体上看，2021 年公司资产营运效率略有下降，周转期延长了 48.28 天，其主要原因是货币资金持有量的大幅增加，存货和应收款项周转期的延长也是一个值得关注的问题。

三、盈利能力

盈利能力是指企业在一定时期内赚取利润的能力。不论是投资人、债权人还是企业经理人员，都日益重视和关心企业的盈利能力。

反映企业盈利能力的指标很多，通常使用的主要有销售净利率、销售毛利率、成本费用利润率、总资产报酬率和净资产收益率等。上市公司经常使用的盈利能力指标还有每股收益和每股净资产等。

(一)销售净利率

销售净利率，又称营业净利率，是企业一定时期的净利润与营业收入的百分比。其计算公式为：

$$销售净利率 = \frac{净利润}{营业收入} \times 100\%$$

销售净利率反映每百元营业收入能带来多少净利润，表示营业收入的收益水平。企业在增加营业收入的同时，必须相应地获得更多的净利润，才能使销售净利率保持不变或有所提高。通过分析销售净利率的升降变动，可以促使企业在扩大销售的同时，注意改进经营管理，降低成本费用以提高盈利水平。

例 10-15

根据表 10-2 的资料，ABC 公司 2021 年销售净利率为：

$$销售净利率 = \frac{2\,996.07}{23\,416.55} = 12.79\%$$

在利润表同形报表上，最后一行净利润结构数值就是销售净利率。由前面表 10-5 可知，ABC 公司 2021 年销售净利率较 2020 年下降了 0.19%。销售净利率的变动是由利润表各个项目变动引起的，阅读利润表同形报表，可以发现变动原因。表 10-5 数据显示，ABC 公司 2021 年销售净利率下降，其中销售毛利率的下降是主因。

（二）销售毛利率

销售毛利率，又称营业毛利率，是企业一定时期的毛利占营业收入的百分比，其中毛利是营业收入减去营业成本后的差额。其计算公式如下：

$$销售毛利率 = \frac{营业收入 - 营业成本}{营业收入} \times 100\%$$

销售毛利率表示每百元营业收入扣除营业成本后，还有多少可用于支付各项期间费用和税金，形成利润。销售毛利率是企业销售净利率的最初基础，没有足够大的毛利率便不可能有良好的盈利。公司毛利率下降，通常有二种情况：一是营业收入的下降，因为固定成本不会随销售收入下降而同步下降；二是营业成本增长高于营业收入增长，原材料成本、人工成本和制造费用等的上升都会对毛利率产生不利的影响。

由表 10-5 可知，ABC 公司 2020 年的销售毛利率为 29.91%，2021 年为 29.32%。销售毛利率的下滑是导致公司盈利能力下降的重要因素之一。

（三）总资产报酬率

总资产报酬率是企业一定时期内获得的报酬总额与平均资产总额的比率。它是反映企业资产综合利用效果的指标，也是衡量企业利用债权人和所有者权益总额所取得盈利的重要指标。其计算公式为：

$$总资产报酬率 = \frac{息税前利润}{平均资产总额} \times 100\%$$

总资产报酬率反映了企业全部资产的盈利水平，企业所有者和债权人对该指标都非常关心。一般情况下，该指标越高，表明企业的资产利用效率越好，企业的盈利能力越强，经营管理水平越高。企业还可将该指标与市场利率进行比较，如果前者大于后者，则说明企业可以充分利用财务杠杆,适当举债经营,以获取更多的收益。

例 10-16

根据表 10-1 和表 10-2 的资料,ABC 公司 2021 年总资产报酬率为:

$$总资产报酬率 = \frac{3\ 394.61 + 505.33}{\dfrac{35\ 355.94 + 44\ 155.38}{2}} = 9.81\%$$

由计算结果可知,ABC 公司 2021 年的总资产报酬率为 9.81%,与同行或历史比较,资金的综合利用效率虽不是处于最佳状态,但还能够涵盖债务利息率,财务杠杆仍然是正效应。

(四)净资产收益率

净资产收益率是指企业一定时期的净利润与平均净资产的比率。它反映了企业自有资金获取净利润的能力,是评价企业资本经营效益的核心指标。其计算公式为:

$$净资产收益率 = \frac{净利润}{平均净资产} \times 100\%$$

$$平均净资产 = \frac{期初所有者权益总额 + 期末所有者权益总额}{2}$$

净资产收益率是评价企业自有资本及其积累获取报酬水平的最具综合性和代表性的指标,又称权益净利率,反映企业资本运营的综合效益。该指标通用性强,适应范围广,不受行业局限,是公认的财务分析核心指标。通过对该指标的综合对比分析,可以看出企业盈利能力在同行业中所处的地位以及与同类企业的差异水平。一般认为,企业净资产收益率越高,企业自有资本获取收益的能力越强,对企业投资人、债权人的保证程度越高。

例 10-17

根据表 10-1 和表 10-2 的资料,ABC 公司 2021 年净资产收益率为:

$$净资产收益率 = \frac{2\ 996.07}{\dfrac{14\ 054.51 + 20\ 570.41}{2}} = 17.31\%^{①}$$

$$归属于母公司股东的净资产收益率 = \frac{2\ 839.85}{\dfrac{13\ 380.44 + 19\ 986.46}{2}} = 17.02\%$$

由计算结果可知,ABC 公司 2021 年的净资产收益率为 17.31%,归属于母公司股东的净资产收益率为 17.02%,高于 2021 年上市公司净资产收益率平均值,也高于该公司所在行业上市公司的平均值,表明该公司的盈利能力较强。

在财务报表分析中,我们需要关注公司盈利的持续性问题。利润中,公允价值变动收益、投资收益中的资产处置收益、其他收益以及营业外收支,通常都是不可持续的。实务中,通常会计算扣除非经常性损益后的净资产收益率,以更好地反映公司的盈利及价值创造能力。ABC 公司 2021 年非经常性损益数值不多,利润的可持续性好,其扣除非经常性

---

① 本例计算结果与例 10-1 所给数据有差异,是因为后者是按净资产的期末数计算的。

损益后的净资产收益率为 15.20%。

(五)盈余现金保障倍数

盈余现金保障倍数是企业一定时期的经营活动现金流量净额与净利润的比率。其计算公式为：

$$盈余现金保障倍数 = \frac{经营活动产生的现金流量净额}{净利润}$$

盈余现金保障倍数从现金流量的角度，对企业收益的质量进行评价，说明了企业当期净利润中有多少是有现金保障的，为评价企业盈利状况的辅助指标。

一般来说，当企业当期净利润大于 0 时，盈余现金保障倍数应当大于 1。该指标越大，表明企业经营活动产生的净利润对现金的贡献越大。

例 10-18

根据表 10-2 和表 10-3 的资料，ABC 公司 2021 年盈余现金保障倍数为：

$$盈余现金保障倍数 = \frac{2\,996.07}{2\,567.62} = 0.86$$

由上述计算结果可知，2021 年公司的盈余现金保障倍数仅 0.86，较 2020 年的 1.87 下降很多，表明公司的收益质量有待提升。由现金流量表补充资料可知，公司盈余现金保障倍数下降的主要原因是存货和经营性应收项目的增加。

此外，净收益营运指数和现金营运指数也被经常用于利润质量分析。净收益营运指数是指经营净收益与净利润之比；现金营运指数是经营活动产生的现金流量净额与经营所得现金。其中经营净收益数据为净利润与非经营净收益之差，经营所得现金为经营活动净收益加上非付现费用。由表 10-3 中的补充资料可知，ABC 公司 2021 年非经营净收益为 -255.12 万元[①]，非付现费用为 1 193.94 万元[②]。ABC 公司 2021 年净收益营运指数有 1.09，说明非经营不是收益是损失，收益的可持续性好；现金营运指数为 0.65，数值有些偏低，说明有一部分收益尚未取得现金，停留在存货和经营性应收项目。

(六)每股收益

每股收益，又称每股利润或每股盈余，反映企业普通股股东持有每一股股份所能享有的企业利润或承担的企业亏损，是衡量上市公司盈利能力最常用的财务指标之一。

每股收益包括基本每股收益和稀释每股收益。基本每股收益是企业一定时期归属于普通股股东的净利润与当期发行在外普通股的加权平均数的比率。其计算公式为：

$$基本每股收益 = \frac{归属于普通股股东的当期净利润}{当期发行在外普通股的加权平均数}$$

---

① 为处置固定资产、无形资产和其他长期资产的损失、固定资产报废损失、公允价值变动损失、财务费用、投资损失、递延所得税资产减少的合计数。

② 为资产减值准备、信用减值损失、固定资产折旧(油气资产折耗、生产性生物资产折旧)、无形资产摊销和长期待摊费用摊销的合计数。

$$发行在外普通股加权平均数 = 期初发行在外普通股股数 + 当期新发行普通股股数 \times \frac{已发行时间}{报告期时间} - 当期回购普通股股数 \times \frac{已回购时间}{报告期时间}$$

企业如果存在稀释性潜在普通股的,应当分别调整归属于普通股股东的当期净利润和发行在外普通股的加权平均数,并据以计算稀释每股收益。基本每股收益和稀释每股收益都是财务报表项目,不需要财务分析人员计算。

每股收益是衡量上市公司盈利能力最重要的财务指标。它反映普通股的盈利水平。使用每股收益分析盈利性时要注意以下几个问题:(1)每股收益不反映股票所含有的风险;(2)股票是一个"份额"概念,不同股票的每一股在经济上不等量,它们所含有的净资产和市价不同限制了每股收益在公司之间比较。对同一公司不同时期的每股收益进行比较,也需要关注每股净资产变化;(3)每股收益多,不一定意味着多分红,还要看公司股利分配政策。

ABC 公司 2021 年的每股收益为 1.34 元,较 2020 年的每股 1.31 元增加了 0.03 元。

四、发展能力

发展能力是企业在生存的基础上,扩大规模、壮大实力的潜在能力。在运用财务报表数据分析企业发展能力时,主要考察的指标如下。

(一)销售增长率

销售增长率,又称营业增长率,是企业本年营业收入增长额同上年营业收入总额的比率。其计算公式为:

$$销售增长率 = \frac{本年营业收入 - 上年营业收入}{上年营业收入} \times 100\%$$

销售增长率是评价企业成长状况和发展能力的重要指标。它是衡量企业经营状况、市场占有能力、预测企业经营业务拓展趋势的重要标志,也是企业扩张增量和存量资本的重要前提。不断增加的营业收入是企业生存的基础和发展的条件。该指标若大于零,表示企业本年的营业收入有所增长,指标值越高,表明增长速度越快,企业市场前景越好。若该指标小于零,则说明企业或是产品不适销对路、质次价高,或是在售后服务等方面存在问题,产品销售不出去,市场份额萎缩。表 10-5 利润表同形报表数据表明,ABC 公司 20×1 年营业收入增长率为 16.13%。

该指标在实际操作时,应结合企业历年的销售水平、企业市场占有情况、行业未来发展及其他影响企业发展的潜在因素进行预测,或者结合企业前三年的营业收入增长率做出趋势性分析。销售三年平均增长率的计算公式如下:

$$销售三年平均增长率 = \left(\sqrt[3]{\frac{本年营业收入总额}{三年前营业收入总额}} - 1 \right) \times 100\%$$

式中,三年前营业收入总额指企业三年前的营业收入总额,在评价 2021 年的绩效时,用 2018 年的营业收入总额。

例 10-19

ABC 公司 2021 年的营业收入为 23 416.55 万元，2018 年的营业收入为 12 767.23 万元，该公司销售三年平均增长率为：

$$销售三年平均增长率=(\sqrt[3]{\frac{23\ 416.55}{12\ 767.23}}-1)\times100\%=22.41\%$$

(二)资本积累率

资本积累率是指企业本年所有者权益增长额与年初所有者权益的比率，它表示企业当年资本的积累能力，是评价企业发展潜力的重要指标。其计算公式为

$$资本积累率=\frac{年末所有者权益总额-年初所有者权益总额}{年初所有者权益总额}\times100\%$$

该指标是反映了企业所有者权益在当年的变动水平，体现了企业资本的积累情况，是企业发展强盛的标志，也是企业扩大再生产的源泉。该指标越高，表明企业的资本积累越多，企业资本的保全性越强，应对风险、持续发展的能力越大。该指标如为负值，表明企业资本受到侵蚀，所有者利益受到损害，应予充分重视。

如果公司在分析年度因股权再融资或股权激励有股东投入资本，在运用这一指标分析时需要扣除这一因素的影响。案例公司 ABC 于 2021 年 1 月增发股份 4 800 股，募集资金总额 4 328.65 万元；2021 年公司股票期权激励计划行权和限制性股票激励计划认购合计 235.30 万元。因此，其 2021 年的资本积累率不等于表 10-4 上的归属于母公司股东权益的变动率 49.37% 或股东权益变动率 46.36%。

例 10-20

根据表 10-1 数据和 2021 年股权融资情况，ABC 公司 2021 年的资本积累率和归属于母公司股东的资本积累率分别为：

$$2021\ 年资本积累率=\frac{20\ 570.41-14\ 054.51-4\ 328.65-235.30}{14\ 054.51}=13.89\%$$

$$2021\ 年归属于母公司股东资本积累率=\frac{19\ 986.46-13\ 380.44-4\ 328.65-235.30}{13\ 380.44}=15.26\%$$

在运用资本积累率指标时，也可以用资本三年平均增长率分析企业资本持续积累的情况和发展趋势。资本三年平均增长率的计算公式如下：

$$资本三年平均增长率=(\sqrt[3]{\frac{年末所有者权益总额}{三年前年末所有者权益总额}}-1)\times100\%$$

式中，三年前年末所有者权益总额是指企业三年前的所有者权益总额年末数，在评价 2021 年企业绩效时，用 2018 年年末所有者权益总额。

(三)总资产增长率

总资产增长率是企业本年总资产增长额与年初资产总额的比率，它可以衡量企业本期资产规模的增长情况，评价企业经营规模总量上的扩张程度。其计算公式为：

$$总资产增长率 = \frac{年末资产总额 - 年初资产总额}{年初资产总额} \times 100\%$$

该指标是从企业资产总量扩张方面衡量企业的发展能力,表明企业规模增长水平对企业发展后劲的影响。该指标越高,表明企业一个经营周期内资产规模扩张的速度越快。但实际操作时,应注意资产规模扩张的质与量的关系,以及企业的后续发展能力,避免资产盲目扩张。表 10-4 资产负债表同形报表数据显示,ABC 公司 2021 年的总资产增长率为 24.89%。

在运用总资产增长率指标时,也可以用总资产三年平均增长率分析企业资产总规模持续增长的情况和发展趋势。总资产三年平均增长率的计算公式如下:

$$总资产三年平均增长率 = \left(\sqrt[3]{\frac{年末资产总额}{三年前年末资产总额}} - 1\right) \times 100\%$$

式中,三年前年末资产总额是指企业三年前的资产总额年末数,在评价 2021 年企业绩效时,用 2018 年年末资产总额。

例 10-21

ABC 公司 2021 年年末的资产总额为 44 155.38 万元,2018 年的总资产为 12 202.17 万元,该公司总资产三年平均增长率为:

$$总资产三年平均增长率 = \left(\sqrt[3]{\frac{44\ 155.38}{12\ 202.17}} - 1\right) \times 100\% = 53.53\%$$

(四)净利润增长率

净利润增长率是企业本年净利润增长额与上年净利润的比率,反映企业净利润的增减变动情况。其计算公式为:

$$净利润增长率 = \frac{本年净利润 - 上年净利润}{上年净利润} \times 100\%$$

表 10-4 利润表同形报表数据显示,ABC 公司 2021 年的净利润增长率为 14.44%。

在运用净利润增长率指标时,也可以用净利润三年平均增长率分析企业净利润持续增长的情况和发展趋势。净利润三年平均增长率的计算公式如下:

$$净利润三年平均增长率 = \left(\sqrt[3]{\frac{本年净利润}{三年前净利润}} - 1\right) \times 100\%$$

式中:三年前净利润指企业三年前的净利润,在评价 2021 年的绩效时,用 2018 年的净利润。

例 10-22

ABC 公司 2021 年的净利润为 2 996.07 万元,2018 年的净利润为 1 967.18 万元,该公司净利润三年平均增长率为:

$$净利润三年平均增长率 = \left(\sqrt[3]{\frac{2\ 996.07}{1\ 967.18}} - 1\right) \times 100\% = 15.05\%$$

从三年平均增长率看,公司净利润增长率低于收入增长率、收入增长率低于总资产增长率。说明过去三年中,公司销售净利率和资产周转率呈下降趋势,这也是公司的净资产收益由16.12%下降到14.56%的重要原因。

五、获取现金能力

(一)销售现金比率

销售现金比率是企业一定时期的经营活动产生的现金流量净额与当期营业收入的比率,其计算公式为:

$$销售现金比率 = \frac{经营活动产生的现金流量净额}{营业收入} \times 100\%$$

销售现金比率为流动性分析指标,它反映了每百元营业收入能得到的净现金,其数值越大越好。

例 10-23

根据表10-2和表10-3资料,ABC公司2021年销售现金比率为:

$$销售现金比率 = \frac{2\,567.62}{23\,416.55} = 10.96\%$$

2021年公司的销售现金比率由2020年的24.29%下降到10.96%,说明公司创造现金能力下降。

(二)每股经营现金流量净额

每股经营现金流量净额是指企业一定时期的经营活动产生的现金流量净额与期末普通股股数的比值。其计算公式如下:

$$每股经营现金流量 = \frac{经营活动产生的现金流量净额}{普通股股数} \times 100\%$$

现金是每个公司的"血液",尤其是经济活动现金流量净额,作为现金流量关键指标,已越来越受到包括投资者和债权人等利益相关者的重视。每股经营活动现金流量净额也反映了企业最大的分派股利能力,超过此限度,就要借款分红。

经营活动现金流量净额与每股收益的比值,也是投资者辨别上市公司业绩含金量的指标。

例 10-24

根据表10-1和表10-3资料,ABC公司2021年每股经营现金流量净额为:

$$每股经营现金流量净额 = \frac{2\,567.62}{2\,151.43} = 1.19(元/股)$$

与2020年2.60元相比,2021年每股经营现金流量净额下降了54.23%。经营活动产生现金流量净额的减少和股份数的增加叠加影响,导致了其每股经营活动现金流量净额的大幅下降。

(三)全部资产现金回收率

全部资产现金回收率是指企业一定时期的经营活动产生的现金流量净额与平均资产总额的比率,说明企业资产产生现金的能力。其计算公式如下:

$$全部资产现金回收率=\frac{经营活动现金净流量}{平均资产总额}\times100\%$$

例 10-25

根据表 10-2 和表 10-3 资料,ABC 公司 2021 年全部资产现金回收率为:

$$2021年全部资产现金回收率=\frac{2\ 567.62}{\dfrac{35\ 355.94+44\ 155.38}{2}}=6.46\%$$

六、市价比率

(一)市盈率

市盈率是普通股每股市价与每股收益的比率。其计算公式为:

$$市盈率=\frac{每股市价}{每股收益}$$

市盈率是人们普遍关注的指标,有关证券刊物几乎每天报道各类股票的市盈率。该比率反映投资人对每元净利润所愿支付的价格,可以用来估计股票的投资报酬和风险。在市价确定的情况下,每股收益越高,市盈率越低,投资风险越小;在每股收益确定的情况下,市价越高,市盈率越高,风险越大。从市盈率高低的横向比较看,高市盈率说明公司能够获得社会信赖,具有良好的前景。

例 10-26

已知 2021 年 12 月 31 日(本年最后一个交易日)ABC 公司股票的收盘价为 25.45 元,则 2021 年年末公司股票的市盈率为:

$$2021年年末市盈率=\frac{25.45}{1.34}=18.99(倍)$$

由于投资者一般的期望报酬率为 5%~20%,因此,正常的市盈率为 5~20 倍。上述计算结果显示,ABC 公司的市盈率处于正常范围。

使用市盈率指标时应注意以下问题:(1)该指标不能用于不同行业公司的比较,充满扩展机会的新兴行业市盈率普遍较高,而成熟行业的市盈率普遍较低,这并不说明后者的股票没有投资价值;(2)在每股收益很小或亏损时,市价不会降至零,很高的市盈率往往不能说明任何问题;(3)市盈率高低受净利润的影响,而净利润受会计政策选择的影响,从而使得公司间比较受到限制;(4)市盈率高低受市价的影响,市价变动的影响因素很多,包括投机炒作等。因此,观察市盈率的长期趋势很重要。

(二)市净率

市净率是指普通股每股市价与每股净资产的比率,它反映普通股股东愿意为每 1 元净资产支付的价格,说明市场对公司资产质量的评价。其计算公式为:

$$市净率 = \frac{每股市价}{每股净资产}$$

$$每股净资产 = \frac{归属于母公司股东权益}{普通股股数}$$

例 10-27

2021 年 12 月 31 日 ABC 公司股票收盘价为 25.45 元,根据表 10-1 和表 10-2 的资料,公司 2021 年年末每股净资产和市净率分别为:

$$2021 \text{ 年年末每股净资产} = \frac{19\,986.46}{2\,151.43} = 9.29(元/股)$$

$$2021 \text{ 年末市净率} = \frac{25.45}{9.29} = 2.74(倍)$$

每股净资产是股票的账面价值,它是用成本计量的;每股市价是这些资产的市场价值,是证券市场上交易的结果。投资者认为,市价高于账面价值时企业资产的质量好,有发展潜力;反之则资产质量差,没有发展前景。优质股票的市价都超出每股净资产许多,一般来说市净率达到 3 可以树立较好的公司形象。当然,公司股票的市净率偏低,也可能是资本市场处于熊市之中或公司股票价值被投资者低估所致。

第四节　财务综合分析

财务分析的最终目的是全方位地了解企业经营理财的状况,并借以对企业经营效益和效率的优劣做出系统、合理的评价。单一财务指标的分析,是很难全面评价企业的财务状况、经营成果和现金流量情况的。要想对企业有一个总体评价,就必须进行综合性分析与评价。

一、概述

财务综合分析是将偿债能力、营运能力、盈利能力和发展能力等诸多方面纳入一个有机整体之中,全面分析企业的经营成果、财务状况和现金流量,从而寻找制约企业发展的"瓶颈"所在,并对企业的经营业绩做出综合评价与判断。

财务管理的目标是企业价值最大化。企业价值最大化与企业的可持续增长密切相关。而企业的持续增长要以盈利能力为基础,盈利能力又受到营运能力和财务杠杆的影响,因此,将企业的增长能力、盈利能力、营运能力和偿债能力进行综合分析是十分必要的。财务综合分析的意义或作用主要在于:一是可以帮助企业经营者全面、系统地驾驭企业财务活动、寻找制约企业发展"瓶颈"所在,为企业管理和控制指明方向或途径;二是有

微课 10-4
财务综合分析

助于企业的利益相关人全面了解与评估企业综合财务状况,为其决策提供有用信息;三是为企业绩效考核与奖励提供基础数据等。

财务综合分析的特点,体现在其财务指标体系的要求上。一个健全有效的财务综合分析体系至少应当具备以下三个基本要素。

(一)指标要素齐全适当

财务综合分析所设置的评价指标体系,应该能够涵盖营运能力、偿债能力和盈利能力等方面总体考察或考核的要求。

(二)主辅指标功能匹配

一方面,在确立营运能力、偿债能力、盈利能力和发展能力等诸方面评价指标的同时,要进一步明确各项指标在综合分析体系中的主辅地位。另一方面,不同范畴的主要指标所反映的企业经营状况、财务状况和现金流量的不同侧面和不同层次的信息要有机统一,应当能够全面翔实地揭示企业经营理财的实绩。

(三)满足多方信息需求

财务综合评价指标体系要能够提供多层次、多角度的信息资料,既能满足企业管理当局实施决策的需要,又能为职工、供应商、客户、投资者和政府等利益相关人提供决策有用的信息。

二、财务综合分析方法

财务综合分析的方法很多,主要包括杜邦财务分析体系、综合评分法、坐标图分析法和雷达图分析法等,其中以杜邦财务分析体系和综合评分法应用最为广泛。

(一)杜邦财务分析体系

杜邦财务分析体系是根据主要财务指标之间的内在联系,建立财务指标分析体系,综合分析和评价企业经营业绩的方法。因其最初为美国杜邦公司创立并成功运用而得名。该体系以净资产收益率为核心,自上而下将其分解为若干财务指标,通过分析各分解指标的变动对净资产收益率的影响,来揭示企业经营效率和财务政策对企业综合盈利能力影响及其变动原因。

1.基本原理与框架

净资产收益率是一个综合性很强的财务比率,是杜邦财务分析体系的核心。净资产收益率反映所有者投入资金的盈利能力,反映企业筹资和投资等活动的效率,提高净资产收益率是实现财务管理目标的基本保证。净资产收益率的高低取决于销售净利率、资产周转率、权益乘数。它们之间关系为:

$$净资产收益率 = \frac{净利润}{营业收入} \times \frac{营业收入}{总资产} \times \frac{总资产}{股东权益}$$
$$= 资产净利率 \times 权益乘数$$
$$= 销售净利率 \times 总资产周转率 \times 权益乘数$$

销售净利率反映企业盈利能力;资产周转率反映企业综合营运效率;权益乘数表示企业的财务杠杆。杜邦财务分析体系正是通过净资产收益率这一核心指标,把反映企业盈利能力、营运能力和偿债能力指标融为一体,比只用一项指标更能说明问题。

销售净利率反映了企业净利润与营业收入的关系。净利润是由营业收入扣除成本费用及所得税费用后的净额,而成本费用又是由一些具体项目构成。通过这些项目的分析,能了解企业净利润增减变动的原因。提高销售净利率的关键是扩大营业收入,控制成本费用。

资产周转率揭示企业资产实现营业收入的综合能力。对资产周转率的分析,需对影响资产周转的各因素进行分析。企业的总资产由流动资产和非流动资产构成,它们各自又有许多明细项目,通过对总资产的构成及各项资产周转情况的分析,能发现企业资产管理中存在的问题与不足。

权益乘数是资产总额除以股东权益总额,反映所有者权益与总资产的关系。权益乘数越高,说明企业负债程度越高,在能给企业带来较大杠杆利益的同时,也会给企业带来较大偿债的风险。因此,企业既要合理使用全部资产,又要妥善安排资本结构。

杜邦财务分析体系不仅揭示了企业各项财务指标间的相互关系,而且为企业决策者查明各项主要指标变动的影响因素、优化经营理财状况、提高经营效益提供了思路。提升净资产收益率的途径主要包括:扩大销售、控制成本费用、合理投资配置、加速资金周转、优化资本结构、树立风险意识等。

杜邦财务分析体系是一个多层次的财务比率分解体系。各项财务比率,可在每个层次上与本企业历史或同业财务比率比较,比较之后向下一级分解。逐级向下分解,逐步覆盖企业经营活动的每个环节,以实现系统、全面评价企业经营成果和财务状况的目的。

第一层次分解,是将净资产收益率分解为销售净利率、资产周转率和权益乘数。分解出来的销售净利率和资产周转率,反映了企业的经营战略。通常,销售净利率和资产周转率会呈反方向变化,是选择"高盈利、低周转"还是"低盈利、高周转"模式,是企业根据外部环境和自身特点所作的战略选择。制造业企业以前一种模式为多,零售业企业以后一种模式为多。销售净利率和资产周转率相乘为资产净利率,它反映了企业经营效率的高低。分解出来的财务杠杆可以反映企业的财务政策。一般来说,资产净利率较高的企业,财务杠杆较低,反之亦然。这是因为经营风险高的企业,需要与较低的财务杠杆匹配。要稳定经营现金流量,或是降低价格以减少竞争,或是增加营运资本以防现金流中断,这都会导致资产净利率下降。总资产周转率与财务杠杆负相关,共同决策了企业的净资产收益率。这也说明企业的财务政策应与经营战略相匹配。杜邦财务分析体系的基本框架见图 10-1。

在具体运用杜邦财务分析体系进行分析时,可以采用因素分析法,计算分析销售净利率、总资产周转率和权益乘数这三个指标变动对净资产收益率的影响方向和程度,还可以使用因素分析法进一步分解各个指标并分析其变动的深层次原因,将净资产收益率发生升降变化的原因具体化。ABC 公司净资产收益率的因素分析见本章第二节例 10-1。

与其他财务分析方法一样,杜邦财务分析体系关键不在于指标的计算而在于对指标的理解和运用。

净资产收益率
14.56%

资产净利率
6.79%
×
权益乘数
2.1465

销售净利率
12.79%
×
资产周转率
0.5303

资产总额
44 155.38

所有者权益
20 570.41

净利润
2 996.07

营业收入
23 416.55

营业收入
23 416.55

资产总额
44 155.38

所有者权益
20 570.41

负债
23 584.97

营业收入
23 416.55

营业成本
与费用
2 0380.28

其他收益与
投资收益
366.76

公允价值变动收益与减值
损失、资产处置收益
−19.84

所得税费用
398.53

流动资产
21 040.13

非流动资产
23 115.15

营业成本
16 550.87

营业税金及附加
172.85

销售费用
1 341.47

管理费用
1 085.86

财务费用
505.33

研发费用
723.90

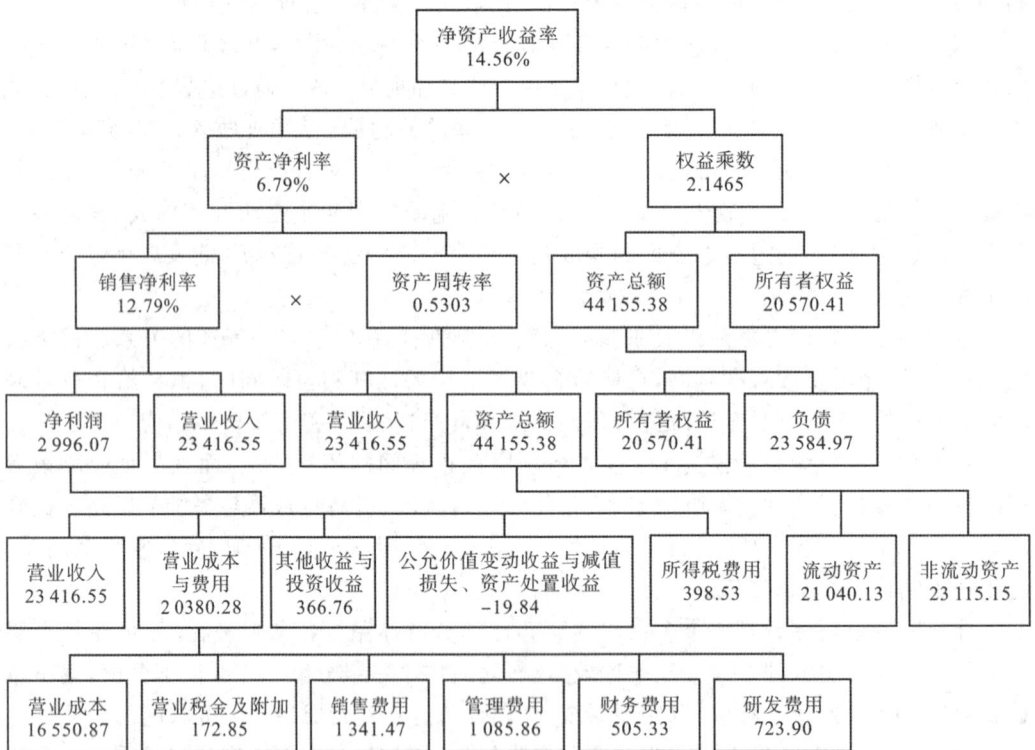

图 10-1　ABC 公司杜邦财务分析图(2021 年)[①]**(单位:万元)**

2.杜邦财务分析体系的局限性及改进

杜邦财务分析体系通过层层分解财务指标,直观地反映了影响净资产收益率的因素及其内在联系,揭示了企业筹资、投资和生产运营等方面的效率,是一种行之有效的综合财务分析方法。但传统的杜邦财务分析体系也有明显的不足,主要表现在以下几个方面。

(1)局限于财务领域

杜邦财务分析体系是就财务论财务,只是一种结果的考评,评价和考核没有深入到经营管理过程中去。同时,由于财务指标本身是一种抽象的价值指标,因此它不具备直接的可操作性。部门或个人或许知道各自应该达到的财务目标,但从哪些方面、通过哪些手段来实现这些目标,却不能得到回答。此外,由于所产生年代的局限,杜邦财务分析体系重视内部经营管理,轻外部市场。

(2)没有考虑现金流量信息

传统杜邦财务分析体系的数据资料仅来源于资产负债表和利润表,没有考虑现金流量表信息,反映不出企业在一定时期的现金流入和流出情况。财务报告由财务报表和附注组成,财务报表主要有资产负债表、利润表和现金流量表,它们分别从不同角度反映了企业

---

① 通常,为了简便及易比较分析,在运用杜邦财务分析体系对公司财务报表进行分析时,涉及资产负债表数据用年末数。

的财务状况、经营成果和现金流量。忽略任何一张财务报表所进行的分析，都是不全面的。

（3）只是一种数量分析

杜邦财务分析体系虽然提供了反映企业盈利能力的财务比率，但没有考虑收益的质量，分析结果往往带有片面性。分析盈利能力的目的是让企业的投资者、债权人和经营者了解企业获取真实利润的能力，以帮助他们做出正确的决策。但杜邦财务分析体系中提供的净资产收益率、资产净利率、销售净利率及净利润指标并不一定能够真正反映企业的盈利能力，它们只是用于评价企业盈利能力的"数量"，而不能用于评价企业盈利能力的"质量"。因此，传统的杜邦财务分析体系对盈利能力的分析有可能不一定客观。

（4）忽视财务风险因素

杜邦财务分析体系表明：在他因素不变的情况下，权益乘数越高，净资产收益率就越大。这是因为公司为获取财务杠杆利益而利用了较多负债，但没有考虑到因此带来的财务风险。负债越多，偿债压力越大，财务风险越大。

针对杜邦财务分析的局限，许多学者和实务工作者就杜邦财务分析体系的完善进行了广泛深入地探索研究，提出了许多修正方案。比较有代表性方案是将销售净利率分解为（1/盈利现金比率）和销售现金比率两部分，将反映收益质量的指标引入分析体系，增强分析的客观性。

盈利现金比率是本期经营活动产生的现金流量净额与本期净利润之比。该指标用来反映企业净利润的收现水平。在一般情况下，盈利现金比率越大，则企业净利润的含金量越高，意味着可供企业自由支配的现金流量越大，企业的偿债能力和付现能力越强，盈利质量也就越高。如果该比率小于1，说明本期净利润中存在着尚未实现的现金收入。在这种情况下，即使企业盈利较多，也可能发生现金短缺，严重时也可能会导致企业破产。

销售现金比率是指经营活动产生的现金流量净额与营业收入之比。该财务比率用来反映企业经营活动的收现能力。销售现金比率越大，则表明销售货款的收回速度越快，发生坏账损失的风险越小，收入的质量也就越高。修正后的杜邦财务分析体系图如图10-2所示。

（二）综合评分法

在进行财务分析时，人们遇到的一个主要困难就是计算出财务比率后，无法判断它是偏高还是偏低。与本企业的历史比较，也只能看到自身的变化，却难以评价其在市场竞争中的优劣地位。财务状况综合评价的先驱者之一亚历山大·沃尔在其于20世纪初出版的《信用晴雨表研究》和《财务报表比率分析》等著作中，提出了信用能力指数的概念，把若干个财务比率用线性关系结合起来，以评价企业的信用水平。他选择了流动比率、产权比率、固定资产比率、存货周转率、应收账款周转率、固定资产周转率和自有资产周转率等7个财务比率，分别给定了其在总评价中占的比重，然后确定标准比率，并与实际比率相比较，评出每项指标的得分，最后求出总评分。

原始意义上的沃尔分析法存在两个缺陷：一是所选定的七项指标缺乏证明力；二是当某项指标严重异常时，会对总评分产生不合逻辑的重大影响。况且，现代社会与沃尔所在时代相比，已有很大变化。沃尔最初提出的7项指标已难以完全适用当前企业评价的需要。沃尔分析法的关键在于指标的选定、权重的分配以及标准值的确定。建立在这一思

净资产收益率

资产净利率　　　　权益乘数

销售净利率　资产周转率　　总资产　所有者权益

1/盈利现金比率　　　　　销售现金比率

经营活动净现金流量　净利润　　经营活动现金净流量　营业收入

总收入　总成本　　经营活动现金流入量　经营活动现金流出量

营业成本　期间费用　营业外支出　所得税费用　销售商品提供劳务所收到现金　收到的税费返还　收到其他与经营活动有关的现金

购买商品接受劳务支付的现金　支付给职工以及为职工支付的现金　支付的各种税款　支付的其他与经济活动有关的现金

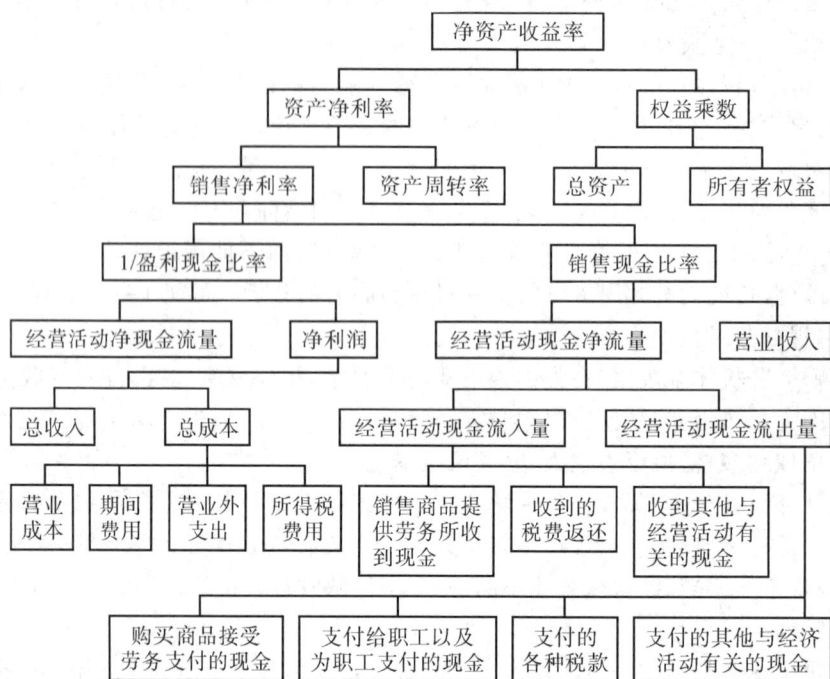

图 10-2　改进的杜邦财务分析指标体系图

想基础上的综合评分法,是对企业进行财务综合评价的一种比较可取的、行之有效的方法,在实务中应用较为广泛。

综合评分法是按照各项评价指标符合评价标准的程度,计算各项指标的评价分数,然后综合计算评价总分,据以综合评价的方法。综合评分法的基本步骤如下。

1.选择评价指标并分配指标权数

正确选择评价指标是运用综合评分法进行财务综合分析与评价的首要步骤。财务指标的选择要根据分析的目的和要求,考虑分析的全面性和综合性。一般应涵盖偿债能力、营运能力、盈利能力和发展能力等多个方面。各指标的权数主要是依据评价目的和指标的重要程度确定。

2.确定各项评价指标的标准值

财务指标的标准值一般可以是行业平均数、企业历史先进数、国家有关标准或国际公认标准为基准来加以确定。

为了使财务综合分析与评价更具客观性和合理性,对各项评价指标标准值,应在考虑企业所属行业特点、规模以及指标特性等因素的基础上分类确定。

3.计算各项评价指标的得分

各项评价指标的评分方法有分等评分法、分等系数评分法和比率评分法等三种。

(1)分等评分法

分等评分法是将各项评价指标的实际数值同评价标准值相比较,按其实现程度划分等级,根据每个等级规定的分数评定各项评价指标的分数。例如:根据实际数值比标准数值的情况,划分为进步、持平和退步三个等级。评价指标实际数值好于标准数值的为进步,评 10 分;评价指标实际数值与标准数值持平的,评 5 分;评价指标实际数值差于标准数值的为退步,评 0 分。

(2)分等系数评分法

分等系数评分法是按各项评价指标实际标准数值的程度分等后,依据实现各等标准程度的系数评定各项评价指标的分数。为了公平、合理地对企业的财务状况和经营成果进行综合评价,除了按照各项评价指标实际标准数值的程度分等级评分外,还应考虑实现各等级标准程度的大小。因此,要对各等级评分规定一个变动的幅度,即规定上限和下限数值,按实际数值达到的程度计算系数,据以评分,即以插值法计算评价指标的得分。

$$\text{某项评价} \atop \text{指标得分} = \frac{\text{实际数值} - \text{本档标准数值}}{\text{上档标准数值} - \text{本档标准数值}} \times (\text{上档基础分} - \text{本档基础分}) + \text{本档基础分}$$

例 10-28

假设净资产收益在整个指标体系中的权重为 25%,指标体系分为优秀、良好、平均、较低和较差五等,标准系数分别为 1、0.8、0.6、0.4、0.2,每等标准值分别为 15%、10%、5%、0%、-5%,如果某企业净资产收益率实际值为 12%。

要求:计算净资产收益指标的得分。

解答:

$$\text{净资产收益率指标的得分} = 25 \times 0.8 + [(12\% - 10\%) \div (15\% - 10\%)] \times (25 \times 1 - 25 \times 0.8)$$
$$= 22(\text{分})$$

(3)比率评分法

比率评分法,又称指数法。它是按各项评价指标分别规定标准分数,根据评价指标实际数值实现标准数值的程度计算实现比率,评定各项评价指标应得分数。

如果某项评价指标是纯正指标或纯逆指标,其计算公式如下:

$$\text{某项评价指标分数} = \text{该项指标标准分数} \times \frac{\text{该项指标实际数值}}{\text{该项指标标准数值}}$$

如果某项评价指标既不是纯正指标,又不是纯逆指标,如资产负债率、流动比率、速动比率等就属这种指标,其得分的计算公式如下:

$$\text{某项评价指标得分} = \text{该项指标标准分数} \times (\text{标准数} - \frac{|\text{实际数值} - \text{标准数值}|}{\text{标准数值}})$$

例 10-29

假设流动比率标准分数为 10,标准值为 2,流动比率实际值为 2.2。

要求:计算流动比率指标得分。

解答:

$$\text{流动比率指标的得分} = 10 \times (2 - \frac{|2.2 - 2|}{2}) = 9(\text{分})$$

4.计算综合评价分

在计算出各项评价指标得分基础上,对各项指标得分进行综合,得到评价总分。评价总分越高,评价结果越好。计算综合评价分的方法主要有加法评分法、连乘评分法、简单平均评分法和加权平均评分法等。

加权平均评分法是按照各项评价指标在评价总体中的重要程度给予相对数,应用加权算术平均计算平均分数,根据加权平均分数的多少进行综合评价。由于加权平均评分法突出评价重点,考虑各项评价指标对评价总体优劣的影响程度,有利于客观评价企业财务综合状况,因而应用较为广泛。

5.形成评价结果

在最终评价时,如果综合得分大于100,说明企业的财务综合状况比较好;反之,则说明企业的财务综合状况比同行业平均水平或者本企业历史先进水平等差。

例 10-30

假定丙企业从四个方面选择10项指标、各项指标采用比率评分法评分、总分计算采用加权平均评分法,对企业进行财务综合评价。评价结果如表10-9所示。

表 10-9 丙企业财务综合评价表(综合评分法)

类别	指标	标准值	实际值	评分比率	权数	加权分数
偿债能力	流动比率/倍	2	2.11	94.5	8	7.56
	已获利息倍数/倍	4	4	100	8	8
	产权比率/倍	0.4	0.44	90	12	10.8
盈利能力	销售净利率/%	8	9	112.5	10	11.25
	总资产报酬率/%	16	18	112.5	10	11.25
	净资产收益率/%	40	41	102.5	16	16.4
营运能力	存货周转率/次	5	4	80	8	6.4
	应收账款周转率/次	6	5	83.33	8	6.67
	总资产周转率/次	2	2	100	12	12
发展能力	销售增长率/%	15	20	133.33	8	10.67
	合计	—	—	—	100	101

由表10-9可见,该企业综合得分为101分,略高于标准值(目标数或同行平均水平等),说明其综合业绩居于中等略偏上水平。其中,盈利能力指标和发展能力指标均超过评价标准值,营运能力指标和偿债能力指标低于评价标准值。具体来说,流动比率、产权比率、存货周转率和应收账款周转率低于评价标准值,因而需要改进或完善。

微课 10-5
管理用财务
报表分析

第五节　管理用财务报表分析

本章前面讨论的财务分析,都是基于按会计准则规定编制的通用财务报表。由于是公开发布的财务报表,其主要的功能是对外披露信息而不是用于企业内部管理或财务分析。因此,需要将其调整为适应财务分析和企业内部管理需要的管理用财务报表。

一、管理用财务报表

企业活动包括经营活动和金融活动两个方面[①]。经营活动是企业在产品和要素市场上进行的活动,包括销售商品或提供劳务等营业活动以及与此有关的经营资产投资活动。金融活动是企业在资本市场上进行的活动,包括筹资活动以及闲置资金的利用。企业与资本市场的交易有两种:一是现金短缺时发行金融工具,从而形成股东权益或持有金融负债;一是现金多余时购买金融工具,从而持有金融资产。通过经营活动取得盈利是企业的目的,也是增加股东财富的基本途径。企业从事金融活动的目的是筹集资金,筹集资金目的是投资生产经营,而不是投资金融工具盈利。

实业企业的金融活动是净筹资,通常不会产生净收益,而是支出净费用。这种筹资费用是否属于经营活动的费用,即使在会计准则的制定中也存在争议,各国会计规范对此的处理不尽相同。实业企业在资本市场上购买金融工具,通常不是"投资"于金融资产,而是临时持有金融资产,为闲置资金的一种处置方式。因此,我们认为:金融资产是企业投资活动的剩余,是尚未投入生产经营的资产,应将其从经营资产中剔除。金融负债扣除金融资产后的余额,才是企业真正背负的偿债压力。它与自发性的经营负债有着根本的区别。这些年来,会计准则在划分金融资产与经营资产、金融负债与经营负债方面做出了改进,但问题依然存在。财务管理要求将可以增加股东财富的经营资产与利用闲置资金的金融资产、通过金融市场筹措的债务资金和自发产生的经营负债分开考察,需要在资产负债表中区分经营资产和金融资产、经营负债和金融负债。与此相关,在利润表要区分经营损益和金融损益。

(一)管理用资产负债表

管理用资产负债表将资产和负债分为经营性和金融性两类。经营性资产和负债是指销售商品或提供劳务的过程中涉及的资产和负债;金融性负债和资产是指在筹资过程中或利用经营活动多余资金进行投资的过程中涉及的资产和负债。将通用的资产负债表调整成为管理用报表,首先需要区分经营资产与金融资产、经营负债与金融负债。

[①]　此处的"经营活动"与对外发布的现金流量表中的经营活动一词的含义不同,它包括经营资产投资活动,后者不包括投资活动。在对外发布的现金流量表中,将企业的活动区分为经营活动、投资活动和筹资活动三部分。

1.经营资产和金融资产的判别

区分经营资产和金融资产的主要标志是有无利息。对多数实业企业来说,绝大部分资产是与销售商品或提供劳务相关的经营性资产,利用经营活动多余资金进行投资形成的金融资产不多,并且不难识别。例如,通用报表上的交易性金融资产、衍生金融资产、应收利息、债权投资、其他债权投资、其他非流动金融资产等。不过,货币资金、应收票据、应收股利、递延所得税资产和其他资产,不太容易识别,需要具体分析。

货币资金本身是金融资产,但实业企业持有货币资金更多的是满足生产经营所需,因此,在编制管理用报表时,将生产经营中正常流转所必需的货币资金视为经营资产。一般情况下,会将全部“货币资金”列为经营资产,理由是企业多余的货币资金会购买有价证券,保留在“货币资金”项目的数额应当是其生产经营所需要的。不过,如在报表的附注有定期银行存款等资金闲置信息披露,则需要作必要的扣除。在某些情况下,也会采用行业或企业历史平均的货币资金销售百分比及本期销售收入,推算出经营活动所需的货币资金数额,多余部分列为金融资产。

应收票据有两种:一是无息应收票据,应归入经营资产,因为它们只是促销的手段;一是以市场利率计息的投资,属于金融资产。在实务中,绝大多数实业公司的应收票据是无息的,是因促销商品或劳务而形成的,是经营性的。

应收股利也有两种:一种是经营性权益投资形成的应收股利,属于经营资产,例如长期股权投资的应收股利;一种是交易性金融资产和其他非流动金融资产形成的应收股利,属于金融资产。

递延所得税资产按其形成的资产归属区分,经营性资产形成的递延所得税资产应列为经营资产,金融资产形成的递延所得税资产应列为金融资产。

在通用财务报表中,有时会出现“其他资产”项目,其具体内容需要查阅报表附注或其他披露信息。如果查不到结果,通常将其列为经营资产。

值得一提的是:由于房地产的“类金融”性质,投资性房地产是经营资产还是金融资产问题上,学术界存在一定的争议。我们认为:如果投资性房地产以成本模式计价,应将其视为经营资产;如果采用公允价值计价,其分类归属有待进一步商榷。

2.经营负债和金融负债的识别

经营负债是指销售商品或提供劳务所涉及的负债,金融负债是债务筹资活动所涉及的负债。企业大部分负债是金融性的,并且不难识别,例如,短期借款、应付短期融资券、应付利息、长期借款、应付债券、租赁负债等。不过,应付票据、应付股利、递延所得税负债等项目,不太容易识别,需要分析。

应付票据与应收票据一样,包括无息应付票据和以市场利率计息的应付票据两类。前者形成于企业的经营活动,应归入经营负债;后者形成于企业的融资活动,应归入金融负债。

对于没有优先股的公司来说,应付股利是经营负债。有优先股公司,则需将应付优先股股东的股利归入金融负债。因为,从普通股股东角度看,优先股属于金融负债。

一年内到期的长期负债,通常为即将到期的借款或债券,为金融负债。但如果其中包括经营活动形成的长期应付款,则需将这部分金额归入经营负债。

递延所得税负债按其形成的负债归属区分,经营性资产形成的递延所得税负债应列为经营负债,金融资产形成的递延所得税负债应列为金融负债。

在通用财务报表中的其他负债项目的归属,需要查阅报表附注或其他披露信息,根据其内容确定。如果查不到结果,通常将其列为经营负债。

3.报表的编制

在管理用资产负债表上,经营负债为经营资产减项,需将其调整至报表的左边,计算出净经营资产;将金融资产移至报表的右边,作为金融负债减项,计算出净负债;净负债加股东权益等于净经营资产。其基本等式为:

$$净经营资产＝净金融负债＋股东权益$$

由于资产有流动资产和非流动资产之分,负债有流动负债和非流动负债之分。与此相关联,经营性流动资产减去经营性流动负债被称为"经营营运资本",它是利用投资者提供的资本取得的经营性流动资产。经营性非流动资产减去经营性非流动负债余额称之为净经营性非流动资产,它是利用投资者提供的资本取得的经营性长期资产。经营营运资本加上净经营性长期资产为净经营资产,它是债权人和股东提供的、已被投入生产经营的资本,又称投资资本。其计算公式为:

$$
\begin{aligned}
净经营资产 &＝经营资产－经营负债\\
&＝(经营性流动资产－经营性流动负债)＋(经营性非流动资产－经营性非流动负债)\\
&＝经营营运资本＋净经营性非流动资产
\end{aligned}
$$

净金融负债是已被企业投入生产经营的债务资本,其计算公式为:

$$净金融负债＝金融负债－金融资产＝净负债$$

例 10-31

ABC 公司 2021 年资产负债表如表 10-10 所示,根据年度报告中财务报表附注提供信息:(1)2021 年期末货币资金中有 40％是闲置的,2020 年期末的货币资金全部为公司经营所需;(2)应收票据和应付票据全部为无息票据;(3)2021 年和 2020 年其他应收款中分别有 256.66 和 205.15 万元为拆借款;(4)应收股利全部来自长期股权投资;(5)2021 年和 2020 年其他流动资产中分别有 70.55 和 2 190.00 万元的银行理财产品;(6)投资性房地产采用成本核算模式;(7)2021 年和 2020 年递延所得税资产中分别有 5.26 和 4.56 万元来自其他非流动金融资产;(8)2021 年和 2020 年一年内到期的非流动负债中分别有 720.28 和 711.60 万元为即将到期的长期借款。

表 10-10　管理用资产负债表

编制单位：ABC 公司　　　　　　　　2021 年 12 月 31 日　　　　　　　　单位：万元

项　目	期末余额	期初余额	项　目	期末余额	期初余额
经营流动资产			金融负债		
货币资金	4 097.99	3 674.83	短期借款	2 092.54	3 245.91
应收票据	2 118.06	1 723.05	衍生金融负债	0.76	0.00
应收账款	6 502.71	5 555.43	其他应付款（应付利息）	20.63	18.09
应收款项融资	242.02	102.69	一年内到期的非流动负债（金融）	720.28	711.60
预付款项	406.81	585.90	长期借款	8 992.18	7 620.58
其他应收款（经营）	282.41	138.22	金融负债合计	11 826.39	11 596.18
存货	3 271.29	2 044.94			
一年内到期的非流动资产	0.00	6.30	金融资产		
其他流动资产	545.69	320.86	货币资金	2 732.00	0.00
经营流动资产合计	17 466.98	14 152.22	交易性金融资产	501.54	0.00
经营流动负债			其他应收款（金融）	269.06	238.03
应付票据	2 074.13	1 862.32	其他流动资产（理财）	70.55	2 190.00
应付账款	5 273.94	4 168.61	递延所得税资产（金融）	5.26	4.56
预收款项	6.19	4.75	其他非流动金融资产	1 379.35	1 508.45
合同负债	291.20	173.45	金融资产合计	4 957.76	3 941.04
应付职工薪酬	748.73	612.37			
应交税费	337.28	315.08	净负债	6 868.63	7 655.14
其他应付款（经营）	1 193.45	789.26			
一年内到期的非流动负债（经营）	134.09	280.17			
其他流动负债	137.86	103.13			
经营流动负债合计	10 196.87	8 309.14			
经营营运资本	7270.11	5843.08			
经营非流动资产					
长期应收款	836.60	556.89			
长期股权投资	1693.18	606.06			
投资性房地产	192.13	73.02			

续表

项　　目	期末余额	期初余额	项　　目	期末余额	期初余额
固定资产	16 092.73	13 458.03			
在建工程	1029.92	819.27			
无形资产	344.25	530.34			
商誉	38.07	7.96	所有者权益:		
长期待摊费用	227.38	136.10	实收资本	2 151.43	1 881.93
递延所得税资产	276.36	226.94	资本公积	10 990.61	6 640.28
其他非流动资产	1 000.02	848.07	减:库存股	171.49	0.00
经营非流动资产合计	21 730.64	17 262.68	其他综合收益	-23.63	18.20
长期应付款	566.87	454.41	盈余公积	1 051.69	894.03
预计负债	179.42	161.61	未分配利润	5 987.85	3 946.00
递延收益	807.08	766.50	归属于母公司所有者权益合计	19 986.46	13 380.44
递延所得税负债	8.33	13.58	少数股东权益	583.96	674.07
经营非流动负债合计	1 561.70	1 396.10	所有者权益合计	20 570.42	14 054.51
净经营非流动资产	20 168.94	15 866.58			
净经营资产	27 439.05	21 709.66	负债和所有者权益总计	27 439.05	21 709.65

(二)管理用利润表

区分经营活动和金融活动,不仅涉及资产负债表,还涉及利润表。经营活动的利润反映管理者的经营业绩。通过经营活动取得盈利是实业企业的目的,也是增加股东财富的基本途径。利用经营资产投资的剩余部分到资本市场投资金融工具,获取金融收益,不是企业的经营目标。因此,需要区分经营损益和金融损益。

1.经营损益和金融损益的区分

经营损益和金融损益的划分,应与资产负债表上经营资产和金融资产的划分相对应。利润表中的营业收入、营业成本、税金及附加、管理费用、销售费用和研发费用等,均为经营损益,可能涉及金融损益的项目主要有财务费用、公允价值变动收益、投资收益和资产减值损失等。

财务费用,包括利息支出、利息收入、汇兑损益以及相关的手续费、现金折扣等。从管理角度分析,现金折扣属于经营损益。外部人无法获得现金折扣具体数据,且实务中被计入财务费用的数额很少。因此,在编制管理用利润表时,通常是将财务费用全部作为金融损益处理。值得一提的是:有一部分利息费用已被资本化,计入相关固定资产成本或开发成本,甚至已被计入折旧费用,作为成本费用抵减收入,对其进行追溯调整十分困难,通常忽略不计。

公允价值变动损益主要是金融资产价值变动形成的损益,包括交易性金融资产、交易性金融负债和金融负债等公允价值变动形成的应计入当期损益的利得或损失。如果有套期保值业务公允价值变动损益,应将其归入经营损益。如果将以公允价值计量的投资性房地产在资产负债表中列为经营资产,其价值变动损益也应列为经营损益。这些资料与数据可以通过查阅报表附注获得。不过,对大多数公司来说,经营性资产形成的公允价值损益数额很小。因此,在编制管理用利润表时往往将其全部列为金融损益。

资产减值损失,既有经营资产的减值损失,也有金融资产的减值损失,前者属于经营损益,后者属于金融损益。由于现行报表中金融工具大多以公允价值计量,因此,大部分的资产减值损失是经营资产的。

投资收益,既有经营资产的投资收益,也有金融资产的投资收益,前者属于经营损益,后者属于金融损益,其具体的数据可从利润表投资收益的附注中获得。

2.分摊所得税

既然已经区分了经营损益和金融损益,与之相关的所得税也应分开。分摊的简便方法是根据企业实际负担的平均所得税计算各自应分摊的所得税;精确的方法是分别根据适用税率计算应负担的所得税。通常,会采用简便方法处理。平均所得税税率的计算公式为:

$$平均所得税税率=\frac{所得税费用}{利润总额}\times100\%$$

3.报表的编制

在管理用利润表,净利润包括经营损益和金融损益两部分,即税后经营利润和税后利息费用,其基本等式为:

净利润=经营损益+金融损益

　　　=税前经营利润×(1−平均所得税税率)−利息费用×(1−平均所得税税率)

　　　=税后经营利润−税后利息费用

式中:利息费用等于财务费用扣除公允价值变动收益和金融资产投资收益后的余额。

例 10-32

ABC 公司 2021 年利润如表 10-11 所示,根据年度报告中财务报表附注提供信息:(1)公允变动损益均来自交易性金融资产;(2)2021 年和 2020 年投资收益中分别有 62.90万元和 86.58 万元为来自金融资产的投资收益。

要求:根据上述资料,编制该公司 2021 年管理用利润表。

解答:

表 10-11　管理用利润表

编制单位:ABC 公司　　　　　　　　　　　2021 年 1—12 月　　　　　　　　　　　单位:万元

项　　目	本年金额	上年金额
经营损益:		
一、营业总收入	23 416.55	20 164.55
其中:营业收入	23 416.55	20 164.55

续表

项　　目	本年金额	上年金额
二、营业总成本	19 874.95	16 886.09
其中:营业成本	16 550.87	14 133.41
税金及附加	172.85	140.95
销售费用	1 341.47	1 012.29
管理费用	1 085.86	960.69
研发费用	723.90	638.75
加:其他收益	152.74	0.00
投资收益(经营)	151.12	71.75
信用减值损失	−21.03	−38.16
资产减值损失	−58.39	−105.75
资产处置收益	58.79	0.00
三、税前营业利润	3 824.83	3 206.30
加:营业外收入	27.96	206.37
减:营业外支出	16.55	48.44
四、税前经营利润	3 836.24	3 364.23
减:经营利润所得税	450.38	462.42
五、税后经营利润	3 385.86	2 901.81
金融损益:		
六、利息费用	441.64	329.12
财务费用	505.33	415.70
减:公允价值变动收益	0.79	0.00
投资收益(金融)	62.90	86.58
七、税后利息费用	389.79	283.88
八、净利润	2 996.07	2 617.93
平均所得税税率/%	11.74	13.75

二、管理用财务分析体系

在传统的杜邦财务分析体系中,总资产净利率指标的分子为净利润,专属于股东,分母为总资产,为债权人和股东共同出资,两者不匹配。因此,该指标不能反映实际的报酬率。为公司提供资产的人包括经营负债债权人、金融负债债权人和股东,经营负债的债权人不要求分享收益,要求分享收益的是股东和金融负债的债权人。因此,需要计量将股东和有息负债权人投入的资本及其产生的收益,以此数据计算的净经营资产收益率才能准确反映企业基本盈利能力。

(一)基本原理与核心公式

管理用财务分析体系是借鉴杜邦财务分析体系的思路,基于管理用资产负债表和利润表,对公司的财务核心指标净资产收益率的驱动因素进行分析。其核心公式为:

$$
\begin{aligned}
\frac{净资产}{收益率} &= \frac{净利润}{股东权益} \\
&= \frac{税后经营利润-税后利息费用}{股东权益} \\
&= \frac{税后经营利润}{净经营资产} \times \frac{净经营资产}{股东权益} - \frac{税后利息费用}{净负债} \times \frac{净负债}{股东权益} \\
&= \frac{税后经营利润}{净经营资产} \times \frac{股东权益+净负债}{股东权益} - \frac{税后利息费用}{净负债} \times \frac{净负债}{股东权益} \\
&= 净经营资产收益率+(净经营资产收益率-税后利息率) \times 净财务杠杆
\end{aligned}
$$

由上述公式可知,净资产收益率分解为净经营资产收益率和杠杆贡献率两部分,净经营资产收益率又可进一步分解为税后经营利润率和净经营资产周转率。其中 ABC 公司 2020 和 2021 年这些财务比率及其变动如表 10-12 所示。

表 10-12 ABC 公司相关财务比率及其变动数据表

主要财务比率	本年	上年	变动
①税后经营利润率(税后经营利润/营业收入)/%	14.46	14.39	0.07
②净经营资产周转率(营业收入/净经营资产)	0.853 4	0.928 8	−0.075 4
③净经营资产收益率(①×②)/%	12.34	13.37	−1.03
④税后利息率(税后利息费用/净负债)/%	5.67	3.71	1.97
⑤经营差异率(③−④)/%	6.66	9.66	−2.99
⑥净财务杠杆(净负债/股东权益)	0.333 9	0.544 7	−0.210 8
⑦杠杆贡献率(⑤×⑥)/%	2.23	5.26	−3.04
⑧净资产收益率(③+⑦)/%	14.56	18.63	−4.06

上面净资产收益率最后一个等式告诉我们,经营差异率(净经营资产收益率－税后利息率)为负,财务杠杆就会出现负效应。因此,经营差异率成为衡量增加借款是否合理的重要依据之一。如果经营差异率为正,借款可以增加股东报酬;如果为负,则会减少股东报酬。从增加股东报酬来看,净经营资产收益率是公司可以承担的税后利息率的上限。另一方面,由于税后利息率的高低是由资本市场决定的,提高经营差异率的根本途径是提高净经营资产收益率。

在经营差异率为正的情况,提高净财务杠杆可以提升净资产收益率,因为杠杆贡献率是经营差异率和净财务杠杆的乘积。但由于净财务杠杆的提升会加大财务风险,因此依靠提高净财务杠杆来增加杠杆贡献率是有限度的。

(二)驱动因素分析

在管理用财务分析体系中,净资产收益率的高低取决于净经营资产收益率、税后利息率和净财务杠杆三个因素,各因素对净资产收益率变动的影响程度,可使用因素分析法中的连环替代法进行测定。

净经营资产收益率又可进一步分解为税后经营利润和净经营资产周转率。对这两个指标的全面分析,可以通过编制管理用利润表同形报表和管理用资产负债表同形报表。

例 10-33

数据如表 10-11 所示。

要求:运用因素分析法,分析 ABC 公司 2021 年净资产收益率变动及其原因。

解答:

2020 年净资产收益率:$13.37\% + (13.37\% - 3.71\%) \times 0.544\,7 = 18.63\%$　　①

替代净经营资产收益率:$12.34\% + (12.34\% - 3.71\%) \times 0.544\,7 = 17.04\%$　　②

替代税后利息率:$12.34\% + (12.34\% - 5.67\%) \times 0.544\,7 = 15.97\%$　　③

替代净财务杠杆:$12.34\% + (12.34\% - 5.67\%) \times 0.333\,9 = 14.56\%$　　④

净经营资产收益上升对净资产收益率的影响:

$$② - ① = 17.04\% - 18.63\% = -1.59\%$$

税后利息率上升对净资产收益率的影响:

$$③ - ② = 15.96\% - 17.04\% = -1.07\%$$

净财务杠杆下降对净资产收益率的影响:

$$④ - ③ = 14.56\% - 15.96\% = -1.40\%$$

综合影响:$-1.59\% + (-1.07\%) + (-1.40\%) = -4.07\%$

由计算结果可知,2021 年 ABC 公司的净资产收益率下降原因是净经营资产收益率下滑、净财务杠杆的下降和税后利息率的上升。因此,如何提升净经营资产收益率、降低税后利息费用率和适度提升净财务杠杆,是公司未来财务决策与运行需要考虑的问题之一。

◼ 本章小结

财务分析,又称财务报告分析,是以财务报告和其他相关资料为基础,采用专门的方法,系统地分析和评价企业的过去和现在经营成果、财务状况、现金流量及其变动,目的是为了解过去、评价现在、预测未来,帮助利益关系集团改善决策。

财务分析的方法和技术种类繁多。在实务中广泛使用的财务分析方法主要有比较分析法和因素分析法两大类。比较分析法是将对两个或两个以上可比数据进行对比,从而揭示差异和矛盾的财务分析方法,是财务分析的最基本方法。因素分析法是依据分析指标与其影响因素的关系,从数量上确定各因素对分析指标影响方向和影响程度的一种财务分析方法。

财务分析主要包括偿债能力、运营能力、盈利能力、发展能力、获取现金能力和市价比率等六大类内容。偿债能力分析主要用以说明企业偿还债务的能力。偿债能力指标主要包括流动比率、速动比率和现金流动负债比等短期偿债能力指标和资产负债率、产权比率、现金债务总额比和已获利息倍数等长期偿债能力指标。

营运能力是指企业营运资产的效率和效果,反映企业资产管理水平和资金周转状况。分析营运能力的财务指标主要有应收账款周转率、存货周转率、流动资产周转率、固定资产周转率和总资产周转率等。

盈利能力是指企业在一定时期内赚取利润的能力。反映企业盈利能力的指标很多,通常使用的主要有销售净利率、销售毛利率、成本费用利润率、总资产报酬率和净资产收益率等。上市公司经常使用的盈利能力指标还有每股收益和每股净资产等。

发展能力是企业在生存的基础上,扩大规模、壮大实力的潜在能力。在运用财务报表数据分析企业发展能力时,主要考察指标有销售增长率、资本积累率、总资产增长率和营业利润增长率等。

衡量企业获取现金能力的财务指标主要包括销售现金比率、每股经营现金流量净额和全部资产现金回收率等。

财务综合分析是将营运能力、偿债能力、盈利能力和发展能力等诸方面纳入一个有机整体之中,全面分析企业的经营成果、财务状况和现金流量,从而寻找制约企业发展的"瓶颈"所在,并对企业的经营业绩做出综合评价与判断。常用的财务综合分析方法主要是杜邦财务分析体系和综合评分法。净资产收益率是杜邦财务分析体系的核心,它的高低取决于销售净利率、资产周转率、权益乘数。提升净资产收益率的主要途径是扩大销售、控制成本费用、合理投资配置、加速资金周转、优化资本结构、树立风险意识。

通用财务报表并不完全适用于企业内部管理或财务分析,需要在区分经营资产与金融资产、金融负债与经营负债、经营损益与金融损益的基础上,按净经营资产等于净负债加股东权益和净利润等于税后经营利润减税后利息费用两个基本等式,将其调整为管理用资产负债表和利润表。基于管理用报表的财务体系告诉我们:净资产收益率的高低主要取决于净经营资产收益率、税后利润率和净财务杠杆。净经营资产收益率不仅反映了企业基础盈利能力的高低,也在很大程度了决定着财务杠杆贡献的正负方向。

复习思考题

1.什么是财务分析？你认为财务分析应涵盖哪些内容？

2.常用的财务分析方法有哪些？请举例说明。

3.登录上海证券交易所网站,下载正泰最新一期年度报告,编制资产负债表和利润表同形报表,并进行简要分析。

4.如果某公司当年的经营利润很多却不能偿还到期债务,为查明原因应检查哪些财务指标？

5.企业的营运能力指的是什么？衡量营运能力的指标主要有哪些？

6.简述资产负债率、产权比率和权益乘数的区别与联系。

7.运用每股收益分析企业盈利能力时,应注意哪些问题？

8.在理论上提供了股票的最低价值的财务指标是哪个？为什么？

9.列示杜邦财务分析体系中净资产收益率指标的分解公式,并概述杜邦财务分析体系的基本原理。

10.登录深圳证券交易所,下载苏宁易购最新年度财务报告,计算该公司当年和上年的净资产收益率、销售净利率、资产周转率和权益乘数,运用因素分析法分析公司当年净资产收益率变动及其变动原因。

11.区分经营资产与金融资产、金融负债与经营负债、经营损益与金融损益的主要依据是什么？

12.在管理用财务分析体系中,决定净资产收益率高低的因素有哪些？

案例分析

2009 年,家电连锁企业苏宁电器超越竞争对手国美电器,成为中国最大的商业零售企业。然而,电子商务的暖风,尤其是天猫、京东等企业的快速成长,让站在中国零售行业之巅的苏宁感受到阵阵寒意。在卓有远见的管理层的带领下,苏宁开始向线上线下互动运营的 O2O 模式转型。2010 年 2 月,电子商务平台苏宁易购上线试运营;2013 年,线上开放平台苏宁云台上线,"店商＋电商＋零售服务商"的云商模式初具雏形,公司的名称由"苏宁电器股份有限公司"变更为"苏宁云商集团股份有限公司"。2017 年,以满足消费者随时、随地、个性化、场景化购物需求为目标的 O2O 智慧零售模式步入了快速发展轨道,线上线下多渠道、多业态统一为全场景互联网零售的"苏宁易购"开始落地。为进一步凸显苏宁零售主营业务,彰显智慧零售内涵,将企业名称与品牌名称进行统一,2018 年 1月公司名称变更为"苏宁易购集团股份有限公司"。

这些年,苏宁在线上,通过苏宁易购持续地丰富商品、优化体验,品牌知名度、市场份额提升较快,已跻身综合购物门户网站前三位;在线下,拥有各类型店面 3 491 家,覆盖中国 299 个城市(含香港、澳门)以及日本,店面形态涵盖家电 3C、母婴、超市、社区便利店以及乡镇市场苏宁易购直营店,形成了不同场景下的店面经营业态,并在零售业务基础上延伸了物流、金融业务,发展成为中国领先的互联网零售服务商,也是主流零售行业中唯一具备线上线下双向销售及服务能力的企业。然而,战略转型的苏宁,营业收入持续增长,经营利润却持续下滑。2013—2017 年苏宁利润表及相关财务数据如表 10-13 所示。

表 10-13　苏宁 2013—2017 年利润表及相关财务数据

单位:亿元

项　目	年份/年				
	2013	2014	2015	2016	2017
一、营业收入	1 052.92	1 089.25	1 355.48	1 485.85	1 879.28
其中:电子商务收入(含税)	218.90	257.91	502.75	618.70	974.60
减:营业成本	892.79	922.85	1 159.81	1 272.48	1 614.32
营业税金及附加	3.30	3.57	5.86	5.83	7.29
销售费用	127.40	141.05	166.45	174.51	206.36
管理费用	28.06	33.57	42.91	39.46	48.64
财务费用	−1.49	0.67	1.04	4.16	3.06
资产减值损失	2.20	1.75	1.98	3.50	5.13
加:公允价值变动损益	−0.83	0.09	−0.07	0.33	0.19
投资收益	0.34	−0.30	16.55	14.45	43.00
其中:处置子公司产生的投资收益	0.00	0.00	14.48	13.04	0.00
资产处置收益					−0.09
二、营业利润	1.84	−14.59	−6.10	0.02	40.76
加:营业外收入	1.61	26.52	16.65	10.60	4.05
其中:非流动资产处置利得	0.00	24.49	14.15	5.39	
减:营业外支出	2.01	2.21	1.66	1.61	1.49
其中:非流动资产处置损失	0.02	0.03	0.18	0.37	
三、利润总额	1.44	9.73	8.89	9.01	43.32
减:所得税费用	0.40	1.49	1.31	4.08	2.83
四、净利润	1.04	8.24	7.58	4.93	40.50
其中:归属于母公司股东净利润	3.72	8.67	8.73	7.04	42.13
少数股东损益	−2.67	−0.43	−1.15	−2.11	−1.63
五、每股收益/(元/股)	0.05	0.12	0.12	0.08	0.45
经营活动产生的现金流量净额	22.38	−13.81	17.33	38.39	−66.05
投资活动使用的现金流量净额	−100.48	−20.07	−2.86	−396.13	134.37
筹资活动产生的现金流量净额	28.74	6.29	28.16	367.58	−9.11
资产总额	822.51	821.93	880.76	1 371.67	1 572.77
股东权益	287.03	295.37	319.25	699.22	836.28

问题：

1.运用杜邦财务分析体系,寻找苏宁 2014 年陷于经营巨亏的原因。

2.2014 年和 2015 年苏宁的营业利润均为负,但净利润都为正,原因是什么? 对此你有何想法?

3.在这 5 年中,哪一年苏宁的盈利能力最差? 哪一年最好? 为什么?

4.登陆深圳证券交易所网站,下载苏宁易购 2018—2021 年利润表及相关资料,对苏宁易购的盈利能力及其变动趋势进行深入分析。

知识拓展 10   **测试 10**   **课件 10**

第十一章　业绩评价

思维导图 11

💡 **学习目标**

通过学习本章,你应该能够:

1.理解业绩评价的含义、内容和方法;

2.掌握责任中心的类型及其考核;

3.掌握经济增加值的含义、计算和运用;

4.掌握平衡计分卡的基本原理与运用。

重点难点 11

在理论研究上,企业业绩评价问题一直是近三十年来财务管理与控制理论的研究议题,由于其内容广泛涉及和影响到公司治理、战略实施、薪酬制度、组织行为和公司文化等相关领域,从而颇受学术界和企业界的共同关注。

业绩评价是企业业绩管理系统的重要组成部分,而如何设计业绩评价指标就是业绩管理的核心。如果你的公司已经有了业绩评价指标,你知道它是如何被构建起来的吗?怎样评价现行业绩评价指标?它是否还能适应企业发展需要?如果老板需要你来参与设计业绩评价指标,你会怎么做?又应该从何入手呢?

第一节　业绩评价概述

微课 11-1 业绩评价 概述

一、业绩评价的意义

企业业绩评价,是指运用数理统计和运筹学的方法,通过建立综合评价指标体系,对照相应的评价标准,定量分析与定性分析相结合,对企业一定经营期间的获利能力、资产质量、债务风险以及经营增长等经营业绩和努力程度的各方面进行的综合评判。或者说,企业业绩评价就是评价主体运用特定的指标、标准和方法,对某一时期内企业预期目标的实现情况所进行的价值判断。

科学地评价企业业绩,可以为出资人行使经营者的选择权提供重要依据;可以有效地加强对企业经营者的监管和约束;可以为有效地激励企业经营者提供可靠依据;还可以为政府有关部门、债权人、企业职工等利益相关方提供有效的信息支持。

二、业绩评价的内容

业绩评价由财务业绩定量评价和管理业绩定性评价两部分组成。

(一)财务业绩定量评价

财务业绩定量评价是指对企业一定期间的获利能力、资产质量、债务风险和经营增长等四个方面进行定量对比分析和评判。

1.企业获利能力分析与评判主要通过资本及资产报酬水平、成本费用控制水平和经营现金流量状况等方面的财务指标,综合反映企业的投入产出水平以及盈利质量和现金保障状况。

2.企业资产质量分析与评判主要通过资产周转速度、资产运行状态、资产结构以及资产有效性等方面的财务指标,综合反映企业所占用经济资源的利用效率、资产管理水平和资产的安全性。

3.企业债务风险分析与评判主要通过债务负担水平、资产负债结构、或有负债情况、现金偿债能力等方面的财务指标,综合反映企业的债务水平、偿债能力及其面临的债务风险。

4.企业经营增长分析与评判主要通过销售增长、资本积累、效益变化以及技术投入等方面的财务指标,综合反映企业的经营增长水平及发展后劲。

(二)管理业绩定性评价

管理业绩定性评价是指在企业财务业绩定量评价的基础上,通过采取专家评议的方式,对企业一定期间的经营管理水平进行定性分析和综合评判。

三、评价指标

业绩评价指标由财务业绩定量评价指标和管理业绩定性评价指标两大体系构成。确定各项具体指标之后,再分别分配以不同的权重,使之成为一个完整的指标体系。

(一)财务业绩定量评价指标

财务业绩定量评价指标由反映企业获利能力状况、资产质量状况、债务风险状况和经营增长状况等四方面的基本指标和修正指标构成,用于综合评价企业财务会计报表所反映的经营绩效状况。

财务业绩定量评价指标依据各项指标的功能作用划分为基本指标和修正指标。其中,基本指标反映企业一定期间财务业绩的主要方面,并得出企业财务业绩定量评价的基本结果。修正指标是根据财务指标的差异性和互补性,对基本指标的评价结果作进一步的补充和矫正。

1.企业获利能力指标。企业获利能力状况以净资产收益率、总资产报酬率两个基本指标和销售(营业)利润率、盈余现金保障倍数、成本费用利润率、资本收益率四个修正指标进行评价,主要反映企业一定经营期间的投入产出水平和盈利质量。

2.企业资产质量指标。企业资产质量状况以总资产周转率、应收账款周转率两个基本指标和不良资产比率、流动资产周转率、资产现金回收率三个修正指标进行评价,主要反映企业所占用经济资源的利用效率、资产管理水平与资产的安全性。

3.企业债务风险指标。企业债务风险状况以资产负债率、已获利息倍数两个基本指标和速动比率、现金流动负债比率、带息负债比率、或有负债比率四个修正指标进行评价,主要反映企业的债务负担水平、偿债能力及其面临的债务风险。

4.企业经营增长指标。企业经营增长状况以销售(营业)增长率、资本保值增值率两个基本指标和销售(营业)利润增长率、总资产增长率、技术投入比率三个修正指标,主要反映企业的经营增长水平、资本增值状况及发展后劲。

(二)管理业绩定性评价指标

管理业绩定性评价指标包括企业发展战略的确立与执行、经营决策、发展创新、风险控制、基础管理、人力资源、行业影响、社会贡献等八个方面的指标,主要反映企业在一定经营期间所采取的各项管理措施及其管理成效。

1.战略管理评价主要反映企业所制定战略规划的科学性,战略规划是否符合企业实际,员工对战略规划的认知程度,战略规划的保障措施及其执行力,以及战略规划的实施效果等方面的情况。

2.发展创新评价主要反映企业在经营管理创新、工艺革新、技术改造、新产品开发、品牌培育、市场拓展、专利申请及核心技术研发等方面的措施及成效。

3.经营决策评价主要反映企业在决策管理、决策程序、决策方法、决策执行、决策监督、责任追究等方面采取的措施及实施效果,重点反映企业是否存在重大经营决策失误。

4.风险控制评价主要反映企业在财务风险、市场风险、技术风险、管理风险、信用风险和道德风险等方面的管理与控制措施及效果,包括风险控制标准、风险评估程序、风险防范与化解措施等。

5.基础管理评价主要反映企业在制度建设、内部控制、重大事项管理、信息化建设、标准化管理等方面的情况,包括财务管理、对外投资、采购与销售、存货管理、质量管理、安全管理、法律事务等。

6.人力资源评价主要反映企业人才结构、人才培养、人才引进、人才储备、人事调配、员工绩效管理、分配与激励、企业文化建设、员工工作热情等方面的情况。

7.行业影响评价主要反映企业主营业务的市场占有率、对国民经济及区域经济的影响与带动力、主要产品的市场认可程度、是否具有核心竞争能力以及产业引导能力等方面的情况。

8.社会贡献评价主要反映企业在资源节约、环境保护、吸纳就业、工资福利、安全生产、上缴税收、商业诚信、和谐社会建设等方面的贡献程度和社会责任的履行情况。

企业管理绩效定性评价指标应当根据评价工作需要作进一步细化,能够量化的应当采用量化指标进行反映。

四、评价标准

业绩评价标准分为财务业绩定量评价标准和管理业绩定性评价标准,通常由政府等权威部门统一测算和发布。

(一)财务业绩定量评价标准

财务业绩定量评价标准包括国内行业标准和国际行业标准。国内行业标准根据国内企业年度财务和经营管理统计数据,运用数理统计方法,分年度、分行业、分规模统一测算。国际行业标准根据居于行业国际领先地位的大型企业相关财务指标实际值,或者根据同类型企业组相关财务指标的先进值,在剔除会计核算差异后统一测算。其中,行业分类按照国家统一颁布的国民经济行业分类标准结合企业实际情况进行划分。

财务业绩定量评价标准按照不同行业、不同规模及指标类别,划分为优秀(A)、良好(B)、平均(C)、较低(D)和较差(E)五个档次。对应这五档评价标准的标准系数分别为1.0、0.8、0.6、0.4、0.2。

(二)管理业绩定性评价标准

管理业绩定性评价标准根据评价内容,结合企业经营管理的实际水平和出资人监管要求等统一测算,并划分为优、良、中、低和差五个档次。

管理业绩定性评价标准具有行业普遍性和一般性,在进行评价时,应当根据不同行业的经营特点,灵活把握个别指标的标准尺度。对于定性评价标准没有列示,但对被评价企业经营绩效产生重要影响的因素,在评价时也应予以考虑。

各指标评价内容与权重如表 11-1 所示。

表 11-1　企业综合业绩评价指标及权重表

财务业绩定量指标(权重 70%)			管理业绩定性指标(权重 30%)
指标类别(100 分)	基本指标(100 分)	修正指标(100 分)	评议指标(100 分)
一、财务效益状况 (34 分)	净资产收益率(20 分) 总资产报酬率(14 分)	销售利润率(10 分) 利润现金保障倍数(9 分) 成本费用利润率(8 分) 资本收益率(7 分)	1.经营者基本素质(18 分) 2.产品市场占有率(16 分) 3.基础管理水平(12 分) 4.在岗员工素质(10 分) 5.技术装备更新水平——服务硬环境(10 分) 6.经营发展战略(12 分) 7.发展创新能力(14 分) 8.综合社会贡献(8 分)
二、资产营运状况 (22 分)	总资产周转率(10 分) 应收账款周转率(12 分)	流动资产周转率(7 分) 资产现金回收率(6 分) 不良资产比率(9 分)	
三、偿债能力状况 (22 分)	资产负债率(12 分) 已获利息倍数(10 分)	速动比率(6 分) 现金流动负债比率(6 分) 带息负债比率(5 分) 或有负债比率(5 分)	
四、发展能力状况 (22 分)	销售增长率(12 分) 资本保值增值率(10 分)	销售利润增长率(10 分) 总资产增值率(7 分) 技术投入比率(5 分)	

五、评价方法

业绩评价分为三个大的步骤,首先进行财务业绩定量评价,然后在财务定量评价结果的基础上,进行管理业绩定性评价,最后将财务业绩定量评价和管理业绩定性评价的结果结合在一起,计算综合业绩评价分值,形成综合评价结果。

(一)财务业绩定量评价方法

财务业绩定量评价是运用功效系数法的原理,以企业评价指标实际值对照企业所处行业(规模)标准值,按照既定的计分模型进行定量测算。其基本步骤如下。

1.提取相关数据,加以调整,计算各项指标实际值。财务业绩定量评价的基本数据资料主要为企业评价年度财务会计报表。为了客观、公正地评价企业业绩,保证评价基础数据的真实、完整、合理。在实施评价前通常应当对基础数据进行核实,视实际情况按照重要性和可比性原则进行适当调整。在此基础上,运用前文列出的各项指标的计算公式,确定各项指标实际值。

2.确定各项指标标准值。各项指标的标准值是有关权威部门运用数理统计方法,分年度、分行业、分规模统一测算和发布的。企业一般可以根据自己的主营业务领域对照国家规定的行业基本分类,选择适用于自己的行业标准值。

3.按照既定模型对各项指标评价计分。前已提及,财务业绩评价指标包括基本指标和修正指标,两种指标的计分模型是不同的。

(1)财务业绩定量评价基本指标计分是按照功效系数法计分原理,将评价指标实际值对照行业评价标准值,按照既定的计分公式计算各项基本指标得分。计算公式为:

$$基本指标总得分 = \sum 单项基本指标得分$$

$$单项基本指标得分 = 本档基础分 + 调整分$$

$$本档基础分 = 指标权数 \times 本档标准系数$$

$$调整分 = 功效系数 \times (上档基础分 - 本档基础分)$$

$$上档基础分 = 指标权数 \times 上档标准系数$$

$$功效系数 = \frac{(实际值 - 本档标准值)}{(上档标准值 - 本档标准值)}$$

本档标准值是指上下两档标准值居于较低等级一档。

(2)财务业绩定量评价修正指标的计分是在基本指标计分结果的基础上,运用功效系数法原理,分别计算获利能力、资产质量、债务风险和经营增长四个部分的综合修正系数,再据此计算出修正后的分数。计算公式为:

$$修正后总得分 = \sum 各部分修正后得分$$

$$各部分修正后得分 = 各部分基本指标分数 \times 该部分综合修正系数$$

$$某部分综合修正系数 = \sum 该部分各修正指标加权修正系数$$

$$某指标加权修正系数 = \frac{修正指标权数}{该部分权数} \times 该指标单项修正系数$$

$$某指标单项修正系数 = 1.0 + (本档标准系数 + 功效系数 \times 0.2 - 该部分基本指标分析系数)$$

单项修正系数控制修正幅度为 $0.7 \sim 1.3$。

$$某部分基本指标分析系数 = \frac{该部分基本指标得分}{该部分权数}$$

需要说明的是,在计算修正指标单项修正系数过程中,对于一些特殊情况需进行调整。

①如果修正指标实际值达到优秀值以上,其单项修正系数的计算公式如下:

单项修正系数＝1.2＋本档标准系数－该部分基本指标分析系数

②如果修正指标实际值处于较差值以下,其单项修正系数的计算公式如下:

单项修正系数＝1.0－该部分基本指标分析系数

③如果资产负债率≥100％,指标得 0 分;其他情况按照规定的公式计分。

④如果盈余现金保障倍数分子为正数,分母为负数,单项修正系数确定为 1.1;如果分子为负数,分母为正数,单项修正系数确定为 0.9;如果分子分母同为负数,单项修正系数确定为 0.8。

⑤如果不良资产比率≥100％或分母为负数,单项修正系数确定为 0.8。

⑥对于营业利润增长率指标,如果上年主营业务利润为负数,本年为正数,单项修正系数为 1.1;如果上年主营业务利润为零本年为正数,或者上年为负数本年为零,单项修正系数确定为 1.0。

⑦如果个别指标难以确定行业标准,该指标单项修正系数确定为 1.0。

4.计算财务业绩评价分值,形成评价结果。在计算出财务业绩定量评价分值的基础上,需要对定量评价进行深入分析,诊断企业经营管理存在的薄弱环节,形成评价结果。

(二)管理业绩定性评价方法

管理业绩定性评价是运用综合分析判断法的原理,根据评价期间企业管理业绩状况等相关因素的实际情况,对照管理业绩定性评价参考标准,对企业管理业绩指标进行分析评议,确定评价分值。其基本步骤如下。

1.收集整理相关资料。为了深入了解企业的管理业绩状况,可以通过问卷调查、访谈等方式,充分收集并认真整理管理业绩评价的有关资料。财务业绩定量评价结果也是进行管理业绩定性评价的重要资料之一。

2.参照管理业绩定性评价标准,分析企业管理业绩状况。

3.对各项指标评价计分。管理业绩定性评价指标的计分一般通过专家评议打分完成(聘请的专家通常应不少于 7 名);评议专家应当在充分了解企业管理绩效状况的基础上,对照评价参考标准,采取综合分析判断法,对企业管理绩效指标做出分析评议,评判各项指标所处的水平档次,并直接给出评价分数。其计算公式如下:

$$管理业绩定性评价指标分数 = \sum 单项指标分数$$

$$单项指标分数 = \frac{\left(\sum 每位专家给定的单项指标分数 \right)}{专家人数}$$

4.计算管理业绩评价分值,形成评价结果。

管理绩效定性评价工作的最后是汇总管理绩效定性评价指标得分,形成定性评价结论。

(三)计算综合业绩评价分值,形成综合评价结果

根据财务业绩定量评价结果和管理业绩定性评价结果,按照既定的权重和计分方法,

计算出业绩评价总分,并考虑相关因素进行调整后,得出企业综合业绩评价分值。其计算公式如下:

$$综合业绩评价分值＝财务业绩定量评价分数×70％＋管理业绩定性评价分数×30％$$

综合评价结果是根据企业综合业绩评价分值及分析得出的评价结论,可以评价得分、评价类型和评价级别表示。评价类型是根据评价分数对业绩评价所划分的水平档次,分为优(A)、良(B)、中(C)、低(D)、差(E)五个等级。评价级别是对每种类型再划分级次,以体现同一评价类型的差异,采用字母和在字母右上端标注"＋＋"、"＋"、"－"的方式表示(见表 11-2)。

表 11-2　综合评价结果

综合业绩评价分值		评价类型	评价级别
≥85 分	≥95 分	优(A)	A++
	≥90 分、<95 分		A+
	≥85 分、<90 分		A
≥70 分、<85 分	≥80 分、<85 分	良(B)	B+
	≥75 分、<80 分		B
	≥70 分、<75 分		B−
≥50 分、<70 分	≥60 分、<70 分	中(C)	C
	≥50 分、<60 分		C−
≥40 分、<50 分		低(D)	D
<40 分		差(E)	E

六、综合评价报告

综合评价报告是根据业绩评价结果编制、反映被评价企业业绩状况的文件,由报告正文和附件构成。

综合评价报告正文应当包括评价目的、评价依据与评价方法、评价过程、评价结果以及评论结论、需要说明的重大事项等内容。

综合评价报告附件应当包括企业经营业绩分析报告、评价结果计分表、问卷调查结果分析、专家咨询报告、评价基础数据及调整情况等内容。

第二节　责任中心与业绩考核

微课 11-2
责任中心
与业绩考核

建立责任中心、编制和执行责任预算、考核和监控责任预算的执行情况是企业实行财务控制的一种有效的手段,又称为责任中心财务控制。

一、责任中心的含义与特征

责任中心就是承担一定经济责任,并享有一定权益的企业内部责任单位。

企业为了实行有效的内部协调与控制,通常都按照统一领导、分级管理的原则,在其内部合理划分责任单位,明确各责任单位应承担的经济责任、应有的权利,促使各责任单位尽其责任协同配合,实现企业预算总目标。同时,为了保证预算的贯彻落实和最终实现,必须把总预算中确定的目标和任务,按照责任中心逐层进行指标分解,形成责任预算,使各个责任中心据以明确目标和任务。

责任预算执行情况的揭示和考评可以通过责任会计来进行,责任会计围绕各个责任中心,把衡量工作成果的会计同企业生产经营的责任制紧密结合起来,成为企业内部控制体系的重要组成部分。由此可见,建立责任中心是实行责任预算和责任会计的基础。

责任中心通常具有以下特征:

1.责任中心是一个责权利结合的实体。它意味着每个责任中心都要对一定的财务指标承担完成的责任。同时,赋予责任中心与其所承担责任的范围和大小相适应的权力,并规定出相应的业绩考核标准和利益分配标准。

2.责任中心具有承担经济责任的条件。它有两方面的含义:一是责任中心要有履行经济责任中各条款的行为能力;二是责任中心一旦不能履行经济责任,能对其后果承担责任。

3.责任中心所承担的责任和行使的权力都应是可控的。每个责任中心只能对其责权范围内可控的成本、收入、利润和投资负责,在责任预算和业绩考评中也只应包括他们能控制的项目。可控是相对于不可控而言的,不同的责任层次,其可控的范围并不一样。一般而言,责任层次越高,其可控范围也就越大。

4.责任中心具有相对独立的经营业务和财务收支活动。它是确定经济责任的客观对象,是责任中心得以存在的前提条件。

5.责任中心便于进行责任会计核算或单独核算。责任中心不仅要划清责任,而且要单独核算。划清责任是前提,单独核算是保证。只有既划清责任又能进行单独核算的企业内部单位才能作为一个责任中心。

二、责任中心的类型和考核指标

根据企业内部责任中心的权责范围及业务活动的特点不同,责任中心可以分为成本中心、利润中心和投资中心三大类型。

(一)成本中心

1.成本中心的含义

成本中心是对成本或费用承担责任的责任中心,它不会形成可以用货币计量的收入,因而不对收入、利润或投资负责。成本中心一般包括负责产品生产的生产部门、劳务提供部门以及给予一定费用指标的管理部门。

成本中心的应用范围最广,从一般意义出发,企业内部凡有成本发生,需要对成本负责,并能实施成本控制的单位,都可以成为成本中心。工业企业,上至工厂一级,下至车间、工段、班组,甚至个人都有可能成为成本中心。成本中心的规模不一,多个较小的成本中心共同组成一个较大的成本中心,多个较大的成本中心又能共同构成一个更大的成本中心。从而,在企业形成一个逐级控制,并层层负责的中心体系。规模大小不一和层次不同的成本中心,其控制和考核的内容也不尽相同。

2.成本中心的类型

成本中心分为技术性成本中心和酌量性成本中心。技术性成本是指发生的数额通过技术分析可以相对可靠地估算出来的成本,如产品生产过程中发生的直接材料、直接人工、间接制造费用等。其特点是这种成本的发生可以为企业提供一定的物质成果,在技术上投入量与产出量之间有着密切的联系。技术性成本可以通过弹性预算予以控制。

酌量性成本是否发生以及发生数额的多少是由管理人员的决策所决定的,主要包括各种管理费用和某些间接成本项目,如研究开发费用、广告宣传费用、职工培训费用等。这种费用发生主要是为企业提供一定的专业服务,一般不能产生可以用货币计量的成果。在技术上,投入量与产出量之间没有直接关系。酌量性成本的控制应着重于预算总额的审批上。

3.成本中心的特点

成本中心相对于利润中心和投资中心有自身的特点,主要表现在:

(1)成本中心只考评成本费用而不考评收益。成本中心一般不具备经营权和销售权,其经济活动的结果不会形成可以用货币计量的收入;有的成本中心可能有少量的收入,但整体上讲,其产出与投入之间不存在密切的对应关系,因而,这些收入不作为主要的考核内容,也不必计算这些货币收入。概括地说,成本中心只以货币形式计量投入,不以货币形式计量产出。

(2)成本中心只对可控成本承担责任。成本费用依其责任主体是否能控制分为可控成本与不可控成本。凡是责任中心能控制其发生及其数量的成本称为可控成本;凡是责任中心不能控制其发生及其数量的成本称为不可控成本。具体来说,可控成本必须同时具备以下四个条件:一是可以预计,即成本中心能够事先知道将发生哪些成本以及在何时发生;二是可以计量,即成本中心能够对发生的成本进行计量;三是可以施加影响,即成本中心能够通过自身的行为来调节成本;四是可以落实责任,即成本中心能够将有关成本的控制责任分解落实,并进行考核评价。凡不能同时具备上述四个条件的成本通常为不可控成本;属于某成本中心的各项可控成本之和即构成该成本中心的责任成本。从考评的角度看,成本中心工作成绩的好坏,应以可控成本作为主要依据,不可控成本核算只有参考意义。在确定责任中心的成本责任时,应尽可能使责任中心发生的成本成为可控成本。

成本的可控与不可控是以特定的责任中心和特定的时期作为出发点的,这与责任中心所处管理层次的高低、管理权限及控制范围的大小和经营期间的长短有直接关系。首先,成本的可控与否,与责任中心的权力层次有关。某些成本对于较高层次的责任中心或高级领导来说是可控的,对于其下属的较低层次的责任中心或基层领导而言,就可能是不可控的。反之,较低层次责任中心或基层领导的不可控成本,则可能是其所属较高层次责任中心或高级领导的可控成本。对企业来说,几乎所有的成本都是可控的,而对于企业下属各层次、各部门乃至个人来说，则既有各自的可控成本，又有各自的不可控成本。其次，成本的可控与否，与责任中心的管辖范围有关。某项成本就某一责任中心来看是不可控的，而对另一个责任中心可能是可控的，这不仅取决于该责任中心的业务内容，也取决于该责任中心所管辖的业务内容的范围。如产品试制费，从产品生产部门看是不可控的，而对研发部门来说就是可控的。但如果新产品试制也归口由生产部门负责进行，则试制费又成了生产部门的可控成本。最后，某些从短期看属于不可控的成本，从较长的期间看，又成了可控成本。现有生产设备的折旧，在设备原价和折旧方法既定的条件下，该设备继续使用时，就具体使用它的部门来说，折旧是不可控的；但当现有设备不能继续使用，要用新的设备来代替它时，新设备的折旧则取决于设备更新所选用设备的价格及正常使用寿命，从这时看，新设备的折旧又成为可控成本。

另外，在责任控制中，应尽可能把各项成本落实到各成本中心，使之成为各成本中心的可控成本。而对那些工时难以确认为某一特定成本中心的可控成本，则可以通过各种方式与有关成本中心协商，共同承担风险，借以克服由于风险责任或难以控制而产生的种种问题和避免出现相互推诿和扯皮现象。对确实不能确认为某一成本中心的成本费用，则由企业控制或承担。

值得说明的是，成本不仅可按可控性分类，也可按其他标志分类。一般说来，成本中心的变动成本大多是可控成本，而固定成本大多是不可控成本。但也不完全如此，还应结合有关情况具体分析。管理人员工资属固定成本，但其发生额可以在一定程度上为部门负责人所决定或影响，因而，也可能作为可控成本；从成本的发生同各个成本中心的关系来看，各成本中心直接发生的成本是直接成本，其他部门分配的成本是间接成本。一般而言，直接成本大多是可控成本，间接成本大多是不可控成本。尽管如此，也要具体情况具体分析，一个成本中心使用的固定资产所发生的折旧费是直接成本，但不是可控成本。从其他部门分配来的间接成本又可分为两类：一类是某些服务部门为生产部门提供服务，只为生产部门正常开展生产活动提供必要的条件，与生产活动本身并无直接联系，如人事部门所提供的服务；另一类是某些服务部门提供的服务是生产部门在生产中耗用的，可随生产部门的生产需要而改变，如动力电力部门提供的服务。一般而言，前一种间接成本属于不可控成本；后一种间接成本如果采用按各成本中心实际耗用量进行分配，就是各成本中心的可控成本。

（3）成本中心只对责任成本进行考核和控制。责任成本是各成本中心当期确定或发生的各项可控成本之和。它可分为预算责任成本和实际责任成本。前者是指由预算分解确定的各责任中心应承担的责任成本；后者是指各责任中心从事业务活动实际发生的责任成本。对成本费用进行控制，应以各成本中心的预算责任成本为依据，确保实际责任成本不会超过预算责任成本；对成本中心进行考核，应通过各成本中心的实际责任成本与预算责任成本进行比较，确定其成本控制的绩效，并采取相应的奖惩措施。

4.成本中心的考核指标

成本中心的考核指标主要采用相对指标和比较指标，包括成本（费用）变动额和变动率两指标，其计算公式是：

成本（费用）变动额＝实际责任成本（费用）－预算责任成本（费用）

$$成本（费用）变动率＝\frac{成本（费用）变动额}{预算责任成本（费用）}\times100\%$$

在进行成本中心考核时,如果预算产量与实际产量不一致,应注意按弹性预算的方法先行调整预算指标,然后,再按上述公式计算。

(二)利润中心

1.利润中心的含义

利润中心是指既对成本负责又对收入和利润负责的责任中心,它有独立或相对独立的收入和生产经营决策权。

利润中心往往处于企业内部的较高层次,如分厂、分店、分公司,一般具有独立的收入来源或能视同为一个有独立收入的部门,一般还具有独立的经营权。利润中心与成本中心相比,其权力和责任都相对较大,它不仅要绝对地降低成本,而且更要寻求收入的增长,并使之超过成本的增长。换言之,利润中心对成本的控制是联系着收入进行的,它强调相对成本的节约。

2.利润中心的类型

利润中心分为自然利润中心与人为利润中心两种。

(1)自然利润中心。它是指可以直接对外销售产品并取得收入的利润中心。这种利润中心本身直接面向市场,具有产品销售权、价格制定权、材料采购权和生产决策权。它虽然是企业内的一个部门,但其功能同独立企业相近。最典型的形式就是公司内的事业部,每个事业部均有销售、生产、采购的机能,有很大的独立性,能独立的控制成本、取得收入。

(2)人为利润中心。它是指只对内部责任单位提供产品或劳务而取得"内部销售收入"的利润中心。这种利润中心一般不直接对外销售产品。

成为人为利润中心应具备两个条件:①该中心可以向其他责任中心提供产品(含劳务);②能为该中心的产品确定合理的内部转移价格,以实现公平交易、等价交换。

工业企业的大多数成本中心都可以转化为人为利润中心。人为利润中心一般也应具备相对独立的经营权,即能自主决定本利润中心的产品品种(含劳务)、产品质量、作业方法、人员调配、资金使用等。

3.利润中心的成本计算

利润中心对利润负责,必然要考核和计算成本,以便正确计算利润,作为对利润中心业绩评价与考核的可靠依据。对利润中心的成本计算,通常有两种方式可供选择。

(1)利润中心只计算可控成本,不分担不可控成本,亦即不分摊共同成本。这种方式主要适应于共同成本难以合理分摊或无须进行共同成本分摊的场合,按这种方式计算出的盈利不是通常意义上的利润,而是相当于"边际贡献总额"。企业各利润中心的"边际贡献总额"之和,减去未分配的共同成本,经过调整后才是企业的利润总额。采用这种成本计算方式的"利润中心",实质上已不是完整和原来意义上的利润中心,而是边际贡献中心。人为利润中心适合采取这种计算方式。

(2)利润中心不仅计算可控成本,也计算不可控成本。这种方式适合于共同成本易于合理分摊或不存在共同成本分摊的场合。这种利润中心在计算时,如果采用变动成本法,应先计算出边际贡献(或称贡献毛益),再减去固定成本,才是税前利润;如果采用完全成本法,利润中心可以直接计算出税前利润。各利润中心的税前利润之和,就是全企业的利润总额。自然利润中心适合采取这种计算方式。

4.利润中心的考核指标

利润中心的考核指标为利润,通过比较一定期间实际实现的利润与责任预算所确定的利润,可以评价其责任中心的业绩。但由于成本计算方式不同,各利润中心的利润指标的表现形式也不相同。

(1)当利润中心不计算共同成本或不可控成本时,其考核指标是利润中心边际贡献总额,该指标等于利润中心销售收入总额与可控成本总额(或变动成本总额)的差额。值得说明的是,如果可控成本中包含可控固定成本,就不完全等于变动成本总额。但一般而言,利润中心的可控成本是变动成本。

(2)而当利润中心计算共同成本或不可控成本,并采取变动成本法计算成本时,其考核指标包括:利润中心边际贡献总额;利润中心负责人可控利润总额;利润中心可控利润总额等。

利润中心边际贡献总额=该利润中心销售收入总额-该利润中心变动成本总额

利润中心负责人可控利润总额=该利润中心边际贡献总额-该利润中心负责人可控固定成本

利润中心可控利润总额=该利润中心负责人可控利润总额-该利润中心负责人不可控固定成本

公司利润总额=各利润中心可控利润总额之和-公司不可分摊的各种管理(财务)费用

为了考核利润中心负责人的经营业绩,应针对经理人员的可控成本费用进行评价和考核。这就需要将各利润中心的固定成本区分为可控成本和不可控成本。这主要考虑有些成本费用可以划归、分摊到有关利润中心,却不能为利润中心负责人所控制,如广告费、保险费等。在考核利润中心负责人业绩时,应将其不可控的固定成本从中剔除。

(三)投资中心

1.投资中心的含义

投资中心是指既对成本、收入和利润负责,又对投资效果负责的责任中心。投资中心同时也是利润中心。它与利润中心的区别主要有两个:一是权利不同,利润中心没有投资决策权,它只是在企业投资形成后进行具体的经营;而投资中心则不仅在产品生产和销售上享有较大的自主权,而且能够相对独立地运用所掌握的资产,有权购建或处理固定资产,扩大或缩减现有的生产能力。二是考核办法不同,考核利润中心业绩时,不联系投资多少或占用资产的多少,即不进行投入产出的比较;相反,考核投资中心业绩时,必须将所获得的利润与所占用的资产进行比较。

投资中心是最高层次的责任中心,它具有最大的决策权,也承担最大的责任。投资中心的管理特征是较高程度的分权管理。一般而言,大型集团所属的子公司、分公司、事业部往往都是投资中心。在组织形式上,成本中心一般不是独立法人,利润中心可以是也可以不是独立法人,而投资中心一般是独立法人。

由于投资中心独立性较高,它一般应向公司的总经理或董事会直接负责。对于投资中心不应干预过多,应使其享有投资权和较为充分的经营权;投资中心在资产和权益方面应与其他责任中心划分清楚。如果对投资中心干预过多,或者其资产和权益与其他责任中心划分不清,出现互相扯皮的现象,也无法对其进行准确的考核。

2.投资中心的考核指标

为了准确地计算各投资中心的经济效益,应该对各投资中心共同使用的资产划定界限;对共同发生的成本按适当的标准进行分配;各投资中心之间相互调剂使用的现金、存货、固定资产等均应计息清偿,实行有偿使用。在此基础上,根据投资中心应按投入产出之比进行业绩评价与考核的要求,除考核利润指标外,更需要计算和分析利润与投资额的关系性指标,即投资利润率和剩余收益。

(1)投资利润率。投资利润率又称投资收益率,是指投资中心所获得的利润与投资额之间的比率,可用于评价和考核由投资中心掌握、使用的全部净资产的获利能力。其计算公式为:

$$投资利润率 = \frac{利润}{投资额} \times 100\%$$

投资利润率这一指标,还可进一步展开:

$$投资利润率 = \frac{销售收入}{投资额} \times \frac{成本费用}{销售收入} \times \frac{利润}{成本费用}$$
$$= 资本周转率 \times 销售成本率 \times 成本费用利润率$$

以上公式中投资额是指投资中心的总资产扣除负债后的余额,即投资中心的净资产。所以,该指标也可以称为净资产利润率,它主要说明投资中心运用"公司产权"供应的每一元资产对整体利润贡献的大小,或投资中心对所有者权益的贡献程度。

为了考核投资中心的总资产运用状况,也可以计算投资中心的总资产息税前利润率。它是投资中心的息税前利润除以总资产占用额。总资产是指生产经营中占用的全部资产。因资金来源中包含了负债,相应分子也要采用息税前利润,它是利息加利润总额。投资利润率按总资产占用额计算,主要用于评价和考核由投资中心掌握、使用的全部资产的获利能力。值得说明的是,由于利润或息税前利润是期间性指标,故上述投资额或总资产占用额应按平均投资额或平均占用额计算。

投资利润率是广泛采用的评价投资中心业绩的指标,它的优点如下:一是投资利润率能反映投资中心的综合获利能力。从投资利润率的分解公式可以看出,投资利润率的高低与收入、成本、投资额和周转能力有关,提高投资利润率应通过增收节支、加速周转,减少投入来实现。二是投资利润率具有横向可比性。投资利润率将各投资中心的投入与产出进行比较,剔除了因投资额不同而导致的利润差异的不可比因素,有利于进行各投资中心经营业绩的比较。三是投资利润率可以作为选择投资机会的依据,有利于调整资产的存量,优化资源配置。四是以投资利润率作为评价投资中心经营业绩的尺度,可以正确引导投资中心的经营管理行为,使其行为长期化。由于该指标反映了投资中心运用资产并使资产增值的能力,如果投资中心资产运用不当,会增加资产或投资占用规模,也会降低利润。因此,以投资利润率作为评价与考核的尺度,将促使各投资中心盘活闲置资产,减少不合理资产占用,及时处理过时、变质、毁损资产等。

总的说来,投资利润率的主要优点是能促使管理者像控制费用一样地控制资产占用或投资额的多少,综合反映一个投资中心全部经营成果。但是该指标也有其局限性。一是世界性的通货膨胀,使企业资产账面价值失真、失实,以致相应的折旧少计,利润多计,使计算的投资利润率无法揭示投资中心的实际经营能力。二是使用投资利润率往往会使投资中心只顾本身利益而放弃对整个企业有利的投资机会,造成投资中心的近期目标与整个企业的长远目标相背离。各投资中心为达到较高的投资利润率,可能会采取减少投资的行为。三是投资利润率的计算与资本支出预算所用的现金流量分析方法不一致,不便于投资项目建成投产后与原定目标的比较。最后,从控制角度看,由于一些共同费用无法为投资中心所控制,投资利润率的计量不全是投资中心所能控制的。为了克服投资利润率的某些缺陷,应采用剩余收益作为评价指标。

(2)剩余收益。剩余收益是一个绝对数指标,是指投资中心获得的利润扣减其最低投资收益后的余额。最低投资收益是投资中心的投资额(或资产占用额),按规定或预期的最低报酬率计算的收益。其计算公式如下:

$$剩余收益＝利润－投资额×预期的最低投资报酬率$$

如果预期指标是总资产息税前利润率时,则剩余收益计算公式应作相应调整,其计算公式如下:

$$剩余收益＝息税前利润－总资产占用额×预期总资产息税前利润率$$

这里所说的预期的最低报酬率或总资产息税前利润率通常是指企业为保证其生产经营正常、持续进行所必须达到的最低报酬水平。

以剩余收益作为投资中心经营业绩评价指标时,只要投资中心的某项投资,其投资利润率大于预期的最低投资报酬率,那么该项投资便是可行的(或者投资中心的总资产息税前利润率大于预期的最低总资产息税前利润率,那么资产的占用便是可行的)。

剩余收益指标具有两个特点:一是体现了投入与产出的关系。由于减少投资(或降低资产占用)同样可以达到增加剩余收益的目的,因而与投资利润率一样,该指标也可以用于全面评价与考核投资中心的业绩;二是避免本位主义。剩余收益指标避免了投资中心狭隘的本位倾向,即单纯追求投资利润率而放弃一些对企业整体有利的投资机会。以剩余收益作为衡量投资中心工作成果的尺度,投资中心将会尽量提高剩余收益,也就是说只要有利于增加剩余收益绝对额,投资行为就是可取的,而不只是尽量提高投资利润率。

在以剩余收益作为考核指标时,所采用的规定或预期最低投资收益率的高低对剩余收益的影响很大,通常可用公司的平均利润率(或加权平均利润率)作为基准收益率。

随着市场竞争日趋激烈,市场销售工作也日趋重要。为了强化销售功能,加强收入管理,及时收回账款、控制坏账,在不少企业设置了以推销产品为主要职能的责任中心——收入中心。这种中心只对产品或劳务的销售收入负责,如公司所属的销售分公司或销售部。尽管这些从事销售工作的机构也发生销售费用,但由于其主要职能是进行销售,因此以收入来确定其经济责任更为恰当。对销售费用,可以采用简化的核算,只需根据弹性预算方法确定即可。

综上所述,责任中心根据其控制区域和权责范围的大小,分为成本中心、利润中心和投资中心三种类型,但它们各自不是孤立存在的,每个责任中心承担经管责任。最基层的成本中心应就其经营的可控成本向其上层成本中心负责;上层的成本中心应就其本身的可控成本和下层转来的责任成本一并向利润中心负责;利润中心应就其本身经营的收入、成本(含下层转来成本)和利润(或边际贡献)向投资中心负责;投资中心最终就其经管的投资利润率和剩余收益向总经理和董事会负责。所以,企业各种类型和层次的责任中心形成一个"连锁责任"网络,这就促使每个责任中心为保证经营目标一致而协调运转。

三、责任预算、责任报告和业绩考核

(一)责任预算

责任预算是以责任中心为主体,以其可控成本、收入、利润和投资等为对象编制的预算。责任预算是企业总预算的补充和具体化。

责任预算由各种责任指标组成。这些指标分为主要责任指标和其他责任指标。在上述责任中心中所提及的各责任中心的考核指标都是主要指标,也是必须保证实现的指标。其他责任指标是根据企业总目标分解而得到的或为保证主要责任指标完成而确定的责任指标,包括劳动生产率、设备完好率、出勤率、材料消耗率和职工培训等。

责任预算的编制程序有两种:一是以责任中心为主体,将企业总预算在各责任中心之间层层分解而形成各责任中心的预算。它实质是由上而下实现企业总预算目标。这种自上而下、层层分解指标的方式是一种常用的预算编制程序。其优点是使整个企业浑然一体,便于统一指挥和调度。不足之处是可能会遏制责任中心的积极性和创造性;二是各责任中心自行列示各自的预算指标、层层汇总,最后自企业专门机构或人员进行汇总和调整,确定企业总预算。这是一种由下而上层层汇总、协调的预算编制程序,其优点是有利于发挥各责任中心的积极性,但往往各责任中心只注意本中心的具体情况或多从自身利益角度考虑,容易造成彼此协调困难、互相支持少,以致冲击企业的总体目标。而且,层层汇总、协调,工作量大,协调难度大,影响预算质量和编制时效。

责任预算的编制程序与企业组织机构设置和经营管理方式有着密切关系。因此,在集权组织结构形式下,公司最高层管理机构对企业的所有成本、收入、利润和投资负责,既是利润中心,也是投资中心。而公司下属各部门、各工厂、各车间、各工段、各地区都是成本中心,它们只对其权责范围内控制的成本负责。

因此,在集权组织结构形式下,首先要按照责任中心的层次,从上至下把公司总预算(或全面预算)逐层向下分解,形成各责任中心的责任预算;然后建立责任预算执行情况的跟踪系统,记录预算执行的实际情况,并定期由下至上把责任预算的实际执行数据逐层汇总,直到最高层的投资中心。

在分权组织结构形式下,经营管理权分散在各责任中心,公司下属各部门、各工厂、各地区等与公司自身一样,可以都是利润中心或投资中心,它们既要控制成本、提高收入和利润,也要对所占用的全部资产负责。而在它们之下,还有许多只对各自所控制的成本负责的成本中心。在分权组织结构形式下,首先也应该按照责任中心的层次,把公司总体预算从最高层向最底层逐级分解,形成各责任中心的责任预算。然后建立责任预算的跟踪系统,记录预算执行情况,并定期从最基层责任中心把责任成本和收入的实际情况,通过编制业绩报告逐级向上汇总。

（二）责任报告

责任报告是对各个责任中心执行责任预算情况的系统概括和总结。责任报告亦称业绩报告、绩效报告，它是根据责任会计记录编制的反映责任预算实际执行情况，揭示责任预算与实际执行差异的内部会计报告。责任会计以责任预算为基础，对责任预算的执行情况进行系统的反映，用实际完成情况同预算目标对比，可以评价和考核各个责任中心的工作成果。责任中心的业绩评价和考核应通过编制责任报告来完成。

责任报告的形式主要有报表、数据分析和文字说明等。将责任预算、实际执行结果及其差异用报表予以列示是责任报告的基本形式。在揭示差异时，还必须对重大差异予以定量分析和定性分析。定量分析旨在确定差异的发生程度，定性分析旨在分析差异产生的原因，并根据这些原因提出改进建议。

在企业的不同管理层次上，责任报告的侧重点应有所不同。最低层次的责任中心的责任报告应当最详细，随着层次的升高，责任报告的内容应以更为概括的形式来表现。这一点与责任预算的由上至下分解过程不同，责任预算是由总括到具体，责任报告则是由具体到总括。责任报告应能突出产生差异的重要影响因素。为此，应突出重点，使报告的使用者能把注意力集中到少数严重脱离预算的因素或项目上来。

（三）责任业绩考核

责任业绩考核是指以责任报告为依据，分析、评价各责任中心责任预算的实际执行情况，找出差距，查明原因，借以考核各责任中心工作成果，实施奖罚，促使各责任中心积极纠正行为偏差，完成责任预算的过程。

责任中心的业绩考核有狭义和广义之分。狭义的业绩考核仅指对各责任中心的价值指标，如成本、收入、利润以及资产占用等责任指标的完成情况进行考评。广义的业绩考评除这些价值指标外，还包括对各责任中心的非价值责任指标的完成情况进行考核。

第三节　经济增加值

微课 11-3
经济增加值

一、经济增加值的含义与基本理念

注册商标为 EVA 的经济增加值指标由 Stern & Stewart 咨询公司首先开发出来，并在 1993 年 9 月《财富》杂志上完整地将其表述出来。经济增加值（economic value added，EVA）可以被定义为：公司经过调整的净营业利润减去其现有资产经济价值的机会成本后的余额。以公式表示如下：

$$EVA = 税后净营业利润 - 加权资本成本 \times 资本总额$$
$$= （投资资本收益率 - 加权资本成本）\times 资本总额$$

其中：

$$税后净营业利润 = 息税前利润 \times （1 - 所得税税率）$$

$$投资资本收益率 = \frac{息税前利润 \times （1 - 所得税税率）}{资本总额} \times 100\%$$

＝投资报酬率×（1－所得税税率）

EVA 的基本理念是收益至少要能补偿投资者承担的风险，也就是说，股东必须赚取至少等于资本市场上类似风险投资回报的收益率。实际上，EVA 理念的始祖是剩余收入（residual income）或经济利润（economic profit），并不是新观念，作为企业业绩评估指标已有 200 余年的历史，但 EVA 给出了剩余收益可计算的模型方法。EVA 是一种基于会计系统的公司业绩评估体系。

二、EVA 的计算

（一）主要变量

经济增加值的计算是应用经济增加值指标的第一步。公司每年创造的经济增加值等于税后净营业利润与全部资本成本之间的差额。其中资本成本既包括债务资本的成本，也包括股本资本的成本。在实务中经济增加值的计算要相对复杂一些，这主要是由两方面因素决定的：

一是在计算税后净营业利润和投入资本总额时，需要对某些会计报表科目的处理方法进行调整，以消除根据会计准则编制的财务报表对企业真实情况的扭曲。

二是资本成本的确定需要参考资本市场的历史数据。由于各国的会计制度和资本市场现状存在差异，经济增加值指标的计算方法也不尽相同。

经济增加值的计算结果取决于三个基本变量：税后净营业利润、资本总额和加权平均资本成本。

1.税后净营业利润

税后净营业利润等于税后净利润加上利息支出部分（如果税后净利润的计算中已扣除少数股东损益，则应加回），亦即公司的销售收入减去除利息支出以外的全部经营成本和费用（包括所得税费用）后的净值。因此，它实际上是在不涉及资本结构的情况下公司经营所获得的税后利润，即全部资本的税后投资收益，反映了公司资产的盈利能力。

除此之外还需要对部分会计报表科目的处理方法进行调整，以纠正会计报表信息对真实业绩的扭曲。

2.资本总额

资本总额是指所有投资者投入公司经营的全部资金的账面价值，包括债务资本和股本资本。其中债务资本是指债权人提供的短期和长期贷款，不包括应付账款、应付票据、其他应付款等商业信用负债。股本资本不仅包括普通股，还包括少数股东权益。因此资本总额还可以理解为公司的全部资产减去商业信用负债后的净值。

同样，计算资本总额时也需要对部分会计报表科目的处理方法进行调整，以纠正对公司真实投入资本的扭曲。在实务中既可以采用年初的资本总额，也可以采用年初与年末资本总额的平均值。

3.加权平均资本成本

加权平均资本成本是指债务资本的单位成本和股本资本的单位成本，根据债务和股本在资本结构中各自所占的权重计算的平均单位成本。

除经济增加值外,实践中经常使用的概念还有单位资本经济增加值和每股经济增加值,这三个指标组成了经济增加值指标体系。

单位资本经济增加值＝经济增加值/资本总额

＝税后净营业利润/资本总额－加权平均资本成本

其中,税后净营业利润/资本总额称为投入资本收益率。

每股经济增加值＝经济增加值/普通股股数

经济增加值的具体计算如例 11-1 所示。

例 11-1

经济增加值也可以利用下式计算:

EVA＝税后净营业利润－(股权资本×股权资本成本率＋债权资本×债权资本成本率)

结果一致。如:

A 企业经济增加值＝3 850－(11 200×16%＋16 800×10%)＝378(万元)

从表 11-4 可以看出,尽管从损益表上两家公司都是获利的,而且 B 公司的账面利润还大于 A 公司。但是当以经济增加值来计量它们的业绩时,结果就发生了差异,B 公司的经济增加值是负数。只有以经济增加值来评价业绩,才能抑制企业过度扩张资本规模,不断降低资本成本,为股东创造更多的价值。

表 11-4　经济增加值的计算举例

金额单位:万元

项 目	A 公司	B 公司
息税前利润	5 500	6 000
所得税税率/%	30	30
税后净营业利润	3 850	4 200
占用资本总额	28 000	42 000
负债资本	16 800	16 800
股权资本	11 200	25 200
负债资本成本率	10	9
股权资本成本率	16	14
加权资本成本率	12.4	12
资本成本总额	28 000×12.4%＝3 472	42 000×12%＝5 040
经济增加值	3 850－3 472＝378	4 200－5 040＝－840

(二)报表项目调整

为了弥补财务报表数据的局限性,EVA 的使用者通常要对报表利润进行调整,以期得到更准确可靠的 EVA 数值。Stern & Stewart 列出了多达 164 个调整项目,以指导公司准确得出真正的经济收益。

EVA 会计调整的主要目的是:(1)消除会计的稳健主义;(2)消除或减少管理当局进行盈余管理的机会;(3)会计利润更接近经济利润。

实践中选择调整项目时遵循的原则是:(1)重要性原则,即拟调整的项目涉及金额应该较大,如果不调整会严重扭曲公司的真实情况;(2)可影响性原则,即经理层能够影响被调整项目;(3)可获得性原则,即进行调整所需的有关数据可以获得;(4)易理解性原则,即非财务人员能够理解;(5)现金收支原则,即尽量反映公司现金收支的实际情况,避免管理人员通过会计方法的选取操纵利润。

三、经济增加值的优缺点

(一)经济增加值的优点

1.考虑了权益资本成本,能较准确地反映企业的经营业绩

我国现行的财务会计只确认和计量债务资本的成本,而没有对权益资本成本进行确认和计量,这样计算出来的会计利润不能真实评价公司的经营业绩。同时也会使经营者误认为权益资本是一种免费资本,忽视了资本的有效利用。

EVA 很好地解决了这个问题,它是税后经营利润扣除全部资本成本以后的余额,考虑了权益资本的成本。这样计算出来的会计利润才是真实的经营利润。EVA 有效衡量了企业股东的价值,它的变化与股东价值是密切相关的。考虑了权益资本的成本,相当于考虑了机会成本。盈利比机会成本少说明股东的财富是减少的,企业收益只有在超过所有的成本时才算真正盈利。如果收益低于企业的所有资本成本,说明企业实际上是经营亏损,即使账面的经营利润是逐年增加的,只要小于权益资本成本,就说明企业经营不乐观,股东的权益受到损害。EVA 和基于利润的企业业绩评价指标的不同是它将权益资本成本(机会成本)也计入资本成本中,这样减少了传统会计指标对经济效率的扭曲,从而更准确地评价企业或部门的经营业绩,反映企业或部门的资产运作效率。

2.统一了利益相关者的目标,是一种有效的激励机制

EVA 有利于将财务原则与经营决策相融合,财务原则指企业的主要财务目标是股东财富最大化和企业的价值等于预期的未来利润与资本成本的差。

目前国内大多数企业的固定薪金制的薪酬制度不能对经营者形成有效激励。而 EVA 激励机制可以用 EVA 的增长数额来衡量经营者的贡献,并按此数额的固定比例发放给经营者,使股东利益和经营者利益挂钩,激励经营者从企业角度出发,创造更多的价值。当 EVA 作为企业的业绩评价系统后,管理人员的货币奖金按照一个固定比例发放,所以管理者在进行决策活动时一定会充分考虑权益资本成本要素,管理者以股东的心态去管理经营,用股东的思维和行动使得"内部人控制"的现象不复存在,剩余产品分配环节彻底根除,经营者以权谋私的可能性被最大化的降低。

3.EVA 的调整注重企业的可持续发展

传统的业绩评价体系衡量企业经营业绩的主要指标是利润,这样做容易导致经营者操纵利润从而能粉饰业绩。并且一些传统的评价指标比如营业利润、税后利润是在公认会计准则下计算得来的,会计准则本身要遵守权责发生制原则、稳健性原则等,为企业提

供多种可选择的会计政策。所以,报表的数据本身就存在一定程度的失真,造成企业的真实经营业绩的不准确。所以在计算 EVA 时,需要适当的调整财务报表的相关内容,以尽量消除公认会计准则所造成的扭曲性影响。同时 EVA 计算的调整性在一定程度上也防范了指标被操纵,避免了会计信息的失真和会计报表中的假象,剔除影响会计失真的事项,尽最大努力的还原真实的业绩状况。所以 EVA 有效地限制了管理者的短期行为,迫使其注重企业的长远利益,注重企业的可持续发展。

(二)经济增加值的局限

EVA 有很多优点,但它也存在着一定的局限性,主要表现在以下几点。

1.EVA 的调整复杂,难度大

EVA 是在一定的会计制度和核算方式的基础上运用的,且 EVA 指标值的计算是以现有的资产负债表和损益表为基础,对有关会计项目进行调整。调整的项目近 200 项,范围比较广,调整的过程复杂烦琐,而且没有统一标准,需要根据企业的不同性质和从事的业务进行调整,某个指标可能在甲企业需要调整,但是在乙企业可能就不需要调整。因为调整的项目比较多,对调整项目目前还没有形成比较成熟的系统的规定,带来了很大的随意性。为了提高企业的 EVA,经营者可能会通过各种方法操纵会计数字,比如提高收入、降低费用、降低资产,达不到调整的预期要求,最后得出的 EVA 指标不是很准确。

财务转换比较困难。因为 EVA 是一套财务管理系统、决策机制及激励报酬制度,所以从已有制度转变成 EVA 的过程不仅改变的是一套制度,也改变了企业的整体架构和企业文化,同时也影响着企业中个人的行为,所以转换成本还是比较高的。

2.不利于横向比较

EVA 假定的是资产规模相同情况下,企业不同时期的经营业绩。对于不同的资产规模,该指标体系就失去了可比性。EVA 是一个绝对数指标,而不是相对数指标。规模不同资产基数就不同,会造成两部门 EVA 结果的差距。这就导致大规模企业由于资产基数大,相应的 EVA 的绝对值也比较大。而小规模企业则由于资产基数小,所以 EVA 的绝对值就比较小。此外,不同行业的 EVA 的值也存在明显的差异。所以 EVA 只能大体反映企业或部门之间的规模差异不能准确地反映企业或者部门之间的差异。那么行业的企业之间的业绩比较也不能解决,企业只计算出各自的 EVA,没有什么实际意义。所以说不能由 EVA 来有效地控制部门之间的规模差异因素对评价结果的影响。

3.导致经营者的短期行为

经济增加值指标属于短期财务评价指标,虽然采用经济增加值能有效地防止管理者的短期行为,但管理者在企业都有一定的任期,为了自身的利益,他们可能只关心任期内各年的经济增加值,这与股东财富最大化财务管理目标不一致。

4.未考虑非财务信息

经济增加值是在利润的基础上计算的,基本属于财务指标,未能充分反映产品、员工、客户、创新等非财务信息。

第四节　平衡计分卡

平衡计分卡是 20 世纪 90 年代初期由罗伯特·卡普兰与其合作伙伴戴维·诺顿创建的一套旨在扩展管理者关注点的新管理方法。

一、平衡计分卡的基本原理

平衡计分卡强调非财务指标的重要性,通过对财务、顾客、内部作业、创新与学习四个各有侧重又相互影响方面的业绩评价,来沟通目标、战略和企业经营活动的关系,实现短期利益和长期利益、局部利益与整体利益的均衡,如图 11-1 所示。

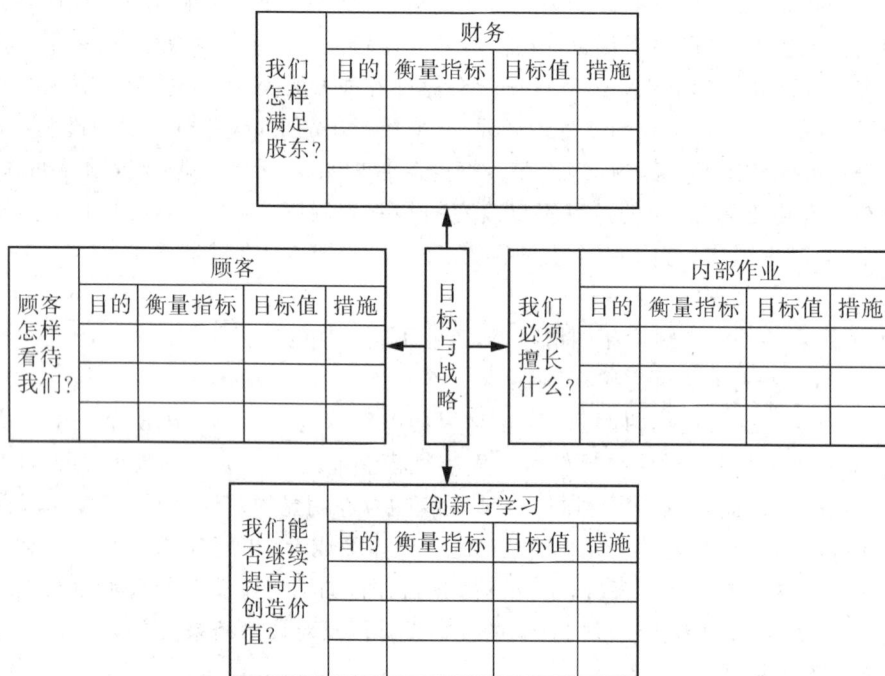

图 11-1　平衡计分卡基本原理图

由于每个企业的战略目标不同,所采取的具体战略不同,所涉及的关键因素不同,导致其各自的平衡计分卡的具体内容和指标都不相同。一般而言,组织整体战略目标往往非常概括抽象,因此设计平衡计分卡的首要任务就是将组织整体战略目标分解为更为具体的、可执行的、易于衡量的具体行动目标。早期的平衡计分卡所提供的分析框架就是从财务、顾客、内部作业及创新与学习四个角度将整体战略进行分解,如从股东角度分解出企业增长与收益战略,从顾客的角度分解出企业价值创造和产品差异性战略等等。而近期由罗伯特·卡普兰和戴维·诺顿所倡导的以企业战略执行图为基础的分析框架则更具操作性和逻辑性。所谓战略执行图就是全面、明确勾画出企业战略目标与日常经营活动目标之间逻辑关系的一个框架图,它是一种自上而下的战略描述方式,不同的企业应根据自己的战略或目标来绘制相应的执行图,以明确企业各项活动之间以及与目标之间的逻辑关系。

在明确了目标与行动的因果关系,并将总目标分解为各个层次的子目标以后,可以按照平衡计分卡提供的四个层次寻找关键成功因素和相应的关键绩效指标,最终形成平衡计分卡指标体系,以衡量和监控目标的完成情况,并及时根据环境的变化对目标进行适当的调整。常见的平衡计分卡指标如下。

1.财务方面

财务衡量在平衡计分卡中不仅占据一席之地,是一个单独的衡量方面,而且是其他几个衡量方面的出发点和落脚点。一套平衡计分卡应该反映企业战略的全貌,从长远的财务目标开始,然后将它们同一系列行动相联系(这些行动包括财务、顾客、内部作业和创新与学习),最终实现长期经营目标。

处于生命周期不同阶段的企业,其财务衡量的重点也有所不同。在成长阶段,企业要进行数额巨大的投资,因此,其现金流量可以是负数,投资回报率亦很低,财务衡量应着重于销售额总体增长百分比和特定顾客群体、特定地区的销售额增长率;处于维持阶段的企业应着重衡量获利能力,比如营业收入和毛利、投资回报率、经济增加值;在收获阶段的财务衡量指标主要是现金流量,企业必须力争实现现金流量最大化,并减少营运资金占用。

2.顾客方面

在顾客方面,核心的衡量指标包括市场份额、新顾客回头率、老顾客回头率、顾客满意度和从顾客处所获得的利润率。这些指标间的内在因果关系如图11-2所示。

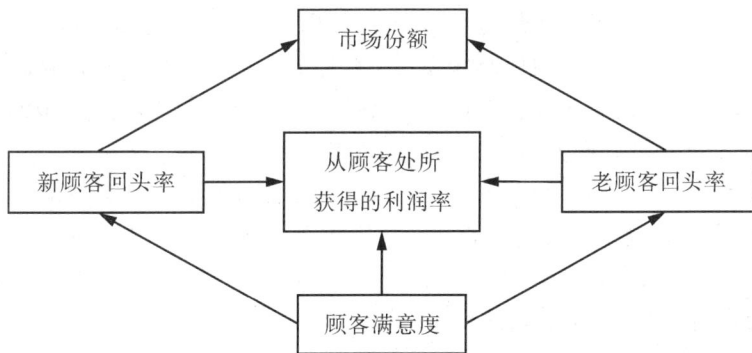

图 11-2　顾客方面核心衡量指标

指标设计中最根本的指标是关于顾客满意度的衡量。我们把顾客方面的衡量指标分为过程指标和结果指标两类。所谓过程指标是指,如果成功地实现就会支持其他行动指标的指标。对于顾客而言,主要关心的是高质量、低成本和及时供给等。而结果指标是指,对于一个组织的战略目标而言最关键的指标体系。对顾客而言,主要有顾客满意度、市场份额等。两者有时是重复的。对于财务人员来说,关键是要找到二者之间的联系,以便找到一个合适的过程指标组合来实现最优的结果指标。

表 11-5 列出了一般顾客绩效衡量指标。

表 11-5 顾客绩效衡量指标

	成本	质量	及时性	
过程指标	顾客购买成本 顾客分销成本 顾客安装成本 顾客维修成本	退货率 评价机构的结果 市场调查反应	可靠的营销 准时销货比率 产品中断次数	快捷的营销 顾客订货的时间 完成合同时间 产品生产周期
	顾客忠诚度	吸引新顾客能力	市场份额	
结果指标	老顾客回头率 背叛顾客人数 挽留顾客成本	新顾客比率 新顾客人数 吸引顾客成本	占总额的百分比 占顾客总消费百分比 占总产品百分比	

3.内部作业

内部作业指的是企业从输入各种原材料和顾客需求,到企业创造出对顾客有价值的产品(或服务)过程中的一系列活动,它是企业改善其经营业绩的重点。内部作业指标的主要经营过程是创新、经营和售后服务。企业要想成为市场中最具竞争实力的企业,就必须创新,讲求质量,缩短产品的生产周期。创新指标与企业产品或服务的设计和开发费用的衡量有关,主要有新产品开发所用时间、新产品销售收入占总收入的比例、损益平衡时间等。经营以及衡量指标主要用于衡量企业的经营过程,涉及的具体指标有循环时间指标、质量指标和成本指标;售后服务主要包括质量保证书、维修服务、退换货的处理和支付手段的管理,它的具体指标有产品退货率、产品保修期限和产品维修天数等。

内部作业表明,业绩指标的传统方法与平衡计分卡存在两个基本的不同点。

第一,传统方法是监督和改进现在的经营过程,而平衡计分卡是在为达到企业财务目标和顾客要求而必须做好的方面确定全新的过程;

第二,传统的业绩指标系统着重于交付今天的产品和服务给今天的顾客的过程,未考虑生产全新的产品和服务来满足未来顾客的需要,而平衡计分卡则把创新过程结合到了内部经营过程上,它在内部经营过程方面结合了长波型的创新循环和短波型的经营循环的目标和指标。表 11-6 列出了内部作业的评价指标。

表 11-6 内部作业评价指标

	创新过程	经营过程	售后服务过程
成本指标	每项新产品研发成本 研发成本回报率	单位成本水平 级别成本水平 生产线成本	每次服务成本 产品退货率
质量指标	每项设计的修改次数 新产品销售收入百分比	每百万废品率 顾客服务差指数	对顾客首次要约回应次数 消费者调查反映

续表

	创新过程	经营过程	售后服务过程
及时性指标	研制时间 设计周期	投产准备时间 生产周期	订货、交货时间 产品保修期限 产品维修天数

4.创新与学习

在创新与学习方面,最关键的因素是人才、信息系统和组织程序。企业管理观念的转变使人力资源在企业中的作用越来越受到重视。过去企业管理的观念是:公司应使工人出色地完成具体工作,公司的管理人员规定工人的工作任务,并制定出相应的标准和监督体制,确保工人能按计划完成任务。工人的任务是干活,而不是思维。然而在最近几十年中,这种管理哲学发生了重大变化。人们认识到,公司若想超越现有的业绩,取得学习和成长的收获,获得未来持续的成功,那么仅仅墨守公司上层制定的标准经营程序是不够的,还必须尊重、重视和尽可能采纳第一线员工对改善经营程序和业绩的建议和想法,因为他们离企业内部的工序和企业的顾客最近。

表11-7列出了创新与学习的指标体系,包括过程指标和结果指标两部分。

表 11-7　创新与学习评价指标

		雇员能力	信息系统	组织结构能力
过程指标	成本指标	人均在岗培训费用 人均脱产培训费用	计算机系统投入成本 研发费用占系统总费用比率	评价和建立交流机制费用 统一各部门行动目标费用
	质量指标	新等级或资格证书数 受培训职工比率	相对竞争者的信息系统能力 接触个人电脑的员工比例	信息覆盖比率 每个员工提出建议的数量 被采纳建议的比例 采纳建议后的成效
	时间指标	年均受培训时数 完成某一任务受培训时数	个人电脑的平均生命周期 系统更新所需时数	团队工作时间与个别工作时间 传达信息或接受反馈的平均时间
		雇员忠诚度	雇员满意度	雇员生产力
结果指标		雇员离职率 雇员平均工作年数 女性管理者人数 雇员平均年龄	雇员满意度 雇员提升概率 管理者的内部提升与外界聘用比率 工作团队成员彼此的满意度	人均产出 人均会客时间(服务业) 人均新设想或专利 雇员被顾客认知度

二、平衡计分卡的特点和意义

作为综合业绩评价系统,平衡计分卡的特点和意义主要体现在以下几方面。

首先,它将目标与战略具体化,加强了内部沟通。平衡计分卡的设计要首先分析企业目标和基本战略对于经营活动各方面的基本要求,并由此确定各方面工作的重点,有利于保证目标与战略在具体经营活动中的体现。另一方面,由于从业绩评价体系构建的方法上加强了内部沟通,也就使各个层次的具体职员能更好地理解企业的目标和战略,有助于促进内部决策目标的一致。如石水公司以第一类顾客为发展重点,其竞争战略是通过产品和服务质量来增强竞争优势,而这些都通过"顾客调查名次表"、"顾客满意度调查",以及在内部作业过程考核对于产品和服务质量的强调得以具体表达。

其次,以顾客为尊,重视竞争优势的获取和保持。如前所述,顾客是企业的重要资产,如何确认、增加和保持这项"资产"的价值,这对于竞争优势的获取和保持都是非常重要的。平衡计分卡将顾客的服务满意程度作为单独的一个方面来加以考核,并通过内部过程、学习与创新来保证和促进这一业绩,不仅从观念上促进了企业内部各个层次对于顾客"价值"的重视,而且提供了贯彻企业竞争战略的具体方式。如上述案例中,通过"顾客服务业绩"方面几个指标的设计,既清楚地反映了企业对于顾客特性的基本认识,也明确地表达了不同的竞争战略:价格竞争或服务质量竞争。而关于"内部作业"的考核指标设计,提供了具体地获取和保持这种竞争优势的途径:与顾客保持更密切的关系、更快更好地满足顾客的要求等。

再次,重视非财务业绩计量,促进了结果考核和过程控制的结合。传统的业绩评价大多是财务业绩评价,即根据财务结果来评价工作业绩,这种评价利用了财务指标所具有的综合性、可比性,以及财务结果对于股东的意义,因而在业绩评价中有重要地位。但财务指标只是对于结果的评价,难以实现对过程的控制。平衡计分卡在业绩评价体系中综合运用财务指标和非财务指标,有效地促进了结果考核和过程控制的结合,使业绩评价更具业绩改进意义。

事实上,越来越多的企业开始重视非财务指标在业绩评价中的应用。除了以上提及的非财务指标外,还有产品退货率、顾客抱怨次数、废品率、存货周转率、各项存货平均持有时间、准时交货率、一定时期新产品推出数量等。具体考核指标要根据特定行业及所考核环节的生产经营特征来选择。这些指标往往和同行业的竞争对手相比较,使竞争优势的分析进一步具体化。

最后,利用多方面考核所具有的综合性,促进了短期利益和长期利益的均衡,特别强调激励机制。企业战略目标往往具有长期性,而财务业绩评价,特别是采用单一指标进行业绩评价时,往往容易使具体的经营管理人员更多地关注短期利益,不重视甚至损害长期利益。平衡计分卡利用非财务指标与财务指标的结合,以及几个方面综合考核所具有的相互制衡作用,促进了短期利益和长期利益的均衡。

传统的业绩评价系统通常强调企业希望管理者和员工做什么,然后利用评价结果证实其是否采取了这些行动,整个系统强调对行为的控制。而平衡计分卡强调的主要内容是目标,鼓励管理者和员工创造性地完成目标,即该业绩评价系统强调的是激励。这样一方面可以简化指标体系的设置,只以成功经营企业需关注的关键问题为设计依据,抓住企业发展的核心,减轻企业管理者过重的信息负担;另一方面还能发挥管理人员和企业员工的能动性,有效激励其提高企业业绩的积极性。

◈ 本章小结

业绩评价是通过综合评价指标体系的建立,采用一定的评价标准,对企业一定经营期间的经营业绩和努力程度等各方面进行的综合评判。业绩评价的对象是责任中心,责任中心可以分为成本中心、利润中心和投资中心,各种类型责任中心都有相应的业绩评价指标。业绩评价指标经历了从单纯财务指标向财务指标与非财务指标相结合发展的过程，产生了经济增加值(EVA)和平衡计分卡业绩评价体系。

复习思考题

1. 试分析业绩评价的流程。
2. 有哪些责任中心？如何考核各责任中心的业绩？
3. EVA 指标相对于剩余收益在哪些方面有了显著改进？
4. 平衡计分卡是如何将组织的日常经营活动与战略相联系的？

案例分析

顺丰速运的平衡计分卡应用[①]

顺丰速运[②]采用平衡计分卡对企业进行战略管理，专注于服务质量的提升，加大对设备和信息技术的投入，优化内部流程和基础建设，有效实现了成本管控。

一、四个维度分解企业战略，切实保证战略落地

在设计平衡计分卡指标体系时，应综合衡量企业所处环境、规模和优劣势等，把企业战略和具体评价指标联系起来。顺丰速运始终坚持直营模式，采用集中差异化战略定位中高端市场，将平衡计分卡各个维度镶嵌在企业战略中。

顺丰速运运用平衡计分卡，建立了四个维度的综合绩效评价指标体系：(1)财务维度占 24%，包括收入(占 10%)、利润(占 14%)和贷款回收率(监控指标)等几方面的指标。(2)运营管理占 26%，其中出错率占 20%，具体包括失误率(占 5%)、遗失率(占 8%)和逾限率(占 7%)；运作时效性占 6%，包括中转时效和运作效率。(3)客户方面占 20%，具体指标有客户满意度(占 4%)、客户投诉率(占 8%，其中对收派员形象和礼仪方面的考核占 5%)、月结客户增长率(占 4%)和月结客户营业金额增长率(占 4%)。(4)基础建设占 30%，分为人力资源与团队建设(占 15%)和制度执行、反馈情况(占 15%)，人力资源与团队建设又细化为人力资源合格率(占 6%)、人才储备完成率(占 3%)、团队氛围(占 4%)和人均效能(占 2%)等几个方面，此外监控指标包括员工满意度和培训计划完成率。

二、优化内部流程，保障平衡计分卡的实施

平衡计分卡的实施需要公司各个部门的参与，因此在实施平衡计分卡之前需要对企业内部流程进行优化，以确保各部门可以协同作战，以较低的成本最大限度地满足客户需求。顺丰速运采用 ERP 系统对企业进行财务核算和管理，通过互联网技术建立了电子商务平台和移动办公门户，有效提高了内部管理效率。强大的 ERP 系统，也为企业的成本

---

① 赵闯,沙秀娟.顺丰速运的平衡计分卡应用[J].财务与会计,2018(3).

② 顺丰速运,全称广州顺丰速运有限公司,1993 年 3 月 26 日成立,经营范围包括国际货运代理、货物进出口(专营专控商品除外)、技术进出口、广告业、跨省快递业务、国际快递业务、道路货物运输、省内快递业务等。2017 年 2 月 24 日,顺丰控股在深交所举行重组更名暨上市仪式,正式登陆 A 股。

核算提供了详细准确的成本信息,为平衡计分卡的实施提供了有力保障。

问题:

1.实施平衡计分卡须具备哪些条件?

2.平衡计分卡的优缺点有哪些?

知识拓展 11   测试 11   课件 11

参考文献

[1] 希金斯,科斯基,米顿.财务管理分析[M].沈艺峰,等译.12版.北京:北京大学出版社,2019.

[2] 布洛克,赫特.财务管理基础[M].王静,译.16版.北京:中国人民大学出版社,2019.

[3] 罗斯,等.公司理财:第11版[M].吴世农,沈艺峰,王志强,译.北京:机械工业出版社,2017.

[4] 范霍恩,瓦霍维奇.财务管理基础[M].刘曙光,等译.13版.北京:清华大学出版社,2009.

[5] 沃森,黑德.公司理财:原理与实践[M].刘颖斐,译.6版.北京:清华大学出版社,2017.

[5] 布雷利,迈尔斯,艾伦.公司财务原理[M].赵英军,译.10版.北京:机械工业出版社,2014.

[7] 财政部会计资格评价中心.财务管理[M].北京:经济科学出版社,2022.

[8] 财政部企业司.《企业财务通则》解读[M].北京:中国财政经济出版社,2007.

[9] 陈玉菁,宋良荣.财务管理[M].5版.北京:清华大学出版社,2022.

[10] 丁元霖.财务管理[M].4版.上海:立信会计出版社,2020.

[11] 郭复初,王庆成.财务管理学[M].5版.北京:高等教育出版社,2019.

[12] 韩慧博,等.财务管理案例[M].4版.北京:北京大学出版社,2021.

[13] 胡玉明.财务报表分析[M].4版.大连:东北财经大学出版社,2021.

[14] 何建国,黄金曦.财务管理[M].3版.北京:清华大学出版社,2020.

[15] 袤益政,柴斌锋.财务管理案例[M].4版.大连:东北财经大学出版社,2022.

[16] 任翠玉,宋淑琴.财务管理[M].大连:东北财经大学出版社,2022.

[17] 王化成,刘俊彦,荆新.财务管理学[M].9版.北京:中国人民大学出版社,2021.

[18] 王化成,佟岩.财务管理[M].6版.北京:中国人民大学出版社,2020.

[19] 姚海鑫.财务管理[M].3版.北京:清华大学出版社,2019.

[20] 杨淑娥,张强.财务管理学[M].4版.北京:高等教育出版社,2022.

[21] 肖作平.财务管理[M].2版.大连:东北财经大学出版社,2018.

[22] 中国注册会计师协会.财务成本管理[M].北京:中国财政经济出版社,2022.

附录 资金时间价值系数表

附表一　1 元复利终值表

期数	1%	2%	3%	4%	5%	6%	7%	8%	9%	10%
1	1.0100	1.0200	1.0300	1.0400	1.0500	1.0600	1.0700	1.0800	1.0900	1.1000
2	1.0201	1.0404	1.0609	1.0816	1.1025	1.1236	1.1449	1.1664	1.1881	1.2100
3	1.0303	1.0612	1.0927	1.1249	1.1576	1.1910	1.2250	1.2597	1.2950	1.3310
4	1.0406	1.0824	1.1255	1.1699	1.2155	1.2625	1.3108	1.3605	1.4116	1.4641
5	1.0510	1.1041	1.1593	1.2167	1.2763	1.3382	1.4026	1.4693	1.5386	1.6105
6	1.0615	1.1262	1.1941	1.2653	1.3401	1.4185	1.5007	1.5809	1.6771	1.7716
7	1.0721	1.1487	1.2299	1.3159	1.4071	1.5036	1.6058	1.7138	1.8280	1.9487
8	1.0829	1.1717	1.2668	1.3686	1.4775	1.5938	1.7182	1.8509	1.9926	2.1436
9	1.0937	1.1951	1.3048	1.4233	1.5513	1.6895	1.8385	1.9990	2.1719	2.3579
10	1.1046	1.2190	1.3439	1.4802	1.6289	1.7908	1.9672	2.1589	2.3674	2.5937
11	1.1157	1.2434	1.3842	1.5395	1.7103	1.8983	2.1049	2.3316	2.5804	2.8531
12	1.1268	1.2682	1.4258	1.6010	1.7959	2.0122	2.2522	2.5182	2.8127	3.1384
13	1.1381	1.2936	1.4685	1.6651	1.8856	2.1329	2.4098	2.7196	3.0658	3.4523
14	1.1495	1.3195	1.5126	1.7317	1.9799	2.2609	2.5785	2.9372	3.3417	3.7975
15	1.1610	1.3459	1.5580	1.8009	2.0789	2.3966	2.7590	3.1722	3.6425	4.1772
16	1.1726	1.3728	1.6047	1.8730	2.1829	2.5404	2.9522	3.4259	3.9703	4.5950
17	1.1843	1.4002	1.6528	1.9479	2.2920	2.6928	3.1588	3.7000	4.3276	5.0545
18	1.1961	1.4282	1.7024	2.0258	2.4066	2.8543	3.3799	3.9960	4.7171	5.5599
19	1.2081	1.4568	1.7535	2.1068	2.5270	3.0256	3.6165	4.3157	5.1417	6.1159
20	1.2202	1.4859	1.8061	2.1911	2.6533	3.2071	3.8697	4.6610	5.6044	6.7275
21	1.2324	1.5157	1.8603	2.2788	2.7860	3.3996	4.1406	5.0338	6.1088	7.4002
22	1.2447	1.5460	1.9161	2.3699	2.9253	3.6035	4.4304	5.4365	6.6586	8.1403
23	1.2572	1.5769	1.9736	2.4647	3.0715	3.8197	4.7405	5.8715	7.2579	8.2543
24	1.2697	1.6084	2.0328	2.5633	3.2251	4.0489	5.0724	6.3412	7.9111	9.8497
25	1.2824	1.6406	2.0938	2.6658	3.3864	4.2919	5.4274	6.8485	8.6231	10.835
26	1.2953	1.6734	2.1566	2.7725	3.5557	4.5494	5.8074	7.3964	9.3992	11.918
27	1.3082	1.7069	2.2213	2.8834	3.7335	4.8823	6.2139	7.9881	10.245	13.110
28	1.3213	1.7410	2.2879	2.9987	3.9201	5.1117	6.6488	8.6271	11.167	14.421
29	1.3345	1.7758	2.3566	3.1187	4.1161	5.4184	7.1143	9.3173	12.172	15.863
30	1.3478	1.8114	2.4273	3.2434	4.3219	5.7435	7.6123	10.063	13.268	17.449
40	1.4889	2.2080	3.2620	4.8010	7.0400	10.286	14.794	21.725	31.408	45.259
50	1.6446	2.6916	4.3839	7.1067	11.467	18.420	29.457	46.902	74.358	117.39
60	1.8167	3.2810	5.8916	10.520	18.679	32.988	57.946	101.26	176.03	304.48

续表

期数	12％	14％	15％	16％	18％	20％	24％	28％	32％	36％
1	1.1200	1.1400	1.1500	1.1600	1.1800	1.2000	1.2400	1.2800	1.3200	1.3600
2	1.2544	1.2996	1.3225	1.3456	1.3924	1.4400	1.5376	1.6384	1.7424	1.8496
3	1.4049	1.4815	1.5209	1.5609	1.6430	1.7280	1.9066	2.0872	2.3000	2.5155
4	1.5735	1.6890	1..7490	1.8106	1.9388	2.0736	2.3642	2.6844	3.0360	3.4210
5	1.7623	1.9254	2.0114	2.1003	2.2878	2.4883	2.9316	3.4360	4.0075	4.6526
6	1.9738	2.1950	2.3131	2.4364	2.6996	2.9860	3.6352	4.3980	5.2899	6.3275
7	2.2107	2.5023	2.6600	2.8262	3.1855	3.5832	4.5077	5.6295	6.9826	8.6054
8	2.4760	2.8526	3.0590	3.2784	3.7589	4.2998	5.5895	7.2058	9.2170	11.703
9	2.7731	3.2519	3.5179	3.8030	4.4355	5.1598	6.9310	9.2234	12.166	15.917
10	3.1058	3.7072	4.0456	4.4114	5.2338	6.1917	8.5944	11.806	16.060	21.647
11	3.4785	4.2262	4.6524	5.1173	6.1759	7.4301	10.657	15.112	21.199	29.439
12	3.8960	4.8179	5.3503	5.9360	7.2876	8.9161	13.215	19.343	27.983	40.037
13	4.3635	5.4924	6.1528	6.8858	8.5994	10.699	16.386	24.759	36.937	54.451
14	4.8871	6.2613	7.0757	7.9875	10.147	12.839	20.319	31.691	48.757	74.053
15	5.4736	7.1379	8.1371	9.2655	11.974	15.407	25.196	40.565	64.359	100.71
16	6.1304	8.1372	9.3576	10.748	14.129	18.488	31.243	51.923	84.954	136.97
17	6.8660	9.2765	10.761	12.468	16.672	22.186	38.741	66.461	112.14	186..28
18	7.6900·	10.575	12.375	14.463	19.673	26.623	48.039	86.071	148.02	253.34
19	8.6128	12.056	14.232	16.777	23.214	31.948	59.568	108.89	195.39	344.54
20	9.6463	13.743	16.367	19.461	27.393	38.338	73.864	139.38	257.92	468.57
21	10.804	15.668	18.822	22.574	32.324	46.005	91.592	178.41	340.45	637.26
22	12.100	17.861	21.645	26.186	38.142	55.206	113.57	228.36	449.39	866.67
23	13.552	20.362	24.891	30.376	45.008	66.247	140.83	292.30	593.20	1178.7
24	15.179	23.212	28.625	35.236	53.109	79.497	174.63	374.14	783.02	1603.0
25	17.000	26.462	32.919	40.874	62.669	95.396	216.54	478.90	1033.6	2180.1
26	19.040	30.167	37.857	47.414	73.949	114.48	268.51	613.00	1364.3	2964.9
27	21.325	34.390	43.535	55.000	87.260	137.37	332.95	784.64	1800.9	4032.3
28	23.884	39.204	50.066	63.800	102.97	164.84	412.86	1004.3	2377.2	5483.9
29	26.750	44.693	57.575	74.009	121.50	197.81	511.95	1285.6	3137.9	7458.1
30	29.960	50.950	66.212	85.850	143.37	237.38	634.82	1645.5	4142.1	10143.0
40	93.051	188.83	267.86	378.72	750.38	1469.8	5455.9	19427	66520.8	*
50	289.00	700.23	1083.7	1670.7	3927.4	9100.4	46890.4	*	*	*
60	897.60	2595.9	4384.0	7370.2	20555.1	56347.5	*	*	*	*

＊＞99999

附表二　1 元复利现值表

期数	1%	2%	3%	4%	5%	6%	7%	8%	9%	10%
1	.9901	.9804	.9709	.9615	.9524	.9434	.9346	.9259	.9174	.9091
2	.9803	.9712	.9426	.9246	.9070	.8900	.8734	.8573	.8417	.8264
3	.9706	.9423	.9151	.8890	.8638	.8396	.8163	.7938	.7722	.7513
4	.9610	.9238	.8885	.8548	.8227	.7921	.7629	.7350	.7084	.6830
5	.9515	.9057	.8626	.8219	.7835	.7473	.7130	.6806	.6499	.6209
6	.9420	.8880	.8375	.7903	.7462	.7050	.6663	.6302	.5963	.5645
7	.9327	.8606	.8131	.7599	.7107	.6651	.6227	.5835	.5470	.5132
8	.9235	.8535	.7874	.7307	.6768	.6274	.5820	.5403	.5019	.4665
9	.9143	.8368	.7664	.7026	.6446	.5919	.5439	.5002	.4604	.4241
10	.9053	.8203	.7441	.6756	.6139	.5584	.5083	.4632	.4224	.3855
11	.8963	.8043	.7224	.6496	.5847	.5268	.4751	.4289	.3875	.3505
12	.8874	.7885	.7014	.6246	.5568	.4970	.4440	.3971	.3555	.3186
13	.8787	.7730	.6810	.6006	.5303	.4688	.4150	.3677	.3262	.2897
14	.8700	.7579	.6611	.5775	.5051	.4423	.3878	.3405	.2992	.2633
15	.8613	.7430	.6419	.5553	.4810	.4173	.3624	.3152	.2745	.2394
16	.8528	.7284	.6232	.5339	.4581	.3936	.3387	.2919	.2519	.2176
17	.8444	.7142	.6050	.5134	.4363	.3714	.3166	.2703	.2311	.1978
18	.8360	.7002	.5874	.4936	.4155	.3503	.2959	.2502	.2120	.1799
19	.8277	.6864	.5703	.4746	.3957	.3305	.2765	.2317	.1945	.1635
20	.8195	.6730	.5537	.4564	.3769	.3118	.2584	.2145	.1784	.1486
21	.8114	.6598	.5375	.4388	.3589	.2942	.2415	.1987	.1637	.1351
22	.8034	.6468	.5219	.4220	.3418	.2775	.2257	.1839	.1502	.1228
23	.7954	.6342	.5067	.4057	.3256	.2618	.2109	.1703	.1378	.1117
24	.7876	.6217	.4919	.3901	.3101	.2470	.1971	.1577	.1264	.1015
25	.7798	.6095	.4776	.3751	.2953	.2330	.1842	.1460	.1160	.0923
26	.7720	.5976	.4637	.3604	.2812	.2198	.1722	.1352	.1064	.0839
27	.7644	.5859	.4502	.3468	.2678	.2074	.1609	.1252	.0976	.0763
28	.7568	.5744	.4371	.3335	.2551	.1956	.1504	.1159	.0895	.0693
29	.7493	.5631	.4243	.3207	.2429	.1846	.1406	.1073	.0822	.0630
30	.7419	.5521	.4120	.3083	.2314	.1741	.1314	.0994	.0754	.0573
35	.7059	.5000	.3554	.2534	.1813	.1301	.0937	.0676	.0490	.0356
40	.6717	.4529	.3066	.2083	.1420	.0972	.0668	.0460	.0318	.0221
45	.6491	.4102	.2644	.1712	.1113	.0727	.0476	.0313	.0207	.0137
50	.6080	.3715	.2281	.1407	.0872	.0543	.0339	.0213	.0134	.0085
55	.5785	.3365	.1968	.1157	.0683	.0406	.0242	.0145	.0087	.0053

续表

期数	12％	14％	15％	16％	18％	20％	24％	28％	32％	36％
1	.8929	.8772	.8696	.8621	.8475	.8333	.8065	.7813	.7576	.7353
2	.7972	.7695	.7561	.7432	.7182	.6944	.6504	.6104	.5739	.5407
3	.7118	.6750	.6575	.6407	.6086	.5787	.5245	.4768	.4348	.3975
4	.6355	.5921	.5718	.5523	.5158	.4823	.4230	.3725	.3294	.2923
5	.5674	.5194	.4972	.4762	.4371	.4019	.3411	.2910	.2495	.2149
6	.5066	.4556	.4323	.4104	.3704	.3349	.2751	.2274	.1890	.1580
7	.4523	.3996	.3759	.3538	.3139	.2791	.2218	.1776	.1432	.1162
8	.4039	.3506	.3269	.3050	.2660	.2326	.1789	.1388	.1085	.0854
9	.3606	.3075	.2843	.2630	.2255	.1938	.1443	.1084	.0822	.0628
10	.3220	.2697	.2472	.2267	.1911	.1615	.1164	.0847	.0623	.0462
11	.2875	.2366	.2149	.1954	.1619	.1346	.0938	.0662	.0472	.0340
12	.2567	.2076	.1869	.1685	.1373	.1122	.0557	.0517	.0357	.0250
13	.2292	.1821	.1625	.1452	.1163	.0935	.0610	.0404	.0271	.0184
14	.2046	.1597	.1413	.1252	.0985	.0779	.0492	.0316	.0205	.0135
15	.1827	.1401	.1229	.1079	.0835	.0649	.0397	.0247	.0155	.0099
16	.1631	.1229	.1069	.0980	.0709	.0541	.0320	.0193	.0118	.0073
17	.1456	.1078	.0929	.0802	.0600	.0451	.0259	.0150	.0089	.0054
18	.1300	.0946	.0808	.0691	.0508	.0376	.0208	.0118	.0068	.0039
19	.1161	.0829	.0703	.0596	.0431	.0313	.0168	.0092	.0051	.0029
20	.1037	.0728	.0611	.0514	.0365	.0261	.0135	.0072	.0039	.0021
21	.0926	.0638	.0531	.0443	.0309	.0217	.0109	.0056	.0029	.0016
22	.0826	.0560	.0462	.0382	.0262	.0181	.0088	.0044	.0022	.0012
23	.0738	.0491	.0402	.0329	.0222	.0151	.0071	.0034	.0017	.0008
24	.0659	.0431	.0349	.0284	.0188	.0126	.0057	.0027	.0013	.0006
25	.0588	.0378	.0304	.0245	.0160	.0105	.0046	.0021	.0010	.0005
26	.0525	.0331	.0264	.0211	.0135	.0087	.0037	.0016	.0007	.0003
27	.0469	.0291	.0230	.0182	.0115	.0073	.0030	.0013	.0006	.0002
28	.0419	.0255	.0200	.0157	.0097	.0061	.0024	.0010	.0004	.0002
29	.0374	.0224	.0174	.0135	.0082	.0051	.0020	.0008	.0003	.0001
30	.0334	.0196	.0151	.0116	.0070	.0042	.0016	.0006	.0002	.0001
35	.0189	.0102	.0075	.0055	.0030	.0017	.0005	.0002	.0001	＊
40	.0107	.0053	.0037	.0026	.0013	.0007	.0002	.0001	＊	＊
45	.0061	.0027	.0019	.0013	.0006	.0003	.0001	＊	＊	＊
50	.0035	.0014	.0009	.0006	.0003	.0001	＊	＊	＊	＊
55	.0020	.0007	.0005	.0003	.0001	＊	＊	＊	＊	＊

＊＜.0001

附表三　一元年金终值表

期数	1%	2%	3%	4%	5%	6%	7%	8%	9%	10%
1	1.0000	1.0000	1.0000	1.0000	1.0000	1.0000	1.0000	1.0000	1.0000	1.0000
2	2.0100	2.0200	2.0300	2.0400	2.0500	2.0600	2.0700	2.0800	2.0900	2.1000
3	3.0301	3.0604	3.0909	3.1216	3.1525	3.1836	3.2149	3.2464	3.2781	3.3100
4	4.0604	4.1216	4.1836	4.2465	4.3101	4.3746	4.4399	4.5061	4.5731	4.6410
5	5.1010	5.2040	5.3091	5.4163	5.5256	5.6371	5.7507	5.8666	5.9847	6.1051
6	6.1520	6.3081	6.4684	6.6330	6.8019	6.9753	7.1533	7.3359	7.5233	7.7156
7	7.2135	7.4343	7.6625	7.8983	8.1420	8.3938	8.6540	8.9228	9.2004	9.4872
8	8.2857	8.5830	8.8923	9.2142	9.5491	9.8975	10.260	10.637	11.028	11.436
9	9.3685	9.7546	10.159	10.583	11.027	11.491	11.978	12.488	13.021	13.579
10	10.462	10.950	11.464	12.006	12.578	13.181	13.816	14.487	15.193	15.937
11	11.567	12.169	12.808	13.486	14.207	14.972	15.784	16.645	17.560	18.531
12	12.683	13.412	14.192	15.026	15.917	16.870	17.888	18.977	20.141	21.384
13	13.809	14.680	15.618	16.627	17.713	18.882	20.141	21.495	22.953	24.523
14	14.947	15.974	17.086	18.292	19.599	21.015	22.550	24.214	26.019	27.975
15	16.097	17.293	18.599	20.024	21.579	23.276	25.129	27.152	29.361	31.772
16	17.258	18.639	20.157	21.825	23.657	25.673	27.888	30.324	33.003	35.950
17	18.430	20.012	21.762	23.698	25.840	28.213	30.840	33.750	36.974	40.545
18	19.615	21.412	23.414	25.645	28.132	30.906	33.999	37.450	41.301	45.599
19	20.811	22.841	25.117	27.671	30.539	33.760	37.379	41.446	46.018	51.159
20	22.019	24.297	26.870	29.778	33.066	36.786	40.995	45.752	51.160	57.275
21	23.239	25.783	28.676	31.969	35.719	39.993	44.865	50.423	56.765	64.002
22	24.472	27.299	30.537	34.248	38.505	43.392	49.006	55.457	62.873	71.403
23	25.716	28.845	32.453	36.618	41.430	46.996	53.436	60.883	69.532	79.543
24	26.973	30.422	34.426	39.083	44.502	50.816	58.177	66.765	76.790	88.497
25	28.243	32.030	36.459	41.646	47.727	54.863	63.249	73.106	84.701	98.347
26	29.526	33.671	38.553	44.312	51.113	59.156	68.676	79.954	93.324	109.18
27	30.821	35.344	40.710	47.084	54.669	63.706	74.484	87.351	102.72	121.10
28	32.129	37.051	42.931	49.968	58.403	68.528	80.698	95.339	112.97	134.21
29	33.450	38.792	45.219	52.966	62.323	73.640	87.347	103.97	124.14	148.63
30	34.785	40.568	47.575	56.085	66.439	79.058	94.461	113.28	136.31	164.49
40	48.886	60.402	75.401	95.026	120.80	154.76	199.64	259.06	337.88	442.59
50	64.463	84.579	112.80	152.67	209.35	290.34	406.53	573.77	815.08	1163.9
60	81.670	114.05	163.05	237.99	353.58	533.13	813.52	1253.2	1944.8	3034.8

续表

期数	12%	14%	15%	16%	18%	20%	24%	28%	32%	36%
1	1.0000	1.0000	1.0000	1.0000	1.0000	1.0000	1.0000	1.0000	1.0000	1.0000
2	2.1200	2.1400	2.1500	2.1600	2.1800	2.2000	2.2400	2.2800	2.3200	2.3600
3	3.3744	3.4396	3.4725	3.5056	3.5724	3.6400	3.7776	3.9184	3.0624	3.2096
4	4.7793	4.9211	4.9934	5.0665	5.2154	5.3680	5.6842	6.0156	6.3624	6.7251
5	6.3528	6.6101	6.7424	6.8771	7.1542	7.4416	8.0484	8.6999	9.3983	10.146
6	8.1152	8.5355	8.7537	8.9775	9.4420	9.9299	10.980	12.136	13.406	14.799
7	10.089	10.730	11.067	11.414	12.142	12.916	14.615	16.534	18.696	21.126
8	12.300	13.233	13.727	14.240	15.327	16.499	19.123	22.163	25.678	29.732
9	14.776	16.085	16.786	17.519	19.086	20.799	24.712	29.369	34.895	41.435
10	17.549	19.337	20.304	21.321	23.521	25.959	31.643	38.593	47.062	57.352
11	20.655	23.045	24.349	25.733	28.755	32.150	40.238	50.398	63.122	78.998
12	24.133	27.271	29.002	30.850	34.931	39.581	50.895	65.510	84.320	108.44
13	28.029	32.089	34.352	36.786	42.219	48.497	64.110	84.853	112.30	148.47
14	32.393	37.581	40.505	43.672	50.818	59.196	80.496	109.61	149.24	202.93
15	37.280	43.842	47.580	51.660	60.965	72.035	100.82	141.30	198.00	276.98
16	42.753	50.980	55.717	60.925	72.939	87.442	126.01	181.87	262.36	377.69
17	48.884	59.118	65.075	71.673	87.068	105.93	157.25	233.79	347.31	514.66
18	55.750	68.394	75.836	84.141	103.74	128.12	195.99	300.25	459.45	770.94
19	63.440	78.969	88.212	98.603	123.41	154.74	244.03	385.32	607.47	954.28
20	72.052	91.025	102.44	115.38	146.63	186.69	303.60	494.21	802.86	1298.8
21	81.699	104.77	118.81	134.84	174.02	225.03	377.46	633.59	1060.8	1767.4
22	92.503	120.44	137.63	157.41	206.34	271.03	469.06	812.00	1401.2	2404.7
23	104.60	138.30	159.28	183.60	244.49	326.24	582.63	1040.4	1850.6	3271.3
24	118.16	158.66	184.17	213.98	289.49	392.48	723.46	1332.7	2443.8	4450.0
25	133.33	181.87	212.79	249.21	342.60	471.98	898.09	1706.8	3226.8	6053.0
26	150.33	208.33	245.71	290.09	405.27	567.38	1114.6	2185.7	4260.4	8233.1
27	169.37	238.50	283.57	337.50	479.22	681.85	1383.1	2798.7	5624.8	11198.0
28	190.70	272.89	327.10	392.50	566.48	819.22	1716.1	3583.3	7425.7	15230.3
29	214.58	312.09	377.17	456.30	669.45	984.07	2129.0	4587.7	9802.9	20714.2
30	241.33	356.79	434.75	530.31	790.95	1181.9	2640.9	5873.2	12941.	28172.3
40	767.09	1342.0	1779.1	2360.8	4163.2	7343.2	22728.8	69377.5	*	*
50	2400.0	4994.5	7217.7	10435.6	21813.1	45497.2	*	*	*	*
60	7471.6	18535.1	29220.0	46058.	*	*	*	*	*	*

＊＞99999

附表四　1 元年金现值表

期数	1%	2%	3%	4%	5%	6%	7%	8%	9%
1	0.9901	0.9804	0.9709	0.9615	0.9524	0.9434	0.9346	0.9259	0.9174
2	1.9704	1.9416	1.9135	1.8861	1.8594	1.8334	1.8080	1.7833	1.7591
3	2.9410	2.8839	2.8286	2.7751	2.7232	2.6730	2.6243	2.5771	2.5313
4	3.9020	3.8077	3.7171	3.6299	3.5460	3.4651	3.3872	3.3121	3.2397
5	4.8534	4.7135	4.5797	4.4518	4.3295	4.2124	4.1002	3.9927	3.8897
6	5.7955	5.6014	5.4172	5.2421	5.0757	4.9173	4.7665	4.6229	4.4859
7	6.7282	6.4720	6.2303	6.0021	5.7864	5.5824	5.3893	5.2064	5.0330
8	7.6517	7.3255	7.0197	6.7327	6.4632	6.2098	5.9713	5.7466	5.5348
9	8.5660	8.1622	7.7861	7.4353	7.1078	6.8017	6.5152	6.2469	5.9952
10	9.4713	8.9826	8.5302	8.1109	7.7217	7..3601	7.0236	6.7101	6.4177
11	10.3676	9.7868	9.2526	8.7605	8.3064	7.8869	7.4987	7.1390	6.8052
12	11.2551	10.5753	9.9540	9.3851	8.8633	8.3838	7.9427	7.5361	7.1607
13	12.1337	11.3484	10.6350	9.9856	9.3936	8.8527	8.3577	7.9038	7.4869
14	13.0037	12.1062	11.2961	10.5631	9.8986	9.2950	8.7455	8.2442	7.7862
15	13.8651	12.8493	11.9379	11.1184	10.3797	9.7122	9.1079	8.5595	8..0607
16	14.7179	13.5777	12.5611	11.6523	10.8378	10.1059	9.4466	8.8514	8.3126
17	15.5623	14.2919	13.1661	12.1657	11.2741	10.4773	9.7632	9.1216	8.5436
18	16.3983	14.9920	13.7535	12.6896	11.6896	10.8276	10.0591	9.3719	8.7556
19	17.2260	15.6785	14.3238	13.1339	12.0853	11.1581	10.3356	9.6036	8.9601
20	18.0456	16.3514	14.8775	13.5903	12.4622	11.4699	10.5940	9.8181	9.1285
21	18.8570	17.0112	15.4150	14.0292	12.8212	11.7641	10.8355	10.0168	9.2922
22	19.6604	17.6580	15.9369	14.4511	13.4886	12.3034	11.0612	10.2007	9.4424
23	20.4558	18.2922	16.4436	14.8568	13.4886	12.3034	11.2722	10.3711	9.5802
24	21.2434	18.9139	16.9355	15.2470	13.7986	12.5504	11.4693	10.5288	9.7066
25	22.0232	19.5235	17.4131	15.6221	14.0939	12.7834	11.6536	10.6748	9.8226
26	22.7952	20.1210	17.8768	15.9828	14.3752	13.0032	11.8258	10.8100	9.9290
27	23.5596	20.7059	18.3270	16.3296	14.6430	13.2105	11.9867	10.9352	10.0266
28	24.3164	21.2813	18.7641	16.6631	14.8981	13.4062	12.1371	11.0511	10.1161
29	25.0658	21.8444	19.1885	16.9837	15.1411	13.5907	12.2777	11.1584	10.1983
30	25.8077	22.3965	19.6004	17.2920	15.3725	13.7648	12.4090	11.2578	10.2737
35	29.4086	24.9986	21.4872	18.6646	16.3742	14.4982	12.9477	11.6546	10.5668
40	32.8347	27.3555	23.1148	19.7928	17.1591	15.0463	13.3317	11.9246	10.7574
45	36.0945	29.4902	24.5187	20.7200	17.7741	15.4558	13.6055	12.1084	10.8812
50	39.1961	31.4236	25.7298	21.4822	18.2559	15.7619	13.8007	12.2335	10.9617
55	42.1472	33.1748	26.7744	22.1086	18.6335	15.9905	13.9399	12.3186	11.0140

续表

期数	10%	12%	14%	15%	16%	18%	20%	24%	28%	32%
1	0.9091	0.8929	0.8772	0.8696	0.8621	0.8475	0.8333	0.8065	0.7813	0.7576
2	1.7355	1.6901	1.6467	1.6257	1.6052	1.5656	1.5278	1.4568	1.3916	1.3315
3	2.4869	2.4018	2.3216	2.2832	2.2459	2.1743	2.1065	1.9813	1.8684	1.7663
4	3.1699	3.0373	2.9137	2.8550	2.7982	2.6901	2.5887	2.4043	2.2410	2.0957
5	3.7908	3.6048	3.4331	3.3522	3.2743	3.1272	2.9906	2.7454	2.5320	2.3452
6	4.3553	4.1114	3.8887	3.7845	3.6847	3.4976	3.3255	3.0205	2.7594	2.5342
7	4.8684	4.5638	4.2882	4.1604	4.0386	3.8115	3.6046	3.2423	2.9370	2.6775
8	5.3349	4.9676	4.6389	4.4873	4.3436	4.0776	3.8372	3.4212	3.0758	2.7860
9	5.7590	5.3282	4.9464	4.7716	4.6065	4.3030	4.0310	3.5655	3.1842	2.8681
10	6.1446	5.6502	5.2161	5.0188	4.8332	4.4941	4.1925	3.6819	3.2689	2.9304
11	6.4951	5.9377	5.4527	5.2337	5.0286	4.6560	4.3271	3.7757	3.3351	2.9776
12	6.8137	6.1944	5.6603	5.4206	5.1971	4.7932	4.4392	3.8514	3.3868	3.0133
13	7.1034	6.4235	5.8424	5.5831	5.3423	4.9095	4.5327	3.9124	3.4272	3.0404
14	7.3667	6.6282	6.0021	5.7245	5.4675	5.0081	4.6106	3.9616	3.4587	3.0609
15	7.6061	6.8109	6.1422	5.8474	5.5755	5.0916	4.6755	4.0013	3.4834	3.0764
16	7.8237	6.9740	6.2651	5.9542	5.6685	5.1624	4.7296	4.0333	3.5026	3.0882
17	8.0216	7.1196	6.3729	6.0472	5.7487	5.2223	4.7746	4.0591	3.5177	3.0971
18	8.0216	7.2497	6.4674	6.1280	5.8178	5.2732	4.8122	4.0799	3.5294	3.1039
19	8.3649	7.3658	6.5504	6.1982	5.8775	5.3162	4.8435	4.0967	3.5386	3.1090
20	8.5136	7.4694	6.6231	6.2593	5.9288	5.3527	4.8696	4.1103	3.5458	3.1129
21	8.6487	7.5620	6.6870	6.3125	5.9731	5.3837	4.8913	4.1212	3.5514	3.1158
22	8.7715	7.6446	6.7429	6.3587	6.0113	5.4099	4.9094	4.1300	3.5558	3.1180
23	8.8832	7.7184	6.7921	6.3988	6.0442	5.3421	4.9245	4.1371	3.5592	3.1197
24	8.9847	7.7843	6.8351	6.4338	6.0726	5.4509	4.9371	4.1428	3.5619	3.1210
25	9.0770	7.8431	6.8729	6.4641	6.0971	5.4669	4.9476	4.1474	3.5640	3.1220
26	9.1609	7.8957	6.9061	6.4906	6.1182	5.4804	4.9563	4.1511	3.5656	3.1227
27	9.2372	7.9426	6.9352	6.5135	6.1364	5.4919	4.9636	4.1542	3.5669	3.1233
28	9.3066	7.9844	6.9607	6.5335	6.1520	5.5016	4.9697	4.1566	3.5679	3.1237
29	9.3696	8.0218	6.9830	6.5509	6.1656	5.5098	4.9747	4.1585	3.5687	3.1240
30	9.4269	8.0552	7.0027	6.5660	6.1772	5.5166	4.9789	4.1601	3.5693	3.1242
35	9.6442	8.1755	7.0700	6.6166	6.2153	5.5386	4.9915	4.1644	3.5708	3.1248
40	9.7791	8.2438	7.1050	6.6418	6.2335	5.5482	4.9966	4.1659	3.5712	3.1250
45	9.8628	8.2825	7.1232	6.6543	6.2421	5.5523	4.9986	4.1664	3.5714	3.1250
50	9.9148	8.3045	7.1327	6.6605	6.2463	5.5541	4.9995	4.1666	3.5714	3.1250
55	9.9471	8.3170	7.1376	6.6636	6.2482	5.5549	4.9998	4.1666	3.5714	3.1250